똑똑하게 생존하기

KB124370

똑똑하게 생존하기

—

2021년 3월 31일 초판 1쇄 발행
2023년 10월 25일 초판 13쇄 발행

—

지은이 칼 T. 벅스트롬 & 제빈 D. 웨스트
옮긴이 박선령
펴낸이 강준규

—

책임편집 유형일
마케팅지원 배진경, 임혜솔, 송지유, 이원선

—

펴낸곳 (주)로크미디어
출판등록 2003년 3월 24일
주소 서울시 마포구 마포대로 45 일진빌딩 6층
전화 02-3273-5135
팩스 02-3273-5134
편집 02-6356-5188
홈페이지 http://rokmedia.com
이메일 rokmedia@empas.com

—

ISBN 979-11-354-9685-1 (03190)
책 값은 표지 뒷면에 있습니다.

—

• 안드로메디안은 로크미디어의 자기계발, 경제경영, 실용 도서 브랜드입니다.
• 잘못 만들어진 책은 구입하신 서점에서 교환해 드립니다.

똑똑하게 생존하기

거짓과 기만 속에서 살아가는 현대인을 위한 헛소리 까발리기의 기술

칼 벅스트롬, 제빈 웨스트 지음   박선령 옮김

Andromedian

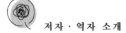

저자 **칼 벅스트롬**Carl T. Bergstrom   트위터: @CT_Bergstrom

칼 T. 벅스트롬은 진화생물학자이자 워싱턴 대학교 생물학과 교수이다. 하버드 대학교를 졸업했으며, 스탠퍼드 대학교에서 생물학 박사 학위를 받았다. 전염병이 사람들 사이에서 확산되는 방식과 세포 내 유전자 발현 통제부터 소셜 미디어에서의 허위 정보 전파에 이르기까지 정보가 생물학적, 사회적 시스템을 통해 흐르는 방식을 연구한다. 특히, 코로나19 팬데믹 사태 속에서 전염병 확산을 억제하기 위한 전략을 연구하였다. 그는 이번 팬데믹 사태 속에서 미국 최고의 전문가 중 하나로 떠올랐다. 자신의 소셜 미디어를 통해 전염병에 관한 정확한 정보를 제공하여 대중에게 올바른 지식을 전달했으며, 오해의 소지가 있거나 완벽한 헛소리 주장에 맞서 싸웠다. 그는 제빈 D. 웨스트 교수와 함께 워싱턴 대학교에서 정치, 과학, 대중문화 및 뉴스 미디어에서 보이는 데이터 또는 통계 수치 뒤에 숨어있는 거짓을 식별하고 반박하는 방법을 가르치는 '헛소리 까발리기'라는 인기 강의를 진행하고 있다.

제빈 웨스트 Jevin D. West   트위터: @jevinwest

제빈 D. 웨스트는 워싱턴 대학교 정보대학원 부교수다. 유타 주립 대학교에서 생물학 학사, 석사 학위를 받았으며 워싱턴 대학교에서 생물학 박사 학위를 받았다. 그는 워싱턴 대학교 공공정보센터 책임자이자 데이터랩 공동 책임자이다. 또 워싱턴 대학교 e사이언스 연구소에서 데이터 과학 교육을 담당하고 있다. 그는 과학과 기술이 사회에 미치는 영향을 연구한다. 데이터 사이언스, 네트워크 사이언스를 연구하는 그는 네트워크의 속성을 연구하고, 그 속에서 일어나는 대규모 패턴을 찾는다. 또한, 학제 간 연구를 위해 다양한 과학 분야를 탐구하기 위한 알고리즘을 개발하고 있다. 현재 다양한 과학자들과 협업하고 있으며, 칼 T. 벅스트롬 교수와 함께 워싱턴 대학에서 '헛소리 까발리기'라는 인기 강의를 진행하고 있다.

역자 **박선령**

세종대학교 영어영문학과를 졸업하고 MBC방송문화원 영상번역과정을 수료하였다. 현재 번역 에이전시 엔터스코리아에서 출판기획 및 전문 번역가로 활동하고 있다.

주요 역서로 《북유럽 신화》, 《타이탄의 도구들》, 《지금 하지 않으면 언제 하겠는가》, 《작은 것의 힘》 등 다수가 있다.

필요할 때는 우리의 헛소리를 까발려주고
필요 없을 때는 조용히 감싸준
우리들의 아내, 홀리와 헤더에게 이 책을 바친다.

서문

세상에는 헛소리가 넘쳐나고, 우리는 그 속에서 익사할 지경에 처했다.

정치인들은 사실에 얽매이지 않는다. 과학은 보도 자료가 수행한다. 실리콘밸리의 스타트업들은 헛소리를 예술의 경지로 올려놓았다. 대학들은 분석적 사고보다 헛소리에 보상을 안겨준다. 대부분의 행정 활동은 헛소리를 모아서 재조립하는 정교한 실행 과정일 뿐이다. 광고주들은 음모라도 꾸미는 듯 눈짓을 보내 자신들과 함께 모든 헛소리를 꿰뚫어 보자고 초대한다. 우리는 거기에 응했다가 잠시 방심한 사이 그들이 우리에게 퍼붓는 제2의 헛소리에 속아 넘어간다. 헛소리는 특정한 사안에 관해 사람들을 호도함으로써 우리 세계를 오염시키고 정보를 신뢰하는 우리의 능력을 전반적으로 약화한다. 미약하긴 해도 이 책은 그에 반격하려는 시도다.

철학자 해리 프랑크푸르트Harry Frankfurt는 헛소리가 널리 퍼져있음이 우리 시대의 결정적인 특징이라고 인정했다. 그의 대표적인 논문 〈헛소리에 관해On Bullshit〉는 이렇게 시작된다.

우리 문화의 가장 두드러진 특징 중 하나는 헛소리가 너무 많다는 것이다. 다들 알고 있는 사실이다. 누구나 자기 몫의 헛소리를 한다. 하지만 헛소리가 무엇이고 왜 그렇게 많은지 혹은 어떤 기능을 하는지 제대로 이해하지도 못한 상태에서 이런 상황을 당연하게 여기는 경향이 있다. 그리고 그게 우리에게 의미하는 바를 성실하게 밝혀낸 평가도 부족하다. 다시 말해 제대로 된 이론이 없다.

헛소리를 근절하려면 그게 뭔지 정확하게 알아야 한다. 그리고 여기서부터 일이 까다로워진다.

우선 '헛소리'는 명사이자 동사다. 다른 사람들 헛소리를 듣는 데 질리기도 했지만(명사), 나도 돌아서면 남들에게 헛소리를 할 수 있다(동사). 아주 간단하다. 헛소리를 한다는 건 결국 헛소리를 양산하는 행위다.

하지만 헛소리라는 명사는 무엇을 가리킬까? 철학적 개념을 일상 언어에 맞추려는 시도가 대부분 그렇듯이, 필요한 모든 걸 통합하거나 배제하는 식으로 정의를 내리는 건 어리석은 일이 될 것이다. 그보다는 몇 가지 사례로 시작해 그중 헛소리로 인정되는 것들을 설명해볼 생각이다.

사람들은 대부분 자기가 헛소리를 밝혀내는 데 꽤 능숙하다고 생각한다. 우리가 구식 헛소리라고 하는 미사여구나 화려한 언어로 표현한 헛소리의 경우에는 그 생각이 맞을지도 모른다. 예를 들면 다음과 같은 것들이다.

- 우리의 공동 임무는 활용도가 낮은 인적 자원 포트폴리오 기회를 활용하기 위해 쌍무적인 솔루션을 기능화하는 것이다. (다시 말해 우리는 임시직 취업 알선소다.)
- 우리는 전파의 형태로 존재한다. 신화를 만들기 시작한다는 것은 곧 신화와 하나가 되는 것이다. (이런 건 새로운 시대의 구식 헛소리라고 부를 수 있다.)
- 우리 이전의 선조들처럼 우리는 집단적 운명의 축축해진 불꽃을 다시 점화하기 위해 확고한 정신과 불타는 심장으로 위대한 국가의 끝없는 지평선을 바라본다. (이제 그만 좀 하자. 어떻게 이 지역에 일자리를 다시 만들겠단 말인가?)

구식 헛소리도 아직 사라지지 않은 듯하지만, 신식 헛소리의 상승세에 빛을 잃어가는지도 모른다. 신식 헛소리는 엄격하고 정확한 인상을 주려고 수학, 과학, 통계학의 언어를 사용한다. 의심스러운 주장을 숫자, 그림, 통계, 데이터 그래픽으로 감싸 정당성의 허울을 덧씌운다. 신식 헛소리는 이런 식일 것이다.

- 환율에 따라 조정된 당사 최고 실적 글로벌 펀드는 지난 9년 중 7년간 수익을 냈다.

(수익은 정확히 어떻게 조정했는가? 회사 펀드 중 수익을 내지 못한 건 얼마나 되고 손실액은 얼마인가? 또 하나의 펀드가 9년 중 7년 동안 수익을 낸 것인가, 아니면 7년 동안 각기 다른 펀드가 수익을 낸 것인가?)

- 통계적 유의성은 부족하지만(p=0.13), 우리의 결과는 표적 종양 치료에 임상적으로 중요한 효과 크기(5년 동안의 상대적 생존율=1.3)를 강조하고 현재의 치료 패러다임에 도전한다.

  (결과가 통계적으로 유의하지 않은데 임상적으로 중요하다는 건 무슨 뜻인가? 5년 생존은 이 특정 암에 적절한 척도인가, 아니면 대부분의 환자가 3년 이내에 사망했는가? 왜 이것이 "현재의 치료 패러다임에 도전"하는 것이라고 여겨야 하는가?)

- 이 팀의 합성곱 신경망 알고리즘은 인간 대사체, 전사체, 단백질체로 구성된 다층 네트워크에서 기본적인 제어 로직을 추출한다.

  (다층 네트워크란 무엇인가? 이 여러 가지 '-체'를 연결하는 것에 무슨 의미가 있으며, 어떻게 측정하는가? 저자가 말하는 '제어 로직'이란 무엇인가? 이 시스템을 연결하는 기본적인 제어 로직이 존재한다는 걸 어떻게 알 수 있고, 만약 그런 게 존재한다면 이 방식이 실제로 그걸 포착할 수 있는지 어떻게 아는가?)

- 우리의 체계적인 검사에 따르면 행동 장애가 있는 2학년 학생 중 34퍼센트가 최근 1년간 최소 한 번 이상 매직 마커 냄새를 맡았다는 걸 인정했다.

  (이게 왜 중요한가? 만약 중요하다면 마커 냄새를 맡는 것이 행동 장애의 원인인가, 아니면 결과인가? 행동 장애가 없는 2학년 학생 중 매직 마커 냄새를 맡은 아이들의 비율은 얼마인가? 어쩌면 그 비율이 더 높을 수도 있다!)

신종 헛소리가 특히 효과적인 이유는 이렇게 양적인 형태로 제시된 정보에 이의를 제기할 자격이 없다고 느끼는 사람들이 많기 때문이다. 그게 바로 신종 헛소리꾼들이 기대하는 바다. 이를 반격하려면 언제 어떻게 그런 진술에 의문을 제기해야 하는지 알아야 한다.

우리는 학생들에게 데이터를 논리적이고 양적으로 생각하는 방법을 가르치는 일에 헌신하고 있다. 이 책은 우리가 워싱턴대학교에서 강의하는 '헛소리 까발리기'라는 수업을 토대로 쓴 것이다. 이 책에서 우리는 정량적 주장을 비판적으로 생각하기 위해 전문적인 통계학자나 계량 경제학자, 데이터 과학자가 될 필요도 없고, 헛소리를 꿰뚫어 보기 위해 광범위한 데이터 수집이나 몇 주간의 노력이 필요하지도 않다는 걸 보여주고 싶다. 기본적인 논리적 추론을 문제에 적용하는 것만으로도 충분하며 필요한 경우 검색 엔진을 이용해 쉽게 찾을 수 있는 정보로 이를 보완하면 된다.

우리는 사람들이 헛소리를 알아차리고 반박할 수 있도록 도와주고자 하는 시민적 동기 때문에 이 일을 하는 것이다. 좌파나 우파의 이념 문제가 아니다. 양측에 있는 사람들 모두 잘못된 정보를 만들거나 퍼뜨리는 데 능숙하다는 사실이 증명됐다. 그보다는 (좀 거창하게 들리겠지만) 자유민주주의의 생존을 위해서 적절한 헛소리 탐지가 필수라고 믿는다. 민주주의는 항상 비판적으로 생각하는 유권자에게 의존해왔지만, 소셜미디어에서 유포되는 선전을 통해 선거 과정에 관한 가짜 뉴스가 퍼지고 국제적 간섭이 이뤄지는 현시대만큼 현명한 유권자들이 중요했던 때도 없다. 마크 갈레오티[Mark Galeotti]는 2016년 12월 〈뉴욕타임스〉 논평 기사에서 이런 정보전에 맞서는 최선의 방어법을 다음과 같이 요약했다.

미국 정부는 각각의 정보 유출에 직접적으로 대처하기보다 대중에게 언제 자기가 속고 있는지 깨달을 수 있는 방법을 가르쳐야 한다. 학교와 비정부기구, 공익 캠페인을 통해 미국인들에게 뉴스 기사의 팩트를 체크하는 방법부터 사진이 어떻게 거짓말을 할 수 있는지에 이르기까지 미디어에 정통한 소비자가 되기 위해 필요한 기본 기술을 가르쳐야 한다.

우리는 공립대학에서 수십 년간 데이터 과학, 통계학 같은 관련 과목을 가르친 학자로서 이런 사고방식을 알려주는 방법을 잘 알고 있다. 우리는 정치적으로 어느 한쪽 편을 들지 않고도 이 일을 해낼 수 있다고 생각한다. 연방 정부의 적정 규모, 허용 가능한 정부의 사생활 개입 정도, 세계무대에서 국가가 행동해야 하는 방식 등에 관해 독자와 우리의 의견이 다를지도 모르지만, 그런 건 상관없다. 우리는 그저 정치적 관점에 상관없이 모든 사람이 헛소리에 대항하도록 돕고 싶을 뿐이다. 유권자들이 사방에서 들리는 헛소리를 꿰뚫어 볼 수 있을 때 비로소 민주주의가 가장 건강해진다고 여기기 때문이다.

우리는 마음에 들지 않는 것들을 다 헛소리로 치부하려는 게 아니다. 그래서 이 책에는 우리를 가장 화나게 한 사례는커녕 가장 어처구니없었던 사례도 싣지 않았다. 그보다는 특정한 함정을 보여주고 적절한 대응 전략을 강조하는 교육적 목적에 어울리는 사례를 선택했다. 독자가 이걸 읽고 생각하고 직접 헛소리를 까발릴 수 있게 되길 바란다.

한 세기 전 철학자 존 알렉산더 스미스John Alexander Smith는 옥스 퍼드대학교 입학생들에게 이런 연설을 했다.

공부하는 동안 배우는 것들 가운데 (나중에) 당신에게 조금이라도 쓸모 있는 건 아무것도 없을 겁니다. 이것 하나만 빼고요. 당신이 머리를 써서 열심히 노력한다면 어떤 사람이 헛소리를 할 때 알아차릴 수 있어야 합 니다. 그리고 내 생각에 그게 바로 교육의 유일한 목적까지는 아닐지 몰 라도 주된 목적입니다.

STEM(과학, 기술, 공학, 의학) 분야의 고등교육이 많은 성공을 거두 긴 했지만, 이런 면에서는 일을 망쳤다고 생각한다. 기계적인 교육 은 전반적으로 잘한다. 학생들은 매트릭스를 조작하고 세포를 감 염시키고 유전자를 스캔하고 머신러닝 알고리즘을 구현하는 방법 을 배운다. 그러나 이렇게 사실과 기술에만 초점을 맞추다 보니 비 판적 사고 기술을 훈련하고 연습하는 일은 소홀히 하게 된다. 인문 학과 사회과학에서는 학생들에게 서로 상충하는 생각을 때려 부수 고 조화롭지 못한 주장과 맞서 싸우라고 가르친다. STEM 분야에서 는 학생들에게 해결해야 하는 역설, 서로 조화시켜야 하는 상반된 증거, 비판해야 하는 잘못된 주장을 안겨주는 일이 좀처럼 없다. 그 결과 대학 졸업자들은 언어적 주장에 이의를 제기하거나 논리적 오 류를 규명할 채비는 잘돼 있지만, 양적 주장 앞에서는 놀라울 정도 로 순순히 동의하는 경향이 있다. 이는 중등교육의 경우도 마찬가지 다. 만일 STEM 교육과 이미 인문학에서 공통적으로 진행되고 있는 문답식 교육 관행을 통합한다면 학교들은 현재 정치적, 윤리적, 예술적, 철학적 주장에 관한 헛소리를 까발리는 것처럼 통계적 진술과 인공지능 분석에 관한 헛소리도 수월하게 까발릴 준비가 된 학생 세대를 길러낼 수 있을 것이다.

이 책에서는 여러 가지 이유로 과학과 의학 관련 연구 사례들을 집중적으로 다룰 것이다. 우리는 과학을 사랑하고 전문 지식도 그 분야에서 쌓았다. 과학은 우리가 이 책에서 다루는 양적 주장에 의존한다. 인간이 만든 모든 제도 중 과학은 헛소리로부터 자유로울 것처럼 보이지만, 실은 그렇지 않다. 우리는 과학에 대한 대중들의 이해가 정보에 입각한 유권자가 되는 데 매우 중요하다고 믿으며 그런 이해를 방해하는 많은 장애물을 찾아내고 싶다.

그러나 우리가 하는 어떤 말도 물리적 세계를 이해하기 위해 성공적으로 제도화된 수단으로서의 과학을 훼손하지 않는다는 점을 강조하고 싶다. 과학은 우리가 하는 모든 불평, 찾아낸 모든 편견, 모든 문제 그리고 몰래 기어 들어온 모든 헛소리에 효과가 있다. 과학을 우리 편으로 만든 덕분에 우리는 비행기를 타고 날아다니고 화상 대화를 하고 장기를 이식하고 전염병을 근절하며 빅뱅 이후 태초의 순간부터 생명체의 분자적 기반에 이르기까지 다양한 현상들을 파악한다.

새로운 형태의 정보기술은 과학과 사회에서 우리가 소통하는 방식을 바꿔놓았다. 접근성이 좋아지면서 정보 과부하는 심해졌다. 이 책이 정보의 맹공격에 맞서 허구와 사실을 구분하는 데 도움이 되기를 바란다.

차 례

7   서문

—— CHAPTER 01

19   **사방에 널린 헛소리**

21   부정한 갑각류와 엉큼한 까마귀

28   애매모호한 말과 변호사의 언어

34   거짓말은 날아가고, 진실은 절뚝거리며 그 뒤를 따라간다

—— CHAPTER 02

45   **매체, 메시지, 잘못된 정보**

47   인쇄기라는 사창가

52   있는 그대로의 진실로는 부족하다

58   당파성, 개인화, 양극화

63   오보와 허위 정보

69   새로운 위조범

—— CHAPTER 03

77   **헛소리의 본질**

82   헛소리와 블랙박스

87   범죄자의 머신러닝

—— CHAPTER 04

95   **인과관계**

98   저녁에 붉은 노을이 지면 뱃사람들이 기뻐한다

103   인과관계 고찰

109   상관관계는 신문 판매에 도움이 되지 않는다

118   지연된 만족과 공통 원인

123   허위 상관관계

129   흡연은 사람을 죽이지 않는다고?

130   다른 방법이 다 실패하면 조작해라

——— CHAPTER 05

135 **숫자와 헛소리**

142 증류 번호

146 유해 비율

159 굿하트의 법칙

164 수학의 오용

172 좀비 통계

——— CHAPTER 06

177 **선택 편향**

185 어디를 보느냐에 따라 보는 내용이 달라진다

190 '머피의 법칙'의 숨겨진 원인

201 멋진 남자와 최고의 컴퓨터 프로그래머

210 음악가의 치명적인 위험

216 선택 편향 해제

——— CHAPTER 07

223 **데이터 시각화**

228 데이터 시각화의 여명

234 오리다!

239 유리 구두와 못생긴 새 언니

252 악의 축

270 비례 잉크의 원칙

——— CHAPTER 08

285 **빅데이터에 담긴 헛소리 까발리기**

294 기계는 어떻게 보는가

302 쓰레기를 넣으면 쓰레기가 나온다

305 게이더 기계와 엉터리 결론

313 기계는 어떻게 생각하는가

318 기계는 어떻게 고장 나는가

——— CHAPTER 09

323 **과학의 민감도**

332 검사의 오류

344 P-해킹 및 출판 편향

358 클릭 미끼의 과학

365 헛소리 과학 시장

374 과학이 작용하는 이유

——— CHAPTER 10

379 **헛소리 알아차리기**

382 1. 정보의 출처에 의문을 품어라

385 2. 불공평한 비교를 조심하라

391 3. 너무 좋거나 너무 나빠서 도저히 사실일 것 같지 않다면…

394 4. 자릿수를 생각하라

403 5. 확증 편향을 피하라

406 6. 복수의 가설을 고려하라

408 인터넷에서 헛소리 찾기

——— CHAPTER 11

415 **헛소리 반박**

421 귀류법 이용

424 기억하라

427 반례 찾기

430 유사 사례 제시

433 그림 다시 그리기

435 널 모델 사용

438 폭로의 심리학

450 감사의 말

453 참고 문헌

사방에 널린 헛소리

CHAPTER 01

이 책은 헛소리에 관한 책이다. 어떻게 사방에 헛소리가 넘쳐나게 됐는지, 그런 헛소리를 꿰뚫어 보려면 어떻게 해야 하는지 그리고 그에 어떻게 반격해야 하는지에 관한 책이기도 하다. 그래도 가장 중요한 문제부터 얘기해보자. 우리는 헛소리가 무엇이고 어디에서 시작됐는지 그리고 그게 왜 그렇게 많이 생산되는지 알아야 한다. 이런 질문에 답하는 데는 현상의 기원을 깊이 들여다보는 일이 도움이 된다.

헛소리는 현대에 새로 발명된 게 아니다. 플라톤은 소크라테스와의 대화 내용을 담은 책 중 하나인 《에우튀데모스Euthydemus》에서 소피스트라고 알려진 철학자들이 무엇이 정말 진실인지에 무관심하고 논쟁에서 이기는 데만 관심이 있다고 불평한다. 다시 말해 그들은 헛소리의 대가라는 뜻이다. 하지만 헛소리의 기원으로 거슬러 올라가고 싶다면 인류 문명이 탄생하기 훨씬 전으로 돌아가야 한다. 좀 더 광범위하게 보면 헛소리의 기원은 속임수이고, 동물들은 수억 년간 서로를 속이고 있다.

부정한 갑각류와 엉큼한 까마귀

바다에는 사납고 멋진 생물들이 가득하지만, 맨티스 쉬림프mantis shrimp 혹은 좀 더 학술적인 용어로 구각류口脚類라고 하는 해양 갑각류만큼 못된 동물은 드물다. 어떤 맨티스 쉬림프는 단단하고 두꺼운 껍질로 몸을 보호하는 바다 달팽이를 먹어치우는 데 뛰어난 능력을 발휘한다. 맨티스 쉬림프의 앞다리는 석회질 방어망을 뚫기 위해 스프링처럼 튕겨 나가며 엄청난 힘으로 펀치를 날릴 수 있도록 구조가 발달했다. 맨티스 쉬림프의 이 망치 같은 집게발은 공격할 때 시속

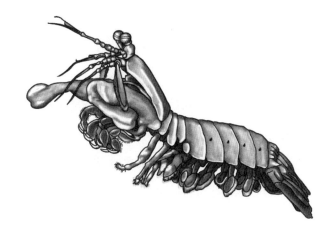

80킬로미터로 움직인다. 이 펀치는 너무나도 강력해 액체 속에 공간이 만들어져 기포가 생기는 캐비테이션 현상cavitation bubble을 일으킬 정도다. 배트맨Batman이 포효할 때 커다란 소리가 나면서 빛이 번쩍이는 일이 실제로 생기는 것이다. 맨티스 쉬림프를 수족관에 가둬놓으면 수족관 유리벽에 펀치를 날려서 유리를 깨는 일도 가끔 있다.

이렇게 강력한 펀칭력은 다른 용도로도 쓰인다. 맨티스 쉬림프는 얕은 암초에 사는데 곰치, 문어, 상어 같은 포식자들의 공격을 받기 쉽다. 이들은 안전을 위해 대부분의 시간을 암초에 있는 구멍 속에 몸을 숨긴 채 강력한 집게발만 밖으로 내놓고 있다. 하지만 몸을 숨기기에 적당한 구멍이 부족하기 때문에 구멍을 차지하기 위한 싸움이 벌어질 수 있다. 침입자가 자기보다 몸집이 작은 거주자에게 다가가면 대개의 경우 거주자가 도망친다. 하지만 거주자의 몸집이 크면 집게발을 격렬하게 흔들어 몸집을 과시하면서 상대방에게 맞선다.

슈퍼히어로가 다 그렇듯이 맨티스 쉬림프에게도 아킬레스건이 있다. 망치 같은 집게발의 단단한 껍질을 교체하려면 탈피를 해야 하는데 그 과정이 생각 이상으로 힘들다. 이 동물은 탈피를 하는 2~3일 동안 극도로 취약한 상태가 된다. 펀치를 날릴 수도 없고, 평소 포식자로부터 자신을 방어하는 단단한 껍질도 부족하다. 암초에 사는 생물들은 대부분 자기 이외의 다른 것들을 다 먹어치우는데, 이때의 맨티스 쉬림프는 기본적으로 앞쪽에 집게발이 달린 바닷가재 꼬리살이나 마찬가지인 상태다.

그러니 탈피 중에 조심스럽게 암초 틈에 몸을 숨기고 있는 맨티스 쉬림프라면 섣부르게 도망가 주변의 위험에 자신을 노출하고 싶지 않을 것이다. 그리고 바로 여기에서 속임수가 등장한다. 일반적으로 몸집이 큰 맨티스 쉬림프는 집게발을 흔들고(정직한 위협), 몸집이 작은 맨티스 쉬림프는 도망간다. 그러나 탈피가 진행되는 동안에는 크기에 상관없이 모든 맨티스 쉬림프가 위협적인 태도를 보인다. 현재 상태에서는 주먹을 날려봤자 성난 젤리 곰 수준밖에 안 되는데도 말이다. 이때의 위협은 완전히 무의미하다. 하지만 자기 구멍을 떠날 경우 발생하는 위험이 싸움에 휘말렸을 때의 위험보다 훨씬 더 크다. 침입자들은 맨티스 쉬림프의 강력한 펀치를 맞을지도 모른다는 사실을 깨달으면 덤비기를 꺼린다.

구각류는 뛰어난 허풍쟁이일 수 있고, 이런 허풍이 헛소리처럼 느껴지기도 하지만, 그다지 정교한 허풍은 아니다. 우선 이런 행동은 이 생물이 열심히 궁리해서 실행하기로 결정한 행동이 아니다. 그저 진화된 반응, 즉 본능이나 반사작용의 일종일 뿐이다.

정교한 헛소리를 하려면 정신적인 이론이 필요하다. 자기가 한 말을 믿는 척할 수 있어야 한다. 자기 주변 사람들이 뭘 알고 또 뭘 모르는지 알아낼 수 있어야 한다. 또 어떤 헛소리가 상대에게 어떤 인상을 줄지 미리 상상해서 그에 따라 자기가 할 허튼소릴 선택할 수 있어야 한다.

동물계에는 이렇게 진보된 인식능력을 지닌 동물이 드물다. 우리 인간은 그 능력이 있다. 인간과 가장 가까운 영장류 친척인 침팬지와 고릴라에게도 있을 텐데, 그 외의 다른 유인원과 원숭이에게는 이런 능력이 없는 듯하다. 하지만 인간과 완전히 다른 종인 까마귓과에게는 있다.

우리는 큰까마귀, 까마귀, 어치 같은 까마귓과 새들이 매우 똑똑하다는 사실을 알고 있다. 이들은 인간 이외의 종들 가운데 가장 정교한 도구를 제작한다. 주변에 있는 물체를 능숙하게 이용해 온갖 어려운 문제를 해결하기도 한다. 까마귀가 항아리에 담긴 물의 수심을 높이기 위해 조약돌을 넣는다는 이솝우화 얘기는 아마 실제로 관찰한 사실을 바탕으로 쓰였을 것이다. 포획된 까마귀들은 이런 일을 하는 방법을 알아낼 수 있다. 까마귀는 미래를 위해 미리 계획을 세우면서 나중에 자신들에게 도움이 될 수 있는 물건을 고른다. 까마귀는 사람 얼굴을 알아보고 자기를 위협하거나 학대했던 이들에게 원한을 품는다. 심지어 이런 원한을 동료 까마귀들에게 널리 알리기도 한다.

까마귓과의 새들이 왜 그렇게 똑똑한지는 정확히 모르지만, 그들의 생활방식을 보면 확실히 똑똑함이 느껴진다. 오래 살고 사회성이 뛰어나며 먹을 수 있는 것을 찾아 창의적으로 주변을 탐색한다. 특히 큰까마귀는 늑대나 인간처럼 무리 지어 사냥하는 종과 함께 진화했을 수 있으며 포유류를 속여 먹이를 빼앗는 능력이 탁월하다.

먹이는 때로는 풍부하고 때로는 부족하기 때문에, 대부분의 까마귓과 새들은 나중에 찾을 수 있는 안전한 장소에 먹이를 숨겨둔다. 그러나 누군가가 보고 있을 때 이렇게 먹이를 숨기면 오히려 손해를 본다. 어떤 새가 먹이를 숨기는 모습을 다른 새가 보면 그 관찰자가 그 먹이를 훔쳐가는 일이 종종 생기는 것이다. 그 결과 까마귀들은 다른 새가 볼 때 먹이를 숨기기 조심스러워한다. 누가 보고 있

똑똑하게 생존하기

으면 까마귀는 재빨리 먹이를 숨기거나 먹이를 숨기기 전에 상대의 시야에서 벗어난다. 또 '가짜 은닉'을 시도하기도 한다. 먹이를 숨기는 척하면서 실은 자기 부리에 안전하게 보관하거나 나중에 적당한 곳에 숨긴다.

그렇다면 까마귀가 간식을 숨기는 척하면서 실제로는 그렇게 하지 않는 행동을 허풍이라고 봐도 될까? 그건 까마귀가 거짓 행동을 하는 이유와 자신의 거짓 행동이 구경꾼의 마음에 심어줄 인상을 고려하는지 여부에 달려 있다. 적극적인 허풍은 구경꾼의 주의를 딴 데로 돌리거나 혼란스럽게 하거나 생각을 잘못된 방향으로 이끌기 위한 것이다. 그러려면 거짓 행동을 하는 쪽은 자기 행동이 관찰자의 생각에 미치는 영향에 대한 심성 모형을 갖고 있어야 한다. 까마귀에게 그런 심성 모형이 있을까? 자기가 먹이를 숨기는 모습을 다른 새들이 지켜보다가 훔쳐 갈 가능성이 있음을 알고 있을까? 아니면 자기가 왜 그런 행동을 하는지 모르는 채로 그저 '다른 까마귀가 주위에 없을 때만 먹이를 숨기자' 같은 단순한 경험칙을 따르는 걸까? 동물 행동을 연구하는 연구진들은 인간 이외의 동물도 심성 모형을 갖고 있음을 증명하는 데 애를 먹었다. 하지만 최근 연구 결과는 까마귀가 예외일 수도 있다는 점을 시사한다. 까마귀는 간식을 숨길 때 다른 까마귀들이 뭘 알고 있는지 생각한다. 그리고 까마귀는 바로 앞에 앉아 있는 다른 새들을 속이기 위한 행동을 할 뿐만 아니라 그 행동을 통해 눈에 보이지 않는 다른 새들도 속일 수 있다는 걸 안다.* 이건 우리가 인터넷에서 허튼소리를 할 때와 매우 비슷하다. 눈앞에는 아무도 없지만, 자기가 하는 말이 많은 이들에게 전달되기를 바라고 기대한다.

까마귀도 이렇게 영리하고 남을 잘 속이는 동물이지만, 우리 인간이 하는 허튼소리는 그 수준이 아예 다르다. 까마귀처럼 인간에게도 마음 이론이 있다. 우리는 다른 사람들이 우리 행동을 어떻게 해석할지 미리 생각할 수 있고 이 기술을 자신에게 유리하게 이용한다. 또 까마귀와 달리 우리에게는 효율적으로 사용할 수 있는 풍부한 언어 체계도 있다. 인간의 언어는 다양한 생각을 전달하기 위해 엄청나게 많은 방법으로 단어를 조합할 수 있어서 표현 범위가 매우 방대하다. 언어와 마음 이론이 결합해 광범위한 메시지를 전달할 수 있고 우리 메시지가 듣는 사람에게 어떤 영향을 미칠지 머릿속에서 모델링할 수 있다. 이는 효율적인 의사소통을 원할 때 발휘할 수 있

---

* 일례로 다음과 같은 실험을 한 적이 있다. 첫 번째 까마귀에게는 어딘가에 숨길 먹이를 주고, 옆방에 있는 두 번째 까마귀에게는 커다란 창문을 통해 그 모습을 지켜보게 했다. 자기가 감시당하고 있다는 사실을 아는 먹이를 가진 까마귀는 재빨리 먹이를 숨긴 뒤 그 장소를 노출하지 않으려고 은닉처를 다시 찾는 걸 피했다. 연구진이 유리창에 나무 가리개를 설치해서 까마귀들이 서로의 모습을 볼 수 없게 하자 먹이를 가진 까마귀는 천천히 시간을 들여 먹이를 숨겼고 그 후에도 태연히 은닉처를 다시 찾아가 먹이 위치를 조정했다.
그런 다음 연구진은 창문을 덮고 있는 가리개에 작은 구멍을 뚫고 까마귀들이 그 구멍을 들여다보면 서로의 모습을 볼 수 있다는 사실을 깨닫도록 시간을 줬다. 그리고 감시하던 쪽 까마귀를 새장에서 꺼내 구멍을 통해 엿보는 이가 아무도 없게 했다. 여기서 중요한 의문점은 엿볼 수 있는 구멍은 뚫려 있지만 새장 안에서 자기를 지켜보는 새가 있는지 없는지를 직접적으로 알 수 없을 때 까마귀가 어떤 행동을 할 것이냐다. 만약 까마귀가 '다른 새를 볼 수 있다면 감시당할 때처럼 행동해야 한다.'라는 간단한 경험칙을 이용한다면 그들은 옹이구멍을 무시해야 한다. 까마귀에게도 심성 모형이 있다면 다른 새가 눈에 보이지 않더라도 옹이구멍을 통해 감시당할지도 모른다는 사실을 깨닫고 누가 지켜볼 때처럼 행동할 것이다. 까마귀들은 바로 이렇게 행동한다. 연구진은 까마귀가 옹이구멍을 통해 상대방을 지켜봤던 자신의 경험을 일반화해, 구멍이 뚫려 있을 때는 눈에 보이지 않는 다른 새가 자기를 지켜볼 수 있다는 사실을 인지한다는 결론을 내렸다.

똑똑하게 생존하기

는 좋은 기술이다. 그리고 의사소통을 통해 타인의 생각이나 행동을 조종하려고 할 때도 마찬가지로 유용하다.

그게 바로 의사소통으로 인해 발생하는 문제다. 이는 양날의 검이다. 우리는 의사소통을 통해 놀라운 방법으로 협업할 수 있다. 하지만 의사소통에 주의를 기울이는 동안 당신은 다른 사람이 당신의 행동을 조종하는 데 이용할 수 있는 '도구'를 내주게 된다. 의사소통 체계가 제한적인 동물들, 예를 들어 경고를 위한 포효 몇 가지가 의사소통의 전부인 동물들은 조작에 이용할 수 있는 도구가 몇 개밖에 안 된다. 흰목꼬리감기원숭이는 경고성 포효로 동료들에게 위험을 알린다. 이 방법은 대체로 많은 흰목꼬리감기원숭이의 생명을 구했다. 그러나 이 방법을 이용하면 서열이 낮은 원숭이들이 서열 높은 원숭이를 위협해 귀중한 먹이에서 떼어놓을 수도 있다. 그저 주변에 아무 위험이 없을 때도 가짜 경보음을 내기만 하면 된다. 그래도 흰목꼬리감기원숭이는 할 수 있는 말이 별로 많지 않으므로 서로를 속일 수 있는 방법도 많지 않다. 흰목꼬리감기원숭이는 도망가는 게 이득이 되지 않는 상황에서 도망가라고 가짜 경고를 전할 수 있다. 하지만 캐나다에 여자 친구가 있다는 걸 납득시킬 수는 없다. 또 난데없이 자기 재산을 미국 화폐로 세탁하는 걸 도와달라고 부탁하는 광산 재벌 미망인의 은행 계좌로 1만 달러를 송금하게 하는 것도 불가능하다.

그런데 왜 이렇게 사방에서 헛소리가 난무하는 걸까? 그 답 중 하나는 갑각류나 까마귀, 인간을 비롯한 모든 이들이 당신에게 뭔가를 팔려고 하기 때문이다. 또 인간은 어떤 헛소리가 효과적인지 파악할 수 있는 인지 도구를 갖고 있기 때문이기도 하다. 그리고 세 번째로는 복잡한 언어 체계 덕에 무한히 다양한 헛소리를 만들어낼 수 있다는 이유도 있다.

애매모호한 말과 변호사의 언어

우리는 거짓말쟁이에게 강력한 사회적 제재를 가한다. 심각한 거짓말을 한 것을 들키면 친구를 잃을 수도 있다. 주먹으로 얻어맞거나 고소를 당할 수도 있다. 그중에서도 가장 나쁜 건 당신의 이중성이 친구와 지인들 사이에서 가십거리가 될 수 있다는 것이다. 당신은 이제 우정과 사랑, 사업을 함께할, 신뢰할 수 있는 파트너가 아니다.

이런 잠재적인 처벌을 모두 고려하면 노골적으로 거짓말을 하기보다는 은근슬쩍 감춰버리는 편이 낫다. 이런 걸 호도糊塗라고 한다. 내가 엄밀히 따졌을 때 사실이 아닌 말을 해서 상대방이 잘못된 결론을 내리도록 의도적으로 유도한다면 그게 바로 호도다. 아마 최근 역사에서 찾아볼 수 있는 가장 대표적인 예는 빌 클린턴Bill Clinton이 〈뉴스아워Newshour〉의 짐 레러Jim Lehrer에게 "(모니카 르윈스키Monica Lewinsky와) 성관계를 하지 않는다there is no sexual relationship."라고 했던 유명한 주장일 것이다. 더 자세한 내용이 밝혀졌을 때도 클린턴은 자기 발언이 사실이라고 변명했다. 현재형 동사인 'is'를 사용한 것은 르윈스키와의 관계가 이제 끝났음을 나타낸다는 것이다. 물론 예전에는 관계가 있었지만, 그의 본래 주장은 그 문제를 어느 쪽으로도 언급하지 않았다.

호도는 그럴듯한 수준에서 진술을 거부하거나 진실을 얼버무리는 것이다. 이런 식으로 적당히 넘어가려다가 들키면 평판이 나빠질 수 있지만, 대부분의 사람들은 그게 노골적인 거짓말보다 덜 심각한 잘못이라고 생각한다. 보통은 상대를 호도하려다가 들켜도 클린턴처럼 "그건 'is'란 말이 무엇을 뜻하느냐에 달려 있다." 같은 터무니없는 변명을 할 필요가 없다.

호도가 가능한 건 우리가 언어를 사용하는 방식 때문이다. 사람들이 하는 말은 그들이 실제로 전하려는 말이 아닌 경우가 많다. 당신이 내게 데이비드 린치David Lynch의 〈트윈 픽스Twin Peaks〉 25주년 기념 리부트를 어떻게 생각하느냐고 물었을 때 내가 "나쁘지 않았다."라고 대답한다고 가정해보자. 그러면 당신은 자연스럽게 그 말을 "별로 좋지도 않다."라는 뜻으로 해석할 것이다. 내가 그런 말을 한 적이 없는데도 말이다. 혹은 동료의 습관을 얘기하면서 "존은 일할 때 마약을 하지 않는다."라고 말했다고 가정해보자. 이 말을 문자 그대로만 해석하면 존은 일할 때 헤로인을 하지 않는다는 뜻이므로 그가 근무시간 이후에 마약을 한다고 의심할 이유도 없다. 하지만 이 문장이 암시하는 바는 매우 다르다. 이는 존이 자제력이 약간 있는 헤로인 사용자라는 걸 암시한다.

언어학에서는 이런 함축적 의미의 개념이 화용론話用論의 영역에 속한다. 언어 철학자 H. P. 그라이스H. P. Grice는 문장이 문자 그대로의 뜻이 아니라 뭔가 다른 것을 의미하기 위해 사용되는 상황을 설명하려고 함의implicature라는 용어를 만들었다. 함의는 효율적인 의

사소통을 가능하게 한다. 당신이 커피를 어디에서 살 수 있느냐고 물었을 때 내가 "조금만 더 가면 식당이 있다."라고 말하면 내 대답을 그 질문에 대한 답으로 해석한다. 그 식당이 지금 열려 있고 커피를 판다고 가정하는 것이다. 나는 그런 사실을 일일이 다 말할 필요가 없다.

하지만 함의를 이용해 남을 호도할 수도 있다. "존은 일할 때 마약을 하지 않는다."라는 주장에 담긴 함의는 그가 다른 때에 마약을 한다는 것이다. 만약 그렇지 않다면 왜 그냥 존은 마약을 하지 않는다고 말하지 않았을까?

함의는 사람들이 오해의 소지가 있는 말을 한 뒤 나중에 무죄를 주장할 수 있는 여지를 대거 안겨준다. 직장에서는 마약을 하지 않는다고 말해 그를 비방한 나를 존이 고소하려 한다고 상상해보자. 어떻게 그가 이길 수 있을까? 내가 한 말은 사실이고, 그는 다르게 주장할 수 없다. 사람들이 이런 문자 그대로의 의미와 함의 사이의 간극을 이용해 허튼소리를 하는 경우는 너무나도 많다. "그는 내가 아는 가장 책임감 있는 아버지가 아니다."라고 말했다고 해보자. 이건 사실이다. 그보다 괜찮은 아빠를 1명 알고 있기 때문이다. 하지만 당신은 내가 그 사람이 형편없는 아빠라는 뜻으로 한 말이라고 생각할 것이다. "그를 부지런히 재촉하면 빚을 갚을 것이다." 이것도 사실이다. 그는 재촉하지 않아도 빨리 빚을 갚는 성실한 사람이기 때문이다. 하지만 당신은 그가 구두쇠라는 뜻으로 받아들일 것이다. "대학에서 장학금을 받고 풋볼을 했다." 이건 사실이다. 내가 받은 장학금은 내셔널 메리트^{National Merit} 협회에서 준 것이고, 축구는

똑똑하게 생존하기

일요일 아침마다 친구들과 터치 풋볼을 한 게 다지만 말이다. 하지만 당신은 내가 대학 시절 스타 운동선수였다고 생각할 것이다.

애매모호한 표현이라는 헛소리의 중요한 한 장르는 자기가 한 말의 책임을 회피하기 위해 문자적 의미와 함의의 차이를 이용한다. 이는 많은 전문 분야에서 중요한 기술인 듯하다. 광고주들은 소비자에게 어떤 이익을 제안한 뒤 그 약속을 이행하지 않아도 되도록 애매모호한 표현을 쓴다. 어떤 치약이 치석을 '최대' 50퍼센트까지 감소시켜 준다고 주장한 경우 이 주장이 거짓이 되는 건 치약 효과가 지나치게 좋을 때뿐이다. 정치인은 자기 정적^{政敵}이 조직범죄에 연루돼 있다고 "사람들이 말하더라."라는 식으로 얼버무리면 중상모략으로 고소당하는 걸 피할 수 있다. "실수가 있었다."라는 고전적인 표현을 쓰면 관리자는 누구의 과실도 묻지 않고 사과하는 자세를 취할 수 있다.

호머 심슨^{Homer Simpson}도 이런 사실을 잘 알고 있었다. 그는 아들 바트를 변호하면서 아내에게 이렇게 간청했다. "마지, 아이의 기를 꺾지 마. 책임을 회피^{weasel out}하는 건 우리가 꼭 배워야 하는 중요한 기술이라고. 그게 인간과 동물의 차이점이지…. 족제비^{weasel}만 빼고 말이야."

호머의 말은 농담으로 치더라도, 족제비 같은 기업들은 완곡한 어법과 소극적 목소리라는 연막 뒤에 숨어 책임을 분산한다. 2019년 NBC 뉴스는 세계적 제조업체 가운데 상당수가 마다가스카르에서 아동 노동으로 생산된 자재를 사용하고 있을 가능성이 있다고 보도했다. 피아트크라이슬러^{Fiat Chrysler}의 대변인은 "자사는 원자재 공급망을 발전시키기 위해 산업계 전반의 모든 가치 사슬에서 글로벌 이해관계자들과 협력하고 있다."라고 말했다. 협업? 글로벌 이해관계자? 가치 사슬? 우리는 지금 원석 광산에서 캔 운모를 가공하는 네 살짜리 아이 얘기를 하고 있다. 온 가족이 뙤약볕 아래서 일하고, 밤에는 한뎃잠을 자며, 하루에 40센트를 받는다. 이건 인간이 치르는 끔찍한 희생을 장황한 말 뒤에 숨기려는 기업의 허튼소리다.

어떤 헛소리꾼은 남을 적극적으로 속이면서 듣는 사람을 진실에서 멀어지게 한다. 또 어떤 헛소리꾼은 기본적으로 진실에 관심이 없다. 설명을 위해 본 장 시작 부분에서 얘기했던 동물 신호 얘기로 돌아가 보자. 동물들은 의사소통을 할 때 대부분 자기중심적 신호를 보낸다. 자기중심적 신호란 외부 세계의 어떤 것을 가리키기보다 신호를 보내는 자신과 관련된 것이다. 예를 들어 "배가 고프다.", "나 화났다.", "난 섹시하다.", "내게는 독이 있다.", "난 어떤 무리에 소속돼 있다." 등은 모두 신호를 보내는 이에 관한 내용을 전달하기 때문에 자기중심적 신호라고 할 수 있다.

타자중심적 신호란 신호를 보내는 쪽이 아닌 그 외부 세계의 요소들을 가리킨다. 이런 신호가 동물 신호 중에는 흔치 않지만, 경보의 포효는 주목할 만한 예외다. 인간 이외의 동물들은 대부분 외부 대상을 언급할 방법이 없다. 인간은 다르다. 인간 언어의 참신한, 거의 신기하기까지 한 특징 하나는 말하는 사람 본인뿐 아니라 다른 사람과 세상에 존재하는 다른 사물도 얘기할 수 있는 어휘와 문법을 제공한다는 것이다.

그러나 인간이 표면적으로 외부 세계의 요소들을 얘기할 때도 사실은 자신에 관해 더 많이 얘기하는지도 모른다. 파티나 다른 사교 행사에서 누군가를 처음 만나 대화를 나눌 때를 생각해 보라. 당신은 왜 그런 얘기를 하는가? 아니, 애초에 왜 그와 말을 나누는가? 당신이 하는 얘기는 상대방에게 세계의 다양한 측면을 알려주지 않는다. 그 얘기는 당신이 누구인지, 아니면 적어도 당신이 어떤 사람이 되고 싶은지에 관한 정보를 전달한다. 당신은 용감하고 모험을 즐기는 사람처럼 보이려고 할지도 모른다. 아니면 예민하고 걱정이 많은 사람이거나 인습 타파적인 사람 혹은 자기비하적 유머의 대가처럼 보이고 싶을 수도 있다. 우리는 다른 사람의 눈에 자신의 인상을 심어주기 위해 이런저런 얘기를 한다.

이런 충동 때문에 수많은 헛소리가 양산된다. 아시아 지역을 배낭여행 하면서 겪은 말도 안 되는 모험을 얘기하면서 상대방에게 원하는 인상을 주고자 할 때는 그 얘기가 꼭 사실일 필요가 없다. 말하는 본인도 그게 사실이든 아니든 신경 쓰지 않는 경우가 많다. 당신이 하는 얘기는 흥미롭거나 인상적이거나 매력적이어야 한다. 친구들과 둘러앉아 함께 맥주를 마시면서 자기 얘기가 그런 효과를 발휘하는지 확인하기만 하면 된다. 이런 허튼소리는 이른바 주의 경제attention economy에서 하나의 예술 행위가 됐다. 소셜미디어에서 입소문을 타는 얘기들을 생각해 보자. 아이들이 한 우스운 말, 끔찍한 첫 데이트, 반려동물들이 겪은 문제 등 여러 가지가 있는데, 이런 얘기는 사실일 수도 있고 아닐 수도 있지만, 그걸 읽는 대부분의 사람에게 진실 여부는 중요하지 않다.

사람들이 헛소리를 할 수 있다고 해서 그들이 반드시 헛소리를

하는 것도 아니고 진실의 힘이 헛소리를 빠르게 근절하지 못하는 것
도 아니다. 그런데 왜 사방에 헛소리가 난무하는 걸까?

거짓말은 날아가고, 진실은 절뚝거리며 그 뒤를 따라간다

아마 헛소리 연구에서 가장 중요한 원칙은 브란돌리니의 법칙
Brandolini's law일 것이다. 2014년 이탈리아 소프트웨어 엔지니어인 알
베르토 브란돌리니Alberto Brandolini가 만든 이 원리는 다음과 같이 말
한다.

"헛소리를 반박하는 데 필요한 에너지의 양은 그런 헛소리를 생
산하는 데 필요한 에너지보다 몇십 배나 많다."

헛소리를 하는 건 그로 인해 생긴 가짜 정보를 없애는 것보다 훨
씬 쉽다. 또 훨씬 간단하고 비용도 적게 든다. 이탈리아인 블로거 유
리엘 파넬리Uriel Fanelli는 브란돌리니가 위와 같은 법칙을 만들기 몇
년 전부터 "바보는 우리가 반박할 수 있는 것보다 더 많은 헛소리를
쏟아낼 수 있다."라고 주장했다. 음모 이론가이자 라디오 진행자인
알렉스 존스Alex Jones는 샌디훅Sandy Hook초등학교 총기 난사 사건이
날조됐다고 주장하기도 하고 피자게이트Pizzagate(미국 정계 고위 인사들
이 소아성애자 단체와 관련이 있다는 음모론-옮긴이) 같은 악의적인 헛소리
를 퍼뜨리기도 했지만, 그가 꼭 사악한 천재라고 볼 이유는 없다. 그
는 사악한 바보일 수도 있고 아니면 가짜 뉴스에 현혹된 사람일 수
도 있다.

의학계에 퍼져 있는 '백신이 자폐증을 일으킨다.'라는 치명적인 거짓말은 브란돌리니 법칙의 전형적 예라고 할 수 있다. 20년 이상 연구를 해봤지만, 백신이 자폐증을 일으킨다는 증거는 없다. 사실 백신이 자폐증을 일으키지 않는다는 증거가 압도적으로 많다. 그러나 1998년 영국 의사인 앤드루 웨이크필드Andrew Wakefield와 동료들이 〈랜싯Lancet〉이라는 의학 저널에 발표한 충격적일 정도로 증거가 빈약한 연구 결과 때문에 백신과 관련된 잘못된 정보가 계속 퍼지고 있다. 웨이크필드 연구 팀은 그 논문과 나중에 진행된 수많은 기자 회견에서 자폐증과 염증성 장 질환이 동반되는 증후군이 홍역-볼거리-풍진MMR 백신과 관련이 있을지도 모른다는 가능성을 제기했다.*

웨이크필드의 논문은 현대판 '백신 접종 거부' 운동을 촉발했고 백신에 대한 놀라울 정도로 지속적인 공포를 조성해 전 세계에서 홍역이 재유행하는 데 기여했다. 그러나 과학 역사상 이처럼 심하게 신빙성이 떨어지는 연구는 드물다. 이 연구 내용을 검토하고 또 검토하느라 수백만 달러와 수많은 연구 시간이 소요됐다. 그리고 이제

---

* 웨이크필드의 연구에서 즉각 드러난 문제점 중 하나는 표본 크기가 너무 작다는 것이었다. 그의 연구는 12명의 아이들만을 대상으로 했는데, 그들 대부분은 MMR 백신을 접종한 직후 발병한 것으로 알려졌다. 그렇게 작은 표본에서 희귀한 현상에 관한 의미 있는 결론을 도출하는 것이 불가능하지는 않지만, 매우 어렵다.

그러나 연구 표본이 적다는 것은 그의 문제들 중 가장 사소한 것이다. 후속 조사 결과, 《랜싯》 논문은 12명의 환자 중 대다수에 관해 의료 기록이나 부모의 보고와 일치하지 않는 질병과 병력을 기술한 것으로 밝혀졌다. 브라이언 디어Brian Deer 기자는 〈브리티시 메디컬 저널British Medical Journal〉에 실린 통렬한 기사에서 다음과 같은 여러 가지 문제점을 열거했다. 퇴행성 자폐증을 앓고 있다고 했던 환자 12명 중 3명은 애초에 자폐증 환자가 아니었다. 몇몇 사례에는 증상이 시작된 시기가 정확하게 보고되지 않았다. 그리고 백신 접종 전까지 정상이었다고 보고한 어린이 중 5명은 기존에 발달 장애가 있었음을 보여주는 병력이 있다.

는 반박의 여지없이 철저하게 신빙성이 사라졌다.*

MMR-자폐증 가설의 반대 증거가 쌓이고 웨이크필드의 이해관계 충돌 문제가 밝혀지자 그의 공동 저자 대부분이 자신들의 연구에 믿음을 잃기 시작했다. 2004년 그들 중 10명이 공식적으로 1998년도 논문의 '해석' 부분을 철회했다. 웨이크필드는 철회에 동참하지 않았다. 《랜싯》은 2010년 그 논문을 완전히 철회했다.

같은 해 웨이크필드는 직업윤리에 위배되는 심각한 비행으로 영국의학협회에서 유죄판결을 받았다. 그는 1998년도 논문과 관련된 위반 행위, 환자들에게 대장내시경과 허리천자 등 불필요하고 침습적인 시술을 한 것, 이해관계가 얽힌 재정적 갈등 문제를 공개하지

---

* 웨이크필드의 주장은 그의 논문이 발표된 직후부터 면밀한 조사를 받았다. 웨이크필드의 논문을 게재한 지 채 1년이 안 됐을 때 《랜싯》은 백신과 자폐증의 연관성을 조사한 또 다른 연구 논문을 게재했다. 이 연구는 훨씬 큰 표본(498명의 자폐아)을 신중하게 통계분석했으나 둘 사이에 아무런 연관성도 찾지 못했다.
이건 시작에 불과했다. 기계론적 측면에서 보면 다른 연구진들은 크론병 환자의 내장에 홍역 바이러스가 지속적으로 존재한다는 웨이크필드의 주장을 반복할 수 없었다. 역학 부문에서도 수많은 연구가 진행됐지만, 백신과 자폐증 사이의 연관성은 발견되지 않았다. 예를 들어 2002년 〈소아과학Pediatrics〉지는 50만 명이 넘는 핀란드 어린이들에 관한 연구 결과를 발표하고 〈뉴잉글랜드 의학 저널The New England Journal of Medicine〉은 50만 명이 넘는 덴마크 어린이들을 연구한 내용을 발표했다. 둘 다 아무런 연관성도 발견하지 못했고 덴마크 연구 논문은 결론에서 "이 연구는 MMR 백신 접종이 자폐증을 유발한다는 가설의 강력한 반대 증거를 제공한다."라고 단도직입으로 말하고 있다.
일본에서는 1993년 MMR 백신을 1가(단일 질병) 백신으로 대체하면서 자연 실험이 이뤄졌다. 만약 MMR 혼합 백신은 자폐증을 유발할 수 있지만, 각 질병마다 하나씩 3개의 백신을 따로따로 투여하면 안전하다는 웨이크필드의 가설이 옳다면 일본에서 자폐증 발병률이 감소했을 것이다. 하지만 그런 일은 일어나지 않았다. 좀 더 최근에는 여러 연구에서 얻은 데이터를 종합해 메타 분석을 실시하면서 130만 명의 어린이들을 조사했는데 여기에서도 백신 접종과 자폐증 사이의 관계를 발견하지 못했다.

똑똑하게 생존하기

않은 것 등에 대해 경고받았다.* 이 청문회 결과 웨이크필드의 영국 내 의사 면허가 취소됐다. 2011년 〈영국의학저널〉 편집장 피오나 고들리Fiona Godlee는 웨이크필드의 연구가 사기라고 공식 선언하면서 틀림없이 사람들을 속일 의도가 있었을 것이라고 주장했다. 단순히 무능하다는 이유만으로는 그 논문을 둘러싼 수많은 문제를 설명할 수 없기 때문이다.

이런 윤리적 위반이 자폐증과 백신 사이에 연관성이 있다는 웨이크필드의 주장을 뒤집는 가장 강력한 증거는 아니다. 웨이크필드의 증거는 그가 내린 결론을 정당화하기에 충분하지 않았을지도 모른다. 데이터 처리가 엉성하거나 엉망이었을 수도 있다. 그가 직업 윤리를 따르지 않은 건 매우 나쁜 짓이었다. 연구 논문 전체가 이해관계 충돌과 조작된 연구 결과로 가득한 '공들인 사기'였는지도 모른다. 원칙적으로 웨이크필드의 주장이 옳았을 수도 있다. 하지만 그렇지 않았다. 우리는 대규모로 진행된 신중한 과학 연구 덕분에 그 사실을 알게 됐다. 자폐증과 백신 사이에 연관성이 없다는 사실을

---

* 언론인 브라이언 디어의 조사 결과 웨이크필드가 엄청난 이해관계 충돌을 숨기고 있었다는 사실이 드러났다. 웨이크필드의 연구 팀은 1998년 논문 작성 당시 백신 제조업체를 상대로 소송을 벌이고 있던 한 변호사에게 자금 지원을 받았다. 웨이크필드가 주장한 백신과 자폐증의 연관성이 해당 소송의 주요 주제가 될 예정이었다. 웨이크필드는 결국 10년 동안 이 소송에 참여하면서 영국 법률정보위원회에서 40만 파운드가 훨씬 넘는 돈을 받았다. 직업윤리상 논문 저자는 자신의 금전적 이해관계를 논문에 공개해야 하지만, 웨이크필드는 《랜싯》에 공개하지 않았다. 게다가 그의 공동 저자들은 웨이크필드가 이 연구에 대한 대가를 받고 있다는 사실을 몰랐다고 한다. 또 다른 금전적 이해 충돌도 있었다. 웨이크필드는 논문을 발표하기 전에 적어도 두 건의 특허출원을 신청했는데, 하나는 장에 있는 홍역 바이러스를 이용해 크론병과 궤양성 대장염을 진단 검사하는 특허이고, 다른 하나는 '더 안전한' 홍역 백신 생산에 관한 것이었다. 각 특허의 상업적 가치는 MMR 백신이 자폐증 및 염증성 장 질환과 관련 있다는 그의 이론을 입증하는 데 달려 있었다. 디어의 말에 따르면 웨이크필드는 이 분야 스타트업 기업들의 창업을 도왔고 상당한 지분을 보유하고 있다고 한다.

증명한 것은 웨이크필드 논문의 약점이 아니라 차후에 제시된 과학적 증거의 압도적인 무게다.

분명히 얘기하는데 자폐증과 백신 접종 사이에 연관성이 있는지 살펴보는 것은 결코 부적절한 일이 아니다. 문제는 원래의 연구가 무책임하게 진행됐다는 것이다. 그리고 그 연구의 무서운 결론이 확실하게 반증되자 백신 접종 거부자들은 거대 제약회사들이 진실을 감추려고 음모를 꾸미고 있다는 거짓 얘기를 만들어냈다. 웨이크필드는 미국 질병통제예방센터CDC가 백신과 관련된 안전 문제를 은폐하고 있다고 주장하는 〈백스드Vaxxed〉라는 다큐멘터리영화까지 제작했다. 이 영화는 언론의 많은 관심을 받았고 백신 공포에 다시 불을 붙였다. 웨이크필드의 논문을 반증하는 모든 연구 결과와 그의 가설과 반대되는 엄청난 양의 증거가 있는데도 일부 대중은 여전히 그를 신뢰하기 때문에 백신과 자폐증의 연관성을 둘러싼 근거 없는 두려움이 지속되고 있다.

그로부터 20년 뒤 웨이크필드의 거짓말이 공중보건에 처참한 결과를 가져왔다. 백신 접종 비율은 웨이크필드의 논문이 발표된 직후 바닥을 쳤다가 나중에 다시 상승하긴 했지만, 1990년대 초반에 비해 위험할 정도로 낮은 수준을 유지하고 있다. 2018년 상반기 유럽에서는 4만 1,000명의 홍역 환자가 발생해 사상 최대치를 기록했다. 홍역을 완전히 근절하다시피 했던 미국에도 현재 해마다 대규모 발병이 이어지고 있다. 볼거리, 백일해 같은 다른 질병도 다시 유행하고 있다. 특히 부유한 해안 도시에 사는 많은 미국인들은 백신의 안

전성에 회의적이다. 부모들이 실험적으로 자녀의 백신 접종 시기를 늦추는 게 최근 유행하는 추세다. 하지만 이 전략을 과학적으로 뒷받침하는 증거는 없으며 자녀들이 아동기 질병의 폐해에 장기간 노출되기 쉽다. 면역계가 손상된 아이들은 특히 질병에 취약하다. 이들 중 상당수는 예방접종을 할 수 없으므로 주변인들이 백신 접종을 했을 때 발생하는 '집단면역'에 의존해야 한다.

그렇게 해서 우리는 과학 문헌에 등장한 그 어떤 가설보다 신빙성이 떨어지는 가설을 갖게 됐다. 이는 공중보건에 심각한 해를 끼치고 있다. 그리고 사라지지도 않을 것이다. 백신과 자폐증의 연관성에 관한 루머를 밝히는 게 왜 그리 어려울까? 브란돌리니의 법칙이 작용하기 때문이다. 연구진은 웨이크필드가 처음 그 주장을 하기 위해 들인 시간보다 훨씬 많은 시간을 투자해야 한다.

이 특정한 오해에는 다른 잘못된 믿음보다 더 끈질기게 지속되는 여러 가지 특징이 있다. 자폐증은 부모들이 두려워하는 질환이고, 우리는 자폐증의 원인이 뭔지 아직 모른다. 가장 성공적인 도시전설처럼 이 얘기의 기본적인 서사도 간단하고 매력적이다. "아이의 연약한 몸을 바늘로 뚫고 이물질을 주입한다. 아이는 접종 후 며칠 혹은 몇 주 동안 더없이 멀쩡해 보이다가 갑자기 심각하고 돌이킬 수 없는 퇴행을 겪는다." 이 얘기는 우리의 가장 깊은 두려움 중 일부, 즉 이 경우에는 위생 및 오염에 관한 두려움과 우리 아이들의 건강과 안전에 대한 불안감을 자극한다. 또 두 가지 사건이 연속적으로 일어나는 걸 볼 때 설명을 원하는 욕망과 그 원인을 밝히려는 경향에 영합한다. 그리고 이는 우리 자신을 보호할 수 있는 방법을 암시한다. 이 같은 일을 성공적으로 반박하려는 시도는 분명히 힘든 싸움이다.

헛소리는 만들어내기 쉬울 뿐 아니라 퍼지기도 쉽다. 풍자 작가 조너선 스위프트Jonathan Swift는 1710년 "거짓말은 날아가고, 진실은 절뚝거리며 그 뒤를 따라간다."라고 썼다.* 이 말은 다양한 방식으로 구체화됐지만, 우리가 가장 좋아하는 건 프랭클린 D. 루스벨트 Franklin D. Roosevelt 대통령 때 국무장관으로 일했던 코델 헐Cordell Hull 의 말이다. "거짓말은 진실이 바지를 채 주워 입기도 전에 지구를 반 바퀴쯤 질주할 것이다." 이 말을 들으면 이미 멀리 떠나가 버린 거짓 을 절망적으로 쫓아가려는 불운한 진리가 발목까지 내려간 바지를 끌어올리려고 안간힘을 쓰면서, 반쯤은 달리고, 반쯤은 발을 헛디디 며 복도를 뛰어가는 모습을 떠올리게 된다.

이를 종합해 보면 브란돌리니의 법칙과 파넬리의 원칙, 스위프 트의 관찰 내용은 (1) 헛소리를 만들어내는 건 그걸 없애는 것보다 훨씬 쉽고 (2) 머리를 덜 써도 되며 (3) 없애려는 노력보다 빨리 퍼진 다는 사실을 말해준다. 물론 이런 얘기들은 다 경구警句일 뿐이다. 듣 기에 좋고 '사실'처럼 느껴지지만, 더 심한 헛소리일 수도 있다. 헛소 리가 퍼져나간 정도를 측정하려면 헛소리를 포획, 저장, 종합해 대 규모로 분석할 수 있는 환경이 필요하다. 페이스북Facebook이나 트위 터Twitter 같은 소셜미디어 플랫폼이 그런 환경을 제공해 준다. 이런

---

* 전체 인용구는 다음과 같다. "거짓말은 날아가고, 진실은 절뚝거리며 그 뒤를 따라간다. 그래서 사 람들이 기만당한 것을 깨달을 즈음에는 이미 때가 늦었다. 장난은 끝났고, 얘기는 효과를 발휘했 다. 화제가 바뀌고 난 뒤에 재치 있는 말을 생각해 낸 사람처럼 혹은 환자가 죽은 뒤에야 겨우 완벽 한 약을 알아낸 의사처럼 말이다."

똑똑하게 생존하기

플랫폼에서 발송하는 메시지 중 상당수는 한 사람에게서 다음 사람에게로 전해지는 뜬소문이다. 물론 소문이 헛소리와 똑같은 건 아니지만, 둘 다 의도적인 속임수의 산물일 수 있다.

소문이 퍼지는 경로를 추적하려면 누가 누구와 어떤 순서로 어떤 내용을 공유했는지 살펴봐야 하는데 이런 정보는 시스템에 적절한 접근권이 있으면 쉽게 구할 수 있는 정보다. 위기에 관한 트윗은 특히 중요하다. 이런 사건이 벌어졌을 때 생기는 집중적인 관심은 잘못된 정보를 생성하려는 동기와 그걸 반박하려는 근본적인 욕구를 유발한다.

2013년 발생한 보스턴 마라톤 테러 사건도 그런 위기 중 하나였다. 테러 직후 트위터에는 비극적인 얘기가 등장했다. 8살 된 소녀가 폭탄 테러로 사망했다는 보도가 있었다. 이 어린 소녀는 샌디훅 초등학교 학생이었고 몇 달 전 그 학교에서 일어난 끔찍한 총기 난사 사건으로 죽은 급우들을 추모하기 위해 마라톤에 참가했다. 샌디훅 사건에서 살아남았지만, 결국 보스턴 마라톤 폭탄 테러로 사망한 그 소녀의 끔찍한 운명의 아이러니가 트위터 공간에서 들불처럼 퍼져나갔다. 형광 분홍색 셔츠 위에 1035번 번호표를 달고 하나로 묶은 머리카락을 늘어뜨린 소녀의 사진을 본 수천 명의 사람은 슬픔과 연민이 가득한 반응을 보였다.

하지만 이 얘기에 의문을 제기한 이들이 있었다. 어떤 사람은 보스턴 마라톤에는 어린아이가 참가할 수 없다는 사실을 언급했다. 다른 사람들은 소녀가 단 번호표가 조 카셀라 5K^{Joe Cassella 5K}라는 다른 경주에 사용된 것임을 알아차렸다. 루머 추적 사이트인 스노프닷컴Snopes.com은 재빨리 이 소문의 정체를 폭로했고 다른 팩트 체크 기관들도 동참했다. 그 소녀는 죽지 않았고 마라톤에 참가하지도 않았다. 트위터 사용자들은 이 루머를 반박하는 트윗을 2,000개 넘게 올리면서 잘못된 기록을 바로잡으려고 했다. 하지만 헛된 노력이었다. 9만 2,000명이 넘는 사람들이 그 소녀에 관한 가짜 얘기를 공유했다. 주요 통신사들도 이 얘기를 다뤘다. 루머를 바로잡으려는 수많은 시도가 있었지만, 그 루머는 계속해서 퍼져나갔다. 이번에도 브란돌리니가 옳았다.

페이스북에서 일하는 연구진도 자사 플랫폼에서 비슷한 현상을 관찰했다. 스노프에서 조사한 소문들을 추적해 본 결과 연구진은 스노프가 해당 주장이 틀렸음을 밝힌 뒤에도 가짜 소문이 진짜 소문보다 널리 퍼졌다는 사실을 알아냈다. 허위 루머를 퍼뜨리는 게시물은 '스노프에서 확인된' 뒤 삭제될 가능성이 높지만, 허위 정보 전파를 막을 정도로 빠르게 지워지는 경우는 드물다.

다른 연구진들은 이런 루머가 폭포처럼 쏟아지는 이유가 뭔지 살펴봤다. 음모론 게시물을 다른 주제와 관련된 게시물과 비교해 보니 음모론이 퍼져나간 범위가 훨씬 넓었다. 이 때문에 허위 주장을 바로잡기란 매우 어려워진다. 헛소리에 관한 스위프트의 직관은 완벽하게 입증됐다. 헛소리를 일소하려는 사람들은 그걸 퍼뜨리는 이들에 비해 상당히 불리한 입장이다.

진실을 말하는 사람들은 또 다른 난관에 부딪친다. 우리가 정보를 얻고 공유하는 방법이 빠르게 변하고 있기 때문이다. 최근 75년 동안 우리는 신문에서 뉴스 피드로, 〈페이스 더 네이션Face the Nation

(미국 CBS의 주간 뉴스 프로그램으로 텔레비전 역사상 가장 오랫동안 지속된 뉴스 프로그램 중 하나-옮긴이))에서 페이스북으로, 정치인의 방송 대담에서 새벽 4시에 마구 올리는 트윗으로 발전해 왔다. 이런 변화는 혼란, 오보, 헛소리, 가짜 뉴스의 급속한 확산을 위한 비료를 제공한다. 다음 장에서는 어떻게 그리고 왜 이런 일이 일어났는지 살펴보자.

매체, 메시지, 잘못된 정보

CHAPTER 02

당신이 1990년에 2020년쯤에는 지구상 인구의 거의 절반이 세상 어떤 사실이든 곧바로 찾아볼 수 있는 지갑 크기의 기계(스마트폰)를 갖고 다닐 것이라고 말했다면 우리는 그 기계가 헛소리의 종말을 가져오리라고 예상했을 것이다. 내 주장을 별다른 수고도 들이지 않고 그 자리에서 손쉽게 확인할 수 있는 사람을 어떻게 속일 수 있단 말인가?

하지만 사람들은 스마트폰을 이 같은 용도로 활용할 시간이나 의향이 없는 게 분명하다. 오히려 스마트폰은 헛소리를 퍼뜨리는 또 하나의 수단이 됐다. 긍정적인 면이 있다면 저녁 식사 도중 30번씩 팩트 체크를 받는 일 없이 품위 있게 대화를 이어갈 수 있다는 것이다. 부정적인 면이 있다면 대부분의 헛소리가 반박되지 않는다는 것이다.

기술은 헛소리와 관련된 문제를 불식하기는커녕 오히려 더 악화했다. 이 장에서는 어떻게 그렇게 됐는지 살펴볼 예정이다. 간단히 말해 인터넷이 발달하면서 생산되는 정보의 종류와 정보를 공유하는 방식 그리고 우리가 원하는 정보를 찾는 방법이 달라졌다. 인터넷 혁명 덕분에 좋아진 부분도 많지만, 큰 단점도 있다. 별로 중요하지 않은 피상적인 정보가 진지하고 심도 있고 사려 깊은 정보를 추월했다. 뉴스 보도는 갈수록 편파적이 되고 있다. 오보와 역정보, 가짜 뉴스가 난무한다. 이 문제들을 차례대로 살펴보자.

인쇄기라는 사창가

정보기술의 혁명을 막으려고 애쓰는 영혼을 불쌍히 여겨라. 신부이자 필경사였던 필리포 데 스트라타Filippo de Strata도 그런 혁명을 겪었다. 1474년 그는 인쇄기 발명으로 발생한 손해에 맞서 싸웠다. 데 스트라타는 인쇄업자들이 "진정한 작가가 굶어 죽어가는 동안 쉽게 외부의 영향을 받는 젊은이들을 흥분시킬 수 있는 자료를 뻔뻔스럽게도 아주 싼값에 인쇄해 준다."라고 주장했다. 책 제작비를 대폭 인하하는 인쇄기는 텍스트의 가치와 권위를 떨어뜨릴 수밖에 없다. 모든 책을 손으로 직접 써야만 했던 시절에는 오직 왕족과 성직자만이 데 스트라타처럼 잘 훈련된 필경사에게 책 사본을 만들어달라고 의뢰할 수 있었다. 필경사를 고용하는 데 드는 막대한 비용이 종이에 어떤 정보를 적을 것인지 결정하는 여과 장치 역할을 했다. 사소한 오락거리로만 이용되는 책의 수요는 거의 없었다. 새로 제작되는 책은 대부분 성경과 매우 중요한 문서의 사본이었다. 그러나 인쇄기의 등장은 별로 진지하지 않은 콘텐츠가 시장에 넘쳐날 수 있는 길을 열었다. 데 스트라타는 공적으로 "인쇄기라는 사창가"가 독자들을 오비디우스의 작품처럼 음란한 싸구려 오락거리로 이끌 것이라며 불안해했다. 하지만 사적으로는 자신의 고용 안정에 관심이 더 많았을 것이다.

어떤 이들은 중요한 정보를 모호하게 하는 중요치 않은 내용이 확산되는 것을 우려했다. 16세기 콘라트 게스너Conrad Gessner와 17세기 아드리앙 바이에Adrien Baillet 등 인간의 지식을 정리한 선구자들은 인쇄기 때문에 독자들이 연구해야 할 내용이 너무 많아지면 지레 질려 학문 연구가 중단될지도 모른다고 경고했다. 하지만 그들의 예상은 틀렸다. 그로부터 몇 세기가 지난 지금에 와서 판단해 보면 구텐베르크의 혁명이 끼친 해악보다 이익이 훨씬 크다는 사실을 알 수 있다. 인쇄기는 훗날 공공도서관과 결합돼 문자언어를 민주화했다. 1500년 독일 작가 세바스찬 브랜트Sebastian Brant는 이런 변화를 다음과 같이 설명했다.

우리 시대에는… 책이 풍성하게 등장했다. 한때는 부자들, 아니 왕만 소유하고 있던 책을 이제는 수수한 지붕 아래에서도 볼 수 있게 됐다. …요즘 우리 아이들은 … 모르는 게 없다.

하지만 정보 공유 비용이 급격히 떨어지면 우리가 이용할 수 있

똑똑하게 생존하기

는 정보의 성격과 사람들이 정보와 상호작용하는 방법 모두가 바뀐다는 데 스트라타의 말은 옳았다.*

데 스트라타가 인쇄기에 대한 경종을 울린 때로부터 약 500년 뒤 사회학자 닐 포스트먼Neil Postman이 그의 심정을 다시금 상기시켰다.

> 새롭고 다양한 의사소통 수단이 발명된 덕에 그런 수단이 없었다면 의견을 청할 일이 없었을 많은 이들에게 목소리와 청중이 생겼다. 하지만 사실 이들이 공적인 문제에 보탤 수 있는 건 언어적 배설물밖에 없다.

블로그와 인터넷 포럼, 소셜미디어 플랫폼을 규탄하고 싶다면 이보다 더 좋은 표현은 없을 것이다. 하지만 포스트먼은 소셜미디어는 물론이고 심지어 인터넷도 언급하지 않았다. 그가 이 말을 한 건 반세기 전의 일이다. 그는 1969년 한 강연에서 텔레비전의 저속한 프로그램, 신문이나 잡지의 얼빠진 기사, 대중매체의 엄청난 광기를 한탄했다. 그리고 이런 유의 정보 오락으로 인해 소비자들이 중요한 정보에서 멀어지게 되기 때문에 이런 오락 자체가 일종의 역정보가 될 수 있다고 주장했다. 종교가 인민의 아편이라면 〈저지 쇼어Jersey Shore〉나 〈템테이션 아일랜드Temptation Island〉 같은 리얼리티 프로그램은 대중들이 금속성 페인트 가스를 들이마시는 스프레이 통이다.

포스트먼의 강연 이후 우리는 또 다른 혁명을 겪었다. 인터넷은

---

* 외르스 사트마리Eörs Szathmary와 존 메이너드 스미스John Maynard Smith도 1995년 출간된 저서 《진화의 주요 변천The Major Transitions in Evolution》에서 생명 시스템과 관련해 비슷한 주장을 했다. 정보 활용의 생물학적 변천에 관한 그들의 아이디어가 이 부분의 내용을 정리하는 데 많은 도움이 됐다.

정보 생산, 공유, 소비 방식을 바꿨다. 우리가 조사를 하고 현재 벌어지는 사건에 관해 알고 또래들과 교류하고 즐거운 시간을 보내고 심지어 사고하는 방식까지 바꿔놨다. 그런데 왜 인터넷은 전례 없는 규모의 헛소리 대유행을 촉발한 걸까?

먼저 출판 과정부터 살펴보자. 1980년대까지는 출판하려면 많은 돈이 필요했다. 조판 비용은 비싸고, 인쇄를 하려면 상당한 간접비가 필요했으며, 배포 과정에는 물리적인 종이뭉치를 독자의 손에 넘겨주는 것까지 포함됐다. 오늘날에는 개인용 컴퓨터와 인터넷 연결망만 있으면 누구나 전문적인 느낌의 문서를 제작해 전 세계에 무료로 배포할 수 있다. 게다가 이 모든 일을 잠옷을 입은 채로도 할 수 있다.

무한히 많은 새로운 목소리가 전 세계적으로 진행되는 대화에 끼어드는 것, 이것이 바로 인터넷이 약속한 민주화다. 이전에는 자신의 작품을 출판하고 홍보하기 위한 재정과 사회적자본이 부족했을 수도 있는 소외된 집단의 구성원들이 이제 본인의 얘기를 들려줄 수 있게 됐다. 그와 동시에 이 새로운 기술은 사람들의 다양한 관심사를 포착하고 그중 가장 희귀한 집착과 관련된 공동체까지 만들어낸다. 내 손으로 직접 증기 오르간을 만들고 싶은가? 〈스쿠비-두 Scooby-Doo〉 만화를 비판적인 이론적 관점에서 탐구해보고 싶은가? 《캔터베리 이야기The Canterbury Tales》의 주인공들이 하는 복잡한 주사위 게임을 배워보겠는가? 인터넷은 이 모든 주제를 다 다룬다.

이 같은 민주화에는 물론 어두운 면도 있다. 소셜미디어에 입소문이 나면 아마추어 작가들도 전문 언론인처럼 청중에게 다가갈 수 있다. 하지만 보도 품질에는 엄청난 차이가 있을 수 있다. 일반적인 인터넷 사용자들은 저널리즘 교육도 받지 못했을뿐더러 정확한 보도를 해야 한다는 동기도 부족하다. 우리는 그 어느 때보다 많은 정보에 접근할 수 있지만, 그 정보는 신뢰도가 떨어진다.

인터넷이 등장하기 전에는 매스미디어가 먼 곳에서 들려오는 목소리로 우리 거실을 가득 채웠지만, 그 목소리는 우리에게 친숙했다. 우리는 에드 머로Ed Murrow(미국 방송기자, 전쟁 특파원-옮긴이)가 하는 말을 듣고 낯익은 신문 칼럼니스트들이 쓴 글을 읽고 '미국에서 가장 신뢰받는 사람'인 월터 크롱카이트Walter Cronkite(미국 저널리스트, 뉴스캐스터-옮긴이)를 보고 유명한 작가들이 창조한 허구의 세계로 뛰어들었다. 오늘날의 소셜미디어 세상에서는 친구들이 최근에 자기와 애인 사이에 있었던 일을 쓸데없이 감상적으로 늘어놓거나 현지에서 생산한 재료로 만든 유기농 브런치 사진을 올리거나 자녀들이 운동, 예술, 학문 분야에서 이룬 성과를 지겹도록 자랑한다. 우리 집도 친구들이 함께 공유하기에 적절하다고 생각한 이름 모를 낯선 이들의 목소리로 가득 차 있다. 우리는 그 사람들이 누군지 모른다. 그들이 쓴 글이 우리가 상업적 매스컴에서 기대하는 정확성에 주의를 기울인 경우는 드물다. 그리고 '저자들' 중 일부는 기업 이익이나 외국 열강을 대신해 허위 정보를 퍼뜨리는 대리인이거나 컴퓨터 프로그램이다.

과거에 뉴스가 천천히 흘러 들어올 때는 정보를 효과적으로 분류할 수 있었다. 하지만 오늘날에는 쇄도하는 정보에 맞서야 한다. 이 장을 쓰는 동안 우리 둘 다 인터넷 창을 여러 개 열어놨다. 창마다 대략 10개 정도의 탭이 열려 있고, 각 탭에는 뉴스, 학술지 기사, 블로그 게시물 혹은 다시 방문하려고 열어뒀지만 결국 방문하지 않을 다른 정보 출처들이 포함돼 있다. 우리가 아무것도 하지 않아도 부가적인 얘기와 토막 뉴스들이 우리가 따라갈 수 있는 것보다 빠른 속도로 소셜미디어 피드를 점령한다. 양은 훨씬 많아지고 필터링은 너무 적기 때문에, 우리는 만화영화 〈마법사의 제자Sorcerer's Apprentice〉 같은 상황에 처한다. 즉, 상황에 압도당하고 기진맥진해 시간이 갈수록 더 빨리 흐르는 급류에 맞서 싸울 의지를 잃어버리는 것이다.

있는 그대로의 진실로는 부족하다

필리포 데 스트라타는 오비디우스의 작품이 성경을 밀어낼까 봐 두려웠다. 우리는 소셜미디어에서 급증하는 무의미한 목록, 퀴즈, 밈meme, 유명 인사의 가십이 〈뉴욕타임스The New York Times〉나 〈월스트리트저널The Wall Street Journal〉에서 볼 수 있는 사려 깊은 분석을 밀어낼까 봐 두렵다. 모든 세대는 후대의 게으른 마음가짐 때문에 인류가 문화적, 지적으로 쇠퇴할 것이라고 생각한다. 이는 수천 년 동안 되풀이돼 온 따분한 한탄일지도 모르지만, 지금은 우리 차례이니 이렇게 투덜거릴 기회를 놓치지 않을 것이다.

인터넷 시대 이전에는 신문과 잡지가 구독료를 통해 돈을 벌었다.* 정기간행물을 구독하면 장기간 이어지는 관계가 시작된다. 사람들은 소식통이 제공하는 정보의 질과 정확성, 일상생활과의 관련성에 신경 썼다. 구독자를 유치하고 유지하기 위해 발행인들은 참신하고 잘 다듬어진 정보를 제공했다.

인터넷 뉴스는 클릭 수에 따라 돈을 번다. 당신이 링크를 클릭하고 웹사이트를 보면 그 클릭을 통해 사이트 소유자에게 광고 수익이 생긴다. 인터넷 사이트는 장기적인 관계를 지속하기 위해 고안된 게 아니라 사람들이 지금 당장 클릭하도록 설계돼 있다. 이제 정보의 질과 정확성보다는 반짝거리는 링크가 더 중요하다. 링크는 시선을 사로잡고 사람들을 끌어들여야 한다. 인터넷 사용자들은 밥 우드워드Bob Woodward와 칼 번스틴Carl Bernstein을 기대하지 않는다. 그보다는 '디즈니 프린세스와 닮은 고양이 7마리', '개인 트레이너가 알려주지 않는 놀라운 영양 비법 8가지', '퇴직자의 다락방에서 발견된 엘비스의 미공개 사진 9장', '전문가들이 양적인 헛소리를 알아차리는 10가지 방법' 등을 원한다.

인터넷 뉴스 발행인들이 이런 질 낮은 기사를 생산하는 이유는 우리가 그걸 클릭하기 때문이다. 우리는 세밀한 분석을 제공하는 양질의 뉴스 출처를 후원하고 싶어 할지도 모른다. 그러나 영양가는 없고 열량만 높은 불량 식품 비슷한 정보를 클릭하게 하는 유혹에 맞닥뜨리면 대개 정신의 정크 푸드가 승리한다.

헤드라인에서도 이런 경박한 경향을 찾아볼 수 있다. 헤드라인

---

* 대부분의 신문 잡지 발행사가 얻는 수익의 상당 부분은 언제나 광고에서 나오지만, 광고 수익은 구독 기반에 따라 확장되므로 그 기반을 최대한 늘려야 했다.

은 우리의 관심을 끈다. 그리고 많은 사람들이 제목만 읽고 내용은 읽지 않는 소셜미디어 환경에서는 헤드라인이 중요한 정보의 원천이다. 한 풍자 웹사이트에서 "페이스북 사용자의 70퍼센트는 과학 기사의 제목만 읽고 댓글을 단다."라고 주장하는 헤드라인을 내걸었다. 기사 내용은 대부분의 사람들이 소셜미디어에 기사를 공유하기 전에 내용을 제대로 읽어보지 않는다는 사실을 지적하면서 시작된다. 그리고 몇 문장 뒤부터 단락마다 웹 쪽 레이아웃 필터로 사용되는 임의의 텍스트인 "로렘 입숨 돌러lorem ipsum dolor…"라는 문장이 등장한다. 이 게시물은 소셜미디어에서 수만 번 공유됐지만, 그들 가운데 농담 삼아 공유한 사람이 몇 명이나 되는지는 알 수 없다.

기자가 아닌 편집자가 헤드라인을 정하는 경우 늘 제목과 기사 내용 사이에 일관성이 부족하다. 하지만 같은 날 발행된 〈뉴욕타임스〉 내에서 여러 개의 기사가 독자의 관심을 끌기 위해 서로 경쟁하는 일은 없다. 신문은 연이어서 읽었을 때 최대한 많은 가치를 제공하는 기사 묶음을 만들려고 노력한다. 반면 클릭 중심의 미디어는 헤드라인들끼리 군비경쟁을 벌이도록 유도한다. 소셜미디어 사이트와 뉴스 피드에는 경쟁 언론사의 헤드라인이 나란히 놓여 있다. 독자들이 내용을 전부 읽는 경우는 드물다. 이용 가능한 콘텐츠가 너무 많기 때문이다. 그래서 그들은 눈에 보이는 것 중 가장 흥미를 돋우거나 자극적인 헤드라인을 클릭한다.

어떻게 해야 눈에 띄는 헤드라인을 만들어 군비경쟁에서 승리할 수 있을까? 선정주의가 효과적이다. 타블로이드 신문들은 예전부터 가판대에서 사람들의 관심을 끌기 위해 선정적인 헤드라인을 사용했지만, 구독자 중심의 유명 신문들은 이런 관행을 대부분 피했다. 하지만 선정주의가 유일한 방법은 아니다. 스티브 레이슨Steve Rayson 이라는 기업가는 2017년 발표된 기사 1억 개를 조사해 널리 공유된 기사 헤드라인에 공통적으로 사용된 문구가 뭔지 알아봤다. 지난 몇 년 동안 인터넷을 거의 사용하지 않았던 사람이라면 조사 결과를 보고 깜짝 놀랄 것이다.

이 연구를 통해 가장 성공적인 헤드라인은 사실을 전달하는 게 아니라 감정적인 경험을 약속한다는 점이 드러났다. 성공한 페이스북 헤드라인에서 다른 문구보다 2배 가까이 자주 볼 수 있는 문구는 '가슴이 찢어질 것이다', '사랑에 빠질 것이다', '2번 쳐다보게 될 것

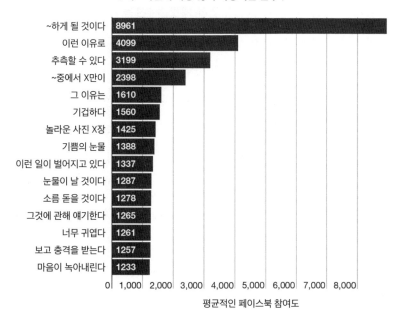

| 헤드라인에 가장 많이 사용되는 문구 |

문구	평균적인 페이스북 참여도
~하게 될 것이다	8961
이런 이유로	4099
추측할 수 있다	3199
~중에서 X만이	2398
그 이유는	1610
기겁하다	1560
놀라운 사진 X장	1425
기쁨의 눈물	1388
이런 일이 벌어지고 있다	1337
눈물이 날 것이다	1287
소름 돋을 것이다	1278
그것에 관해 얘기한다	1265
너무 귀엽다	1261
보고 충격을 받는다	1257
마음이 녹아내린다	1233

이다', '깜짝 놀랄 것이다' 등 '~하게 될 것이다'였다. 이 문구는 트위터에서도 대성공을 거두고 있다. 그밖에 상위에 오른 다른 문구로는 '눈물이 날 것이다', '소름 돋을 것이다', '마음이 녹아내릴 것이다' 등이 있다. 지적인 경험은 서로 경쟁을 벌일 수 없다. 잠시 하던 일을 멈추고 이것이 가리키는 거대한 변화가 무엇인지 생각해 보자. 〈뉴욕타임스〉나 당신이 사는 지역에서 발행되는 신문에 기사의 실제 내용이 아니라 각 기사에 관해 당신이 느낄 감정을 알려주는 헤드라인이 달려 있는 걸 상상할 수 있는가?

예전에는 기사의 본질을 간결하게 전달하는 게 헤드라인의 목적이었다. "케네디가 댈러스에서 카퍼레이드 도중 저격수에게 암살당했다, 존슨은 비행기에서 대통령 취임 선서를 했다", "인간이 달을 걷다, 우주 비행사들이 달 평원에 착륙해 암석을 수집하고 깃발을 꽂았다", "동독 베를린 장벽과 국경 개방, 시민들이 자유롭게 서독으로 여행할 수 있도록 허용" 등.

클릭 중심의 기사에서는 헤드라인이 너무 많은 내용을 말해버리면 그 기사를 클릭할 동기가 사라진다. 그래서 이제 헤드라인은 기사 내용이 무엇인지 알려주지 않으려고 분투한다. 이른바 '전방 참조 헤드라인'을 가장 자주 사용하는 곳은 인터넷 미디어 회사들이지만, 갈수록 전통 미디어들도 이 게임에 빠져들고 있다. 〈워싱턴포스트The Washington Post〉는 "이 직업군의 5분의 1이 심각한 음주 문제를 겪고 있다."라고 발표했다. CNN은 "미국의 주요 사망 원인을 피하는 방법"을 알려주겠다고 약속한다. 〈USA투데이USA Today〉는 "한때 가장 인기 있는 관광지였던 아이슬란드에 무슨 일이 일어났을까?"라

　　　　　　　　　　　　똑똑하게 생존하기

고 묻는다. (독자를 애태우지 않기 위해 위 헤드라인의 답을 알려주자면 순서대로 '변호사', '자동차 사고를 당하지 말 것', '아무도 모른다.'이다)

헤드라인은 또 우리에 관한 얘기를 만들어서 우리들을 유혹한다. 소셜미디어 세계의 뉴스는 모든 사람이 소비자인 동시에 생산자가 돼 양방향으로 진행된다. 우리가 이 부분을 쓰고 있을 때 우리 소셜미디어 피드에 다음과 같은 헤드라인이 등장했다.

- "사람들은 아멜리아 에어하트Amelia Earhart(여성 최초로 대서양 횡단 비행에 성공한 미국 파일럿, 남태평양 횡단 비행 중 실종됨-옮긴이)가 추락에서 살아남았을지도 모른다는 사실을 보여주는 이 사진에 흥분하고 있다." 〈버즈피드BuzzFeed〉
- "FBI가 NCAA 관계자들을 체포하자 트위터에서는 '정말 충격적인 일'이라는 반응을 보이고 있다." 〈인디스타IndyStar〉
- "맥도날드가 개발한 '프로크Frork', 인터넷에서 연일 화제" 〈허프포스트HuffPost〉

우리가 뭐라고 하는지가 실제 무슨 일이 일어나고 있는지보다 더 흥미로워진다.

별로 중요하지도 않은 이런 피상적 정보는 국민들이 나누는 대화를 단순화하는 것 이상의 역할을 한다. 헛소리가 횡행할 수 있는 기회를 열어주는 것이다. 이제 있는 그대로의 진실만으로는 충분치 않다. 정직한 정보는 이 새로운 시장에서 경쟁이 불가능하다.

인쇄기 발명 덕에 다양한 종류의 책이 존재하게 된 것처럼, 케이블 티브이가 등장하면서 사람들은 자신의 견해를 면밀하게 반영하는 전문 매체를 선택할 수 있게 됐다. 1987년 전까지는 미국 연방통신 위원회FCC에 공정성 원칙이 있어서, 뉴스 프로그램들은 논란이 되는 사안을 균형 있게 취재하려고 노력했다. 그러나 로널드 레이건 Ronald Reagan 대통령 때 이 원칙이 폐지됐다. 24시간 뉴스 방송국이 등장하면서 케이블 뉴스 채널이 빠르게 급증했고 특정한 정치적 관점을 전달하는 전문 방송국도 생겼다. 지난 20년 동안 미국 주류 뉴스들은 점점 더 당파적 경향을 띠게 됐다. 아래 그래프는 유명 케이

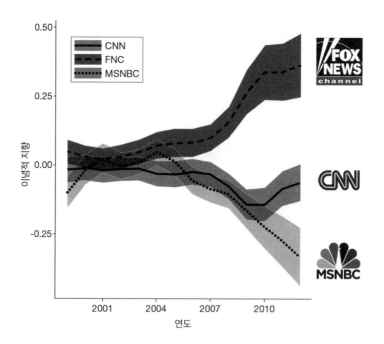

블 뉴스 채널 3곳의 방송 녹취록을 토대로 이들의 이념적 입장이 갈리는 모습을 보여준다.

이는 온라인에서도 마찬가진데, 그쪽은 정도가 더 심하다. 심지어 주류 언론사들도 당파 편향적 뉴스를 전한다. 우리는 반향실echo chamber에 고립돼 있는 기분이다. 브레이트바트 뉴스 네트워크Breitbart News Network나 디아더 98%The Other 98% 같은 발행인들은 여기서 한 걸음 더 나아가 극단적 당파색을 띤 뉴스를 내보낸다. 이들의 기사는 사실에 근거한 것일 수도 있지만, 이념적 렌즈로 너무 강하게 걸러진 나머지 종종 심각한 허위 요소들이 포함돼 있다.

뉴스 발행인들이 당파적이거나 극당파적인 내용을 대량생산하는 이유는 그게 돈벌이가 되기 때문이다. 소셜미디어는 당파성이 강한 내용을 선호한다. 이런 기사는 주류 뉴스보다 많이 공유되고 일단 공유되면 사람들이 클릭할 가능성도 높다. 이념 분열을 심화하는 것이 수익성 좋은 사업이 됐다.

MIT의 주디스 도나스Judith Donath 교수는 사람들이 다른 주제를 얘기하는 것처럼 보일 때에도, 사실은 본인 얘기를 하는 경우가 많다고 주장한다. 내가 페이스북에 접속해 미국 젊은이들의 테스토스테론 수치를 낮추려는 자유주의적 계획의 일환으로 비행기를 이용해 내분비 교란물질을 살포한다는 터무니없는 가짜 뉴스를 공유한다고 가정해 보자. 이때 나는 비행운에 관한 주장을 믿게 하는 것보다 내 정치적 배경을 알리는 데 더 관심이 많을 수도 있다. 이런 기사를 공유한다는 건 내가 음모론을 믿고 미국의 '자유주의 어젠다'를 불신하는 사람들의 무리에 속해 있음을 알리는 신호다. 그리고 그것이 내 목표라면 이 얘기가 사실인지 아닌지는 내게 중요하지 않다. 나도 기사를 안 읽었을지 모르고, 다른 사람들이 읽든 말든 신경 안 쓸 수도 있지만, 어쨌든 내가 음모론자라는 건 알아줬으면 하는 것이다.

이 신호 자체가 중요해졌다. 2016년 선거를 앞두고 국세청이 도널드 트럼프Donald Trump 대통령의 사업 거래 내역을 수사한 기사를 공유하는 경우에는 내 정치적 배경이 명확하지 않다. 하지만 트럼프가 워싱턴 기념비를 러시아 과두 정부에 팔아넘겼다는 기사를 공유한다면 내가 트럼프를 싫어한다는 사실이 분명하게 드러난다. 그리고 트럼프의 반역 행위와 관련된 얘기라면 뭐든 덥석 믿을 만큼 강한 정치적 충성을 보여준다.

도나스 교수의 통찰은 커뮤니케이션 이론이라는 분야의 폭넓은 전통에서 비롯됐다. 커뮤니케이션이라고 하면 보통 전송자가 수신자에게 정보를 전달하는 것이라고만 생각하는 경우가 많다. 그러나 이런 생각은 커뮤니케이션의 두 번째 측면이자 더 폭넓은 개념인 사회적 측면을 무시한 것이다. 애초에 커뮤니케이션이라는 단어의 기원인 라틴어 동사 코무니카레communicare가 '나누다 혹은 공유하다'라는 뜻이다.

커뮤니케이션은 세상에 관한 공통된 생각의 틀을 수립하고 강화하고 찬양하는 방식이다. 종교 미사, 아니면 대본에 따라 진행되는 야간 뉴스의 정돈된 규칙성을 생각해 보자. 소셜미디어를 통한 커뮤니케이션도 똑같은 일을 한다. 사회 공동체를 만들고 구성하는 것이다. 트윗이나 페이스북 게시물, 인스타그램 이미지를 올릴 때마다 우리는 자기가 속한 특정 온라인 커뮤니티의 가치관과 신념에 대한 헌신을 확인한다. 여기에 공동체는 좋아요나 공유, 댓글, 리트윗 등으로 응답함으로써 공통의 가치관이 재확인된다.

수영장에서 마르코 폴로 놀이를 할 때는 눈가리개를 하고 물에 뛰어들면서 "마르코!"라고 외친다. 놀이가 제대로 진행된다면 주변에 있는 친구들이 다 함께 "폴로! 폴로! 폴로!"라며 격려의 합창을 해줄 것이다. 소셜미디어에서 새로운 정보를 공유하는 건 부차적인 일이다. 우리가 그곳에서 주로 하는 일은 공통의 유대 관계를 유지하고 강화하는 것이다. 문제는 그 과정에서 한때 전 국민이 공유하던 대화 내용이 손쓸 수 없을 정도로 파편화될 위험이 있다는 것이다. 사람들은 이제 사실관계나 경험적 관찰보다 말하는 사람이 누구고 그의 메시지가 자기가 속한 공동체의 세계관과 일치하는지에 따라 진실을 판단하는 종족적 인식론을 받아들이기 시작했다.

알고리즘은 문제를 더 악화하기만 할 뿐이다. 페이스북과 트위터 그리고 다른 소셜미디어 플랫폼은 알고리즘을 이용해 우리와 '연관 있는' 게시물과 기사를 찾고 피드를 개인화한다. 이 알고리즘은 사람들에게 정보를 주기 위한 게 아니라 플랫폼에서 꾸준히 활동하도록 유도하기 위해 고안된 것이다. 이들의 목표는 우리가 인터넷상의 다른 곳을 돌아다니거나 적절한 시간에 잠자리에 드는 걸 막기 위해 아주 흥미진진한 콘텐츠를 제공하는 것이다. 문제는 이 알고리즘이 우리가 보고 싶어 할 것이라고 생각되는 내용만 많이 제공해줘서 결국 다른 관점을 읽을 기회가 적어지는 악순환이 발생한다는 것이다. 알고리즘의 실제 세부 사항은 우리 눈에 보이지 않지만, 우리가 좋아하는 것과 평소 읽는 내용, 친구, 지리적 위치, 정치적 배경 등이 전부 다음에 보게 될 내용에 영향을 미친다. 알고리즘은 우리의 사회정치적 성향에 관해 그들이 추측한 바와 일치되는 내용을 증폭하고 대안적인 관점을 억누른다.

인터넷상에서는 우리 모두가 실험 대상이다. 상업용 웹사이트들은 우리가 온라인에 접속해서 참여하는 게 무엇 때문인지 알아내기 위해 꾸준히 대규모 실험을 계속하고 있다. 온라인 미디어 회사들은 다양하게 변형된 헤드라인과 첨부 이미지, 심지어 다양한 글꼴이나 "계속하려면 클릭하세요" 버튼 등으로 실험을 한다. 그와 동시에 페이스북과 다른 플랫폼들은 광고주들(정치 분야의 광고주 포함)이 특정 소비자층의 관심사에 맞게 고안된 메시지를 이용해 그들을 타깃팅할 수 있는 기능도 제공한다. 게다가 이런 메시지는 명확하게 광고로 식별되지 않을 수도 있다.

유튜브가 다양한 동영상을 추천한 뒤 사용자가 그중 무엇을 선택하는지 관찰하는 실험을 통해 무엇을 배울 수 있을지 생각해 보라. 이 회사는 사람들이 날마다 시청하는 수십억 개의 영상과 방대한 컴퓨터 자원을 이용해 인간 심리에 관해 학자가 평생 알아낼 수 있는 것보다 더 많은 것을 단 하루 만에 알아낼 수 있다. 문제는 그들의 컴퓨터 알고리즘이 시청자들을 유지하려면 시간이 지날수록 점점 더 극단적인 콘텐츠를 추천해야 한다는 사실을 깨닫게 됐다는 것이다. 좌파 성향의 동영상을 보는 이용자들은 곧 극좌파 음모론으로 향하게 된다. 우파 성향의 자료를 좋아하는 이용자들은 곧 백인 우월주의자나 홀로코스트^{Holocaust}를 부정하는 동영상을 추천받는다. 우리도 이런 사실을 직접 목격했다. 제빈과 그의 6살 난 아들이 둥근 지구 위 400킬로미터 상공에 떠 있는 국제우주정거장의 실시간 영상을 시청하자 유튜브는 이들이 보는 화면의 사이드바를 지구가 사실 평평하다고 주장하는 영상으로 가득 채웠다.

2011년 IT 기업가 제프 해머배커Jeff Hammerbacher는 미국 시인 앨런 긴즈버그Allen Ginsberg의 말을 빌려 "우리 세대 최고의 지성인들은 어떻게 하면 사람들이 광고를 클릭하게 할 수 있을까를 고민하고 있다. 정말 어이없는 일이다."라고 불평했다. 문제는 이런 "최고의 지성인들"이 인류의 예술적, 과학적 진보를 위해 헌신할 수도 있었다는 것뿐만이 아니다. 이 모든 지적 화력이 우리의 소중한 관심을 가로채고 우리의 정신력을 낭비하는 일에 바쳐지고 있다는 것이다. 인터넷, 소셜미디어, 스마트폰 등 우리는 점점 더 정교한 방법으로 주의를 분산하는 방식에 노출돼 있다. 그리고 연결성과 무의미한 확인, 수많은 디지털 정보 흐름에 관심이 분산된 삶에 중독된다. 요컨대 알고리즘에 따라 움직이는 소셜미디어 콘텐츠는 다 헛소리다. 그런 콘텐츠는 자기가 전달하는 메시지에 신경 쓰지 않는다. 그저 우리의 관심만을 원하고, 관심을 얻는 데 효과가 있기만 하다면 뭐든지 다 얘기할 것이다.

오보와 허위 정보

소셜미디어는 잘못된 정보, 즉 사실이 아니지만 의도적으로 속이기 위해 만들어진 게 아닌 주장들이 쉽게 확산되도록 한다. 소셜미디어 플랫폼에서는 얘기를 폭로한 첫 번째 매체에 대부분의 트래픽이 쏠린다. 1위를 차지하려고 경쟁을 벌이는 뉴스 발행인들은 공개 과정에서 팩트 체크를 배제하는 경우가 많다. 기사 내용의 팩트 체크를 엄격하게 하려고 잠시 멈춘다면 경쟁자들을 이길 수 없다. 조심하는 건 칭찬할 만한 일이지만, 그런 행동이 광고를 팔아주지는 않는다.

소셜미디어는 또 고의적으로 유포하는 거짓말인 허위 정보의 비옥한 토대이기도 하다.

2018년 진행된 한 연구에서는 미국 뉴스 기사 중 약 2.6퍼센트가 거짓인 것으로 드러났다. 별로 높은 비율처럼 보이지 않을 수도 있지만, 모든 미국인이 하루에 기사를 1개씩 읽는다면 매일 거의 800만 명에 이르는 사람들이 거짓 기사를 읽고 있다는 뜻이다.

때로 거짓 정보는 단순히 성가신 수준에서 끝날 수도 있다. 한 풍자 뉴스 사이트에서는 가수 테일러 스위프트Taylor Swift가 악명 높은 반공주의자 상원의원인 조셉 매카시Joseph McCarthy와 사귄다고 주장했는데, 그는 스위프트가 태어나기 32년 전에 사망한 사람이다. 예상대로 일부 팬들은 이 기사의 모순을 알아차리지 못한 채 역겹다는 반응을 보였다. 그러나 이 기사는 어떤 기업의 평판을 해치거나 사람들의 목숨을 위태롭게 하거나 스위프트의 명성에 심각한 해를 끼치지 않았다.

하지만 오보와 허위 정보는 이보다 훨씬 더 심각할 수 있다. 인터넷을 이용하는 사람들이 많아짐에 따라 문제도 크게 증가한다. 예를 들어 2010~2020년 사이 5억 명의 인도인들이 처음으로 인터넷에 접속하게 됐다. 전체적으로 보면 인터넷 연결이 빠르게 확대되는 건 새로운 온라인 접속자와 기존 접속자 모두에게 이익이 된다. 하지만 안타깝게도 새로운 인터넷 사용자들은 더 예민해지는 경향이 있다.

왓츠앱WhatsApp은 기본적인 소셜 메시징 기능 외에도 전 세계 15억 사용자들에게 뉴스 공급자 역할을 한다. 또 허위 정보가 퍼지는 강력한 경로이기도 하다. 2018년 초 인도 사용자들은 조직폭력배들에게 납치된 아이들의 모습이라고 알려진 가짜 동영상을 널리 공유했다. 이로 인해 낯선 사람에 대한 두려움이 퍼지면서 처참한 결과를 초래했다. 타밀나두Tamil Nadu에 있는 사원을 방문한 어떤 가족이 길을 묻기 위해 걸음을 멈췄다. 현지인들은 그들이 왓츠앱 영상에서 본 납치범들일지도 모른다는 의심을 품었다. 군중이 모여들어 가족을 차에서 끌어내렸고 폭도들이 그들을 벌거벗겨 쇠막대와 나뭇가지로 잔인하게 때렸다. 결국 1명은 죽고, 다른 이들은 영구적인 손상을 입었다. 똑같은 가짜 얘기에 자극받은 폭도들이 수십 명의 무고한 사람들을 공격해서 때리다가 종종 죽이기도 했다.

경찰은 온라인상에 퍼진 허위 정보에 대응해 살인을 멈추려고 애썼다. 그러나 소문이 너무 빠르게 퍼져나갔다. 일부 지역에서는 소문 확산 속도를 늦추기 위해 당국이 인터넷 접속을 완전히 끊어야 했다. 왓츠앱은 메시지를 공유할 수 있는 횟수를 바꿔서 자체적인 개입을 시도했다. 원래 250번까지 가능했던 메시지 전달 횟수를 다섯 번으로 줄였지만, 폭도들의 공격은 계속됐다.

속아 넘어가는 건 신규 인터넷 사용자들뿐만이 아니다. 2016년 12월 AWD 뉴스라는 웹사이트가 "이스라엘 국방장관: 파키스탄이 어떤 구실로든 시리아에 지상군을 파견한다면 우리는 핵 공격으로

이 나라를 파괴할 것이다"라는 무시무시한 헤드라인을 내걸었다.

이 기사에는 신중한 독자라면 알아차릴 수 있는 단서가 몇 개 있었다. 우선 헤드라인에 문법적인 오류('sends'가 아니라 'send'로 표기)가 있다. 또 이스라엘 국방장관으로 엉뚱한 사람의 이름을 댔다.* 이 기사는 "클린턴이 트럼프에 맞서 군사 쿠데타를 일으켰다." 같은 믿기 힘든 다른 헤드라인과 어깨를 나란히 하고 있었다. 그럼에도 우리가 가장 원치 않는 인물이 여기에 속아 넘어갔다. 바로 파키스탄 국방장관인 카와자 무하마드 아시프Khawaja Muhammad Asif다. 아시프는 트위터로 "이스라엘 국방장관은 다에시Daesh에 대항하는 시리아에서 파키스탄이 어떤 역할을 할 것이라고 추정하면서 핵 보복 위협을 가하고 있다…. 이스라엘은 파키스탄도 핵보유국이라는 사실을 잊고 있는 듯하다."라고 응수했다.

가짜 뉴스 때문에 주요 강대국 중 하나가 다른 나라에 핵 공격 위협을 가하게 됐다. 테일러 스위프트의 최근 로맨스 기사를 이용해 엄청 잘 속아 넘어가는 이들을 호도하는 것과 전 세계를 핵전쟁에 휘말리게 하는 건 엄연히 차원이 다른 일이다.

그리고 정치 선전도 존재한다. 소셜미디어는 비행기에서 전단을 살포하거나 적의 영토를 향해 고출력 무선방송을 송신하는 것보다 더 효과적인 선전 매체다. 소셜미디어 게시물은 대부분의 국경에서 제한을 받지 않으며 유기적으로 공유된다. 소셜미디어 사용자들이 자기가 본 선전물을 공유하는 경우 그들은 자신의 사회적자본을 이

---

* 당시 국방부 장관은 아비그도르 리베르만Avigdor Lieberman이었지만, 기사에는 과거 국방장관을 역임한 모셰 야알론Moshe Yaalon이 그 말을 했다고 나와 있다.

용해 다른 사람의 허위 정보를 뒷받침해 주는 셈이다. 거리를 가다가 우연히 정치 전단이나 포스터를 보면 금방 의심을 품는다. 하지만 친한 친척이 "친구의 친구에게 들은 얘기"라며 페이스북 기사를 보내주면 무방비 상태로 받아들인다. 요새는 허위 정보가 외부에서 회의적인 사회 안으로 주입되는 게 아니라 신뢰할 수 있는 지인 네트워크를 통해 흘러 들어온다.

2017년 페이스북은 지난 2년 사이 미국 사용자 1억 2,600만 명(성인 인구의 절반이자 미국 내 사용자 4분의 3에 해당하는 숫자)이 자사 사이트를 통해 러시아 선전물에 노출됐다고 인정했다. 이들 계정에서 올린 13만 건이 넘는 메시지는 미국 내에서 기존의 이념적 분열을 심화하고 이웃들 사이에 불신을 심어주기 위해 만든 것이다. 인종 관계, 총기 소유 권리, 국경 안보, 복지, 낙태 등 감정이 격해지는 문제를 집중적으로 조명했고 최대한 많은 이들에게 메시지를 전하기 위해 각 주제의 양면을 모두 다뤘다. 이들의 목표는 각 정치 진영에서 가장 크고 극단적인 목소리를 증폭하는 동시에 합리적이고 생산적인 토론자들의 목소리를 묻어버리는 것이었다. 정파 간 분열이 깊어질 대로 깊어지면 양측의 대화가 중단된다. 사람과 기관에 대한 신뢰가 무너진다. 공동의 결정을 내릴 수 있는 우리의 능력에 대한 믿음을 잃는다. 그리고 결국 민주적인 과정 자체에 의문을 품기 시작한다.

우리는 선전이 특정한 거짓말을 납득시키기 위해 만든 것이라고 생각하지만, 현대의 선전은 대부분 다른 목적이 있다. '소방 호스 전략'은 사람들을 혼란에 빠뜨려 진실과 거짓을 구분할 수 있는 능력을 단념하게 하기 위한 것이다. 소셜미디어는 수많은 채널을 통해 대량의 허위 정보를 쉽고 빠르게 퍼뜨릴 수 있다. 이것이 소방 호스 전략의 한 부분이다. 또 다른 부분은 의도적으로 일관성을 회피하는 것이다. 하나의 일관성 있는 얘기만 전달하려고 애쓰는 게 아니라 서로 모순되는 얘기를 많이 퍼뜨려서 독자들을 혼동시키는 게 이들의 목적이다. 체스계의 그랜드 마스터인 가리 카스파로프Garry Kasparov는 2016년 트위터에 올린 글을 통해 이런 접근 방식을 다음과 같이 요약했다. "현대식 선전의 핵심은 허위 정보를 전달하거나 어떤 의제를 추진하는 게 아니다. 비판적 사고를 탈진시키고 진실을 말살하는 것이다."

한편 독재 정부들도 소셜미디어를 받아들였다. 그들은 원래 이 매체를 두려워했고 사용을 검열해 왔다. 그러나 최근 중국, 이란, 러시아 같은 나라의 정부들은 소셜미디어가 대중의 감정을 감시하고 반대 의견을 추적하며 대중의 의견을 은밀하게 조작할 수 있는 이상적인 플랫폼을 제공한다는 사실을 알게 됐다.

하지만 가짜 뉴스는 본래 선전 수단이 아니다. 대부분의 가짜 뉴스와 극당파적 뉴스는 다른 이유, 즉 광고 수익을 창출하기 위해 만들어진다. 누구나, 어디에서나 이 행동에 관여할 수 있다. 2016년 치러진 미국 선거 마지막 날 버락 오바마Barack Obama는 마케도니아에 있는 가짜 뉴스 공장에 관해 대대적으로 얘기했다. 이런 공장을 운영하는 사람들(10대인 경우가 많다)은 선거 기간 동안 적어도 140개의 인기 있는 가짜 뉴스 웹사이트를 만들었다. 어떤 얘기가 입소문을 타면 그 사이트 소유주는 엄청난 광고 수익을 얻는다. 개중 어떤 사이트는 매달 5,000달러 이상을 버는데 마케도니아의 평균 월급이

371달러인 점을 고려하면 엄청난 액수다. 이런 가짜 뉴스를 만드는 10대들은 선거에서 트럼프가 이기든 클린턴이 이기든 상관하지 않는다. 그들이 신경 쓰는 건 클릭률뿐이다. 선거 기간 동안 가장 많이 공유된 가짜 뉴스는 "프란치스코 교황이 도널드 트럼프를 대통령으로 지지해 세계를 충격에 빠뜨렸다."라고 선언한 뉴스다. WT05 뉴스WT05 News의 후원을 받아 마케도니아의 청소년들이 만든 이 기사는 페이스북에서 거의 100만 번의 참여를 받았다. 같은 기간 〈뉴욕 타임스〉 톱기사에는 37만 번의 참여가 이뤄졌다는 사실을 고려해 볼 필요가 있다.

프란치스코 교황은 이 기사에 불만을 표했다. 그는 전반적으로 외설적인 보도와 특히 가짜 뉴스에 대해 다음과 같은 성명을 발표했다. "언론은 매우 명확하고 투명해야 하며 비록 그게 사실이더라도 항상 추문을 취재하고 더러운 일을 다루고자 하는 구역질나는 호분증(好糞症)에 빠져서는 안 된다. 사람들은 그런 똥을 주워 먹으려는 메스꺼운 성향이 있기 때문에 많은 피해가 발생할 수 있다."

가짜 뉴스 공급자들은 주목하기 바란다. 교황이 직접 당신들을 똥을 먹는 자들이라고 말했다면 이제 자기가 선택한 삶을 재평가해봐야 할 때다.

새로운 위조범

돈이 등장한 뒤로 정부는 항상 위조 문제에 대처해야만 했다. 귀중한 금속 동전은 기원전 6세기에 지중해 지방에서 처음 사용됐는데, 곧 위조범들이 값싼 비금속 위에 금이나 은도금을 한 복제품을 만들기 시작했다. 그들은 그 이후로 계속 위조를 해오고 있다. 화폐 위조가 대규모로 진행되면 통화에 대한 대중의 신뢰도가 떨어지고 통화 가치가 하락하며 끝없이 치솟는 인플레이션이 발생할 수 있다. 위폐는 전시에 이런 식으로 사용된 경우가 많은데, 예를 들어 미국 독립전쟁 중에는 영국이, 남북전쟁 때는 북부 연방이, 그리고 제2차세계대전 때는 나치가 그랬다.

인터넷으로 연결된 세상에서는 정부가 새로운 유형의 위조, 즉 돈이 아닌 사람을 위조하는 문제를 걱정해야 한다. 연구진은 인터넷에서 발생하는 트래픽의 약 절반이 인간이 아니라 인간을 흉내 내도록 만들어진 자동 컴퓨터 프로그램 '봇bot'에 의해 생긴다고 추정한다. 이 문제는 규모가 어마어마하다. 2018년까지 페이스북은 20억 명이 넘는 합법적 사용자를 확보했지만, 같은 해 30억 개에 가까운 가짜 계정을 삭제했다. 어떤 봇은 정보 제공자 역할을 하면서 자신의 메시지를 쏟아내는데, 대개는 광고 목적이지만, 때로는 선전 목적으로도 사용된다. 정보 소비자를 모방하는 것도 있다. '클릭 농장'은 방대한 휴대폰 번호 목록을 이용해 웹 쪽 뷰나 유튜브 동영상 뷰를 유료로 생성한다.

대의민주주의가 제대로 기능하려면 유권자들이 선출된 관료와 같은 견해를 공유할 수 있어야 한다. 사람을 위조하는 능력은 가짜 목소리로 진짜 목소리를 뒤덮을 수 있다고 위협한다. FCC는 2017년 중반 인터넷 서비스 제공자가 출처나 내용에 관계없이 자신들이 전송하는 모든 정보를 동일하게 취급해야 한다는 '망중립성' 요건을 삭제하자는 제안에 대한 대중들의 의견을 얻으려고 했다. 이에 2,170만 건이라는 놀라운 숫자의 시민 의견이 FCC에 쇄도했지만, 그중 상당수는 사기성인 것으로 드러났다. 절반 이상의 의견이 한번 쓰고 버리는 일회성 이메일 주소나 여러 개의 의견을 보내는 데 사용된 주소를 통해 들어왔다. 봇 활동의 확실한 특징은 엄청난 수의 메시지가 동시에 전송되는 것이다. 2017년 7월 19일 오후 2시 57분 15초 EDT, 동부 하절기 시간 정각에 50만 건의 유사한 댓글이 전송됐다. 어떤 봇은 다양한 단어의 동의어를 연결하는 매드립스MadLibs 방식을 이용해 동일한 기본 문장 구조에 따라 작성한 100만 개가 넘는 망중립성 반대 의견을 제출했다. 망중립성에 관한 의견 중 50만 건은 러시아 이메일 주소에서 직접 보낸 것이었다. 뉴욕주 법무장관은 이 의견들 가운데 1,000만 건을 자기 이름이 사용된다는 사실을 전혀 몰랐던 이들의 신원을 도용해 보낸 것으로 추정했다. 결국 여론은 그와 정반대되는 방향으로 흘렀다고 믿을 만한 이유가 있었지만, FCC가 받은 2,100만 건의 의견 중 대다수는 망중립성 포기에 찬성했다.

가장 영향력 있는 가짜 계정은 봇이 아니라 다른 사람을 사칭하는 진짜 인간이 운영하는 계정이다. 전형적인 미국 소녀인 제나 에이브럼스Jenna Abrams는 인터넷상의 유명 인사로 대중문화에 관한 의견을 얘기하면서 많은 시간을 보냈지만, 한편으로는 7만 명의 트위터 팔로워들에게 도발적인 우파 견해를 널리 알리기도 했다. 문제는 에이브럼스가 진짜가 아니었다는 것이다. 그는 인터넷 연구 에이전시라는 모스크바의 선전 팀이 만들어낸 존재였다. 하지만 그는 매우 효과적이었다. 에이브럼스의 트윗은 광범위하게 리트윗됐고 〈뉴욕 타임스〉와 〈워싱턴 포스트〉를 비롯한 유수의 뉴스 매체들이 그 내용을 다루었다. 그는 《버라이어티Variety》라는 잡지를 속여 CNN이 포르노를 방영했다는 가짜 뉴스 기사를 게재하게 했다. 정체가 노출되자 에이브럼스는 자신을 취재한 언론사들을 조롱하고 비난했다. "내 트윗을 기사에 인용한 언론사를 비난하지 마세요. 당신도 줄을 제대로 당기기만 하면 꼭두각시가 당신이 원하는 대로 춤을 출 거예요."

소셜미디어 세상에서는 자기가 팔로우하는 이들의 사진을 보고 싶어 하기 때문에, 최근까지는 인터넷에서 가짜 인물을 만들어내기가 어려웠다. 사진이 없으면 인터넷 사용자 계정이 누구든 사칭할 수 있다. 컴퓨터 보안 전문가가 기술 포럼에 올린 글이 사실은 어린 아이가 부모 집 지하실에서 쓴 글일 수도 있다. 채팅방에서 만난 14살짜리 여자아이가 잠복 경찰일 수도 있다. 당신에게 메일을 보낸 석유 가문 상속녀는 의심할 여지없는 사기꾼이다. 하지만 사진을 볼 수 있으면 의심을 덜 하는 경향이 있다. 가짜 계정들은 때때로 스톡 포토stock photo나 인터넷에서 스크랩한 이미지를 사용하기도 하지만, 똑똑한 사용자들은 구글의 이미지 역추적 검색 같은 도구를 이용해 이런 이미지를 쉽게 추적할 수 있다.

하지만 이제는 그렇지 않다. 적대적 머신러닝이라고 총칭하는 새로운 종류의 알고리즘은 존재하지 않는 사람의 실제 같은 얼굴을 거짓으로 만들어낼 수 있다. 이렇게 조작된 이미지는 깜짝 놀랄 정도로 진짜 같다. 지금은 기술적으로 위험한 시기다. 널리 사용 가능하지만, 그게 사용 중이라는 사실을 아는 사람은 거의 없다. 우리는

똑똑하게 생존하기

이 문제에 대한 대중의 인식을 높이기 위해 '위치페이스이즈리얼닷컴WhichFaceIsReal.com'이라는 웹사이트를 만들었다. 이 사이트는 실존 인물의 진짜 사진과 컴퓨터로 만든 존재하지 않는 사람의 이미지를 나란히 보여준다. 당신의 목표는 어느 쪽이 진짜고 어느 쪽이 가짜인지 알아맞히는 것이다. 100만 명도 넘는 사람들이 우리 웹사이트에서 이 게임을 해봤는데 그 결과를 보면 가짜가 얼마나 감쪽같은지 알 수 있다. 게임을 처음 하는 사람들은 거의 찍어서 맞히는 수준이고 연습을 많이 한 뒤에도 5번 중 1번 정도는 속는다.

이와 비슷한 머신러닝 알고리즘은 '보이스숍voiceshop'도 가능해서 실제와 거의 구분이 불가능한 가짜 오디오와 비디오도 만든다. 기존에 녹음해 둔 음성에 오디오를 합성하고 모델 역할을 하는 사람의 표정과 얼굴 움직임을 목표 대상의 얼굴에 접목해 만든 이른바 딥페이크 영상은 진짜 사람이 어떤 행동을 하거나 말을 하는 것처럼 보이게 만들 수 있다.

감독 겸 코미디언인 조던 필Jordan Peele은 이 기술을 이용해 가짜 뉴스에 대한 공익광고를 만들었다. 필의 영상은 오바마가 가짜 뉴스, 허위 정보, 신뢰할 수 있는 뉴스 출처의 필요성에 관해 미국 국민들에게 연설하는 모습을 보여준다. 그런데 영상 중간쯤 오바마 옆에서 필의 얼굴이 나타나 똑같은 순간, 똑같은 말을 하는데 그걸 보면 오바마의 얼굴 움직임과 표정을 그에게서 따왔다는 사실을 확실히 알 수 있다. 오바마는 본인의 목소리로 필의 주장을 대변하면서 "정보화 시대에 우리가 어떻게 움직이느냐에 따라 여기서 살아남을지 아니면 빌어먹을 디스토피아가 될지 정해질 것"이라고 결론 내렸다.

현실을 조작하는 이런 기술에 직면하면 무슨 일에서든 진실을 밝혀낼 수 있다는 희망을 잃게 될지도 모른다. 하지만 우리는 그렇게 비관적이지 않다. 우리 사회는 "네가 개라는 사실을 아무도 모른다."라는 인터넷의 익명성에 적응했다. 그리고 사진이 거짓말을 하는 포토샵 세상에도 적응했다. 어떻게? 바로 삼각측량을 통해서다. 이제 우리는 하나의 메시지나 하나의 이미지, 하나의 주장을 믿지 않는다. 증거를 확인해 줄 수 있는 독립적인 증인을 찾는다. 다양한 시점에서 바라본 여러 개의 이미지를 원한다. 우리 사회도 딥페이크 세상에 이와 비슷하게 적응하고 있으며 앞으로 현실을 왜곡하는 다른 기술이 등장해도 그럴 것이다.

인터넷에 넘쳐나는 오보와 허위 정보로부터 자신을 보호할 수 있는 기본적인 방법이 3가지 있다. 첫 번째 방법은 기술이다. IT 회사들은 머신러닝으로 인터넷상의 오보와 허위 정보를 찾아낼 수 있다. 이 분야에서는 열띤 연구 개발이 진행 중이지만, 우리는 앞날을 별로 낙관하지 않는다. IT 회사들은 몇 년 동안 이를 위해 노력해 왔지만, 문제가 잠잠해질 기미가 보이지 않는다. 마이크로소프트 Microsoft, 페이스북, 기타업체들은 최근 이 문제를 연구하는 학자들에게 대용량 데이터 세트를 공개하기 시작했다. 이는 IT 회사들이 자신들에게 도움이 필요하다는 걸 알고 있다는 뜻이다. 그리고 경제적으로도 인터넷 회사들에 충분한 동기가 있는지 확실하지 않다. 어쨌든 극단적인 콘텐츠는 청중을 끌어모으고 사용자를 플랫폼에 묶어 두는 효과가 크다. 기술적 측면에서 보면 가짜 뉴스를 탐지할 때 사용하는 인공지능 기술이 탐지기를 피하는 데도 사용될 수 있으므로 생산자와 탐지자 사이에 군비경쟁이 벌어지면 탐지자가 이길 가능성은 없을 것이다.

두 번째 방법은 정부 규제다. 일부 국가는 이미 가짜 뉴스를 만들거나 퍼뜨리는 행위를 금지하는 법을 통과시켰지만, 우리는 2가지 이유 때문에 이 방법을 우려한다. 첫째, 언론의 자유를 보장하는 미국 수정 헌법 제1조에 위배된다. 둘째, 어떤 게 가짜 뉴스인지 누가 판단하는가? 만약 어떤 기사가 지도자의 마음에 들지 않으면 그걸 가짜 뉴스로 신고하고 가해자를 형사 고발할 수도 있다. 이미 일부 지역에서는 그런 일이 일어나고 있다. 그보다 가벼운 규제의 손길은 도움이 될 수도 있다. 우리는 예전부터 온라인상에서 표적 정치 광고를 금지하도록 입법화하자고 주장해 왔는데 트위터가 자진해서 모라토리엄을 선언한 걸 보고 용기를 얻었다. 우리는 사용자들이 지나치게 불투명한 알고리즘에 의존하지 않고 본인들이 소셜미디어 피드를 통해 제공되는 정보를 스스로 통제하는 모습을 보고 싶다. FCC의 공정성 원칙을 정당화하는 건 민주주의의 필수 요소 중하나다. 민주주의가 제대로 작동하려면 믿을 만한 정보에 접근할 수 있는 정통한 대중이 필요하다. 이와 유사한 주장이 소셜미디어에 대한 정부 규제를 정당화할 수 있다.

세 번째이자 가장 강력한 방법은 교육이다. 사람들에게 미디어 정보 해독력이나 비판적 사고를 잘 교육하면 오보나 허위 정보 문제가 완전히 해결될 수 있다. 이것이 이 책과 우리 직업 활동의 많은 부분에서 중점을 두고 있는 사안이다.

어느 세대든 좀 더 단순하고 정직한 시대에 대한 향수를 느끼면서 과거를 돌아본다. 우리는 이런 향수를 느낄 이유가 어느 때보다 많다. 인터넷은 정보가 생성, 분류, 발견, 확산, 소비되는 방식에 크나큰 변화를 가져왔다. 정보 보급을 분산하는 효과도 발휘하지만, 거기에는 대가가 따른다. 대규모 네트워크로 연결된 클릭 중심의 소셜미디어 세상에서는 기존의 어떤 사회적 환경보다 헛소리가 더 쉽게 퍼진다. 그러니 내가 읽는 모든 것에서 헛소리를 경계해야 한다.

헛소리의 본질

CHAPTER 03

그렇다면 헛소리란 정확히 무엇을 뜻하는 걸까? 사람들은 아이들이 '불공평하다'는 단어를 사용하는 것과 같은 방식으로 이 말을 사용한다. 즉, 자기 마음에 들지 않는 걸 가리키는 말이다. 이 말을 이런 식으로 쓴다면 야구에서 홈베이스까지 다 와서 아깝게 아웃당한 상황이나 주차 미터기 시간이 끝나고 겨우 2분 뒤에 붙은 주차 위반 딱지에도 적용할 수 있다. 또 정부 계약을 따내기 위한 부정직한 과정, 부적절한 무죄판결, 시민의 기본적인 자유를 부정하는 입법안 등 부당한 상황에서도 사용할 수 있다.

그리고 나쁜 소식을 순화하거나 더 일반적으로 사회적 상호작용의 바퀴에 기름을 칠하는 언어도 있다. "네가 만든 순무 라자냐 정말 맛있었어. 레시피 꼭 알려줘야 해.", "정말 예쁜 아기네요!", "네 잘못이 아니라 내 잘못이야.", "머리 자르니까 아주 멋져요.", "당신 전화가 우리에게 정말 소중해요.", "덕분에 근사한 저녁 보냈어요." 같은 말들은 사실이 아닌 경우가 많지만, 그래도 우리가 여기서 걱정하는 종류의 헛소리는 아니다.

진실하지 않은 약속과 노골적인 거짓말은 조금 더 헛소리에 가깝다. "여보, 오늘 밤에 또 야근해야 해.", "마약 안 했어.", "가능하기만 하다면 더 좋은 조건으로 해드리고 싶군요.", "위의 약관 내용을 읽고 이에 동의합니다.", "내 말 잘 들어요. 새로 부과된 세금은 없어요." 같은 말이다. 하지만 우리는 이런 주장을 헛소리라기보다는 노골적인 거짓말로 여기는 경향이 있다.

그러나 거짓말은 불필요한 디테일을 추가했을 때 가장 설득력이 생기는데, 이런 디테일은 우리가 '헛소리'라고 부르는 것과 매우 비슷하다. 만나기로 한 친구가 유튜브에서 동영상을 보느라 정신이 팔려 30분 늦게 집을 나서는 바람에 당신은 동네 카페에서 25분을 기다리게 됐다. "늦어서 미안해, 차가 엄청 막히더라고. 15번가 아래쪽에 있는 다리 알지? 버스가 2차선 도로에서 시동이 꺼졌는데 어떤 멍청이가 뒤에서 들이받는 바람에 다른 차선까지 막혀버렸어. 그래서 내가 그 난장판을 헤쳐 나올 때쯤에는…" 이 중 첫 문장은 거짓말이고, 그 뒤에 한 얘기는 다 헛소리다.

서문에서 소개한 철학자 해리 프랑크푸르트는 이 개념을 좀 더 다듬었다. 그는 헛소리란 사람들이 자기 말이 진실인지 거짓인지, 옳고 그른지 신경 쓰지 않고 상대방을 감동시키거나 설득하려고 할 때 만들어내는 것이라고 설명했다. 고등학교 때 책을 읽지도 않고 썼던 독후감, 모더니즘 화가가 되고 싶어 하는 사람의 예술적 비전 설명, 새로운 스타트업 회사를 시작하기 위해 억지로 테드 강연^{TED} Talk 초대를 받아낸 실리콘밸리 기술자 등을 생각해 보자. 이들에게 상대방을 호도하려는 의도가 있을 수도 있지만, 반드시 그렇다고 볼 수는 없다. 때로는 부담스러운 상황에 처했는데 할 말이 없는 경우도 있다. 이런 상황에서 우리가 하는 헛소리는 '별로 중요치 않은 내용으로 어색한 분위기를 채우는 것'에 지나지 않는다.

사람들이 하는 헛소리가 완전 황당무계할 수도 있다. 헛소리 문제를 다룬 또 다른 철학자인 G. A. 코헨^{G. A. Cohen}은 대다수의 헛소리, 특히 학문적 헛소리는 아무 의미도 없을 뿐 아니라 많은 미사여구와 난해한 언어에 가려져 있어 비판조차 불가능할 지경이라고 지적한다. 따라서 코헨이 생각하기에 헛소리는 "구분할 수 없는 불명확성"이다. 헛소리꾼이 하는 말은 불분명할 뿐만 아니라 그 밑바탕에 깔려 있는 사상이 너무 엉성해서 도저히 명확하게 정리할 수가 없다. 코헨은 불명확성을 테스트해 보라고 제안한다. 어떤 문장을 부정했는데도 그 의미가 변하지 않는다면 그건 헛소리다. "셰익스피어^{Shakespeare}의 작품에 나오는 프로스페로^{Prospero}는 유한성을 초월한 해석학을 받아들이지 못했기 때문에 결국 인식론적 비극의 버팀대가 됐다."

헛소리에 관한 이 같은 개념의 공통점은 말하는 사람이 듣는 사람을 진실로 인도하기보다 그를 설득하거나 감동시키는 걸 목표로 한다는 점이다. 화자는 자기가 당면한 주제에 대해 아무것도 모른다는 사실을 감추기 위해 상황을 일부러 불명료하게 설명하거나 허튼소리를 늘어놓을 수 있다. 어떤 저자는 설득을 위한 헛소리와 회피를 위한 헛소리를 구분한다. 전자는 과장된 효능감이나 권위 의식을 전하는 게 목표고, 후자는 화자가 다루고 싶지 않은 질문에 직접 대답하는 걸 피하기 위한 것이다.

누군가가 헛소리를 하면 그와 청중들은 의사소통 과정에서 협력자가 될 수 없다. 이때 화자는 수사적 재주, 불필요한 디테일, 통계학적 허풍으로 듣는 이들을 조종하는 걸 목표로 삼는다. 우리가 생각하는 헛소리의 정의는 다음과 같다.

헛소리에는 진실이나 논리적 일관성, 실제 전달되는 정보를 노골적으로 무시한 채 청중의 주의를 산만하게 하거나 압도하거나 위협함으로써 그들을 설득하거나 감동을 주기 위한 언어, 통계 수치, 데이터 그래픽, 기타 형태의 설명이 포함된다.

이 정의의 요지는 헛소리에 진실을 전달하려는 의지가 없고, 헛소리꾼은 수사적 베일 뒤에 진실을 숨기려고 한다는 것이다. 지그문트 프로이트Sigmund Freud는 1884년 약혼자 마르타 버네이스Martha Bernays에게 쓴 편지에서 자기가 생각하는 이 개념을 설명했다.

그래서 어제 강의를 했어요. 준비가 부족했지만 거침없이 얘기를 잘 이어갔는데, 아마 그전에 투여한 코카인 덕인 듯합니다. 뇌 해부학의 발견 등 청중들이 확실히 이해하지 못할 만한 매우 어려운 문제를 얘기했는데, 중요한 건 청중들이 내가 그 문제를 잘 알고 있다는 인상을 받았다는 겁니다.

과학 사회학자인 브뤼노 라투르Bruno Latour는 헛소리에 관해 직접 글을 쓰지 않았지만, 청중들 앞에서 헛소리를 하는 이에 대한 우리의 생각에 중요한 영향을 끼쳤다. 라투르는 작가와 독자 사이의 역학 관계를 고찰했다. 라투르가 생각하기에 논픽션 작가들의 주된 목표는 권위자처럼 보이는 것이다. 그러기 위한 좋은 방법 하나는 정확한 얘기만 하는 것이지만, 그건 필요조건도 충분조건도 아니다. 작가는 자신의 주장이 옳든 그르든 독자들이 그 주장을 반박할 수 없도록 하기 위해, 속지 않으려고 애쓰는 독자들을 상대로 다양한 전술을 펼칠 수 있다. 예를 들어 자신의 주장을 뒷받침하는 다른 작가들의 말이나 그 주장의 토대가 된 작품을 인용해 우호 관계의 동맹을 모을 수 있다. '내게 의문을 제기하려면 이들 모두에게 그렇게 해야 해.'라는 뜻이다. 또 복잡한 전문용어를 늘어놓을 수도 있다. 전문용어는 해당 분야 내에서의 기술적 커뮤니케이션을 용이하게 하지만, 그 분야의 핵심층에 포함되지 않는 이들을 배제하는 역할도 한다.

헛소리와 블랙박스

라투르의 말에 따르면 과학적 주장은 일반적으로 독자가 간파하기 어렵거나 불가능한 은유적인 "블랙박스" 산출물을 기반으로 하는 경우가 많다. 블랙박스는 시간이 많이 걸리고 입수하기도 힘든 전문적이고 값비싼 장비와 기법을 사용하며, 거기에 의문을 제기하는 건 일종의 과학적 이단으로 여겨진다.*

만약 내가 특정한 유전자 변이가 헛소리에 대한 민감성과 관련이 있다고 주장하는 논문을 쓴다면, 의심 많은 사람은 내가 표본 모집단을 선택하는 방법, 헛소리에 대한 민감성을 측정하는 방법, 연관성을 수량화하기 위해 사용한 통계적 방법에 합리적으로 이의를 제기할 수 있다. 그러나 혈액 샘플에서 DNA 서열을 추출하는 데 사용되는 생명공학 기술은 대개 블랙박스로 취급될 것이다. 원칙적으로는 회의론자가 이 문제에도 의문을 제기할 수 있겠지만, 그러려면 과학적으로 확정된 사실에 도전해야 하고, 그보다 더 중요한 건 분자유전학의 고급 장비와 광범위한 기술적 전문 지식을 이용해야 한다는 것이다.

라투르는 학문적 과학의 이런 측면 때문에 업계 전체가 헛소리가 돼버린다고 말하는 게 아니며 우리도 마찬가지다. 그는 과학이 냉철한 진리 탐구 그 이상의 존재라고 말하고 있는데, 이 주제는 9장에서 다시 살펴볼 것이다. 라투르의 블랙박스 아이디어에서 중요한 점은 화자가 효과적으로 헛소리를 할 때 하는 행동에 관한 강력한 비유를 발견할 수 있다는 것이다. 노골적인 거짓말은 금방 알아

---

* 라투르는 기술이나 실험 절차의 여러 측면이 관련 과학계에서 완전히 받아들여지고 일반적으로 합의된 표준으로 자리 잡아 더는 의문을 제기할 수 없을 때 "블랙박스"가 된다고 말했다. 라투르는 《판도라의 희망Pandora's Hope: Essays on the Reality of Science》이라는 책에서 "기계가 효율적으로 작동하고 실제적인 문제가 해결되면 사람은 기계 내부의 복잡성에 신경 쓸 필요 없이 입력과 출력에만 집중하면 된다. 따라서 역설적이게도 과학기술은 성공하면 성공할수록 점점 더 불투명하고 불명확해진다."라고 설명했다.
여기서 우리의 비유가 다소 흔들리기 시작한다. 정량적인 헛소리를 생각할 때는 과학계에서 받아들여지는지 여부에 관계없이 일반 독자가 지닌 지식 이상의 전문 지식이 필요할 경우 그 기술이 블랙박스화됐다고 간주한다.

차리고 반박하기가 쉽다. 하지만 효과적인 헛소리는 사실 확인이 어렵다. 헛소리는 라투르의 블랙박스처럼 기능해 그 주장에 대한 추가 조사를 가로막는다.

어떤 친구가 "고양이를 키우는 사람은 평균적으로 개를 키우는 사람보다 월급을 많이 받는다."라고 말했다고 가정해 보자. 단지 그 말뿐이면 헛소리라고 치부하기 쉽다. 그리고 그렇게 하면 아마 친구도 웃으면서 "응, 내가 지어낸 말이야."라고 인정할 것이다.

하지만 친구가 의견을 굽히지 않고 그 주장을 뒷받침하기 위해 디테일을 추가하기(혹은 지어내기) 시작한다고 가정해 보자. "아니, 정말이야. TED 강연에서 봤어. 고양이를 키우는 사람은 독립성을 중시하는 반면, 개를 키우는 사람은 충성심을 중요시한다고 그러더라. 독립성을 중시하는 사람들이 NVT… 아니 NVS랬나… 하여튼 잘 기억은 안 나지만, 그런 성격일 가능성이 더 높대. 그래서 직장에서 승진을 잘한다는 거야."

이건 완전히 헛소리지만, 라투르의 블랙박스처럼 작동한다. 만약 친구의 주장에 이의를 제기하고 싶다면 이제 상당히 많은 일을 해야 한다. 여기서 거짓말과 헛소리가 하나로 합쳐진다. 말하는 사람이 다양한 수사적 기교를 이용해 거짓을 숨기려 하면 거짓말이 곧 헛소리가 된다.

친구가 이런 주장을 한 연구 결과를 제시했다고 상상해 보자. 그 연구 내용을 쭉 읽다가 다음과 같은 부분을 발견했다고 가정하자.

로그 변환된 수익 데이터$^{F=3.86}$를 이용한 ANCOVA에 근거해 고양이와 개를 사랑하는 사람들의 수익에서 통계적으로 유의한 차이를 발견했다.

통계학 분야에서 일한 경력이 없다면 유달리 불투명한 블랙박스에 정면으로 부딪치게 된다. 당신은 아마 ANCOVA가 뭔지, F값이 뭘 의미하는지, 로그 변환이 뭐고 어떤 사람이 왜 그걸 사용했는지 모를 것이다. 그게 뭔지 알더라도 여전히 세부 사항을 다 기억하지는 못할 것이다. 우리 필자들은 날마다 통계를 사용하지만, 그래도 이런 자료를 항상 찾아봐야 한다. 결국 당신은 블랙박스를 분석할 수 없고, 분석을 구체적으로 들여다보면서 발생 가능한 문제를 제거할 수도 없다. 데이터 과학자가 아니라면, 설령 데이터 과학자라 하더라도 개와 고양이를 키우는 사람의 얼굴 특징 차이를 드러내기 위해 최신 ResNet 알고리즘을 사용한 논문을 읽다 보면 이와 똑같은 문제에 부딪치게 될 것이다. 그게 저자가 의도한 것이든 아니든 이런 종류의 블랙박스는 어떤 주장을 철저히 조사하는 걸 가로막는다.

하지만 꼭 그래야 할 필요는 없다. 이 책의 중심 주제는 어떤 주장을 헛소리라고 주장하기 위해 반드시 분석용 블랙박스를 열 필요가 없다는 것이다. 헛소리를 만들어내려고 사용된 블랙박스는 모두 다

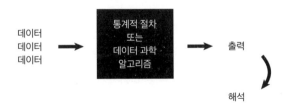

음의 다이어그램처럼 데이터를 받아들인 뒤 결과를 뱉어내야 한다.

대개의 경우 헛소리는 블랙박스에 입력된 데이터의 편향성 때문이거나 거기서 나온 결과에 분명한 문제가 있기 때문에 야기된다. 간혹 블랙박스의 기술적인 세부 사항이 문제가 되기도 하지만 경험상 그런 일은 흔치 않다. 이는 다행스러운 일이다. 데이터나 결과상의 문제점을 발견하기 위해 많은 기술적 전문 지식이 필요하지 않기 때문이다. 그냥 명확하게 생각하면서 잘못될 수 있는 부분을 찾아내는 연습만 하면 된다. 이어지는 내용에서는 이를 정확히 어떻게 해야 하는지 알려줄 것이다.

다시 개와 고양이의 사례로 돌아가 보면 통계분석의 세부 사항을 파고들기보다 샘플을 어떻게 수집했는지 물어볼 수도 있다. 이 연구는 반려동물 소유 현황을 살펴보고 여기에 급여가 높고 개를 기르기 어려운 뉴욕시 거주자들의 데이터와 급여가 낮지만 개를 키우기 훨씬 좋은 뉴욕주 북부 지방의 데이터를 더했을 수도 있다. 어쩌면 개를 좋아하는 사람들의 급여는 미국 평균치로 추정하고, 고양이 애호가의 급여는 스타트업 창업자들을 위한 사이트 방문객 가운데 고양이와 함께 사는 이들에게 물어봤을 수도 있다.

분석에 사용된 데이터 자체에 결함이 있다면 분석의 구체적인 기술적 내용은 중요하지 않다. 데이터가 잘못되면 통계적 속임수 없이도 바보 같은 결과를 얻을 수 있다. 그리고 고의든 아니든 이런 식으로 헛소리 논쟁이 발생하는 경우가 많다. 이 같은 헛소리를 잡아낼 때는 블랙박스를 분석할 필요가 없다. 블랙박스에 들어간 자료와 거기서 나온 결과만 잘 생각해 보면 된다. 데이터가 편향되지 않고 타당하며 당면한 문제와 관련이 있는가? 결과가 기본적인 신뢰성 체크를 통과했는가? 거기서 도출된 결론을 뒷받침하는가?

데이터에 근거해 헛소리를 알아차리는 건 중요한 기술이다. 수십 년 전에도 화려한 언변과 불필요한 디테일이 헛소리꾼의 요구를 충족했을지도 모른다. 오늘날의 우리는 다량의 정보를 받는 데 익숙하지만, 일단 정보를 받은 뒤에는 거기에 의문을 제기하는 걸 주저한다. 일반적으로 양적 증거가 질적 주장보다 더 큰 비중을 차지하는 것 같다. 이 비중은 부적절하다. 적당한 기술만 있으면 그럴듯한 양적 변수를 만들 수 있기 때문이다. 그런데도 우리는 그런 주장에 동조한다. 결과적으로 숫자는 헛소리를 하는 자에게 가장 큰 원동력을 제공한다.

범죄자의 머신러닝

화려한 알고리즘이 작동하는 방식을 자세히 조사하지 않고도, 즉 블랙박스를 열어보지 않고도 헛소리를 간파할 수 있는 방법을 잠시 살펴보자.

2016년 말 공학자 샤오린 우Xiaolin Wu와 시 장Xi Zhang이 아카이브arXiv라는 온라인 연구 논문 저장소에 〈얼굴 이미지를 이용한 범죄 관련성 자동 추론〉이라는 제목의 논문을 올렸다. 우와 장은 이 논문에서 머신러닝으로 '범죄성'과 관련 있는 얼굴 특징을 찾아내는 방법을 모색했다. 이들은 자신들의 알고리즘이 간단한 얼굴 사진을 이용해 범죄자와 비범죄자를 높은 정확도로 구별할 수 있다고 주장했다. 필립 K. 딕Philip K. Dick의 《마이너리티 리포트Minority Report》나 다른 디스토피아적 공상과학소설에 나오는 범죄 예방 관리국의 모습과 깜짝 놀랄 정도로 비슷하다는 생각이 든다면, 그렇게 생각한 사람은 당신뿐만이 아니다. 언론도 똑같은 생각을 했다. 기술 분야의 많은 언론 매체들이 이 얘기를 다루면서 해당 알고리즘의 윤리적 함의를 고찰했다. 만약 이 알고리즘이 정말로 사람의 얼굴 구조에서 범죄성을 감지할 수 있다면 엄청난 윤리적 문제에 직면하게 될 것이다. 사람들이 범죄를 저지르기도 전부터 범죄자로 지목될 수 있다면 무죄와 유죄 개념을 어떻게 정리해야 할까?

범죄자의 특징이 얼굴 생김새에 드러난다는 생각은 새롭지 않다. 19세기 체사레 롬브로소Cesare Lombroso라는 이탈리아 의사는 범죄자 수백 명의 신체 구조를 연구했다. 그의 목표는 과학적 범죄 이론을 개발하는 것이었다. 그는 우리가 태어날 때부터 범죄자가 될지 아니면 정직한 시민이 될지 정해져 있다는 이론을 제기했다. 타고난 범죄자는 남들과 다른 심리적 동기와 신체적 특징을 드러낸다고 가정한 것이다. 롬브로소는 이런 특징이 진화 과정에서 인간이 되기 전의 과거와 연결된다고 보았다. 특히 얼굴에서 알아낼 수 있는 것에 관심이 많았다. 그가 생각하기에 턱 모양, 이마의 경사도, 눈 크기, 귀의 형태 등 모든 것이 인간의 도덕적 성향에 관한 중요한 단서를 담고 있었다. 아래는 롬브로소가 1876년 출간한 《범죄자Criminal Man》라는 책에 실려 있는 그림이다.

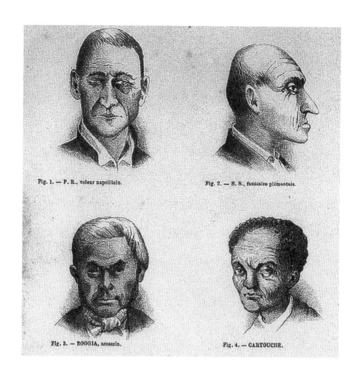

Fig. 1. — P. R., voleur napolitain.

Fig. 2. — B. S., faussaire piémontais.

Fig. 3. — BOGGIA, assassin.

Fig. 4. — CARTOUCHE.

　하지만 롬브로소의 생각은 틀렸다. 해부학과 도덕성을 연결 짓는 그의 이론에는 합당한 과학적 근거가 하나도 없었다. 당시의 인종차별주의 사상을 과학적 언어로 얇게 포장한 그의 아이디어는 20세기 전반에 이미 틀렸다는 사실이 밝혀져 범죄학 분야에서 사라졌다.

　그런데 2016년 우와 장이 아카이브에 올린 논문은 롬브로소의 프로그램을 재논의한다. 기본적으로 그들의 목표는 롬브로소와 그의 추종자들이 놓쳤을지 모를 미묘한 단서와 패턴을 발전된 컴퓨터 비전으로 찾아낼 수 있는지 알아보는 것이다. 그들은 이 가설을 시험하기 위해 머신러닝 알고리즘으로 인간 얼굴의 어떤 특징이 '범죄성'과 연관돼 있는지 밝혔다. 우와 장은 단순한 얼굴 사진을 이용하는 그들의 프로그램이 거의 90퍼센트의 정확도로 범죄자와 비범죄자의 얼굴을 구별할 수 있다고 주장했다. 게다가 그들의 컴퓨터 알고리즘은 인간의 판단을 흐리게 하는 무수한 편향과 편견으로부터 자유롭다고 주장했다.

> 인간 조사관/심판관과 달리 컴퓨터 비전 알고리즘이나 분류기는 주관적인 앙금이 전혀 없고 감정도 없으며 과거의 경험, 인종, 종교, 정치적 교리, 성별, 나이 등으로 인한 편견도 없고 정신적 피로도 느끼지 않으며 수면 부족이나 배고픔 등도 전제되지 않는다. 범죄성 자동 추론은 메타 정확성의 변수(인간 심판관/조사관의 능력)를 모두 제거한다.

이 모두를 블랙박스 도식에 비춰 살펴보자. 머신러닝 알고리즘이 블랙박스를 구성한다. 대부분의 독자에게는 이런 알고리즘의 미세한 작업을 꼼꼼히 살펴볼 만한 전문 지식이 없을 것이다. 필요한 배경지식을 지닌 사람도 논문에 적힌 제한적인 방법 설명 때문에 제대로 살펴보기 힘들 것이다. 그리고 '훈련 세트', 즉 알고리즘에게 범죄자와 비범죄자의 얼굴을 구별하는 방법을 가르칠 때 사용되는 이

범죄자와 비범죄자의
얼굴 이미지로
구성된 훈련 세트

블랙박스:
컴퓨터 비전과
머신러닝 알고리즘

범죄와 관련 있다고
예상되는 얼굴 특징

골상학은 범죄 행위를
예측한다

미지들이 있다. 이것이 블랙박스에 입력되는 데이터다. 마지막으로 알고리즘이 범죄와 관련 있다고 예측하는 얼굴 특징이 있다. 이것이 블랙박스에서 나오는 결과물이다.

이 논문을 이해하려면 훈련 세트를 살펴봐야 한다. 머신러닝 알고리즘은 제공되는 훈련 데이터만큼의 역량을 발휘할 수 있다. 우와 장은 특징적인 수염이나 흉터, 문신이 없는 18~55세 사이의 중국 남성 1,800여 명의 사진을 모았다. 그 가운데 약 1,100명은 범죄자가 아니었다. 이들의 사진은 직업 기반 소셜 네트워킹 사이트나 전문직 회사 직원 명단 등 온라인상의 다양한 출처에서 수집된 것이다. 실험 대상 중 유죄판결을 받은 범죄자는 700명 남짓뿐이었다. 그들의 사진은 경찰서에서 제공한 것인데 범인 식별용 얼굴 사진이 아니라 신분증 사진이었다.

여기에는 2가지 큰 문제점이 있다. 첫째로 비범죄자의 이미지는 개인을 긍정적인 시선으로 바라볼 수 있는 사진을 선택했다는 것이다. 그에 반해 범죄자들의 이미지는 신분증 사진이다. 이게 정확히 무엇을 의미하는지는 확실하지 않지만, 이 사진은 사진 속 인물이 직접 선택한 것도 아니고 그를 호의적으로 바라보기 위해 선택한 것도 아니라고 추측해도 무방할 것이다. 운전면허증 사진을 근거로 우리의 성격을 판단하려는 사람이 없어서 정말 다행이다!

두 번째 편향 원인은 논문 저자들이 유죄판결을 받은 범죄자들의 사진을 사용했다는 것이다. 만약 두 집단의 얼굴에 차이가 있더라도 우리는 이런 차이가 범죄를 저지른 것과 관련 있는지 아니면 유죄판결을 받은 것과 관련 있는지 알 수 없다. 사실 외모는 유죄판결에 중요한 역할을 하는 듯하다. 최근의 한 연구에 따르면 미국에서는 매력적이지 않은 사람이 매력적인 사람보다 배심재판에서 유죄판결을 받을 가능성이 더 높다고 한다.* 저자들은 자신들이 만든 알고리즘이 인간의 편견에서 자유롭다고 주장하지만, 실제로는 이런 편향이 작용할 수도 있는 것이다.

블랙박스에 입력된 데이터의 잠재적 문제점을 파악한 뒤 우리는 블랙박스의 출력물로 눈을 돌렸다. 앞서 말한 것처럼 논문 저자들은 자신들의 알고리즘이 데이터 세트 안에서 90퍼센트의 정확도로 범죄자의 얼굴을 찾아낼 수 있다는 사실을 발견했다. 이들이 식별을 위해 사용한 얼굴 특징은 무엇일까? 알고리즘에 따르면 범죄자는 양쪽 눈 사이의 거리가 짧고 코와 입꼬리 사이의 각도(θ)가 작으며 윗입술이 더 많이 휘었다(ρ).

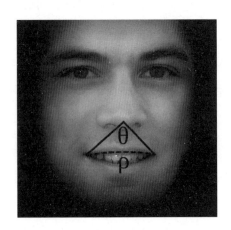

---

* 중국 형사 제도는 미국과 체계가 다르고 배심재판은 드물지만, 중국 재판정의 판사와 배심원도 비슷한 편견을 가질 수 있다.

똑똑하게 생존하기

왜 그럴까?

코와 입 사이의 각도나 입술이 휘어지는 정도는 명확하게 설명할 수 있다. 우리가 웃으면 입꼬리가 벌어지고 윗입술이 곧게 펴진다. 거울을 보면서 직접 해보기 바란다.

연구 논문 원본에서 훈련용 세트의 샘플 이미지 6개를 볼 수 있다. 범죄자들은 얼굴을 찡그리거나 노려보고 있다. 비범죄자들은 살짝 웃고 있다. 이제 우리는 저자들의 연구 결과를 바탕으로 훨씬 그럴듯한 다른 가설을 제시할 수 있다. 범죄자와 비범죄자의 얼굴 구조에는 중요한 차이가 없다. 그보다 비범죄자들은 직장용으로 찍은 얼굴 사진에서 웃고 있는 반면, 범죄자들은 정부 신분증 사진에서 웃고 있지 않다는 차이가 있다. 논문 저자들은 타고난 얼굴 생김새와 가변적인 표정을 혼동한 것 같다. 만약 그렇다면 범죄 가능성을 미리 알아낼 수 있다는 그들의 주장은 헛소리일 것이다. 그들은 범죄 탐지기를 발명한 게 아니라 미소 탐지기를 발명했다.

그들의 블랙박스 출력물에서 추가 증거를 찾아볼 수 있다. 저자들은 자신들이 주장하는 범죄자와 비범죄자의 얼굴 차이를 설명하기 위해 각 그룹의 특징을 종합한 합성 이미지를 만들었다. 범죄자의 합성 이미지는 얼굴을 찡그리고 있는 반면, 비범죄자의 합성 이미지는 미소를 짓고 있다. 이는 머신러닝 알고리즘이 기본적인 얼굴 구조가 아니라 상황에 따라 달라지는 표정(그가 웃고 있는지 아닌지)을 포착한다는 우리의 가설을 뒷받침한다.

블랙박스를 열지 않더라도 이런 분석에는 상당한 시간과 집중력이 소요된다고 생각할 것이다. 그건 사실이다. 하지만 다행스럽게도 어떤 주장은 다른 주장들에 비해 우리의 헛소리 탐지기를 더 쉽게 작동시킨다. 각별히 놀라운 주장에는 놀라운 증거가 필요하다. 이 논문의 저자들은 얼굴 구조가 범죄 성향을 드러낸다는 놀라운 주장을 했다. 여기서 우리는 훨씬 합리적인 가설, 즉 사람들이 정부의 신분증 사진보다 직장용 얼굴 사진에서 웃고 있을 가능성이 더 높다는 가설로 그들의 연구 결과를 설명할 수 있다는 걸 확인했다.

블랙박스를 열지 않고도 이 모든 일을 해냈다는 사실에 주목해야 한다. 거기서 문제가 발생하지 않았기 때문에 머신러닝 알고리즘의 디테일을 살펴볼 필요가 전혀 없었다. 머신러닝 알고리즘은 제공된 훈련 데이터와 똑같은 역량을 발휘하는데 이 훈련 데이터에 근본적인 결함이 있었다. 대개 그렇듯이 이들의 헛소리를 밝혀내는 데 머신러닝에 관한 기술적인 전문 지식은 필요하지 않았다. 비전문가들도 일반적인 학습 시스템이 동일한 데이터를 통해 어떤 결론을 내릴지 곰곰이 생각해 보면 거짓을 밝혀낼 수 있다. 이 논문의 알고리즘은 범죄성과 관련된 기본적인 신체 구조를 파악하지 못했다. 그리고 아직까지는 범죄 예방의 윤리적 지뢰밭을 걱정할 필요가 없어 보인다.

인과관계

CHAPTER 04

만약 과거로 돌아가서 15살 때의 자신에게 충고를 하나 할 수 있다
면 이렇게 말해줄 것이다. "불안하고 모호하고 자신감이 없고 순진
하게 구는 기분이야? 그렇다면 허세를 부려. 다들 그렇게 하니까."
자신감과 자존감을 드러내면 특히 그 나이에 다른 사람들이 당신을
바라보는 시각을 형성하는 데 큰 도움이 된다. 사실 사회적 자존감
을 꾸며내는 건 무척 자기만족적 행동이기 때문에 우리는 그걸 헛소
리라고 생각하지 않는다. 자신감이 넘치는 아이들은 행복하고 인기
가 많아 보였다. 친구도 아주 많았다. 남들보다 데이트도 일찍 시작
했다. 고등학교 생활도 쉬워 보였다. 그래서 다른 아이들은 그들을
동경하거나 부러워하거나 이따금씩 미워하기도 했다.

〈키스를 해본 적이 없다〉라는 제목의 최근 연구 보고서는 이런
긍정적 사고가 얼마나 효과적일 수 있는지 보여준다. 연구 진행자들

은 대학생 700명을 대상으로 조사해 대학에 입학하기 전까지 애인과 키스를 해본 적이 없는 이들의 성격적 특징을 파악했다.

연구 보고서는 인간 경험에 대한 사전 지식이 전혀 없다는 점에서 매력적이다. 우리는 "키스는 대부분 긍정적이고 용기 있는 행동"이라는 말을 들었다. "첫 키스는 매우 긍정적인 경험으로 간주된다."라고 배웠다. 또 "연인 관계에서는 신체적 친밀감이 중요하며 키스는 그런 신체적 친밀감의 공통적 측면"이라고 알고 있다. 그리고 무엇보다 키스를 "처음 시작하는 평균 나이는 15.5세"라고 들었는데 이 내용을 바꿀 수 있는 건 역학 전문가뿐이다.

그렇다면 대학 입학 전까지 키스를 해봤는지 여부에 영향을 미치는 요소들은 무엇일까? 긍정적인 자존감은 대학 입학 전 첫 키스 경험을 예측할 수 있는 가장 좋은 변수 가운데 하나다. 고등학생들이 데이트 상대를 고를 때 중요하게 여기는 건 잘생긴 외모나 지적인 능력 혹은 좋은 음악 취향이 아니라 자신감이다.

좋은 얘기이긴 하지만, 이 연구가 자존감과 키스 사이의 연관성을 발견했다고 하더라도 그 연관성이 어느 방향으로 움직이는지는 명확하지 않다. 자존감이 키스로 연결될 가능성도 있지만, 반대로 키스가 자존감으로 이어질 가능성도 있다. 아니면 키스와 자존감 사이에 아무런 관련이 없을 수도 있다. 둘 다 아주 훌륭한 머릿결이 원인일 수도 있는 것이다.

이런 반대는 우리 주변에 만연해 있는 헛소리의 근원을 알려준다. 사람들은 둘 사이의 연관성에 관한 증거를 이용해 그중 하나가 어떻게 다른 하나를 유발하는지 우리를 납득시키려고 한다. 할례는 자폐증과 관련 있다. 변비는 파킨슨병과 관련 있다. 결혼율은 자살률과 관련 있다. 하지만 그렇다고 해서 할례가 자폐증을 일으키거나 변비가 파킨슨병을 유발하거나 결혼이 자살의 원인이 되는 건 아니다. 2가지가 서로 연관성이 있으면 그중 하나가 다른 하나를 유발한다고 추론하는 것은 인간의 본성이다. 결국 우리는 이 세상에서 패턴을 찾기 위해 진화해 온 것이다. 그래야 위험을 피하고 음식을 구하고 사회적 상호작용에 대처하는 데 도움이 된다. 하지만 종종 무엇이 무엇의 원인인지 너무 빨리 결론을 내려버린다. 이 장에서는 연관성, 상관관계, 원인을 철저하게 고찰하는 방법과 서로 혼동되는 헛소리 주장을 알아차리는 방법을 알려줄 것이다.

저녁에 붉은 노을이 지면 뱃사람들이 기뻐한다

"아침에 하늘이 불그레하면 선원들이 경계하고 저녁에 붉은 노을이 지면 선원들이 기뻐한다." 이 문장에는 사람들이 2,000년 전부터 알고 있던 패턴이 등장한다. 지금 하늘 모습이 어떤지 알면 나중에 날씨가 어떻게 변할지 알 수 있다.

겨울철에 시애틀에서는 따뜻하고 습한 공기가 바다에서 육지로 밀려오기 때문에 하늘이 흐리면 바깥 날씨가 비교적 따뜻하다는 뜻이다. 하늘이 맑으면 내륙 사막에서 차고 건조한 공기가 불어오기 때문에 바깥 날씨가 대부분 춥다. 오늘 장갑과 모자가 필요한지 알기 위해 밖에 나가보지 않고 그냥 창밖만 내다봐도 충분하다. 하늘을 뒤덮은 구름은 전반적인 온도와 관련 있다. 이렇게 하나의 상태를 알면 다른 하나의 상태도 알 수 있을 때 2개의 측정치가 연관돼 있다고 말한다. 이와 비슷하게 사람들의 키와 몸무게도 서로 연관성이 있다. 내 친구의 키가 193센티미터라고 하면 그가 내 다른 지인들보다 몸무게가 더 나갈 거라고 추측해도 무방할 것이다. 또 다른 친구의 키가 155센티미터라고 하면 그는 아마 평균보다 체중이 적게 나갈 거라고 추측할 것이다.

흔히 이런 연관성을 상관관계라고 부르기도 한다. 누군가가 이렇게 말할 수도 있다. "성격은 점성술 별자리와 관계가 있대. 양자리들은 대담하지만, 황소자리는 안전을 추구한대." (이건 헛소리일 테니 신경 쓰지 말자.) 하지만 과학자와 통계학자 들이 상관관계에 관해 얘기할 때면 대부분 선형 상관관계를 말하는 것이다.* 선형 상관관계는 세상에 대한 과학자들의 사고방식에서 매우 중심적인 역할을 하므로, 그게 어떻게 작동하는지 잠시 설명하도록 하겠다.

선형 상관관계를 이해하는 가장 쉬운 방법은 미식축구 선수들의 키와 몸무게 같은 두 종류의 측정치와 관련된 산포도를 상상하는 것이다. 이때 각 종류의 측정치를 변수라고 한다. 대략적으로 설명해 대부분의 점에 근접하는 기울어진 선을 그릴 수 있다면 두 변수는

---

* 선형 상관관계는 키와 체중처럼 수치가 있는 변수가 필요하지만 '좋아하는 색' 혹은 '좋아하는 아이스크림 맛' 같은 범주형 값이나 수치 변수 사이에도 연관성이 발생할 수 있다. 상관관계는 연관성이지만, 모든 연관성이 상관관계인 것은 아니다. 게다가 값은 선형적인 관계가 없어도 예측 가능성이 매우 높을 수 있다. 예를 들어 숫자 $\{x, \sin(x)\}$ 쌍을 고려해 보자. 여기서 x를 알면 $\sin(x)$가 무엇인지 정확히 예측할 수 있지만 이 수치들의 상관계수(선형 상관 수치)는 사인파 전체에서 0이다. x와 $\sin(x)$ 사이에는 선형 상관관계가 없다. $\{x, \sin(x)\}$ 쌍을 가로지르는 최적선은 기울기가 0이고 x에 어떤 값을 대입해도 가능성 있는 $\sin(x)$ 값을 전혀 알려주지 않기 때문이다.

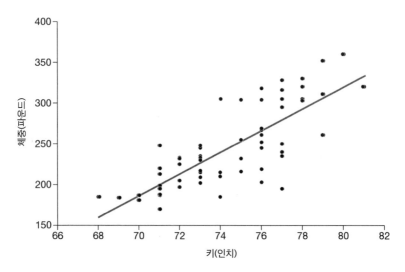

| 2018 미네소타 바이킹스 |

선형 상관관계가 있는 것이다.

도표에서 각각의 점은 2018년 미네소타 바이킹스 미식축구 팀에 소속돼 있던 각 선수에 해당한다. 점의 수평 위치는 선수의 키를, 수직 위치는 체중을 나타낸다. 바이킹스의 경우 선수들의 키와 몸무게 사이에는 선형적 상관관계가 있다. 점들이 대체적으로 점과 겹쳐진 추세선을 따라 늘어서 있다. 물론 선수들의 키와 몸무게가 선 위에 똑바로 정렬돼 있지는 않다. 예를 들어 쿼터백과 키커는 키를 감안했을 때 생각보다 가벼운 반면 러닝백과 라인맨은 더 무거운 편이다.

선형 상관관계의 강도는 1과 -1 사이의 숫자인 상관계수로 측정한다. 상관관계가 1이라는 것은 2개의 측정치가 산점도상에서 완벽한 일직선을 이뤄 한쪽 측정치가 증가하면 다른 측정치도 증가한다

똑똑하게 생존하기

는 뜻이다. 예를 들어 미터 단위의 거리와 킬로미터 단위의 거리는 상관계수가 1이다. 전자가 후자보다 딱 1,000배 많기 때문이다. 상관관계가 -1인 경우에는 2개의 측정치가 산점도상에서 다른 종류의 선을 형성해 한쪽 측정치가 증가하면 다른 측정치는 감소한다. 예를 들어 하키 경기에서 경과한 시간과 남은 시간을 더하면 60분이 된다. 1개가 늘어날수록 다른 1개는 같은 양만큼 줄어든다. 이 두 수량의 상관관계는 -1이다.

상관계수가 0이라는 건 점을 통과하는 최적선이 아무것도 알려주지 않는다는 뜻이다.* 다시 말해, 한쪽 측정치가 다른 측정치에 대해 아무런 정보도 알려주지 않는다.** 일례로 심리학자들은 충동성, 사교성, 신경증적 성향 같은 여러 가지 성격적 측면을 개략적으로 파악하기 위해 아이젠크 성격 검사Eysenck Personality Inventory 설문을 이용하기도 한다. 모든 개인에게서 충동성과 신경증은 기본적으로 상관관계가 없으며 상관계수는 -0.07이다. 즉, 어떤 사람의 충동성이 어느 정도인지 알아도 그의 신경증에 관해서는 거의(혹은 전혀) 알수 없고 그 반대도 마찬가지다. 아래 도표는 많은 사람들의 신경증과 충동성 점수를 보여준다. 점이 진한 것은 점수가 같은 개인이 여러 명임을 나타낸다.

대부분의 상관계수는 0과 1 사이거나 0보다 작지만 -1보다는 크다. 어느 경우든 한쪽 값을 알면 다른 값이 무엇이 될지 어느 정도는

---

* 드물지만 데이터 점이 수직선이나 수평선을 이루는 경우에는 상관계수가 확실하지 않다. 이런 경우 한쪽 측정치를 알아도 다른 측정치는 알 수 없다.
** 엄밀히 말하면 선형 모델을 이용해 한 변수를 다른 변수의 함수로 예측하도록 제한한 경우에만 해당한다. 비선형 모델은 상관계수가 0인 경우에도 유용할 수 있다.

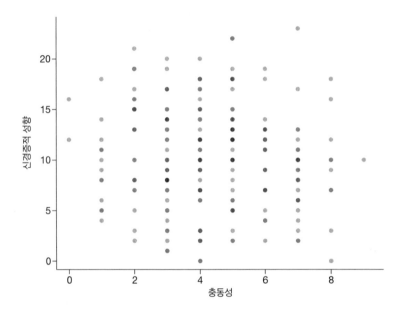

(전부는 아니더라도) 알 수 있다.

스포츠 분야의 예를 계속 들자면 스포츠 팀이 돈을 얼마나 쓰는지 알면 그들의 승패 기록을 어느 정도 예상할 수 있다. 뉴욕 양키스 New York Yankees와 FC 바르셀로나FC Barcelona가 각 리그에서 계속 좋은 성적을 거두는 건 높은 연봉 덕이라는 사실을 다들 안다.

더 놀라운 점은 선수들이 무급으로 뛰는 미국의 대학 스포츠계에서도 이런 패턴이 유지된다는 것이다. 대학별 축구 경기 예산 순위와 경기 우승 순위를 보면 둘 사이의 관계가 확실하다. 다음 쪽에는 2006~2015년까지 대학 축구 경기 순위가 나와 있다. 예산 순위와 우승 순위 사이의 상관계수는 0.78이다. 앨라배마나 미시건 같은 강팀은 순위가 높은데, 그들은 돈을 가장 많이 쓰는 팀이기도 하다.

똑똑하게 생존하기

물론 그 상관관계가 완벽하지는 않다. 보이시Boise주립대학교 같은 특출한 팀은 적은 예산을 바탕으로 예상보다 많은 승리를 거뒀다. 인과관계가 어느 쪽으로 움직이는지는 분명하지 않다. 돈이 성공을 낳는가, 아니면 성공이 텔레비전 방송이나 라이선스, 기부 등을 통해 더 많은 수익을 창출하는가? 아마 양방향으로 다 움직이는 게 맞을 것이다.

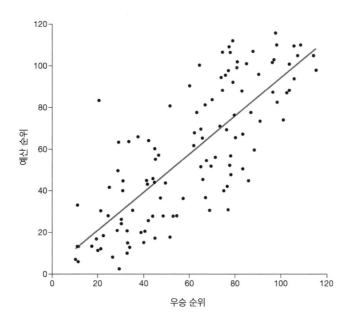

| 대학 미식축구 순위(2006~2015년) |

인과관계 고찰

철학자에게 인과관계가 무엇인지 물어보면 일이 매우 복잡해진다.

완벽하게 친 당구공이 8번 공을 코너 포켓으로 밀어 넣을 때, 왜 우리는 큐볼 때문에 8번 공이 테이블을 가로질러 포켓에 들어간다고 말하는 걸까? 숨기고 싶은 비밀 하나는 하나의 일이 다른 일을 유발한다는 게 무슨 뜻인지 다들 일반적으로 알고 있고, 물리학과 형이상학 분야에서는 끊임없이 논의가 진행되고 있는데도, 인과관계가 무엇인지에 관해서는 여전히 의견이 분분하다는 것이다. 다행히 인과관계의 개념을 이용하기 위해 그게 뭔지 꼭 알 필요는 없다. 사실 우리가 인과관계에 관심을 갖는 건 대개 도구적 목적 때문이다. 어떤 일을 유발하는 방법을 알고 싶은 것이다. 또 앞으로 일을 제대로 진행하기 위해 과거에 일이 잘못된 이유도 알고 싶어 한다.

하지만 어떤 행동이 어떤 영향을 미칠지 알아내는 건 간단한 일이 아니다. 우리는 상당한 시간을 들여 상관관계 정보를 알아내야 한다. 과학자들은 상관관계를 측정하고 이런 상관관계를 통해 인과관계를 추론할 수 있는 여러 가지 기술이 있다. 그러나 그 작업은 어렵고, 때로 논쟁의 여지도 있으며, 이런 기술이 항상 신중하게 사용되는 건 아니다. 게다가 의학이나 정책, 기타 분야의 최근 연구 결과를 읽어보면 이런 세부 요소들이 종종 빠져 있다. 상관관계가 인과관계를 내포하지 않는다는 건 진리다. 전자를 보여주는 데이터에서 후자에 대한 가정으로 경솔하게 도약해서는 안 된다.*

이를 피하기 어려운 이유는 사람들이 얘기를 할 때 데이터를 사

---

* 이 원칙은 선형 상관관계뿐 아니라 모든 종류의 연관성에 적용된다. 눈에 띄는 구절은 아니지만, 연관성에 인과관계가 내포돼 있지 않다는 점도 기억할 필요가 있다. 그리고 상관관계에는 인과관계가 내포돼 있지 않지만, 인과관계는 연관성을 암시한다는 것도 알아둬야 한다. 인과관계가 선형 상관관계를 발생시키지 않을 수는 있지만 어떤 연관성은 만들어낼 것이다.

용하기 때문이다. 우리의 관심을 끈 얘기들은 인과관계의 분명한 연관성을 보여준다. 불행하게도 특히 대중매체에서 가장 빈번하게 데이터를 잘못 사용하는 사례 중 하나가 상관관계만을 근거로 인과관계를 제시하는 것이다. 이는 우리가 앞서 정의했던 것과 같은 전형적인 헛소리다. 이런 기사를 쓴 기자나 편집자는 당신이 결국 무엇을 믿게 되건 상관하지 않기 때문이다. 그들이 포도주를 마시면 심장병을 예방할 수 있다는 기사를 썼다고 해서 우리를 알코올의존자로 만들거나 심장 건강을 증진하는 행동에서 멀어지게 하려는 게 아니다. 그들은 그냥 좋은 얘기를 공유하려고 한 것뿐이다. 여기에 숨겨진 의도가 있다고 해봤자 잡지를 사라거나 링크를 클릭하도록 유도하는 게 다다.

한 연구 팀이 최근 뉴스나 소셜미디어에 이렇게 와전된 정보가 얼마나 흔한지 알아보려고 했다. 그들은 식이요법, 공해, 운동, 의료 같은 요소들이 건강이나 질병과 어떤 상관관계가 있는지와 관련해 페이스북과 트위터에서 가장 많이 공유된 연구 결과 50개를 확인했다. 의학 연구에서는 인과관계를 입증하기가 매우 어렵기 때문에 50개의 연구 가운데 15개만 인과관계를 증명하기 위한 적절한 작업을 수행했다. 개중 최고 기준을 충족한 건 2개에 불과했고, 나머지는 상관관계만 확인했다. 그래도 괜찮다. 상관관계만 식별해도 중요한 가설을 만들어낼 수 있으니까. 문제는 연구 결과를 어떻게 설명하는 가다. 이들 연구 가운데 3분의 1은 의학 학술지에 실린 논문 자체에 충분한 증거가 없는데도 인과관계를 제시했다. 그 내용이 대중지에 실리면서 상황은 더 악화됐다. 해당 연구 내용을 설명한 뉴스 기사의 거의 절반이 인과관계에 관해 근거 없는 주장을 했다. 의학 실험이나 인과관계를 증명했다고 주장하는 다른 연구 관련 기사를 읽을 때는 그 내용이 정확하다고 확신할 수 없다. 따라서 헛소리를 간파할 능력이 필요하다.

이 장 첫머리에서 얘기한 키스 무경험에 관한 연구로 다시 돌아가 보자. 이 연구는 긍정적인 자존감과 키스 경험 사이에 강한 연관성을 발견했다. 이 연관성을 설명하기 위해 다음과 같은 도표를 그려보겠다.

여기서 점선은 연관성을 나타낸다. 자신 있게 행동할 때 사교적으로나 로맨틱한 관계에서 성공할 수 있다는 얘기를 기꺼이 받아들인다면 이 연관성은 인과관계가 될 것이다. 자존감이 있으면 키스를 하게 될 것이다. 위 도표의 점선을 원인에서 결과로 이어지는 화살표로 교체하면 인과관계를 나타낼 수 있다.

이런 인과관계 화살이 절대적 확실성을 나타낼 필요는 없다. 긍정적 자존감이 키스 경험을 보장할 필요는 없다는 얘기다. 그저 자존감이 높은 사람은 키스할 가능성이 높다는 뜻일 뿐이다. 자존감이 강한 어떤 사람은 낯선 사람에게 다가가 키스를 할 수도 있겠지만, 그런 건 우리가 보기에 도가 지나친 행동이다. 이 도표를 세분화해 다음과 같이 중간 단계를 포함할 수도 있다.

아니면 키스가 결과가 아닌 원인이라고 생각할 수도 있다. 어쩌면 첫 키스의 경이로움이 자존감에 기적을 일으킬지도 모른다. 우리는 그랬다. 이 경우 인과관계의 방향이 뒤바뀐다. 우리 도표에서는 그냥 인과관계를 나타내는 화살 방향을 반대로 돌리기만 하면 된다.

물론 실제로는 이것보다 상황이 더 복잡할 것이다. 아마 청소년들이 긍정적 자존감을 갖게 된 것은 키스 때문이 아니라 로맨틱한 관계를 맺었기 때문일 것이다. 그리고 (연구에서 주목해야 하는 것처럼) 누군가를 사귀는 것은 키스를 예측할 수 있는 강력한 변수다. 그래서 다음과 같은 인과관계를 도표로 나타낼 수 있다.

인과관계는 여러 방향으로 흐를 수 있고 피드백 고리를 형성할 수도 있다. 긍정적 자존감이 있으면 청소년기에 로맨틱한 관계를 맺을 가능성이 높아지고, 그런 관계를 맺으면 다시 자존감을 높일 수 있다. 왼쪽에 이중 화살표가 표시된 피드백 루프를 이용해 다음과 같은 도표를 작성했다.

이제 상관관계와 연관성을 이해하고 그걸 도식화하는 방법도 알았으니 상관관계를 통해 인과관계를 잘못 암시하는 몇 가지 방법을 살펴볼 수 있다.

상관관계는 신문 판매에 도움이 되지 않는다

2018년 여름 질로우Zillow라는 부동산 사이트가 집값 변화와 출산율 변화 사이에 음의 상관관계가 있다고 보도했다. 2010~2016년에 집 값이 가장 많이 오른 도시에서 25~29세 여성의 출산율 하락폭이 컸 다는 것이다. 그 추세는 아래와 같다.

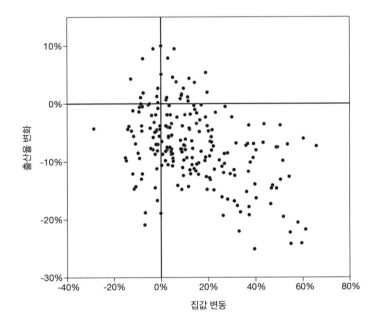

여기서 유추할 수 있는 놀랍도록 간단한 결론은 아이를 키우려 면 돈이 많이 든다는 것이다. 몇몇 추정치에 따르면 아이를 18세까 지 양육하는 데 드는 경제적 비용이 주택의 중앙값에 필적한다고 한 다. 기사는 돈이 충분히 모일 때까지 가정을 꾸리는 걸 보류하는 이들이 많다고 보도했다. 아마 커플들은 집을 사는 것과 아이를 갖는 것 중 하나를 선택할 수밖에 없을 것이다. 그러나 이는 가능한 많은 설명 중 하나에 불과하다. 질로우 보고서도 그런 사실을 명확히 하면서 다른 가능성 몇 가지를 논했다.

더 주의해야 할 점은 여기에서 관찰된 상관관계가 주택 가치 상승이 출산율 감소를 야기한다는 증거가 결코 아니라는 것이다. 가능성 있는 다른 설명은 비싼 집을 살 만큼 많은 급여를 받지만 30세 이전에 아이를 갖기 어려운 직업을 가진 사람들이 특정 카운티에 몰려 살 수 있다는 것이다. 이런 상황이라면 위의 차트에 나온 2가지 추세가 생길 수 있다. 또 문화적 가치관이나 육아 비용이 카운티마다 다른 것도 가정에 관한 가치관과 어느 정도 상관관계가 있다는 등 이런 관계를 설명할 수 있는 다른 교란 요인도 많다.

아직까지 헛소리는 등장하지 않았다. 이건 연구 결과를 보고하는 올바른 방법이다. 질로우의 기사는 상관관계를 설명한 다음 이 상관관계를 이용해 인과관계에 관한 가설을 세우지만, 근거 없는 결론으로 도약하지는 않는다. 이 연구가 25~29세 여성만을 대상으로 한 것을 보면 가정을 꾸리는 시기를 늦출 가능성이 있는 여성들은 주거비가 많이 드는 도시로 이주하는 경향이 있다고 의심할 수도 있다. 사실 25~29세는 사회경제적 계층과 지리적 위치에 따라 출산 빈도가 매우 다른 인구통계집단이다. 이 연령대의 엄마들만 살펴보면 여성들이 낳는 아이 수가 줄어들고 있는지 아니면 자녀 출산 시기를 늦추고 있는지 알 수가 없다.

하지만 안타깝게도 대중매체에서는 이런 차이를 제대로 보여주지 않는다. 질로우 보고서가 발표된 직후 〈마켓워치MarketWatch〉는 질로우의 연구 결과에 관한 기사를 게재했다. 기사 첫째 줄에서부터 "베이비붐은 잊어라—집값 상승 때문에 많은 예비 부모들이 가족을 늘리기 전에 망설이는 듯하다."라며 인과관계를 내비쳤다. 심지어 헤드라인도 인과관계를 암시한다. "높은 주택 가격의 또 다른 악영향: 출산율 저하"라는 헤드라인은 '원인'이라는 단어를 사용하지 않았지만, 인과관계를 암시하는 '영향'이라는 단어를 사용한다. 상관관계는 인과관계를 함축하지 않으며 분명 신문 판매에도 도움이 되지 않는다.

상관관계의 증거는 있지만, 인과관계의 증거가 없을 때는 규범적 주장을 해서는 안 된다. NPR 기자 스콧 호슬리Scott Horsley는 "〈워싱턴포스트〉의 여론조사 결과 NPR 청취자들이 정치인의 거짓 주장에 속을 가능성이 가장 낮은 것으로 나타났다."라는 트윗을 올렸다. 여기까지는 괜찮다. 하지만 이 여론조사는 인과관계가 아닌 상관관계만 보여준다. 그런데 호슬리는 트윗에서 "헛소리에 대한 면역력을 키우려면 NPR을 들어라."라고 권유했다. 이 논리의 문제점은 쉽게 발견할 수 있다. NPR을 들으면 헛소리를 믿지 않도록 면역력이 생길 수는 있다. 만약 그렇다면 호슬리의 충고는 이득이 될 것이다. 하지만 헛소리에 회의적인 사람들이 NPR을 듣는 경향이 있다는 설명도 가능하다. 그런 경우 NPR을 듣는다고 해도 호슬리가 추측한 보호 효과는 없을 것이다. NPR 청취자들은 호슬리의 실수도 헛소리로 치부했지만, 이는 상관관계의 증거를 강화할 뿐, 인과관계는 여전히 증명하지 못한다.

NPR 사례는 그냥 우스꽝스러운 수준이지만, 사람들이 의료 저널리즘의 상관관계 데이터에 기초해 규범적 주장을 하면 문제가 더 심각해진다. 2016년 권위 있는 《미국의사협회저널》에 게재된 한 연구 논문은 운동을 적게 하는 이들의 경우 13가지 암의 발병률이 증가한다고 보고했다. 이 연구는 인과관계에 관해서는 아무것도 알려주지 않는다. 어쩌면 운동은 암 발병률을 감소시킬 수도 있고, 운동을 하지 않는 사람에게는 암 발병 위험을 증가시키는 다른 특성이 있을 수도 있다. 연구원들이 흡연이나 비만 같은 명백한 특징들을 통제하려고 노력했지만, 이것이 어떤 다른 차이가 나타나게 하는 인과관계임을 의미하지는 않는다. 언론은 이런 미묘한 점을 무시한 채 인과관계를 제시했다. 《타임》지는 이 연구에 관한 기사 헤드라인에서 "운동이 일부 암의 발생 위험을 20퍼센트까지 낮출 수 있다."라고 밝혔다. 〈로스앤젤레스타임스Los Angeles Times〉는 "연구 결과, 운동이 13가지 암의 발병 위험 억제"라고 했고 〈U.S.뉴스 & 월드리포트U.S. News & World Report〉는 "운동이 암 위험을 낮춘다, 엄청난 연구 결과"라고 발표했다.

사람들이 건강 뉴스와 관련해 정말 읽고 싶어 하는 건 단순한 사실관계가 아니라 그들이 해야 하는 행동이다. 운동이 암 발생 위험을 줄여준다는 인과적 주장은 금세 "암 예방을 위해 하루 30분씩 운동하라."라는 권고로 이어질 수 있다. 우리가 대중지에서 읽는 관행적 충고 대부분이 근본적으로 인과관계 증거가 없는 연관성에 기초하고 있다.

원래의 과학 기사도 이런 실수를 저지를 수 있다. 영양학자들은 지방분을 빼지 않은 전유全乳와 저지방 우유 중 비만 예방에 도움이 되는 건 어느 쪽인지 논쟁을 벌여왔는데 일반적으로 저지방 우유를 선호한다. 하지만 최근 샌프란시스코 어린이들을 대상으로 진행한 연구에서 유지방을 많이 섭취한 어린이 쪽이 고도비만이 될 가능성이 낮다는 사실이 밝혀졌다. 연구 진행자들은 이것이 상관관계일 뿐 인과관계를 증명하지 않는다고 명확하게 경고했다.

그러나 〈라틴계 어린이가 전유를 마시면 고도비만을 예방할 수 있다〉라는 이 논문 제목은 경고와 다른 내용을 시사한다. 이건 인과관계를 나타내는 말이다. 상관관계의 증거가 인과관계의 증거로 잘못 제시돼 있다. 게다가 저자들은 "이런 결과는 저지방 우유의 소비를 촉진하는 권장 사항에 의문을 제기한다."라며 관행적 의견을 말한다. 아니다! 여기에는 유지방 섭취가 비만을 감소시킨다는 증거가 없으니, 이전 연구를 바탕으로 한 우유 섭취 권고에 의문을 제기할 이유도 없다. 이런 규범적 주장을 볼 때마다 이를 뒷받침할 인과적 증거가 있는지 자문해 보자.

만약 누군가가 흡연이 암을 유발하는 게 아니라 오히려 암이 흡연을 유발한다고 주장한다면 어떻게 될까? 미친 소리처럼 들리겠지만, 이건 바로 역사상 가장 훌륭한 통계학자 중 하나인 로널드 A. 피셔Ronald A. Fisher의 주장이었다. 피셔는 폐의 만성 염증이 암이나 암 발병 전 상태와 관련이 있다는 데 주목했다. 그는 염증으로 인한 불편함을 흡연으로 진정할 수 있다고 추측했다. 만약 그렇다면 암이 발병한 사람들은 증상을 완화하기 위해 흡연을 할 수 있을 것이고, 암에 걸리지 않은 사람들은 흡연 습관이 생길 가능성이 낮다. 그랬을 때 암이 흡연을 유발한다고 주장하는 건 무리일까? 물론 피셔의 생각은 틀린 것으로 밝혀졌지만, 그는 인과관계를 추론하는 어려움을 알려주면서 그와 동시에 좋아하는 파이프 담배 흡연 습관을 정당화하려고 했다. 암과 흡연에 관한 피셔의 제안은 별로 설득력을 얻지 못했지만, 담배업계는 흡연이 질병을 유발하는지 여부에 의구심을 심어줄 다른 방법을 찾아냈다. 그들의 노력 때문에 금연법 제정이 수십 년간 지연됐다.

인과관계에 관한 다른 잘못된 가정은 마약과 공중 보건 논쟁에도 심각한 영향을 끼쳤다. 1980년대 미국 대학 행정가와 정책 입안자들은 대학 캠퍼스에 폭음이 만연하는 걸 우려했다. 심리학자, 역학학자, 공중보건 전문가 등이 무절제한 과음이 전염병처럼 퍼지는 일을 막을 방법을 찾았다.

그런데 현장조사를 하기에 더 안 좋은 곳들이 있다. 심리학자 스콧 겔러Scott Geller와 그의 동료들은 1986년 〈대학생들의 맥주 음주에 관한 자연적 관찰〉이라는 영향력 있는 논문에서 대학가 술집의 맥주 소비량 증가와 관련된 요소들을 살펴봤다. 여기서 말하는 '자연적 관찰'이란 뭘까? 연구 대상을 그들의 자연 서식지에서 관찰하는 건데 이 논문의 경우는 대학생들을 술집에서 관찰했다. 우리는 방법론 섹션에 나온 "관찰자들은 테이블에 앉아 평범한 단골처럼 행동하면서 최대한 눈에 띄지 않으려고 노력했다."라는 세부 사항을 읽으며 재밌어했다. 이건 자기들도 맥주를 마셨다는 뜻일까? 어쨌든 학생들 틈에 섞여들려고 애를 썼을 것이다.

연구진은 각 학생이 마시는 맥주 양을 관찰하면서 그걸 유리잔,

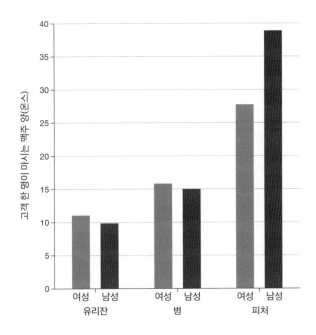

병, 피처 중 어떤 형태로 구입했는지 기록했다. 그리고 맥주가 담긴 용기와 마시는 양 사이에 확실한 상관관계가 있음을 알아냈다.

피처에 담긴 맥주를 마신 학생들은 잔이나 병으로 마신 학생들보다 대략 2~4배 정도의 맥주를 마셨다. 원래 연구에서는 인과관계를 주장하지 않으려고 주의했다.* 그러나 이 연구 보고서가 대중매체에 보도되고 대학 캠퍼스의 알코올 남용에 관한 폭넓은 논의로 발전하면서 주장도 진화했다. "맥주를 피처에 따라 마시면 더 많이 마신다."라는 말을 "맥주를 피처에 따라 마시기 때문에 더 많이 마신다."라는

---

* 겔러와 동료들은 이렇게 썼다. "용기 유형과 음주 행동 사이의 관계가 인과관계인지 아니면 세 번째 변수에 기인하는 상관관계(예: 차별 의도성)인지 판단하는 게 좋을 것이다. 예를 들어 피처로 마실 때 더 많이 마시는 건 음주자들이 피처에 담긴 술을 다 마셔야 한다는 의무감을 느끼기 때문일까, 아니면 피처를 주문한 사람들은 애초부터 더 많이 마실 생각이었던 걸까?"

뜻으로 받아들였다. 그리고 이를 근거 삼아 "학생들이 술을 적게 마시도록 피처를 금지해야 한다."라는 규범적 주장을 펴기 시작했다.

아마 당신은 이미 이 추론의 문제점을 깨달았을 것이다. 학생들은 피처를 주문했기 때문에 맥주를 더 많이 마시는 게 아니다. 아마 처음부터 맥주를 많이 마실 생각이라서 피처를 주문했을 것이다. 필자 두 사람이 술집에 가서 맥주를 한 잔씩 마시고 싶을 때는 각자 한 잔씩 주문한다. 각자 두 잔씩 마시고 싶을 때는 피처를 시켜 나눠 마신다. 그리고 우리는 본인의 의지를 관철하는 사람들이므로 맥주를 더 많이 마실 생각일 때는 대개 그렇게 한다.

겔러의 연구는 맥주가 피처에 담겨 나오면 사람들이 맥주를 더 많이 마신다는 걸 알려주는 게 아니다. 그보다는 맥주를 많이 마시고 싶은 사람은 조금 마시고 싶은 사람보다 많이 주문한다는 사실을 깨달았을 뿐이다. 하지만 안타깝게도 그런 발견으로는 흥미진진한 헤드라인을 만들 수 없으니, 신문사들이 왜 연구 내용을 다른 방향으로 돌리려고 했는지 알 수 있을 것이다.

우리가 방금 다룬 두 사례는 적어도 지금에 와서 생각해보면 비교적 명료한 편이다. 흡연은 암을 유발한다. 맥주를 더 많이 마시려는 생각이 있으면 더 많이 주문해서 더 많이 마시게 된다. 그러나 대부분의 경우 인과관계가 어느 방향으로 흐르는지 모른다. 연구를 통해 수면 부족과 알츠하이머병을 유발하는 베타아밀로이드 플라크 beta-amyloid plaque의 증식 사이에 연관성이 있다는 사실을 발견했다. 이에 관한 가설 하나는 수면이 뇌가 이런 플라크를 청소할 수 있는 일종의 휴식 시간을 제공한다는 것이다. 그렇다면 수면 부족이 알츠하이머의 원인이 될 수도 있다. 그러나 이용 가능한 데이터에서 인과관계가 반대 방향으로 움직일 가능성도 있다. 베타아밀로이드 플라크가 쌓여 수면을 방해할 수 있다고 한다면 반대로 알츠하이머(알츠하이머 이전) 때문에 수면을 방해받을 수도 있는 것이다. 어느 쪽이 맞는지 우리는 아직 제대로 모른다.

인과관계를 암시하는 방법은 많다. 어떤 사람들은 "흡연이 암을 유발한다." 혹은 "적포도주는 심장병을 예방한다."라고 공공연하게 말한다. "암을 예방하려면 일주일에 3번씩 운동하라."라는 처방을 내리는 사람도 있다. 그러나 그보다 명확하지 않은 방법도 있다. 심지어 미묘한 문법적 변화를 이용해 인과관계를 암시할 수도 있다. "그가 캐나다인이라면 이중 언어 사용자일 가능성이 높다."의 경우처럼 상관관계를 표현할 때는 대개 명백한 사실을 직설적으로 말한다. 그에 비해 "그가 캐나다인이었더라면 이중 언어 사용자일 가능성이 더 높아질 것이다."라는 말은 가정법을 사용해 조건문 형식으로 말하면서 인과관계를 표현한다. 앞의 진술은 단순한 연관성을 나타낸다. 뒤의 진술은 캐나다인이 이중 언어를 사용함을 암시한다. 앞의 진술은 큰 집단에 속한 사람들을 무작위로 선택한 뒤 그들의 속성을 비교한다. "(우리가 고른 사람이) 캐나다인이면…." 뒤의 진술은 어떤 사람을 고른 뒤 그의 특성 일부를 바꾼다. "(우리가 고른 사람이) 캐나다인이 (된다면)."

미묘한 얘기지만, 인과관계를 암시할 때는 가정법이 슬그머니 침투한다. "최저임금을 올리면 빈곤이 줄어든다."라는 주장은 "최저임금이 올라가면 빈곤이 줄어들 것이다."라는 주장과 다르다. 첫 번째 문장은 여러 도시들의 추세를 보고한다. 최저임금이 높은 도시는 빈곤율이 낮다는 것이다. 두 번째 문장은 특정 도시의 빈곤을 줄이는 방법을 제시한다.

데이터 그래픽 역시 미묘한 방법으로 인과관계를 제시할 수 있다. 주택 가격 변화와 출산율 변화를 나타낸 산포도를 다시 떠올려 보자. 이런 그래프에서 수평축은 대개 수직축에 나타난 변수를 유발하거나 그에 영향을 미치는 변수를 나타낸다. 질로우 그래프에서도 주택 가격은 수평축에, 출산율은 수직축에 각각 표시된다. 이 그래프에는 인과관계를 나타내는 말이 한마디도 없지만, 집값이 출산율을 결정한다는 미묘한 암시를 전달한다. 이런 그래프는 독자들이 인과관계를 추정하도록 농간을 부릴 수 있다. 산포도나 그와 유사한 데이터 시각화 자료를 보면 자신에게(그리고 그 그래프를 만든 사람에게) 물어보자. 이 그래프 구조는 존재하지 않는 인과관계를 암시하고 있는가?

지연된 만족과 공통 원인

사회심리학의 대표적인 발견 중 하나는 지연된 만족이 성공적인 삶에 기여하는 역할이다. 지연된 만족 이론의 중심에는 마시멜로 테스트라고 하는 실험이 있다. 4살짜리 아이에게 마시멜로 1개 또는 마시멜로 2개의 보상을 제시한다. 아이는 언제든 마시멜로 1개를 먹을 수 있지만, 잠시 참고 기다리면 마시멜로를 2개 주겠다는 얘기를 들

똑똑하게 생존하기

는다. 그런 다음 실험자는 방에서 나와 아이가 더는 참지 못하고 마시멜로를 먹을 때까지 걸린 시간을 측정한다. (15분 동안 기다린 뒤에도 계속 참고 있는 아이는 마시멜로 2개를 상으로 받는다. 하지만 솔직히 말해서 그 나이에 15분이 얼마나 길게 느껴지는지 기억나는가?)

4살 때 더 오래 기다릴 수 있었던 아이들이 고등학교에 진학해 높은 SAT 점수를 받고 청소년기에도 잘 적응한다는 부모의 평가를 받았다는 연구 결과가 여럿 있다. 원본 연구의 저자들은 그 결과를 통해 '지연된 만족이 훗날의 학문적 성공과 정서적 행복을 예측한다.'라는 상관관계가 증명됐다고 설명하면서 조심스러운 태도를 보였다. 그들이 인과관계를 증명하지는 않았다. 즉, 만족을 지연하는 능력이 반드시 훗날의 성공과 행복을 보장하는 건 아니다.* 그러나 이 결과가 대중 언론을 거치는 동안 상관관계와 인과관계의 경계가 모호해졌다. 마시멜로 실험과 이와 관련된 다른 연구 결과는 만족을 지연하는 능력이 인생 후반기의 성공을 보장한다는 증거로 보도됐다.

인과관계에 관한 이런 가정은 '만족을 지연하는 방법을 배워 미래를 개선하라' 같은 처방을 위한 근거로 자주 사용된다. 통속 심리학과 대중에 영합하는 사업 관계자들은 마시멜로 테스트를 바탕으로 특정한 훈련 방법을 홍보한다. 〈라이프해커Lifehacker〉는 "만족을 지연하는 기술을 발전시켜라."라고 촉구했다. 《패스트 컴퍼니Fast

---

* 이 분야의 핵심 연구진인 쇼다Shoda와 동료들이 1990년 발표한 논문에는 다음과 같은 주의사항이 나와 있다. "부모의 안정적인 자녀 양육 방식과 가정 및 지역사회의 안정감 있는 심리·사회적 환경이 취학 전 아동의 만족 행동 지연과 청소년기 인지 및 자기 조절 능력의 공통 요인이 될 수 있다. 이런 공통점이 우리가 관찰한 장기적 상관관계에 기여할 수 있다." 이는 우리가 앞으로 제시할 공통 원인 설명과 매우 유사하다.

Company》는 마시멜로 사진 아래 "만족 지연을 규칙적인 습관으로 만들면 보통 수준의 성과를 올리던 사람도 일류가 될 수 있다."라고 적어놓았다. 《Inc.》지는 〈40년 전 스탠퍼드에서 진행된 연구가 당신의 자녀가 인생에서 성공하는 데 필요한 자질 하나를 알려준다〉라는 제목의 기사에서 우리 자녀들이 이 능력을 키울 수 있는 방법을 설명한다.

> 다시 말해 아이가 어떤 일이든 해내면 작은 보상을 약속하고 그 약속을 지켜서 자녀의 뇌에 지연된 만족을 위한 시스템을 적극적으로 구축하라는 것이다. 이런 식으로 계속한다면 아이의 뇌는 자연스럽게 힘든 일을 먼저 하는 쪽으로 움직일 것이다. 이건 직장에 형성돼 있는 고전적 조건이다.

하지만 중요한 사실은 이런 처방이 부적절하다는 것이다. 왜냐하면 사실 만족을 지연하는 능력이 이후의 성공을 야기한다는 확실한 증거가 없기 때문이다. 한 연구 팀이 표본 크기를 늘리고 추가 제어장치를 둔 다음 마시멜로 연구를 복제하려고 했을 때 그들은 원본 연구에서 주장했던 효과의 극히 일부만을 발견했다. 게다가 아이들의 만족을 지연하는 능력과 청소년기의 성공에 모두 영향을 미치는 듯한 요인이 하나 있었는데 그건 바로 부모의 사회경제적 지위였다.* 부잣집 아이들은 두 번째 마시멜로를 받을 때까지 잘 기다릴 수

---

* 통계학자는 공통된 원인이 측정 중인 두 변수에 영향을 미치는 상황을 가리켜 혼재라는 용어를 종종 사용한다. 위의 사례에서는 만족을 지연하는 능력과 청소년기의 학업 성취가 부모의 부에 의해 혼재됐다고 할 수 있다.

있었다. 왜 그럴까? 아마 그들은 평소 안정감을 많이 느끼고 어른들에 대한 신뢰가 크며 기다림이 보람이 있었던 이전 상황을 회상했을 것이다. 또 마시멜로는 이 아이들에게 특별한 간식이 아니니까 상대적으로 무관심했을 것이다. 부모의 부富는 또 청소년기의 교육적 성공을 결정짓는 중요한 요인이기도 하다. 따라서 만족을 늦추는 능력과 학업 성취는 모두 부모가 가진 부의 결과물인 것이다. 어느 한쪽이 영향을 발휘해 다른 상황을 유발한 게 아니다. 부모의 부가 인내와 성공의 공통 원인이 된 이와 같은 경우를 다음과 같이 도식화해 봤다.

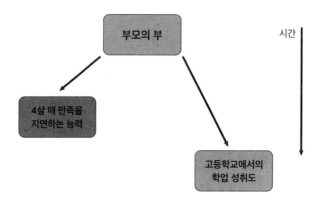

이 인과관계 도표는 시간의 방향을 나타내는 화살표가 특징이다. 아이들은 사춘기에 좋은 학업 성과를 올리기 훨씬 전인 4살 때부터 만족을 늦출 수 있다(둘 다 아닐 수도 있다). 인과관계는 시간적으로 앞으로만 흐른다. 만약 A가 B보다 먼저 일어났다면 B가 A를 유발하지 않았음을 알 수 있다. 이건 유용한 정보다. 이 경우 고등학교에서의 학업 성취가 4살 때 만족을 늦출 수 있는 능력을 유발할 가능성을 즉시 배제할 수 있다.

그러나 주의하지 않으면 시간순으로 사건을 바라보는 과정에서 오해가 발생할 수 있다. A와 B가 연관돼 있다고 하더라도 A가 B보다 먼저 발생했다고 해서 반드시 A가 B를 야기하는 건 아니다. 이런 실수는 너무나 흔하고 오래전부터 존재했기 때문에 '포스트 호크 에르고 프로프테르 호크post hoc ergo propter hoc'라는 라틴어 이름도 있다. 번역하면 '이것 다음에 벌어지는 일은 이것 때문이다.'라는 뜻이다.

이런 실수를 하는 게 인간이다. 우리는 패턴을 찾는 능력이 탁월하고, 이 능력은 하나의 경험을 바탕 삼아 다른 경험을 일반화하는 데 도움이 된다. 우리는 날아다니는 검은 곤충이 쏘지 않지만, 날아다니는 노랗고 검은 곤충은 쏜다는 사실을 배울 수 있다. 우리가 지금 하는 관찰은 미래 사건을 예상하는 데 도움이 된다. 폭우가 내리면 다음 날 강물 수위가 높아지므로 조심해서 건너야 한다는 점을 깨달을 수 있다. 우리는 "2가지 일이 연관돼 있으면 먼저 일어난 일이 두 번째로 일어난 일을 유발한 것이다." 같은 경험 법칙을 적용하는 경우가 종종 있다. 가뭄과 산불은 연관이 있다. 가뭄이 먼저 발생했고 산불의 원인이 된다. 그러나 이런 패턴 추구 능력도 우리를 호도할 수 있다. 만약 매년 9월 초 기러기가 도착하고 9월 말 은연어가 돌아오기 시작한다면 우리는 기러기가 물고기를 강으로 불러들이는 것이라고 생각할지도 모른다. 하지만 물론 물고기는 기러기 따위에 전혀 관심이 없다. 이건 포스트 호크 에르고 프로프테르 호크 오류의 또 다른 예다.

허위 상관관계

지금까지 의미 있는 상관관계가 있는 2가지 사건이나 측정에서 잘
못된 인과관계를 추론하는 경우를 살펴봤다. 술집에서 술을 피처로
주문하는 것과 맥주를 더 마시는 건 당연히 관련이 있지만, 피처를
주문한 게 맥주를 더 많이 마시게 된 원인이라고 가정하는 건 실수
다. 어떤 상관관계는 이 기준까지 올라오지도 않는다. 그건 우연히
존재하는 것이며 세상이 돌아가는 방식에 관해 의미 있는 정보를 알
려주지도 않고 새로운 데이터로 시험했을 때 똑같은 현상이 발생할
가능성도 낮다.

타일러 비겐Tyler Vigen이라는 작가가 재밌는 사례를 수집해 이런
가짜 상관관계를 직접 밝혀낼 수 있는 웹사이트를 만들었다. 예를

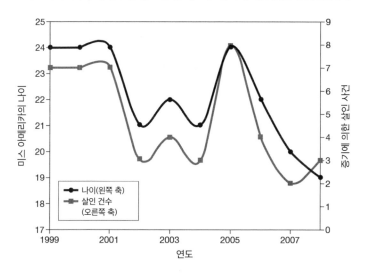

| 미스 아메리카의 나이와 증기, 고온 증기, 고온 물체에 의한 살인의 상관관계 |

들어 당신은 미스 아메리카의 나이가 증기, 고온 증기, 다른 뜨거운 물체로 살해된 사람들의 수와 밀접한 관련이 있다는 걸 아는가?*

이 상관관계가 세상이 돌아가는 방식에 관한 의미 있는 정보를 포착할 리 없다. 이 둘 사이에 어떤 인과관계가 존재할 수 있을까? 우리는 이게 허위 상관관계라는 걸 직관적으로 안다. 이 측정값들이 이렇게 잘 정렬된 건 그저 우연일 뿐이다. 우연이기 때문에 이런 추세가 미래에도 지속되리라고 기대하지 않는다. 그리고 실제로도 지속되지 않는다. 비겐이 이 수치를 발표한 후 몇 년 동안의 시계열 변화를 계속 추적해 보면 둘 사이의 상관관계는 완전히 무너진다.

| 미스 아메리카의 나이와 증기, 고온 증기, 고온 물체에 의한 살인의 상관관계 |

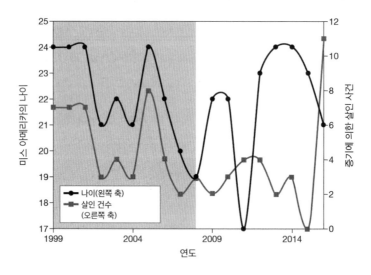

---

* 비겐은 각 포인트에 들쭉날쭉한 모서리가 없는 부드러운 곡선을 그리기 위해 '스플라이닝'이라는 기술을 사용한다. 그림에서는 그의 방식을 따랐다.

똑똑하게 생존하기

비겐은 시간이 지나면 변화하는 상황의 데이터 세트를 대량으로 수집해 허위 상관관계의 예를 찾는다. 그런 다음 컴퓨터 프로그램을 이용해 각각의 추세를 다른 추세와 비교한다. 과학자들이 데이터 준설이라고 부르는 것의 극단적 형태다. 단 100개의 데이터 시리즈만 있으면 거의 1만 쌍을 비교할 수 있다. 이 쌍들 가운데 일부는 우연히 매우 유사한 경향, 즉 높은 상관관계를 보여줄 것이다. 예를 들어 항응고제로 인한 사망자 수와 미국에서 수여된 사회학 학위 수의 상관관계를 확인해 보라.

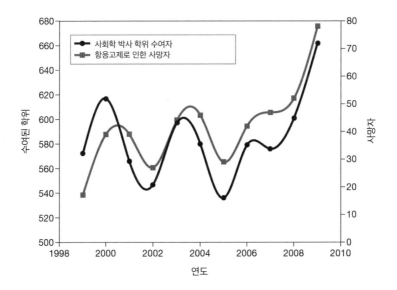

두 추세를 본 사람들은 '와, 데이터들이 이렇게 일치된 움직임을 보일 가능성이 얼마나 될까? 100분의 1? 1,000분의 1? 둘 사이에 뭔가 관계가 있는 게 틀림없어!'라고 생각할 것이다. 이 말은 비겐이 우연히 그렇게 일치되는 데이터 쌍을 발견하기까지 100개 혹은

1,000개의 다른 비교 쌍을 훑어봐야 했다는 얘기다. 이는 2가지 추세 사이에 의미 있는 연관성이 있다는 뜻이 아니다. 사회학과 대학원생들이 쥐약을 갖고 돌아다니면서 사람들을 죽이고 있다는 뜻도 절대 아니다.

비겐의 경우는 그저 재밌는 우연일 뿐이다. 그러나 우스꽝스러운 상관관계를 찾아내려는 그의 노력은 과학적 분석 과정에서 발생할 수 있는 심각한 문제와 유사하다. 특히 많은 과학 분야의 초기 탐구 단계에는 자연계의 패턴을 찾아내는 과정이 포함된다. 이용 가능한 데이터 세트가 늘어나고 변수에 관한 정보가 점점 많아지면 패턴 검색이 갈수록 비겐의 유머러스한 저인망 탐색과 비슷해지기 시작할 수 있다.

연구진은 실험 참가자들에게 본인 삶의 여러 측면, 가치관, 성격적 특성 등에 관한 수십 가지 질문을 던져 대규모 설문 데이터 세트를 수집했다. 연구원들이 가설을 시험하기 위해 데이터 세트를 뒤질 때는 비겐이 의도적으로 한 일, 즉 너무 많은 데이터를 비교한 끝에 실제 관계를 반영하는 게 아닌 우연히 존재하는 유사성을 찾아내지 않도록 주의할 필요가 있다.

시간이 지나면서 추세에 발생하는 허위 상관관계를 찾아내는 가장 쉬운 방법 중 하나는 아주 단순한 추세를 확인하는 것이다. 우리가 측정할 수 있는 대상은 수백만 가지에 이른다. 그중 상당수가 시간이 지나면 증가한다. 제빈의 받은 메일함에 들어 있는 이메일 개수, 아마존 주가, 어린이의 키, 새 차 가격, 심지어 그레고리력의 연도까지 말이다. 또 시간이 지나면서 감소하는 것들도 많다. 새해 첫

날의 북극해 얼음 면적, 체르노빌Chernobyl의 세슘-137 농도, 조기 발생 폐암 비율, 데이터 1기가바이트 저장 비용 등이 그렇다. 수량이 증가하는 것 2가지를 비교하면 그 값들 사이에는 이내 양의 상관관계가 성립될 것이다. 크기가 감소하는 수량 2가지를 비교해도 같은 일이 일어난다. (증가하는 수량과 감소하는 수량을 비교해도 상관관계를 얻겠지만, 음의 상관관계가 될 것이다.) 대부분의 쌍에는 인과관계가 전혀 존재하지 않을 것이다. 레딧Reddit이라는 사이트의 한 이용자가 자연 건강 커뮤니티를 비판하려고 아래와 같은 그래프를 올렸다.

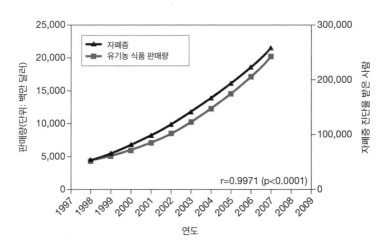

| 자폐증 환자 증가의 진짜 원인은? |

유기농 식품 판매량과 자폐증 사이에 어떤 인과관계가 존재한다고 가정할 이유는 전혀 없지만, 그게 바로 이 농담의 요점이다. 이렇게 원인을 엉뚱한 쪽으로 돌리는 건 자연 건강 커뮤니티에서 백신 접종이 자폐증의 원인이라고 비난하는 것과 같은 실수다.

1980년대 후반 한 화학자가 이와 똑같은 수법을 사용해 세계 최고의 연구 학술지 중 하나인 《네이처Nature》지에 유머러스한 그래프를 발표했다. '성교육을 위한 새로운 변수'라는 제목의 이 그래프는 상관관계에서 너무 많은 것을 추론하려는 태도를 경고하는 역할을 한다.

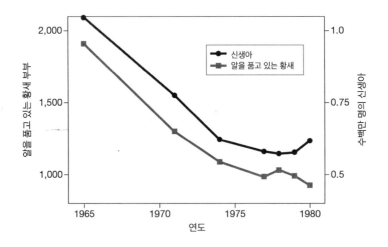

이 그래프는 감소 추세인 두 대상, 즉 서독 지역에서 알을 품는 황새 수와 인간 신생아 수를 비교한다. 이것이 넌지시 암시하는 바는 여기서 가능한 인과관계를 고려해야 한다는 것이다. 어쩌면 황새가 아기를 물어다 준다는 옛날얘기가 맞는지도 모른다. 황새가 떠나 버리면 더는 아기가 생기지 않는다.

흡연은 사람을 죽이지 않는다고?

지금까지 인과관계를 논의하면서 확실성이 아니라 확률에 관해 얘기했다. 음주 운전이 자동차 사고를 유발한다고 말하는 이유는 모든 음주 운전자가 사고를 일으키거나 모든 사고에 음주 운전이 관련돼 있기 때문이 아니라 음주 운전이 사고 위험을 크게 증가시키기 때문이다. 확률 원인(A가 인과적으로 B의 확률을 높인다), 충분 원인(A가 발생하면 B도 항상 일어난다), 필요 원인(A가 일어나지 않으면 B가 일어날 수 없다) 사이에는 중요한 차이가 있다.

때로 필요 원인과 충분 원인의 차이를 오용하기도 하는데 특히 인과관계를 부정하려는 사람들이 자주 그런다. 예를 들어 마이크 펜스Mike Pence는 정부의 담배 규제에 반대하면서 다음과 같은 주장을 한 적이 있다.

신속한 사실 확인이 필요하다. 정치인들과 언론의 히스테리에도 불구하고 흡연은 사람을 죽이지 않는다. 실제로 흡연자 3명 중 2명은 흡연 관련 질병으로 사망하지 않고, 10명 중 9명은 폐암에 걸리지 않는다.

이건 분명 헛소리고 일반적으로 인쇄 매체에 등장하는 것보다 등급이 높은 헛소리다. 펜스는 문자 그대로 "흡연은 사람을 죽이지 않는다."라고 말해놓고는 바로 다음 문장에서 흡연자의 3분의 1이 흡연과 관련된 질병으로 사망한다고 말한다.* 펜스는 충분 원인과 확률 원인을 합체했다. 흡연을 한다고 해서 반드시 폐암이나 흡연과 관련된 질병에 걸리는 건 아니지만, 누군가가 그런 병으로 사망할 확률을 크게 높인다. 이와 관련해 일부 폐암 환자(예컨대 광부 등)는 담배를 피운 적이 없으므로 흡연이 폐암을 유발하는 게 아니라고 주장하기도 한다. 이 주장은 필요 원인과 확률 원인을 하나로 합친 것이다.

다른 방법이 다 실패하면 조작해라

이런 모든 함정과 위험을 고려한다면 어떻게 하나의 일이 다른 일을 야기한다고 확신할 수 있을까? 과학자들은 항상 이 문제와 씨름하며 종종 상관관계와 인과관계를 구분하기 위해 조작 실험을 이용한다. 발열의 생명 작용을 생각해 보자. 우리는 열이 병에 걸려서 나는 것이라고 생각한다. 감기에 걸리면 목구멍이 아프고 홍역에 걸리면 피부에 발진이 나는 것처럼 말이다. 그래서 의사들은 아스피린, 타이레놀Tylenol, 애드빌Advil 같은 약물을 사용해 열을 차단하거나 예방하는 걸 목표로 한다. 하지만 열은 목이 아프거나 발진이 나는 것과 다른 듯하다. 적당한 열은 감염에 대한 우리 몸의 방어 수단 중 하나임을 암시하는 증거가 많다. 예를 들어 열이 나는 사람은 혈류 감염

---

* 펜스의 주장은 흡연 관련 질병으로 인한 사망률을 매우 과소평가한 것이다. 에밀리 뱅크스Emily Banks와 동료들이 최근 대규모로 진행한 연구에 따르면 흡연자의 약 3분의 2가 흡연과 관련된 질병으로 사망한다고 한다.

에서 살아남을 가능성이 더 높다. 그러나 이건 인과관계가 아니라 상관관계다.

아래 도표처럼 열이 더 나은 결과를 가져올까?

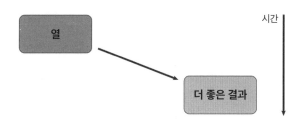

아니면 상태가 더 좋은 환자들(전체적으로 건강하고 영양실조가 아니며 감염 정도가 덜 심각해, 다른 여러 가지 면에서 더 나은 사람)이 애초에 열이 날 수 있는 건가? 이 환자들은 처음부터 상태가 좋았기 때문에 발열 여부에 상관없이 더 나은 결과를 얻을 것으로 예상한다.

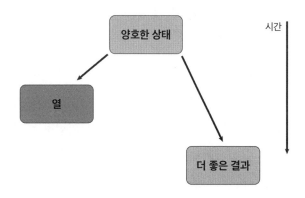

두 가능성을 어떻게 구분할까? 열이 실제로 질병의 예후를 좋게

하는지 어떻게 알 수 있을까?

실험을 해봐야 한다. 그런데 열과 관련해서는 실험자도 없는 상황에서 각기 다른 환자들이 저마다 다른 방법으로 치료되는 '자연 실험'이 늘 진행되고 있다. 특히 병원이나 일반의를 찾아가면 열을 내리는 약을 주는 곳도 있고 그러지 않는 곳도 있다. 수많은 연구 전반에 걸쳐 강하게 드러나는 추세는 바로 열을 내리는 해열제를 먹은 환자들이 바이러스 감염에서 회복되기까지 시간이 더 오래 걸린다는 것이다.

이는 열이 우리 몸에 이롭다는 뜻일까? 반드시 그렇지는 않다. 환자에게 해열제를 무작위로 투여하지는 않기 때문이다. 약을 받은 환자군은 약을 받지 않는 환자군과 다른 특성이 있을 수도 있다. 여기서 드러나는 건 선택 편향의 한 형태다. 특히 상태가 좋지 않은 사람들은 열을 내리기 위해 약을 복용하는 경우가 많을 것이다. 그렇다면 해열제를 복용한 탓에 나쁜 결과가 생긴 것처럼 보일 수도 있다. 하지만 사실은 예후가 나쁠 것 같은 사람들을 선별해 해열제를 줬을 것이다.

이 문제를 해결하기 위해 환자들이 받는 치료를 명확하게 무작위화할 수도 있다. 그럼 결과는 환자의 상태 차이 때문이 아니라 치료 효과 때문에 차이를 드러낼 것이다. 생명을 위협하는 질병의 경우에는 치료를 받을지 여부를 윤리적으로 무작위화할 수 없지만, 덜 심각한 질병에 대해서는 환자의 동의를 얻어 그렇게 할 수 있다. 연구진은 이 방법을 통해 열을 차단하는 약물이 환자의 회복 속도를 늦추고 환자가 다른 사람에게 병을 전파할 가능성을 높이는 경향이 있다는 사실을 밝혀냈다. 하지만 열이 이런 차이의 주요 원인인지는 아직 확실하지 않다. 약물에 의한 체온 변화가 아니라 약물 그 자체가 원인일 수도 있다. 해열제를 먹고 열이 내렸는데 열이 내린 것 때문에 질병이 악화하는 걸까? 아니면 해열제가 체온에 미치는 영향과 무관하게 자체적으로 부정적 결과를 낳는 걸까?

이런 가능성을 배제하기 위해 과학자들은 동물실험을 택했다. 그들은 동물의 몸을 시원하게 식혀줬다. 그러자 해열제가 질병 예후에 미치는 것과 같은 영향이 생겼다. 이는 해열제의 부정적 결과가 체온에 미치는 영향을 통해 발생함을 시사한다. 이런 사실을 알게 된 덕에 이제 열이 질병에 맞서는 유익한 방어책이라는 생각을 뒷받침하는 확실한 증거를 갖게 됐다. 조작 실험이 인과관계의 가장 강력한 증거를 제시하는 이유는 알려진 원인을 분리하고 다른 변수를 모두 일정하게 유지하는 능력 때문이다. 문제는 이런 실험이 항상 가능한 게 아니기 때문에 다른 형태의 증거에 의존해야 한다는 것이다. 다 좋은데, 그럴 때 상관관계에서 인과관계로 근거 없는 비약에 속아 넘어가서는 안 된다.

숫자와 헛소리

우리 세계는 철저히 수량화돼 있다. 모든 것이 계산, 측정, 분석, 평가된다. 인터넷 회사들은 웹에서 우리를 추적하고 알고리즘으로 우리가 무엇을 살지 예측한다. 스마트폰은 하루 종일 우리 발걸음을 세고 통화량을 측정하며 움직임을 추적한다. '스마트 가전제품'은 우리가 그걸 어떻게 사용하는지 모니터링하면서 우리의 일상생활을 우리 자신보다 더 많이 알게 된다. 몸에 이식된 의료기기는 환자에게서 지속적으로 데이터 스트림을 수집하고 위험 징후를 실시간으로 관찰한다. 자동차를 고치러 서비스 센터에 가면 자동차는 자신의 성능과 우리의 운전 습관 데이터를 업로드한다. 우리가 사는 도시 곳곳에 설치된 센서와 카메라는 교통 상황부터 대기질에 이르기까지 모든 걸 감시한다.

기업들은 돈이 많이 드는 연구와 조사로 사람들이 하는 일의 데이터를 수집하는 게 아니라 소비자가 직접 찾아오게 한 뒤 그들이 뭘 하는지 기록한다. 페이스북은 우리가 누구와 알고 지내는지 알고, 구글은 우리가 뭘 알고 싶어 하는지 안다. 우버는 우리가 가고 싶어 하는 곳을 알고, 아마존은 우리가 뭘 사고 싶은지 안다. 매치 Match는 우리가 누구와 결혼하고 싶은지 알고, 틴더Tinder는 우리가 누구에게 데이트 신청을 받고 싶은지 안다.

데이터는 확실한 증거를 바탕으로 세상을 이해하는 데 도움이 되지만, 구체적인 숫자는 사람들이 생각하는 것보다 훨씬 조작하기 쉽다. 이는 고리타분한 농담과도 비슷하다. 수학자, 기술자, 회계사 가 취업 지원서를 냈다. 그들은 면접실로 안내돼 수학 퀴즈를 풀게 됐다. 첫 번째 문제는 준비 운동 격이다. 2+2는 무엇인가? 수학자는 눈을 데굴데굴 굴리더니 숫자 4를 쓰고 다음으로 넘어갔다. 엔지니 어는 잠시 멈칫했다가 "약 4"라고 썼다. 회계사는 초조하게 주위를 둘러보다가 의자에서 일어나 시험을 주관하는 사람에게 다가갔다. "답을 쓰기 전에 혹시나 해서 물어보는 건데," 그는 작게 속삭였다. "답이 뭐가 되길 바라나요?"

숫자는 헛소리를 퍼뜨리는 데 이상적 수단이다. 숫자는 객관적 인 것 같지만, 화자가 원하는 얘기를 하기 위해 쉽게 조작할 수 있 다. 말은 분명히 인간 정신의 구성체지만, 숫자는 어떤가? 숫자는 자 연에서 직접 온 것 같다. 우리는 말이 주관적이라는 걸 안다. 말은 진실을 왜곡하고 모호하게 하는 데 익숙하다는 걸 안다. 말은 직감, 느낌, 표현성을 나타낸다. 하지만 숫자는 아니다. 숫자는 정밀성을 시사하며 과학적 접근법을 암시한다. 숫자는 그걸 보고하는 인간과 별개의 존재로 보인다.

사람들은 숫자가 최고라고 확신하기 때문에 회의론자들도 "그냥 데이터만 보고 싶다."라거나 "원본 숫자"를 보여달라고 요구하거나 "측정값이 스스로 진실을 말하도록 내버려두라."라고 주장한다. "데이터는 절대 거짓말을 하지 않는다."라는 말도 자주 듣는다. 하지만 이런 시각은 위험할 수 있다. 이 장 후반부에서 설명하겠지만, 수치나 측정이 정확하더라도 여전히 헛소리에 이용될 수 있다. 숫자가 투명해지려면 적절한 문맥에 배치해야 한다. 또 공정한 비교가 가능하도록 숫자를 제시해야 한다.

우선 사람들이 숫자를 어디서 찾는지부터 생각해 보자. 어떤 수치는 정확하게 또는 바로바로 측정해 직접 얻는다. 미국에는 50개의 주가 있다. 100보다 작은 소수는 25개다. 엠파이어스테이트빌딩Empire State Building은 102층이다. 야구계 전설 토니 그윈Tony Gwynn은 9,288타수 3,141안타를 기록해 메이저리그 통산 타율이 0.338이다. 실제 수치는 원칙적으로 매우 단순해야 한다. 명확한 답이 있고 그걸 알아내기 위해 사용할 수 있는 계산이나 측정 절차도 대부분 명확하다. 물론 이 과정이 항상 수월한 건 아니다. 잘못 세거나 측정을 잘못하거나 계산 과정에서 실수할 수 있다. 태양계에 있는 행성 수를 살펴보자. 해왕성이 행성으로 인정받은 1846년부터 명왕성이 발견된 1930년까지 우리는 태양계에 행성이 8개 있다고 믿었다. 명왕성이 발견된 후부터는 9개의 행성이 있다고 말했다. 그 불행한 별이 2006년 '왜소행성'으로 강등돼 태양계의 행성 수가 다시 8개가 되기 전까지는 말이다.

그러나 정확한 계산이나 철저한 측정이 불가능한 경우가 많다. 현재 우주에는 약 1조 곱하기 1조 개의 별이 존재한다고 추정되는데, 측정 가능한 범위 내에서 일일이 다 세는 건 불가능하다.

마찬가지로 국가별 성인 평균 키 같은 측정량을 고려할 때도 추정치에 의존한다. 네덜란드 남성들은 평균 키가 183센티미터로 세계에서 가장 키가 크다고 추정되지만, 모든 네덜란드 남성의 키를 측정한 뒤 전체 인구의 평균을 내서 알아낸 것은 아니다. 연구원들은 그 나라에서 무작위로 남성 표본을 골라 표본 구성원들의 키를 측정한 뒤 추론했다.

만약 남자 5~6명의 키만 측정해 평균치를 낸다면 우연히 오해의 소지가 있는 추정치를 얻기가 쉬울 것이다. 어쩌면 키가 유난히 큰 남자 몇 명만 표본으로 삼았을 수도 있다. 이를 표본 오차라고 한다. 다행히 표본이 많을 때만 평균을 내는 경향이 있으므로 표본 오차는 결과에 아주 작은 영향만 미칠 것이다.

측정 절차에 문제가 있을 수도 있다. 예를 들어 연구진이 피실험자들에게 본인의 키를 알려달라고 요구했을 때 남자들은 대부분 키를 부풀리는데 키 작은 남자가 키 큰 남자보다 더 많이 부풀린다.

표본 선택 방식의 편향성 같은 다른 오차 원인은 더 치명적이다. 근처 농구장에 가서 선수들의 키를 측정해 사람들의 평균 키를 추정하기로 했다고 가정해 보자. 농구선수들은 아마 평균보다 키가 클 것이다. 따라서 이 표본은 전체 인구를 대표할 수 없고, 그 결과 평균 키 추정치가 너무 높아질 것이다. 이런 실수는 대부분 그렇게 명확하게 드러나지 않는다. 이 장의 나머지 부분에서는 표본이 모집단의 특징을 드러내지 않는 것으로 판명된 교묘한 방법들을 살펴볼 것이다.

위 사례에서는 어떤 범위값(예: 키의 범위)을 지닌 모집단을 관찰한 다음 그 정보를 요약 통계량이라는 하나의 숫자로 요약한다. 예를 들어 네덜란드인은 키가 크다는 설명을 하면서 평균 키를 제시했다. 요약 통계는 정보를 압축하는 좋은 방법이지만, 부적절한 요약 통계를 선택하면 청중들을 손쉽게 오도할 수 있다. 정치인들은 이런 속임수를 이용해 전체 인구 중 가장 부유한 1퍼센트가 수십만 달러를 절약할 수 있지만, 나머지 국민은 감세 효과를 전혀 누릴 수 없는 감세안을 제안한다. 그들은 세금 감면액의 평균값으로 그 세금 계획이 모든 가정에서 연평균 4,000달러를 절약할 수 있게 한다고 보고한다. 그럴지도 모르지만, 소득 범위 중간쯤에 있는 평균 가정은 돈을 전혀 아끼지 못할 것이다. 대부분의 사람들은 중위 소득 가정의 감세액을 아는 게 더 나을 것이다. 중앙값은 '중간' 소득이다. 미국 가정의 절반은 그보다 더 많이 벌고 절반은 그것보다 덜 번다. 이 특정한 경우에는 감세 혜택이 상위 1퍼센트에게만 돌아가기 때문에, 중위 소득 가족은 감세를 전혀 받지 못할 것이다.

때로는 측정하려는 양을 직접 관찰할 수 없는 경우도 있다. 최근에 칼은 시속 80킬로미터의 속도제한이 참을 수 없이 거추장스러운 유타 사막의 직선 고속도로에서 속도위반 단속 지역을 날듯이 질주했다. 그러다가 백미러에 낯익은 빨간색과 파란색 조명이 번쩍이는 걸 보고 길가에 차를 세웠다.

"얼마나 빨리 달렸는지 아십니까?" 주 순찰대원이 물었다.

"아뇨, 모르겠는데요."

"시속 134킬로미터로 달리셨습니다."

134. 심각한 문제를 일으킬 가능성이 있는 구체적인 숫자다. 그런데 이 숫자는 대체 어디서 나온 것일까? 일부 교통 카메라는 일정 시간 동안 이동한 거리를 측정해 속도를 계산하지만, 주 순찰대는 그렇게 하지 않는다. 순찰대원은 뭔가 다른 것, 즉 그의 휴대용 속도 측정기에서 방출된 전파가 과속 중인 칼의 차에 반사됐을 때의 도플러 편차를 측정했다. 그의 속도 측정기에 내장된 소프트웨어가 파동 역학에 기반한 수학적 모델로 측정치에서 차량 속도를 추론한 것이다. 순찰대원은 칼의 차량 속도를 직접 측정하지 않았기 때문에 속도 측정기를 정기적으로 보정해야 한다. 담당자에게 시기적절하게 기기를 보정했다는 기록이 있는지 보여달라고 요구하는 건 속도위반 딱지를 피하는 일반적인 방법이다. 하지만 칼은 그러지 않았다. 그는 자기가 과속했다는 사실을 알고 있었기 때문에 그렇게 서두르다가 사고가 나지 않고 벌금만 받고 끝난 데에 감사했다.

속도 측정기는 매우 규칙적인 물리학 원리에 의존하지만, 다른 수량을 유추하는 데 사용되는 모델은 더 복잡하거나 더 많은 추측이 필요할 수 있다. 국제포경위원회는 고래 몇 종의 개체 수 추정치를 발표한다. 남반구 해역에 흰긴수염고래가 2,300마리 남아 있다고 발표할 때 그들은 고래를 일일이 다 세어본 끝에 수치를 얻은 게 아니다. 대양의 한 부분에서 철저한 표본 조사를 실시하지도 않았다. 고래는 한자리에 가만히 있지 않고, 대개의 경우 수면에서는 고래를 볼 수 없다. 그래서 연구진은 개체군 규모를 추정하는 간접적인 방법을 써야 한다. 예를 들어 고래의 갈라진 꼬리에 있는 무늬를 식별해 고유한 개체를 목격한 증거로 사용한다. 이런 절차는 완전히 정확할 수가 없기 때문에 개체군 규모의 추정치는 틀릴 수도 있다.

매우 단순해 보이는 사실과 숫자에도 여러 가지 방법으로 오류가 스며들 수 있다. 수를 잘못 셀 수도 있다. 표본이 작으면 전체 모집단의 특성을 정확하게 반영하지 못할 수 있다. 또 다른 정보에서 수량을 추론할 때 사용한 절차에 결함이 있을 수 있다. 그리고 물론 숫자가 완전히 헛소리일 수도 있고 엉성한 주장의 신뢰도를 높이기 위해 전체 중 일부 내용만으로 날조할 가능성도 있다. 양적인 주장을 살펴볼 때는 이를 모두 염두에 둬야 한다. 데이터는 절대 거짓말을 하지 않는다고들 말하지만, 데이터가 종종 사람들을 호도한다는 사실을 기억하자.

증류 번호

최근에는 오래 묵히지 않은 위스키가 유행이지만* 갓 증류한 위스키는 독하고 또 증류 과정에서 발생한 바람직하지 않은 부산물이 많이 들어 있을 수 있다. 갓 그을린 참나무 술통에서 2년(버번의 경우) 혹은 전에 사용한 통에서 더 긴 기간(스카치의 경우) 숙성하면 놀라운 변화

---

* 냉소적으로 보일 수도 있지만, 우리는 이런 현상이 미숙성 위스키의 맛이나 다른 특성 때문이 아니라 3년 혹은 그 이상 기다리지 않고 수익을 얻고 싶어 하는 새로운 소형 증류소의 확산과 관계가 있다고 추측한다. 만약 그렇다면 미숙성 위스키의 경이로운 맛에 관한 광고 카피는 대부분 우리 짐작대로 헛소리다.

가 일어난다. 나무 향기가 술에 배어들고, 술에 들어 있던 바람직하지 않은 화학물질 일부가 나무를 통해 추출된다.

이 신비한 연금술은 공짜로 진행되는 게 아니다. 술이 통 속에서 익어가는 동안 그중 일부는 밖으로 배어 나와 공기 중으로 증발한다. 처음에 가득 차 있던 통도 숙성 과정이 완료될 때쯤에는 처음에 담았던 양의 일부만 남을 것이다. 증발돼 사라진 술을 '천사의 몫'이라고 한다. 낭만적 이미지는 차치하더라도 천사의 몫은 버번과 스카치 생산에 상당한 비용이 들어감을 나타낸다.

이 비용을 가장 잘 설명할 수 있는 방법은 무엇일까? 총 손실량에서 시작할 수 있다. 매년 스코틀랜드에서는 약 44만 배럴의 위스키가 증발로 손실된다. 대부분의 사람들은 위스키 통이 얼마나 큰지 모르기 때문에(약 66갤런) 스코틀랜드에서 매년 약 2,900만 갤런의 위스키가 천사들에게 바쳐진다고 말하는 게 나을 것이다. 우리는 평소 갤런 단위가 아니라 750밀리리터들이 병으로 위스키를 접하므로 연간 1억 5,000만 병의 손실이라고 보고하고 싶다.

스카치 생산 총량을 모르면 총합을 파악하기 어렵다. 이 수치를 나누면 배럴 숙성 과정 중 증류소 1곳에서 손실되는 술의 양을 설명할 수 있다. 풀가동 중인 대규모 스페이사이드Speyside 증류소 맥캘란Macallan의 경우 해마다 약 22만 LPA(순수 알코올 리터)의 손실이 발생한다. (다른 유형의 측정치도 눈여겨보자. 증류소의 증류 능력은 물을 포함한 총 부피가 아니라 생산되는 알코올양만 집계해서 보고하는 경우가 많다) 그에 비해 소규모 아일레이Islay 증류소인 아드벡Ardbeg은 연간 약 2만 6,000LPA의 손실을 보고 있다.

증류소 크기는 매우 다양하기 때문에 아마 배럴당 손실량으로 보고하거나 아니면 처음 부피에 대한 비율로 보고해야 할 것이다. 유명한 패피 반 윙클Pappy Van Winkle 23년산 버번은 숙성 과정에서 처음에 통에 담은 양의 58퍼센트가 증발돼 사라진다. 하지만 손실률을 처음 시작할 때의 양에 대한 비율로 설명하는 대신 마지막에 남은 양에 대한 비율로 설명할 수도 있다. 이 버번의 경우 병에 담은 술 1리터당 1.38리터가 증발로 사라지므로 최종 양의 138퍼센트라고 보고할 수 있다. 이는 위에서 설명한 처음 시작할 때 양의 58퍼센트와 정확히 동일한 수치지만, 데이터를 이런 식으로 표시하면 손실량이 더 많아 보인다.

물론 종류가 다른 위스키는 숙성되는 시간도 다르다. 그러니 아마 총손실량을 설명하기보다 연간 손실량을 설명하는 편이 더 이치에 맞을 것이다. 스카치위스키는 숙성 기간 동안 1년에 양이 약 2퍼센트 정도씩 감소하는데 이를 하루 단위로 계산하면 약 0.005퍼센트다. 버번은 일반적으로 스카치보다 높은 온도에서 숙성되므로 증발률도 더 높아서 어떤 건 1년에 10퍼센트 이상 감소할 수 있다. 게다가 손실률은 일정하지 않다. 앞서 얘기한 패피 반 윙클의 경우 통에 담은 첫해에는 용량이 10퍼센트 정도 줄지만, 숙성 과정 후반부에는 연간 약 3퍼센트 수준으로 줄어든다.

다른 결정도 내려야 한다. 예를 들어 알코올과 물은 증발 속도가 서로 다르다. 우리는 알코올양의 변화를 보고할 수도 있고 물의 양이나 전체 양의 변화를 보고할 수도 있다. 그리고 단위 문제도 있다. 미터법을 쓸 건가, 파운드법을 쓸 건가? 리터로 표시할 건가, 밀리리터로 표시할 건가? 아니면 갤런이나 온스로?

솔직히 말해 숫자는 정확하기만 하다고 해서 다 되는 게 아니다. 독자나 청취자가 올바르게 해석할 수 있도록 적절한 문맥에 배치해야 한다. 사람들이 종종 간과하는 사실은 숫자만 따로 제시한다고 해서 그 숫자가 모든 맥락에서 분리되는 게 아니라는 점이다. 수치를 제시하는 방법을 선택하는 행동 자체가 해당 수치의 맥락을 형성한다.

그렇다면 솔직하게 얘기한다는 건 무슨 뜻일까? 의미 있는 비교가 가능한 방식으로 숫자를 제시해야 한다는 것이다.

필자들 중 1명(칼)이 이 장을 쓰는 동안 그의 책상에 놓인 허쉬 후퍼스Hershey's Whoppers 상자에 든 몰티드 밀크볼 양이 점점 줄어들었지만, 그 상자에는 눈에 잘 띄는 색으로 "유명 초콜릿 캔디 브랜드들보다 지방 함량이 평균 25퍼센트 낮습니다★"라고 적혀 있었기 때문에 죄책감을 전혀 느끼지 않았다. 이 별표는 "유명 초콜릿 캔디 브랜드는 1회분 30그램당 지방 함량이 평균 7그램인 데 비해 본 제품은 5그램입니다."라는 작게 인쇄된 문구로 우리를 안내한다. 이는 유의미한 맥락 없이 툭 던져진 숫자의 한 예다. 어떤 브랜드가 비교 대상으로 선정됐는가? 정확히 똑같은 상품을 비교한 것인가, 아니면 초콜릿을 입힌 몰트 볼과 일반 초콜릿 바를 비교한 것인가? 설탕량은 어떤가? 정제 설탕은 지방보다 건강에 더 큰 문제를 일으킬 수 있다. 후퍼스는 비교 대상보다 설탕 함량이 더 높은가, 낮은가? 우리가 걱정해야 할 몸에 안 좋은 다른 재료는 없는가? 25퍼센트라는 수치는 중요한 영양 지표처럼 들리지만, 사실은 아무 의미 없는 숫자일 뿐이다.

유해 비율

칼 세이건Carl Sagan의 1996년 저서 《악령이 출몰하는 세상The Demon-Haunted World》의 12장 제목은 〈헛소리 탐지 기술〉이다. 세이건은 여기서 휘황찬란하지만 별 의미도 없는 사실과 수치를 소비자들에게 퍼붓는 광고계에 뛰어들었다. 그는 우리가 이번 장에서 다루는 것과 같은 문제를 강조한다. 사람들은 숫자에 쉽게 현혹되고, 광고주들은 숫자를 이용해 사람을 설득하는 방법을 오래전부터 알고 있었다. "당신은 질문을 던져서는 안 된다." 세이건은 이렇게 썼다. "생각하지도 말고 그냥 사라."

세이건은 약품 판매에 사용되는 마케팅 전술에 초점을 맞춰 얘기했는데, 이 문제는 그가 에세이를 쓰고 1년이 지난 뒤 그 범위가 확대됐다. 1997년 미국은 처방약을 소비자에게 직접 판매하는 행위를 합법화했다. 하지만 그 성가시고 복잡한 문제를 들여다보기보다 재밌고 별로 해로울 것도 없는 사례를 생각해 보자.

어느 날 저녁 늦게 워싱턴 D.C.에 도착한 칼은 자기 전에 마실 것을 찾고 있었다. 그는 호텔 로비에서 인스턴트 코코아 한 봉지를 집어 들었다. 포장지에는 "99.9퍼센트 카페인 프리"라는 광고문이 적혀 있었다. 그는 시차에 시달리고 있었기 때문에 99.9퍼센트 카페인 프리 음료라면 커피를 대신할 신중한 대안처럼 보였다. 하지만 잠시 생각해 보자. 코코아 1잔에는 물이 많이 들어가긴 하지만, 카페인은 매우 강력한 약물이다. 그렇다면 99.9퍼센트 카페인 프리 음료가 정말 자기 직전에 마시고 싶은 음료일까?

똑똑하게 생존하기

제대로 한번 알아보자. 커피 1잔에는 카페인이 얼마나 들어 있을까? 공익과학센터에 따르면 스타벅스Starbucks 커피 20온스에는 카페인이 415밀리그램 들어 있다고 한다. 이는 온스당 약 21밀리그램에 해당하는 양이다. 물 1액량 온스의 무게는 약 28그램이다. 그러므로 스타벅스 드립 커피에는 무게로 따졌을 때 약 0.075퍼센트의 카페인이 들어 있다. 다시 말해 진한 커피도 99.9퍼센트 카페인 프리인 셈이다!*

따라서 99.9퍼센트 카페인 프리라는 주장에 부정확하거나 위험한 부분은 없지만, 어쨌든 무의미한 주장이다. 대부분의 일반 커피에도 똑같은 라벨을 붙일 수 있다. 네슬레는 진실이지만, 동시에 헛소리일 수 있는 정보를 전하는 훌륭한 예시를 보여줬다. 이게 헛소리인 이유는 "커피 1잔에는 카페인이 1퍼센트밖에 안 들었다." 같은 주장과 다르게 의미 있는 비교를 할 수 없도록 해놓았기 때문이다.

악명 높은 〈브라이트바트〉Breitbart(미국의 극우 성향 인터넷 언론사-옮긴이)의 헤드라인도 이처럼 독자들이 의미 있는 비교를 할 기회를 주지 않는다. 한 유언비어에서는 드림 법안DREAM Act 수혜자(어릴 때 미국에 와서 허가증이 없는 성인) 중 2,139명이 미국인을 상대로 범죄를 저질

---

* 이 코코아 브랜드와 관련해서는 정확한 수치를 알 수 없지만, 대부분의 코코아에는 8온스 컵 하나당 약 20밀리그램의 카페인이 들어 있다. 이를 무게로 환산하면 약 0.01퍼센트의 카페인이 함유된 것이다. 그래서 처음에 우리는 99.9퍼센트라는 수치가 완성된 음료가 아니라 분말을 가리킨다고 생각했다. 하지만 네슬레Nestlé 웹사이트는 분말이 아니라 완성된 음료라는 점을 분명히 밝혔다. "초콜릿 맛이 진하고 1회분 1봉지 칼로리가 20칼로리밖에 안 되는 이 코코아 분말로 99.9퍼센트 카페인 프리 음료를 8온스 만들 수 있습니다." 또 부피 측정 단위인 액량 온스와 무게 측정 단위인 온스의 차이에도 유의해야 한다. 해수면 상온에서 물 1액량 온스의 무게는 약 1.04온스 정도다. 하지만 우리는 뜨거운 커피를 좋아하는데 물 온도가 끓는점에 가까워질수록 1액량 온스의 무게가 1.00온스에 가까워진다.

러 유죄판결을 받거나 고발당한 상태라고 주장했다.* 이는 정말 많은 숫자라 무시무시하게 들린다. 하지만 드림 법안은 아주 많은 이들에게 적용된다. 70만 명에 가까운 사람들이 DACA(다카, 불법체류 청년 추방 유예 프로그램) 지위를 동시에 보유하고 있으며 프로그램이 폐지되기 전까지 거의 80만 명이 DACA 지위를 얻었다. 이는 전체 DACA 수혜자 중 0.3퍼센트(300분의 1 이하)만이 미국인을 대상으로 한 범죄를 저질러 고발됐다는 뜻이다. 이렇게 말하니까 상황이 좀 나아 보이는데 그렇다면 이 수치를 미국 시민들의 비율과 비교해 보면 어떨까? 미국인의 0.75퍼센트가 감옥에 수감돼 있는 상황이니 범죄로 기소된 DACA 수혜자 비율보다 현재 투옥 중인 미국 시민 비율이 2배나 많다. 미국 시민의 약 8.6퍼센트는 인생의 어느 시점엔가 중범죄를 저질러서 유죄판결을 받으므로 DACA 수혜자 쪽이 더 나아 보인다.

물론 DACA 수혜자는 나이가 어리고, DACA 지위를 부여받기 전에는 범죄를 저질러서 유죄판결을 받은 적이 없기 때문에**, 평균적인 미국인보다 범죄를 저지를 시간이 더 짧다. 하지만 미국인의 30퍼센트가 23살 때까지 교통 위반 이외의 다른 이유로 체포된 경험이 있는 것으로 밝혀졌다. 브라이트바트의 수치가 정확하다고 가정하더라도 뉴스 매체는 독자들이 그 수치를 상황에 맞게 이해하는 데 필요한 적절한 정보 없이 그냥 제시했다.

---

* 사실 이 2,139명은 중죄 혹은 경범죄 유죄판결, 체포, 조직범죄 혐의 등으로 인해 기사 발표일 당시에 이미 DACA 지위를 상실한 DACA 수혜자 수다.
** 중범죄, 중대한 일반범죄, 3회 이상의 일반범죄로 유죄판결을 받으면 DACA 지위를 얻을 수 없다.

원시 데이터 총계를 이런 식으로 나열하면 적은 양도 상대적으로 커 보일 수 있다. 우리는 이 숫자를 백분율로 표현해 문맥에 맞춘다. 실제로 백분율은 비교를 용이하게 하는 귀중한 도구가 될 수 있다. 하지만 백분율은 다양한 방법으로 관련 비교를 모호하게 할 수도 있다. 우선 큰 값을 작아 보이게 하는 효과가 있다.

구글 엔지니어링 담당 부사장 벤 고메스Ben Gomes는 블로그 게시물에서 구글이 가짜 뉴스, 허위 정보, 기타 부적절한 콘텐츠 탓에 겪는 문제를 인정했다.

알고리즘은 우리 색인에 포함된 몇조 개의 페이지에서 신뢰할 수 있는 소스를 식별하는 데 도움이 된다. 그러나 일상적인 트래픽 중에 발생하는 소수의 쿼리(약 0.25퍼센트)가 불쾌하거나 명백한 오해의 소지가 있는 콘텐츠를 보여준다는 사실이 매우 명확해졌다. 이는 사람들이 원하는 정보가 아니다.

이 글에서는 2가지 일이 벌어지고 있다. 첫째 "색인에 포함된 몇조 개의 페이지"라는 숫자를 보자. 단위가 크고 별 관계도 없지만, 맥락 파악에 도움이 되는 것처럼 제시된다. 이 엄청난 숫자와 나란히 놓인 것은 "0.25퍼센트"라는 아주 작은 수치다. 그러나 몇조 개라는 숫자는 주제와 거의 무관하다. 이는 색인 처리된 쪽 수일 뿐 검색 쿼리 수와는 관련이 없다. 색인 처리된 쪽이 1만 개인지 아니면 수조 개인지는 중요하지 않다. 구글 검색 결과 중 0.25퍼센트에 오해의 소지가 있다면 검색 결과를 통해 헛소리를 들을 확률이 400분의

1인 셈이다.*

　구글이 하루에 처리하는 검색 쿼리 수를 정확하게는 알 수 없지만, 하루에 약 55억 개의 쿼리를 처리하는 것으로 추산된다. 0.25퍼센트라는 숫자는 작은 듯 보이나 위의 숫자에 대입하면 하루 1,300만 건이 훨씬 넘는 쿼리에 해당하는 양이다. 똑같은 말을 전하는 이 2가지 방식에 함축된 의미는 매우 다르다. 구글이 400번 중 1번만 부적절한 검색 결과를 보여준다고 말하면 꽤 건전한 시스템처럼 느껴진다. 하지만 매일 1,300만 개 이상의 쿼리가 부적절하고 부정확한 내용을 보여준다고 말하면 정보 전달이 심각한 위기에 직면한 것처럼 들린다.

　2개의 양을 비교하기 위해 백분율을 사용하면 특히 파악이 힘들 수 있다. '40퍼센트 증가', '지방 22퍼센트 감소' 등 백분율 차이를 얘기하는 경우가 흔하다. 하지만 이는 무엇에 대한 비율일까? 더 낮은 값? 더 높은 값? 이 구별은 중요하다. 2017년 12월 1달 동안 비트코인bitcoin 전자화폐 가격이 17일에는 개당 1만 9,211달러까지 치솟았다가 13일 뒤에 1만 2,609달러로 급락했다. 이는 개당 가격이 6,602달러 하락한 것이다. 하지만 비율 변화는 어떨까? 34퍼센트라고 해야 할까(6,602달러는 1만 9,221달러의 34.3퍼센트이므로), 아니면 52퍼센트라고 해야 할까(6,602달러는 1만 2,609달러의 52.4퍼센트이므로)?

　어떤 수치를 대든 타당하겠지만, 일반적으로는 시작값에 대한

---

* 뉴스의 오보나 허위 정보에서는 0.25퍼센트가 과소평가된 수치일 것이다. '나트륨의 분자량'이나 '근처에 있는 야간 피자 배달업소' 같은 질문을 입력했을 때는 잘못된 정보가 그다지 많이 나오지 않을 것이다. 전체 평균이 0.25퍼센트가 되려면 건강과 정치 문제 등에 관한 잘못된 정보가 0.25퍼센트 이상 발생해야 한다.

백분율 변화를 보고하도록 권장한다. 이 경우 시작값은 1만 9,211 달러였으니 13일 동안 가치가 34퍼센트 하락했다고 말한다. 그러나 이는 미묘한 문제가 될 수 있다. 가치 손실을 얘기할 때는 시작값을 이용하는 게 적절한 비교이기 때문에 이 기간 동안 비트코인 가치가 34퍼센트 하락했다고 말할 것이다. 하지만 한편으로는 2017년 12월 초 비트코인 가치가 52퍼센트 과대평가됐다고 말할 수도 있다. 뭔가가 과대평가됐다고 말할 때는 현재 가치의 최적 추정치가 비교를 위한 적절한 기준이기 때문이다. 이렇게 보고 방법에 따라 우리가 받는 인상이 달라진다.

건강과 의학 분야의 연구는 비율 변화를 나열하지 않고 대신 상대적 위험도를 보고한다. 운전면허를 새로 취득한 16~17세 사이 운전자들은 도로에서 가장 높은 사고율을 보인다. 하지만 그들의 사고율은 승객을 태우고 있는지, 그 승객이 누구인지에 따라 달라진다. 승객을 태우지 않은 10대 운전자와 비교했을 때 21세 미만의 승객 1명을 태운 10대 운전자가 주행 1마일당 충돌 사고로 사망할 상대 위험도는 1.44다. 이 상대적인 위험값은 다른 상황과 비교해 어떤 일이 벌어질 확률이 얼마나 되는지 알려준다. 여기서 우리는 젊은 승객과 동승한 10대 운전자는 승객이 없는 10대 운전자보다 사망할 확률이 1.44배 높다는 걸 알 수 있다. 이 값은 백분율로 쉽게 변환된다. 젊은 승객을 태운 10대 운전자는 승객이 없는 10대 운전자보다 사망 확률이 44퍼센트 더 높다. 나이 든 승객을 태우는 것은 치명적인 충돌 사고 위험에 이와 반대되는 영향을 미친다. 승객을 태우지 않은 10대 운전자와 비교했을 때 10대 운전자가 35세 이상의 승객을 태우고 가다가 충돌 사고로 사망할 상대적 위험은 0.36이다. 이 말은 나이 든 승객을 태우면 혼자 운전할 때보다 치명적인 충돌 사고가 발생할 비율이 36퍼센트밖에 안 된다는 뜻이다.

상대 위험도는 다양한 상태, 행동, 질병 치료의 영향을 개념화하는 데 도움이 된다. 그러나 때로는 적절한 맥락을 제공하지 못한다. "새로운 주요 연구에서 '안전한 수준의 알코올 섭취는 없다'는 결론이 나왔다"라는 단호한 헤드라인과 함께 알코올 관련 질병에 관한 전 세계적인 연구 결과가 보고됐다. 특히 아주 적은 양의 음주(하루 1잔)도 건강에 부정적 영향을 미치는 것으로 나타났다. 저녁을 먹으면서 맥주나 와인 1잔을 즐기는 이들에게 좋지 않은 소식이다. 하지만 연구 내용을 좀 더 자세히 살펴보자.

이 연구 내용이 발표된 《랜싯》의 보도 자료에는 다음과 같이 적혀 있다.

15-95세의 사람들이 1년간 알코올음료를 하루에 1잔씩 마실 경우 술을 전혀 마시지 않을 때에 비해 알코올과 관련된 건강 문제 23가지 중 1가지가 발생할 위험이 0.5퍼센트 증가하는 것으로 추정된다.

무서운 얘기 같은가? 이게 상당한 증가폭인지 평가하려면 비음주자들에게 간경화, 다양한 암, 심장 질환, 자해, 자동차 사고, 기타 질병 등 '알코올과 관련된 건강 문제'가 얼마나 흔한지 알아야 한다. 비음주자들에게는 이런 문제가 드물며 1년 동안 전체 비음주자의 1퍼센트 미만에서 발생한다는 사실이 밝혀졌다. 그리고 매일 술을 1

잔씩 마시면 이 위험성이 0.5퍼센트 증가하지만, 이는 매우 작은 기준 비율의 0.5퍼센트다. 다시 말해 하루에 술을 1잔씩 마시는 것의 상대 위험도는 1.005다. 하루에 술을 1잔씩 마시는 사람은 술을 마시지 않는 사람보다 알코올 관련 질병을 앓을 가능성이 1.005배 높다.

연구 저자들은 매일 술을 1잔씩 마시면 10만 명당 4건의 알코올 관련 질병이 추가로 발생할 것이라고 계산했다. 질병 발생 사례가 1건 추가되려면 2만 5,000명이 1년 동안 하루에 1잔씩 술을 마셔야 한다. 이제 소량의 음주에 따르는 위험은 그렇게 심각하게 들리지 않는다. 더 구체적인 관점을 제시하기 위해 데이비드 스피겔할터David Spiegelhalter는 2만 5,000명이 1년 동안 마시게 될 진gin의 양을 계산했다. 40만 병이었다. 그는 이 숫자에 근거해 질병 1건이 추가로 발생하려면 40만 병의 진을 2만 5,000명이 나눠 마셔야 한다고 말했다.

공평을 기하기 위해 말하자면 이건 하루에 술을 1잔씩 마셨을 때의 위험이다. 술을 더 많이 마시는 사람의 경우에는 위험도가 상당히 증가한다. 하루에 2잔을 마시는 사람의 상대 위험도는 1.07이고(술을 마시지 않는 사람보다 7퍼센트 높다), 하루에 5잔을 마시는 사람의 상대 위험도는 1.37이다. 요컨대 질병의 기준 비율을 모르는 상태에서 질병의 상대 위험만 보고하면 그 영향력을 평가하기 힘들다는 얘기다.

백분율은 1가지 비율 수치를 다른 것과 비교할 때 더 파악하기 힘들다. 2개의 백분율 사이에 존재하는 수치적 차이를 볼 수도 있지만, 한편으로는 백분율 수치 사이의 차이를 반영하는 새로운 백분율을 만들 수도 있다. 전문 과학자들조차 가끔 퍼센트와 퍼센트포인트의 차이라는 미묘한 문제를 놓고 혼동을 일으킨다. 이 둘의 차이를 설명하는 가장 쉬운 방법이 있다. 1월 1일에 판매세가 구매 가격의 4퍼센트에서 6퍼센트로 인상된다고 가정해 보자. 6퍼센트-4퍼센트=2퍼센트니까 이는 2퍼센트포인트 상승한 것이다. 하지만 50퍼센트 증가한 것도 맞다. 내가 지금 달러로 지불하는 6센트는 이전에 지불했던 4센트보다 50퍼센트 더 많은 액수다.

따라서 동일한 변화를 매우 다른 방식으로 표현하면 실질적으로 다른 인상을 줄 수 있다. 세금 인상폭이 적은 것처럼 전달하고 싶다면 겨우 2퍼센트포인트 인상됐다고 말할 수 있다. 반대로 대폭적으로 인상된 것처럼 전하려면 세금이 50퍼센트나 올랐다고 할 수도 있다. 우연이든 아니면 의도적이든 이런 차이를 경계할 필요가 있다.

다른 예도 있다. 한 의학박사가 자기 웹사이트에서 독감 백신의 효용성에 의문을 제기한다. 그는 한 의학 리뷰 기사의 개요 부분을 인용하면서[*] 다음과 같이 썼다.

> 백신이 그해 유행하는 독감 종류와 일치하는 '비교적 드문' 경우 미접종자의 독감 발병률은 4퍼센트이고 접종자는 1퍼센트이므로 100명당 3명 꼴로 병이 날 것이다. 백신과 독감 종류가 불일치하는 좀 더 흔한 상황에서는 백신 미접종자의 발병률이 2퍼센트이고 접종자는 1퍼센트이므로

---

[*] 독감 백신의 가치에 관한 우리의 다른 주장에 덧붙여서 말하자면 여기서 언급한 2퍼센트의 독감 발병률은 놀랍도록 낮은 수치다. CDC는 2010년 이후 미국의 독감 발병률을 3퍼센트에서 11퍼센트 사이로 추산하고 있다. 이런 차이가 발생한 이유 중 하나는 아이들이 독감에 걸리는 비율이 훨씬 높기 때문이다. 이 리뷰 논문에서는 18~64세 사이 성인의 연구 결과만 살펴봤다. 또 논문에서 검토한 연구가 국제적으로 진행됐다는 특징 때문일 수도 있다. 미국의 독감 발병률은 성인의 경우에도 2퍼센트보다 몇 배 더 높은 것으로 추정된다.

독감에 걸린 사람이 100명당 1명이 채 안 된다.

그의 주장은 독감 백신이 유행하는 독감 종류와 일치하지 않을 때 백신을 맞아봤자 1년 동안 감소하는 환자 수가 100명당 1명 이하이므로 백신이 거의 쓸모가 없다는 얘기처럼 들린다. 이 의학박사는 백신 접종 대신 "올해 새로운 '건강 강장제'가 나왔는데 내 건강 상태가 안 좋아지면 직접 시험해 보고 효과가 있는지 알려주겠다."라고 말했다.

그럴듯한 얘기처럼 들리는가? 만약 독감 백신이 100명 중 1명에게만 도움이 된다고 생각한다면 성분이 뭔지 모를 그 '건강 강장제'도 효과가 있는 것처럼 보일지도 모른다. 그러나 이 주장에는 오해의 소지가 있다. 첫째, 독감 백신이 효과가 없는 해에도 백신을 맞은 사람들의 독감 발생 건수가 반으로 줄었다는 데 주목하자. 독감에 걸리는 사람은 전체 인구에서 비교적 드물기 때문에 발병률이 1퍼센트포인트 감소하면 환자가 50퍼센트 줄어든 것과 마찬가지다.

둘째, 엄선된 비교 대상을 이용해 이 수치를 적절한 문맥에 삽입할 수 있다. 백신 효과가 없는 해의 경우와 마찬가지로 안전벨트를 착용하면 연간 부상 위험이 '겨우' 2퍼센트에서 1퍼센트로 줄어든다.* 안전벨트 대신 '건강 강장제'를 지지하는 의학박사를 믿고 당신의 건강을 맡기겠는가?

---

* 전미안전위원회NSC는 2016년 자동차 사고를 당해 의사의 검진이나 치료가 필요한 부상자가 약 460만 명 정도였다고 추산하는데, 이는 미국 인구의 약 1.4퍼센트에 해당하는 숫자다. 미국 도로교통안전국은 안전벨트를 착용하면 승용차 앞좌석에 탄 승객이 중상을 입을 위험이 50퍼센트 감소하고 경트럭을 타고 이동하는 승객의 경우 그 비율이 훨씬 크다고 추산하고 있다.

수치를 백분율로 보고하면 순 가치에 발생한 중요한 변화가 모호해질 수 있다. 예를 들어 미국에서는 아프리카계 미국인들의 투옥 비율이 다른 그룹 구성원들에 비해 충격적으로 높다. 아프리카계 미국인이 감옥이나 유치장에 있을 확률은 백인에 비해 5배 이상 높다. 2000년 기준 아프리카계 미국인은 미국 전체 인구의 12.9퍼센트를 차지했지만, 미국 감옥 수감자 중 아프리카계 미국인은 놀랍게도 41.3퍼센트나 됐다. 이런 점을 감안하면 2000~2005년 사이 아프리카계 미국인 수감자 비율이 41.3퍼센트에서 38.9퍼센트로 감소했다는 건 좋은 소식인 듯하다.

하지만 실제 상황은 백분율 수치가 나타내는 것처럼 고무적이지 않다. 이 기간 동안 미국 교도소에 수감된 아프리카계 미국인 수는 실제로 13퍼센트 이상 증가했다. 그러나 이런 증가세는 같은 기간 동안 미국 교도소의 백인 수가 27퍼센트라는 훨씬 큰 비율로 증가하는 바람에 가려지고 말았다.

이는 분수 또는 백분율을 이용한 비교에서 나타나는 좀 더 일반적인 문제점의 예시다. 분모를 바꾸면 분자의 변화가 모호해진다. 분자(분수의 윗부분, 여기서는 교도소에 수감된 아프리카계 미국인 수)는 2000~2005년까지 상당히 증가했다. 그러나 같은 기간 분모(분수의 아랫부분, 여기에서는 교도소에 수감된 미국인 총수)가 훨씬 더 큰 비율로 증가했다. 그 결과 아프리카계 미국인들은 2005년도 총수감 인원에서 2000년보다 적은 부분을 차지하게 됐다. 이런 분모 변화 때문에 2005년에 그 어느 때보다 많은 아프리카계 미국인들이 수감됐다는 사실이 가려진 것이다.

분모가 바뀌면 백분율이 큰 피해를 입는다. 다음과 같은 문제를 고려해 보자. 다우존스Dow Jones 산업평균지수가 오늘 10퍼센트 올랐다가 내일 10퍼센트 하락한다면 처음 시작된 지점에서 끝날 거라고 생각할지도 모르지만, 실은 그렇지 않다. 다우지수가 2만이라고 가정하자. 10퍼센트 상승하면 2,000포인트 올라 2만 2,000포인트가 된다. 그런 다음 새로 올라간 가치인 2만 2,000포인트에서 10퍼센트 하락하면 2,200포인트가 떨어져 1만 9,800이 된다. 올랐다가 떨어지든 혹은 그 반대든 상관없다. 어느 쪽이든 잃는 건 마찬가지니까. 다우지수가 2만에서 시작해 10퍼센트 하락하면 1만 8,000포인트로 떨어진다. 그러다 10퍼센트 상승하면 1만 9,800 포인트가 되는데 이는 먼저 올랐다가 나중에 떨어졌을 때와 동일한 지점이다. 백분율 변화 측면에서 데이터를 보고하면 이처럼 왜곡된 결과가 초래될 수 있으니 유의해야 한다.

백분율이 작용할 수 있는 이상한 방식을 더 생각해 보자. 2016년 4월 말 우버Uber는 뉴욕에서 하루에 16만 1,000회 운행하고 리프트Lyft는 2만 9,000회 운행했다. 1년 뒤 우버는 하루에 29만 1,000회 운행하고 리프트는 하루에 약 6만 회 운행했다. 이를 합치면 결국 운행량이 하루 19만 회에서 35만 1,000회로 늘었으니 총 16만 1,000회 증가한 것이다. 이렇게 늘어난 16만 1,000회 운행량 가운데 리프트가 기여한 횟수는 3만 1,000회다. 따라서 리프트가 전체 증가율의 19퍼센트를 차지하고, 나머지는 우버가 차지한다. 여기까지는 좋다.

같은 기간 동안 택시 이용 횟수는 하루 39만 8,000회에서 35만 5,000회로 급감했다. 택시, 우버, 리프트의 승차 횟수를 전부 합치면

58만 8,000회에서 70만 6,000회로 순증가했다. 하루에 11만 8,000건이나 순증가한 것이다. 우리는 이 기간 동안 리프트의 운행 횟수가 하루 3만 1,000회 증가했다는 사실을 이미 알고 있다. 따라서 31,000회/118,000건×100=26퍼센트이므로 리프트가 전체 승차량 증가의 26퍼센트를 책임진다고 할 수 있다.

하지만 뭔가 이상하다. 앞에서는 리프트가 승차 공유 서비스가 제공하는 승차량 증가분 가운데 19퍼센트를 차지한다고 말했는데, 지금은 리프트가 승차 공유 서비스 혹은 택시 이용량 증가분 중 26퍼센트를 책임진다고 말하고 있다. 어떻게 이 2가지 모두 사실일 수 있을까? 이용량 증가에서 우버가 차지하는 지분을 살펴보면 상황은 더 이상해진다. 이 기간이 끝날 무렵이 되자 우버 이용량이 처음에 비해 하루 13만 회나 증가했다. 그러면 우버 이용량 증가율은 130,000회/118,000건×100=110퍼센트, 즉 전체 이용량 증가의 110퍼센트를 차지한다고 말할 수 있다. 이게 대체 무슨 뜻일까? 어떻게 우버의 증가율이 전체 증가율의 100퍼센트 이상을 차지할 수 있을까?

백분율을 계산할 때는 관련된 숫자 중 하나라도 음수가 포함돼 있으면 이상한 답이 나올 수 있다. 일반적으로 어떤 변화는 다양한 범주로 나눌 수 있는데 그 범주 가운데 하나라도 감소하는 게 있다면 전체 변화에 대한 기여율 얘기는 하지 말아야 한다. 2011년 6월 스콧 워커Scott Walker 주지사가 미국 내에서 증가한 일자리 중 50퍼센트가 자기 고향인 위스콘신 주에서 생긴 거라고 주장할 수 있었던 것도 이런 방법을 통해서다. 실제로 여러 미국 주에서는 일자리가 줄어든 반면, 다른 주에서는 일자리가 늘어났기 때문에 이런 현상이 나타난 것이다. 이 같은 변화는 균형을 이뤄 진행됐으므로 순수하게 변화된 수치는 일자리 1만 8,000개뿐이다. 결국 미국 전체에서 창출된 총일자리 중 극히 일부만이 위스콘신주에서 생겼지만, 위스콘신주의 일자리 순증가치 9,500개는 미국 전체 순증가치의 절반이 넘는다.

굿하트의 법칙

과학자들이 원소의 분자량을 측정할 때 원소들은 자신의 무게를 더무겁게 하려고 음모를 꾸미거나 주기율표에서 몰래 자리를 옮기려고 공모하지 않는다. 그러나 관리자가 직원들의 생산성을 측정할 때는 이들이 그냥 가만히 있을 거라고 기대할 수 없다. 직원들은 좋은성과를 올린 것처럼 보이고 싶어 한다. 그래서 성과를 정량화하거나개인 순위를 매기려고 할 때마다 측정하려는 행동에 변화를 일으킬위험이 있다.

20세기 초 베트남은 프랑스령 인도차이나라는 프랑스 식민지의일부였다. 하노이는 번창하는 현대적 도시로 발전하고 있었고 도시주변에 사는 부유한 백인들에게 유럽 스타일의 위생 시설로 하수도를 제공했다. 하지만 불행히도 하수도는 쥐들에게 이상적인 번식지를 제공하기도 했는데, 쥐들은 하수구에서 나와 주민들을 공포에 떨게 할 뿐만 아니라 림프절 페스트 같은 병도 퍼뜨렸다. 식민지 관료는 이 도시에서 쥐를 없애기 위해 하수도에 들어가 쥐를 잡을 쥐잡

이꾼들을 고용했고 결국 그 생물에 포상금까지 걸어 식민지 관리사무소에 쥐꼬리를 보낼 때마다 작은 보상을 해줬다. 하노이의 많은 주민들은 이 사업에 참여하게 된 것을 기뻐했고 곧 사무소에 쥐꼬리가 쏟아져 들어오기 시작했다.

그러나 얼마 지나지 않아 하노이 주민들의 눈에 꼬리 없는 쥐들이 하수도를 살금살금 돌아다니는 모습이 보이기 시작했다. 쥐 사냥꾼들은 자신들의 희생물을 죽이지 않는 걸 선호하는 것이 분명했다. 포상금을 받기 위해 꼬리를 잘라낸 뒤 쥐가 번식하도록 놔두면 앞으로도 안정적인 쥐꼬리 공급이 보장되는 것이다. 사업가들은 다른 도시에서 쥐를 수입했고 심지어 꼬리를 얻기 위해 쥐를 우리에 가둬서 기르기 시작했다. 사람들이 보상이 걸려 있을 때 으레 하는 일들을 하는 바람에 포상금 프로그램은 실패로 끝났다. 그들은 편법을 쓰기 시작했다.

직접적인 보상을 제공하지 않을 때도 같은 일이 일어난다. 〈U.S.뉴스 & 월드리포트〉가 집계한 대학 순위를 살펴보자. 이 조사는 지원자 합격률과 신입생들의 평균 SAT 점수를 비롯해 대학의 여러 측면을 고려한다. 대학 순위가 지원자 수에 영향을 미치기 시작하자, 대학 입학처는 갖은 수단을 쓰기 시작했다. 합격률을 낮춰 학생들을 엄격하게 선별하는 학교처럼 보이기 위해 일부 학교는 입학 가능성이 낮은 학생들까지 포함해 사방에서 적극적으로 지원자를 모집했다. 지원자들이 그냥 박스에 체크만 해도 지원할 수 있도록 공통 지원으로 전환한 학교들도 많다. 또 소규모 강좌를 운영하는 공로를 인정받기 위해 일부 대학은 대부분 수업의 수강생 규모를

18~19명으로 제한했는데 이는 〈U.S.뉴스 & 월드리포트〉가 제시한 강좌 규모 기준인 20명보다 약간 적은 수준이다. 평균 SAT 점수를 올리기 위해 학교들은 다양한 술수를 활용했다. 일반적으로 SAT 점수가 낮은 국제 지원자들에게는 SAT 점수를 요구하지 않았고, 낮은 점수를 받은 학생들은 점수가 집계되지 않는 봄 학기에 데려왔으며, 심지어 입학한 학생들에게 SAT를 다시 치라고 돈을 주고는 점수가 대폭 오르면 보너스까지 지급했다. 편법을 쓰려는 이 같은 노력 때문에 순위의 가치가 떨어졌다. 결국 대학 순위는 지원자의 자질 못지않게 억지로 성과를 만들어내려는 입학처의 의지에도 많은 영향을 받았다.

이 문제는 굿하트Goodhart의 법칙이라는 원리를 통해 입증된다. 굿하트의 원래 공식은 조금 불명확하지만* 인류학자 마릴린 스트래선Marilyn Strathern이 이를 명확하고 간결하게 표현했다.

측정치가 목적이 되면 올바른 측정은 불가능하다.

다시 말해 어떤 조치에 충분한 보상이 포함되면 사람들은 어떻게 해서든 점수를 올릴 방법을 찾을 테고 그로 인해 원래 평가하기로 돼 있는 걸 평가하기 위한 측정 가치가 떨어질 것이다.

어느 영역에서나 이런 모습을 찾아볼 수 있다. 과학계에서는 인용 지표로 학술지의 품질을 측정하기 때문에 편집자들이 편법을 쓰

---

* 굿하트는 원래 이 법칙을 다음과 같이 표현했다. "관찰된 통계적 규칙성은 통제 목적으로 압력을 가하면 무너지는 경향이 있다."

게 됐다. 어떤 편집자는 자기네 학술지에 게재된 논문을 인용하라고 저자들에게 압력을 가한다. 어떤 학술지는 1년 중 인용될 시간이 가장 많은 1월에 과도하게 많은 논문을 발표한다. 1년 사이 발표된 많은 논문을 인용하는 연간 요약 논문을 발표하는 데도 있고, 더 많은 인용을 유도하는 경향이 있는 학문 분야나 논문 종류로 관심을 돌리기도 한다. 이런 비뚤어진 행동은 학술지 본연의 임무와 인용 평가가 품질 지표로서 발휘하는 효과를 훼손한다.

자동차 대리점 관리자가 특정한 판매 목표를 달성한 판매원에게 보너스를 지급한다면, 영업 사원들은 자동차를 빨리 판매하기 위해 고객에게 더 많은 할인 혜택을 제공할 동기가 생긴다. 이때 영업 사원들이 각 판매의 이익을 극대화하려고 애쓴다면 판매된 자동차 대수를 이용해 각 판매원이 벌어들이는 금액을 대략적으로 계산할 수 있다. 그러나 판매 대수가 목표가 되면 영업 사원들은 판매 전략을 바꿔 더 많은 차를 판매할 것이다. 이 경우 영업 사원들은 더 많은 차를 빨리 판매하기 위해 많은 할인 혜택을 제공하므로, 차가 많이 팔린다고 해서 반드시 수익이 높아지지는 않는다.

굿하트가 자신의 법칙을 제안할 무렵 도널드 캠벨^{Donald Campbell}이라는 심리학자도 개별적으로 유사한 원칙을 제시했다.

사회적 의사 결정을 위해 정량적인 사회지표를 많이 사용할수록 부패 압력에 더 많이 노출되고 결국 감시하고자 했던 사회적 과정을 왜곡하고 부패시키는 경향이 생길 것이다.

캠벨은 교육계의 표준화된 시험을 예로 들어 자신의 원칙을 설명했다.

학력 시험은 일반 역량을 목표로 하는 정상적 교육 조건에서 전반적 학교 성취도를 나타내는 귀중한 지표가 될 수 있다. 그러나 시험 성적이 교육 과정의 목표가 되면 교육 수준을 나타내는 지표로서의 가치를 잃고 바람직하지 않은 방식으로 교육 과정을 왜곡하게 된다.

당신이 학생들의 시험 점수를 보고 학교를 평가할 것이라는 사실을 아무도 모른다면, 시험 점수는 학교의 효과를 측정하는 합리적인 방법이 될 수 있을 것이다. 하지만 교사와 관리자가 시험 점수가 효과성 평가에 사용되리라는 사실을 알면, 그들은 어떻게든 학생들의 점수를 올릴 방법을 찾으려고 하다가 결국 교육의 질까지 훼손할 수도 있다. 일례로 비판적 사고를 가르치기보다 '시험에 맞춰서 가르치는' 것이다. 이로 인한 결과는 2가지다. 일단 이런 일이 생기면 시험 점수는 학교 성과를 평가하는 수단으로서의 가치가 크게 훼손된다. 또 학생들의 시간과 노력이 가치 있는 활동에서 벗어나, 시험 점수는 높이지만, 교육적 관점에서는 거의 쓸모가 없는 암기 방식으로 이동하기 때문에 측정 과정 자체가 교육의 질을 적극적으로 해칠 수도 있다.

과학계에서도 같은 문제가 발생한다. 몇 년 전 제빈은 과학 연구의 질을 측정할 때 정량적 측정 기준을 사용하는 것의 위험성에 관한 논평을 썼다. 측정 기준이 할 수 있는 최악의 일은 틀린 답을 얻는 것이 아니다. 사람들에게 잘못된 과학 활동을 하려는 동기를 부여하는 것이 훨씬 나쁘다.

캠벨은 이 문제의 사회적 요소를 강조한다. 이 섹션의 시작 부분에서 얘기한 것처럼 물리학이나 화학 법칙이 편법을 쓸 걱정은 할 필요가 없다. 수소는 당신이 그것의 방사 스펙트럼에 대해 어떻게 생각하든 신경 쓰지 않고, 자신의 가장 높은 파장 대역이 헬륨보다 낮아도 상관하지 않는다. 자기가 어떻게 평가되는지에 신경 쓰는 건 사람뿐이다. 이 문제를 어떻게 해야 할까? 당신이 뭔가를 측정해야 하는 입장이라면 그걸 측정하는 게 사람들의 행동을 변화시켜 측정 결과의 가치를 떨어뜨리지 않을지 생각해 보자. 다른 사람들이 작성한 정량적 지표를 살펴볼 때는 이렇게 자문해 보자. 이 숫자들은 원래 측정하려고 했던 걸 측정한 결과일까? 아니면 사람들이 편법을 써서 이 측정을 쓸모없게 만들었을까?

수학의 오용

2006년 메리엄-웹스터Merriam-Webster 사전 출판사에서 실시한 설문 조사에 참가한 온라인 투표자들은 '트루시니스truthiness'를 올해의 단어로 선정했다. 2005년 코미디언 스티븐 콜버트Stephen Colbert가 만든 이 말은 "논리, 사실적 증거 혹은 그와 유사한 것과 무관하게 자신의 직감이나 의견 혹은 인식에 따라 사실인 것처럼 보이는 특성"으로 정의할 수 있다. 실제 논리와 사실을 무시한다는 점에서 이 말은 헛소리에 대한 우리의 정의와 매우 유사하다.

우리는 이와 유사한 표현으로 매시니스mathiness(수학의 오용)라는 말을 제안한다. 수학의 오용이란 실제 수학의 논리적 일관성과 형식적인 엄격함을 무시하면서도 수학처럼 보이고 느껴지는 공식과 표현을 말한다.

먼저 예를 하나 들어보겠다. VMMC 품질 방정식이라고 하는 다음 공식은 의료 품질 관리 분야에서 많이 논의되고 있다.

$$Q = A \times \frac{O+S}{W}$$

Q: 품질

A: 타당성

O: 결과

S: 서비스

W: 폐기물

이는 환자 치료의 질을 고려하는 엄격한 수학적 방법처럼 보인다. 하지만 이 방정식이 실제로 무엇을 의미할까? 그 양은 어떻게, 어떤 단위로 측정될까? 왜 이런 형태를 띠는 걸까? 이 질문 가운데 하나라도 만족스러운 답이 존재하는지 확실하지 않다.

우리는 원래 정의했던 맥락대로 수학의 오용을 고전적인 헛소리로 본다. 이런 방정식은 공식적 관계(예: 곱셈 또는 덧셈으로 상호작용하는 변수)를 잘못 정의되고 측정 불가능한 수량 사이에 배치하면서 지지할 수 없는 수학적 주장을 한다. 다시 말해 수학의 오용은 트루시니스나 헛소리처럼 논리와 사실적 정확성을 무시한다. 또 우리가 내린 헛소리의 정의처럼 수학의 오용도 청중에게 깊은 인상을 주거나 설득할 목적으로 만들어지는 경우가 많으며 수학 방정식이 주는 엄격한 이미지를 이용하고 여기에 추가로 적절한 대수학적 충격과 경외심을 덧붙인다. (여기에 악의가 있다고 보는 건 아니다. 어떤 가짜 약 판매원은 자기가 파는 강장제의 회복력을 믿고, 수학의 오용을 이용하는 어떤 이들은 자기가 깊은 통찰력을 제공한다고 생각할 수도 있다.)

수학의 오용 사례는 대부분 무작위로 구성되지 않는다. 그보다는 어떤 시스템의 기본 진실을 표현하기 위해 고안됐다. 예를 들어 VMMC 품질 방정식은 타당성과 결과, 서비스 수준이 높을수록 품질이 향상되고 폐기물이 많을수록 품질이 저하된다는 사고를 보여준다.* 이 정보는 다음과 같은 간단한 표로도 잘 표현할 수 있다.

매개변수	품질에 미치는 영향
타당성	+
결과	+
서비스	+
폐기물	-

---

* 좀 더 기술적으로 표현하자면 수학의 오용이 포함된 방정식은 일반적으로 어떤 함수의 편미분 징후와 관련된 뭔가를 편미분에 익숙하지 않은 청중에게 표현하기 위한 것이라고 추측한다. 예를 들어 VMMC 방정식의 주요 정보는 품질을 $df/dA>0$, $df/dO>0$, $df/dS>0$, $df/dW<0$인 함수 $Q=f(A,O,S,W)$로 표현할 수 있다는 것이다. 그 외의 함수 형태는 대체로 임의적이다.

이 모든 것이 품질 방정식에 함축돼 있지만 동일한 속성을 지닌 다른 방정식도 많다. $Q = S \times \frac{O+A}{W}$ 라는 공식도 $Q = (A+O) \times S - W$ 와 같이 이 표에 나타난 질적 관계를 반영한다. 그 점에 있어서는 $Q = \sqrt[W]{A^O + S^O}$ 역시 마찬가지다. VMMC 방정식이 왜 이런 대안들 중 하나가 아니라 $Q = A \times \frac{O+S}{W}$ 인지 설명할 수 없다면, 애초에 방정식을 이용해서 그 관계를 그럴듯하게 만들어서는 안 된다.

2005년 동명의 책에 소개된 이른바 '신뢰 방정식'은 수학의 오용에 관한 또 다른 예시를 제공한다. 신뢰 방정식은 다음과 같다.

$$\text{신뢰} = \frac{\text{믿음} + \text{확실성} + \text{신빙성}}{\text{사리 추구에 대한 인식}}$$

VMMC 방정식과 마찬가지로 관계의 전반적인 방향은 맞는 것 같다. 신뢰는 믿음, 확실성, 신빙성에 따라 증가하고 사리 추구에 대한 인식과 함께 감소한다. 여기까지는 좋다. 하지만 이런 식으로 작용하는 방정식은 이 외에도 많다. 신뢰 방정식은 신뢰가 작용하는 방식과 관련해 몇 가지 매우 구체적인 의미가 있다. 아마 이 중 가장 강력한 것은 다른 용어의 합이 사리 추구에 대한 인식으로 나뉘는 데서 발생할 것이다. 이는 (다른 용어의 합이 양인 경우) 사리 추구에 대한 인식이 매우 작아지면 신뢰도가 매우 커진다는 뜻이다. 만약 사리 추구에 대한 인식을 완전히 없앨 수 있다면 신뢰가 무한히 강해질 것이다! 하지만 세상은 그렇게 돌아가지 않는다. 동전을 던져서 어떤 주식을 살지 결정한다고 가정해 보자. 그 동전에는 당연히 사리사욕이 없기 때문에, 방정식에 따르면 나는 동전을 무한히 신뢰해야 한다. 하지만 내가 왜 전문가의 예측이 아니라 무작위 장치를 신뢰해야 한단 말인가?

둘째, 방정식 윗부분에서 믿음, 확실성, 신빙성을 전부 더한다는 점에 주목하자. 이 말은 곧 믿음, 확실성, 신빙성이 얼마나 크든 작든 확실성이 한 단위 증가하면 신빙성이 한 단위 증가했을 때와 똑같은 효과가 생긴다는 것이다. 또 이 특성들 가운데 1~2가지가 0이더라도 신뢰도가 높을 수 있다는 뜻이다. 신빙성이 높고 사리 추구에 대한 인식이 낮으면, 화자에게 믿음이 없고 전혀 신뢰할 수 없는 사람이더라도 방정식은 신뢰도가 높다고 예측한다. 이것 또한 수학의 오용에 관한 인식을 만들기 위해 몇몇 일반적 경향을 공식으로 구체화해 표현하는 데서 생긴 의도치 않은 결과처럼 보인다.

좀 더 기술적인 문제는 단위와 관련된 문제다. 독자들은 고등학교 때 차원해석을 배운 걸 기억할지도 모른다. 이는 누군가의 답이 올바른 경향성을 띠는지 확인하기 위해 계산에서 단위를 추적하는 과정이다.

예를 들어* 자전거 선수가 3시간에 45마일을 주행할 경우 단순히 45를 3으로 나눠서 속도가 15라고 대답해선 안 되고 측정 단위를 명시해야 한다. 단위도 숫자처럼 취급해서 단위를 적고 필요한 경우 단순화한다. 45마일/3시간=15마일/시간

---

* 좀 더 복잡한 예: 기네스 복족류 챔피언십에서 달팽이가 13인치 코스를 140초 만에 주파했다. 달팽이의 속도는 얼마인가?

$$\frac{13인치}{140초} \times \frac{1피트}{12인치} \times \frac{1마일}{5280피트} \times \frac{60초}{1분} \times \frac{60분}{1시간} = 0.0053마일/시$$

똑똑하게 생존하기

방정식의 각 항에 있는 숫자의 값이 같아야 한다는 사실은 다 알고 있다. 차원해석의 핵심은 단위도 똑같아야 한다는 것이다. 공학이나 다른 정량적 분야의 계산을 수행할 때 단위를 세심하게 추적하면 자기가 계산한다고 생각하는 내용을 제대로 계산하고 있는지 확인할 수 있다.

방정식이 수학의 오용만을 위해 존재하는 경우에는 차원해석이 말이 안 되는 경우가 많다. 예를 들어 해마다 1월이면 뉴스 매체들은 과학자들이 어떻게 1월의 세 번째 월요일인 '블루 먼데이Blue Monday'가 1년 중 가장 슬픈 날이라는 사실을 알게 됐는지에 관한 기사를 싣고 또 싣는다. 여러 보도 자료에 나오는 이 주장은 카디프대학교의 시간 강사인 클리프 아널Cliff Arnall이 제안한 공식에 근거를 두고 있다.

$$\frac{(W+D-d) * T^Q}{M * N_a}$$

보도 자료에 따르면 W는 날씨, d는 부채, T는 크리스마스 이후의 시간, Q는 새해 결심을 포기한 이후의 시간, M은 낮은 수준의 의욕, N_a는 행동에 옮겨야 할 필요성을 나타낸다고 한다. (D가 공식에서 무엇을 나타내는지는 불분명하다.)

이제 당신도 이 사례를 검토하고 분석할 수 있을 것이다. 우선 '날씨', '낮은 의욕', '행동을 취해야 할 필요성'을 어떻게 정량화할지 불분명하다. 상황은 갈수록 악화된다. 더하거나 빼는 모든 수량은 동일한 단위여야 한다. 마일과 시간을 분별 있게 더할 수 있는 방법은 없다. 정신적 노력과 루벤샌드위치는 말할 것도 없고. 하지만 블루 먼데이 방정식을 보라. 첫 번째 항인 (W+D-d)는 아마 날씨와 부채 사이의 차이를 나타낼 것이다. 두 수량 모두에 적용할 수 있는 단위는 무엇인가? 또 다른 규칙은 어떤 수를 제곱할 때, 그 멱은 무차원수여야 한다는 것이다. 시간을 2제곱하는 건 괜찮지만, 2밀리초나 2앵무로 제곱하는 건 말이 안 되지 않는가? 하지만 Q는 무차원수가 아니라 시간 단위로 표시되므로, T^Q이라는 수식은 의미가 없다. 우리가 이 문제를 해결할 수 있다 하더라도 앞서 논의한 많은 문제에 부딪힐 것이다. 행동을 취해야 할 필요성과 낮은 의욕 때문에 슬픔이 증가한다고 생각할 수 있지만, 이 2가지 수량은 분모에 자리 잡고 있다. 즉, 행동을 취해야 할 필요성과 낮은 의욕 때문에 슬픔이 감소한다는 뜻이다.

미국심리학회 전 회장인 마틴 셀리그먼Martin Seligman은 H=S+C+V라는 유명한 행복 공식을 개발했다. 여기서 S는 행복을 느끼는 타고난 성향을 나타내는 '설정값'이고, C는 자신의 환경, V는 자율적으로 규제하는 삶의 측면이다. 여기에서도 단위를 생각해 보자. 설정값, 환경, 자율적으로 규제하는 측면을 정량화할 수 있다고 해도 이 3가지를 모두 측정하는 공통 단위는 무엇일까? 그리고 그런 공통 단위가 존재한다 해도 이 단위가 방정식이 암시하는 것처럼 행복도를 측정하는 데 적절한 단위가 될 수 있을까? 셀리그먼이 '행복은 S, C, V가 하는 기능'이라고 주장했다면 우리도 기꺼이 따라갈 수 있었을 것이다. 그러나 이 3가지 수량의 수학적인 합이라고 주장하는 것은 수학의 오용이다.

아마도 이 방정식 구성 방식을 문자 그대로 받아들여서는 안 될 것이다. 왜 이 방정식을 은유나 표현 수단으로 사용할 수 없을까? 수학 방정식이 유용한 이유는 표현의 정확성 때문인데, 이 예시들은 전부 정확성을 제공하지 못한다. 행복이 3가지 일의 산술적 합이라고 말한다면 당신은 거짓 약속을 하는 셈이다. 그 말은 행복이 각각의 요소와 함께 증가한다는 뜻이기 때문이다. 이건 마치 야생화 꿀로 단맛을 낸 치아시드와 스펠트밀 와플 위에 블랙베리 콤포트와 월귤 잼, 직접 휘핑한 달콤한 크림을 얹어주겠다고 약속해 놓고는 실제로 냉동 와플 에고Eggo에 가짜 메이플 시럽을 끼얹어주는 것과 같은 일이다. 당신은 자신의 설명을 문자 그대로 받아들일 줄 몰랐다고 주장할 수도 있겠지만, 애초에 왜 본인이 뜻하는 바를 그대로 말하지 않았는가?

자신의 질적인 논쟁 위에 수학의 오용이라는 겉치레를 덧씌우는 방정식을 만들어내는 작가들이 왜 그렇게 많은지 모르겠다. 물론 어떤 사람은 그걸 보고 감명을 받을 수도 있지만, 그렇지 않은 사람들에게 진실을 들키는 걸 왜 부끄러워하지 않는가? 아마 수학 방정식에 수반되는 모든 것을 명확하게 이해하지 못한다면 그들은 자신의 가짜 방정식이 얼마나 기대보다 실망스러운 결과물을 내놓는지 모를 것이다.

좀비 통계

이 장을 마치면서 주의 사항을 하나 말하겠다. 인터넷 세상의 얼빠진 구석을 들여다보면 "통계자료의 78.4퍼센트는 즉흥적으로 만들어낸 것이다."라는 슬로건이 새겨진 티셔츠나 커피 머그, 마우스 패드, 기타 각양각색의 용품들을 발견할 수 있다. 정확한 수치는 53.2퍼센트, 72.9퍼센트, 78.4퍼센트, 84.3퍼센트 등 다양하지만 이 특정한 통계도 자신들이 주장하는 가짜 자료 가운데 하나라는 게 농담의 요지다.

괜찮은 농담이 대부분 그렇듯이 여기에도 진실의 일면이 담겨 있다. 출처와 맥락을 모르는 특정한 통계는 별 가치가 없다. 하지만 수치와 통계는 단순히 양적으로 표시됐다는 이유 때문에 엄격하고 신뢰할 수 있는 자료처럼 보이고 널리 확산되는 경향이 있다. 그 결과 수많은 좀비 통계가 존재한다. 좀비 통계는 앞뒤가 안 맞는 상황에서 잘못 인용하거나 너무 옛날 자료이거나 애당초 완전히 지어낸 수치를 말한다. 하지만 너무 자주 인용되는 탓에 사라지지 않는다.

예를 들어 우리 두 사람은 과학자들이 과학 문헌을 이용하는 방법을 연구하는 데 많은 시간을 들인다. 사람들은 그런 우리에게 과학 기사의 50퍼센트를 아무도 읽지 않는다는 옛 비유를 자주 얘기해준다. 하지만 이 '50퍼센트'라는 수치는 어디서 나온 걸까? 아무도 모르는 것 같다.

경영학 교수인 아서 자고Arthur Jago가 이 숫자에 호기심을 품고 검증하기 시작했다. 자고는 〈크로니클 오브 하이어 에듀케이션Chronicle of Higher Education〉의 논평에서 이 주장을 처음 봤는데, 이를 뒷받침하는 인용은 없었다. 그 논평을 쓴 사람은 〈스미스소니언Smithsonian〉에 실린 한 기사를 지목했다. 이 주장이 〈스미스소니언〉에 실렸다는 인용은 부정확했지만, 자고는 2007년 《피직스 월드Physics World》에 실린 기사에서 그 내용을 추적할 수 있었다. 기사를 쓴 사람은 인용문을 사용하지 않았다. 50퍼센트라는 수치는 출판 과정 후반에 학술지 편집자가 추가한 것이었다. 이 편집자에게 연락해 보니 그는 2001년도 강의 노트에서 그 자료를 얻은 것 같다고 했다. 강의 노트를 작성한 강사에게도 인용 출처가 없었고 "그 노트에 담긴 모든 내용에는 출처가 있지만, 노트를 쓰기 전에 내용을 전부 교차 검토해 보았는지는 확실치 않다."라는 설득력 없는 말만 했다.

실마리는 사라졌지만 자고는 마침내 1990년과 1991년 《사이언스Science》지에 발표된 두 편의 논문에서 50퍼센트라는 통계 수치를 찾아냈다. 원래의 주장은 발표된 논문의 50퍼센트 이상을 아무도 읽지 않는다는 게 아니라 인용되지 않는다는 것이었다. 이는 큰 차이다. 어떤 논문이 인용될 때마다 사람들이 도서관에서 수백 번씩 찾아보거나 인터넷에서 다운로드할 수도 있는 것이다.

이렇게 정정했지만, 50퍼센트라는 수치는 여전히 부정확하다. 첫째, 이 수치는 발표 후 4년 동안 인용되지 않은 논문 부수를 가리키는 것이지 영원히 인용되지 않을 논문을 나타내는 게 아니다. 수학 같은 일부 분야에서는 4년이 지나면 인용이 거의 이뤄지지 않는다. 둘째, 이 통계는 클래리베이트Clarivate의 웹 오브 사이언스Web of Science 인용 기록을 살펴보고 얻은 것이다. 이 데이터베이스는 학술지 일부만 다루며 출판물을 얼마나 철저히 다루는지가 분야마다 크게 다르고 가장 중요한 출판물 중 일부(인문학 분야 서적과 공학 분야의 세미나 자료)를 색인화하지 않는다. 셋째, 50퍼센트라는 수치를 얻기 위해 저자는 편집자에게 보내는 편지, 뉴스 기사, 의견 기사, 서평, 심지어 부고와 정오표에 이르기까지 과학 학술지에 게재된 모든 종류의 기사 인용을 고려했다. 인용되지 않은 서평과 부고가 많다고 말하는 것은 과학 기사 중 상당수가 인용되지 않았다고 말하는 것과 매우 다르다.

많은 학자들이 50퍼센트라는 수치에 이의를 제기했지만, 그것이 확산되는 걸 막지는 못했다. 인용 분석의 아버지이자 이 수치를 얻기 위해 사용한 《과학인용색인Science Citation Index》의 창시자인 유진 가필드Eugene Garfield도 이 기록을 수정하려고 시도했다. 하지만 이미 엎질러진 물을 다시 담을 방법은 없었다. 결국 상황을 받아들인 가필드는 페기 토마슨Peggy Thomasson과 줄리언 C. 스탠리Julian C. Stanley의 말을 인용하면서 이 오류에 비관적인 반응을 보였다.

고의든 아니든 논쟁의 여지가 있는 자료를 비판 없이 인용하는 일은 심각한 문제다. 물론 입증되지 않은 주장을 고의적으로 선전하는 건 특히 혐오스럽지만, 많은 순진한 학생들이 비판을 모르는 작가가 제시한 근거 없는 주장에 휘둘릴 수도 있다. 학술지에 묻혀 있는 비판적 메모는 시간이 흐르면서 간과될 가능성이 점점 커지는 반면 관련 연구는 더 널리 보도돼 재발견되기 쉽다.

이 인용문은 모든 종류의 근거 없는 주장을 가리키지만, 간단한 수치와 통계는 특히 이런 식의 확산에 취약하다. 맥락은 잊어버리고, 처음에 했던 미온적 경고는 출처가 바뀔 때마다 점점 잊힌 채 아무 배경도 없는 기본 숫자만 반복된다.

이 장에서는 숫자가 인간의 판단과 독립적으로 존재하는 순수한 사실처럼 보일 수 있지만, 맥락이 중요한 역할을 하고 그 숫자를 계산하는 방법부터 표현하는 단위에 이르기까지가 인간의 결정에 의해 만들어진다는 점을 확인했다. 다음 장에서는 숫자 집합을 조합하고 해석하는 방법과 그런 해석이 오해를 일으키는 방식을 알아보겠다. 수학을 공식적으로 파고드는 게 아니라 연구할 대표 표본을 고르는 것과 관련된 문제를 탐구할 것이다. 또 대표성 없는 표본이 어떻게 정당하지 않은 결론으로 이어지는지, 그리고 솔직하지 못한 저자들이 이를 이용해 청중을 오도하는 방식까지 살펴볼 것이다.

선택 편향

Selection Bias

CHAPTER 06

우리는 둘 다 스키를 좋아해서 종종 유타주 솔트레이크시티 외곽의 워새치Wasatch산맥을 찾아 최고의 눈밭을 질주하면서 시간을 보낸다. 유타주의 완벽한 설질 때문에 심지어 우리 중 하나는 이 지역에 있는 대학에 진학할까 고민하기도 했다. 워새치산맥에는 스키 리조트가 많은데 각 리조트마다 개성이 있다. 리틀 코튼우드Little Cottonwood 협곡에 있는 스노우버드Snowbird는 강철과 유리와 콘크리트로 장식돼 있고, 곤돌라는 깎아지른 절벽 위를 지나 원형의 협곡까지 이어지기 때문에 무섭도록 가파른 활강로를 타고 내려와야 한다. 협곡 위로 더 올라가면 똑같이 지형이 험준하고 설질은 더 좋은 알타Alta라는 곳이 있는데, 이곳에서는 시간 가는 줄도 모르고 타게 된다. 숙소는 나무로 지은 소박한 건물이고, 리프트는 철골이 그대로 드러나 있다. 미국에 단 3개뿐인 스노우보더를 받지 않는 리조트

중 하나이기도 하다. 파티나 비행기, 도시 술집 등에서 스키를 타는 사람과 얘기를 나누기 시작하면 그 사람이 이 스키 리조트 중 하나 혹은 둘 다를 북미 최고의 리조트로 언급할 가능성이 있다.

근처의 빅 코튼우드Big Cottonwood 협곡에 있는 브라이튼Brighton과 솔리튜드Solitude는 느낌이 매우 다르다. 아름답고 가족 단위로 오는 사람들에게 좋은 곳이며 스키를 타는 것도 아주 재밌다. 하지만 이곳을 찬탄하는 이들은 드물기 때문에, 꿈의 목적지라고 하기는 힘들다. 그래도 알타나 스노우버드에서 지내다가 하루쯤 짬을 내 솔리튜드에서 스키를 타면 흥미로운 일이 벌어진다. 다른 스키어들과 함께 리프트를 타면 대화 방향이 필연적으로 그 지역 리조트들의 상대적인 장점으로 흐르게 된다. 하지만 알타나 스노우버드와 달리(혹은 다른 어떤 곳에서도 볼 수 없는 일이지만) 솔리튜드에서는 이곳을 세계 최고의 스키 리조트라고 말하는 이들이 많다. 훌륭한 설질, 온화한 가족적 분위기, 적당한 활강 코스, 리프트 라인이 없는 것, 주변 산의 아름다움 그리고 다른 여러 가지 요소를 이유로 든다.

15살 때 처음으로 솔리튜드에서 스키를 탄 칼도 이런 느낌을 강하게 받아서 버스를 타고 도시로 돌아가기 전 베이스 로지에서 버거를 흡입하면서 아버지에게 그 얘기를 했다.

"제가 솔리튜드를 과소평가한 것 같아요." 칼이 아버지에게 말했다. "정말 즐거운 시간을 보냈어요. 괜찮은 트리스키 코스도 있고 잘 다듬어진 활강 코스를 원할 때도 그렇고…."

칼은 이어서 이렇게 말했다. "그리고 최고의 비탈 코스는 아직 찾지 못한 게 분명해요. 이곳에는 틀림없이 놀라운 장소가 있을 거예요. 오늘 얘기를 나눠본 사람들 중 3분의 2는 여기가 알타나 스노우버드보다 마음에 든다고 했어요. 정말 엄청난 찬사죠."

칼의 아버지는 빙그레 웃었다. "왜 그 사람들이 솔리튜드에서 스키를 탄다고 생각하니?" 아버지가 물었다.

칼이 처음으로 선택 효과의 논리에 맞닥뜨린 순간이었다. 물론 솔리튜드에 있는 사람들에게 어디서 스키 타는 걸 좋아하느냐고 물으면 "솔리튜드"라고 대답할 것이다. 그들이 솔리튜드에서 스키 타는 걸 좋아하지 않는다면 알타나 스노우버드, 브라이튼에 가 있을 것이다. 그날 칼이 들은 솔리튜드에 관한 최상급 칭찬은 미국 스키어 커뮤니티에서 무작위로 추출한 게 아니다. 솔리튜드에 있는 스키어들은 미국 스키어들을 대표하는 표본이 아니다. 그들은 알타나 스노우보드에 갈 수도 있었지만, 그러지 않기로 한 이들이다. 이 사례에서도 알 수 있듯이 이 같은 기본 원리가 데이터 분석에서 혼란과 오해를 일으키는 주요 원인이다.

이 책 3장에서 통계 테스트나 데이터 과학 알고리즘의 개념을 다양한 유형의 헛소리를 감추는 블랙박스로 이용하는 사례를 소개했다. 우리는 블랙박스가 어떻게 작동하는지 세세한 부분까지 조사하지 않은 채 헛소리를 있는 그대로 받아들이는 이들이 대부분이라고 주장했다. 이 장에서 우리가 살펴볼 블랙박스는 통계분석인데 블랙박스에 공급되는 데이터에서 발생할 수 있는 몇 가지 일반적인 문제를 살펴볼 것이다.

어떤 그룹에 속한 개개인을 알고 싶어질 때가 종종 있다. 투손Tucson에 사는 가족의 수입, 디트로이트의 특정 공장에서 생산된 볼

똑똑하게 생존하기

트의 강도, 미국 고등학교 교사들의 건강 상태 등이 알고 싶을 수도 있다. 그룹에 속한 모든 구성원을 살펴볼 수 있다면 좋겠지만, 그건 완전히 실현 불가능한 일이며 비용도 많이 들 것이다. 통계분석에서는 대규모 그룹의 소표본을 조사한 뒤 그 정보를 이용해 폭넓은 추론을 함으로써 이 문제를 해결한다. 만약 알을 품고 있는 파랑새가 알을 몇 개나 낳았는지 알고 싶다면 이 나라에 있는 모든 파랑새 둥지를 들여다볼 필요가 없다. 둥지 수십 개만 살펴보면 여기에서 발견한 사실로 상당히 괜찮은 추정치를 얻을 수 있다. 곧 있을 법안 투표의 결과를 알고 싶을 때도 등록된 모든 유권자에게 생각을 물어볼 필요가 없다. 유권자 표본을 조사하고 그 정보로 선거 결과를 예측할 수 있다.

이 방식의 문제점은 어디를 보느냐에 따라 보는 내용이 달라진다는 것이다. 올바른 결론을 도출하려면 우리가 조사하는 집단이 모집단의 무작위표본이 되도록 주의해야 한다. 유기농 시장에서 쇼핑하는 사람들은 정치 성향이 진보적일 가능성이 높고, 총기 전시회 참석자들은 보수적일 가능성이 높다. 유기농 식료품점에서 유권자 설문조사를 하느냐 아니면 총기 전시회에서 하느냐에 따라 도시 전체의 유권자 정서에 오해의 소지가 있는 인상을 받을 수 있다.

또 우리가 얻은 결과가 표본을 추출하는 행위 자체로 영향을 받았는지도 생각해 봐야 한다. 예를 들어 심리학 연구를 위한 인터뷰에 참가한 사람들은 인터뷰 진행자가 남자인지 아니면 여자인지에 따라 다른 대답을 할 수 있다. 사회생활 양상을 이해하기 위해 인터넷에 있는 방대한 데이터를 사용하려고 할 경우 이런 효과에 맞닥뜨리게 된다. 페이스북의 자동 완성 기능은 사람들이 소셜미디어 플랫폼에서 어떤 얘기를 하는지 엿볼 수 있는 비공식적이지만 신속한 방법을 제공한다. 2019년에는 결혼제도가 얼마나 건전했을까? 페이스북의 검색 쿼리를 이용해보자.

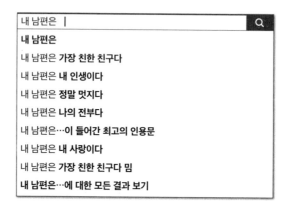

이걸 보면 행복한(지나치게 달콤한) 그림이 그려진다. 하지만 페이스북에서는 대체로 사람들이 자기 삶을 최대한 보기 좋게 묘사하려고 애쓴다. 페이스북에 자기 남편에 관한 글을 올리는 사람은 기혼자의 무작위표본이 아니라 행복한 결혼생활을 하는 사람들일 수도 있다. 그리고 사람들이 페이스북에 쓴 글이 그들의 행복을 나타내는 믿을 만한 지표가 아닐 수도 있다. 구글에 똑같은 쿼리를 입력해 구글의 자동 완성 기능이 현대의 결혼에 관해 말하게 한다면 매우 다른 결과를 보게 될 것이다.

저런! 최소한 "최고다.", "놀랍다.", "멋있다dope."("멍청이a dope"와는

내 남편은 |

내 남편은 **비열하다**
내 남편은 **포르노에 중독됐다**
내 남편은 **우울하다**
내 남편은 **이기적이다**
내 남편은 **최고다**
내 남편은 **실종됐다**
내 남편은 **게으르다**
내 남편은 **놀랍다**
내 남편은 **지루하다**
내 남편은 **멋있다**

Google Search   I'm Feeling Lucky

Report inappropriate predictions

반대되는 말이다)가 상위 10위 안에는 든다. 사람들은 도움이 필요할 때 구글에 의지하고 자기 삶을 자랑할 때 페이스북으로 눈을 돌리는 듯하다. 우리가 찾는 건 어디를 살펴보느냐에 따라 달라진다.

표본이 유용하기 위해 완전히 무작위적일 필요는 없다는 점을 강조해야겠다. 우리가 물어보는 내용에 관해서만 임의적이면 된다. 전화번호부 맨 앞에서 10쪽까지 이름이 나와 있는 유권자만 기준으로 선거 여론조사를 실시한다고 가정해 보자. 이건 전혀 무작위적이지 않은 표본이다. 하지만 A로 시작하는 이름을 가진 것이 정치적 선호도와 어떤 식으로든 관련이 있지만 않다면, 이 표본은 우리가 물어보려는 '이번 선거에서 어떻게 투표하실 겁니까?'라는 질문과 관련해서는 무작위적이다.*

그리고 연구 결과를 얼마나 광범위하게 적용할 수 있는가 하는 문제도 있다. 한 모집단에서 얻은 결과를 통해 다른 모집단의 결과를 추론할 수 있는 건 언제인가? 사회심리학의 목표 중 하나는 인간의 보편적인 인지능력을 알아내는 것이지만, 사회심리학 분야의 많은 연구들이 조 헨릭Joe Henrich과 동료들이 WEIRD(서양인이고Western 학력이 높으며Educated 산업화됐고Industrialized 부유하고Rich 민주적인Democratic) 모집단이라고 부르는 이들을 대상으로 진행되고 있다. 이런 연구들 대부분은 이용 가능한 모집단 가운데 가장 비용이 적게 들고 편리한 집단, 즉 학점을 받기 위해 연구 피험자로 봉사해야 하는 대학생들을 대상으로 한다.

이 같은 연구 결과를 기초로 어디까지 일반화할 수 있을까? 미국 대학생들이 특정한 음악을 들은 뒤 폭력적 행동을 할 가능성이 높다는 점을 발견한다면, 이 결과를 개발도상국이나 전통적 사회의 구성원들에게 대입하는 건 고사하고, 미국인 은퇴자나 독일 대학생에게 외삽外挿해 추론하는 것도 신중하게 해야 한다.

시지각 같은 것에 대한 기본적 발견은 모든 인구통계집단과 문화권에 적용할 수 있다고 생각할지도 모른다. 하지만 그렇지 않다. 서로 다른 사회의 구성원들은 화살촉 방향이 눈에 보이는 선의 길이

---

* 전화번호부에 등재된 사람을 조사하는 것도 문제가 될 수 있다. 이 경우 유선전화가 없는 사람들과 전화번호부에 올라 있지 않은 사람들을 제외하게 된다. 게다가 시간을 내서 전화 설문조사에 응하는 사람들은 전화를 가려서 받거나 인터뷰 요청에 바로 전화를 끊는 사람들과 많이 다를 수 있다. 그래서 전화번호부에서 추출한 표본은 젊은이나 일부 소수 집단 등 특정한 인구통계집단을 상당히 과소평가할 수 있다. 이는 전화 여론조사의 주요 문제가 됐다. 여론조사 기관들은 갈수록 휴대전화 인터뷰를 많이 이용하지만, 이 방법에도 나름의 문제가 있다.

에 영향을 미치는, 유명한 뮐러-라이어Müller-Lyer 착시현상에 대한 민감도가 크게 다르다. 이 착시현상은 미국 대학생들에게 단연 가장 큰 영향을 미친다.* 다른 그룹의 경우에는 눈에 보이는 선의 길이가 거의 혹은 전혀 달라지지 않는다.

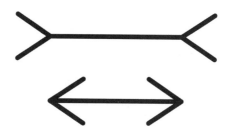

이번에도 어디를 보느냐에 따라 보는 내용이 결정된다.

어디를 보느냐에 따라 보는 내용이 달라진다

어떤 그룹을 연구해 그 결과를 다른 그룹에도 적용하는 경우는 외삽법이다. 한 그룹을 연구하고 있지만, 해당 그룹의 대표 표본을 얻을 수 없다고 생각되는 경우는 다른 문제다. 이는 통계학에서 매우 중요한 문제라 선택 편향이라는 특별한 이름이 붙어 있다. 선택 편향은 연구를 위해 표본으로 선택한 개인이 연구 대상이 될 수 있는 모

---

* 미국 대학생들이 착시현상에 가장 민감하게 반응하는 이유는 잘 알려져 있지 않다. 가설 중 하나는 화살촉처럼 예리하고 규칙적인 모서리가 자연계에는 비교적 드물다는 점을 지적한다. 화살촉에 대한 지각 반응의 강도는 '인공적인 모서리'가 존재하는 환경에서 성장한 정도에 따라 달라질 것이다. 우리는 이 설명에 납득하지 못했지만, 이보다 더 나은 설명도 찾지 못했다.

집단과 체계적으로 다를 때 생긴다.

예를 들어 워싱턴대학교 학생들이 얼마나 자주 수업을 빼먹는지 알고 싶다고 가정해 보자. 우리는 화창한 5월의 어느 금요일 오후에 '헛소리 까발리기' 강의실에 있는 학생들을 조사한다. 학생들의 응답을 통해 그들이 학기당 평균 2번씩 수업을 빠졌다는 사실을 알게 됐다. 우리 강의는 정원이 다 찼는데, 그날은 좌석의 3분의 2 정도에만 학생들이 앉아 있었다는 점을 감안하면 믿을 수 없을 만큼 낮은 수치인 것 같다. 그렇다면 학생들이 우리에게 거짓말을 하는 걸까? 꼭 그렇다고 할 수는 없다. 우리 질문에 대답한 학생들은 우리가 던진 질문에 대답할 자격이 있는 사람(우리 강좌의 모든 학생)의 무작위표본이 아니다. 표본에 포함된 학생들이 유독 성실하게 출석하는 학생이 아니었다면 다른 사람들은 모두 밖에서 금요일 오후의 햇살을 흠뻑 즐기고 있을 때 강의실에 얌전히 앉아 있지 않았을 것이다.

선택 편향은 잘못된 인상을 심어줄 수 있다. 자동차 보험 광고를 생각해 보자. 자동차 보험과 관련해 "가이코GEICO의 신규 고객들은 연평균 500달러 이상 돈을 절약하고 있다." 이는 꽤 인상적인 수치처럼 들리는데 당신이 보험사를 가이코로 바꾸면 1년에 500달러를 아낄 수 있다는 뜻이라고 쉽게 생각될 것이다.

하지만 주위를 둘러보면 다른 많은 보험사들도 비슷한 광고를 하고 있다. 올스테이트Allstate 광고는 "올스테이트로 바꾼 운전자들은 연평균 498달러를 절약했다."라고 선언한다. 프로그레시브Progressive는 자기네 회사로 옮긴 고객들이 500달러 이상의 비용을 절감했다고 주장한다. 파머스Farmers는 여러 가지 보험에 가입한 계약자가 평균 502달러를 아끼게 된다고 주장한다. 다른 보험회사들도 절감액이 300달러 이상이라고 주장한다. 어떻게 이럴 수가 있을까? 어떻게 모든 보험사가 자기네 회사로 바꾸면 상당한 비용이 절약된다고 주장할 수 있는 걸까? 어떤 회사가 경쟁업체보다 싸다면 다른 회사들은 그보다 비쌀 게 분명하다.

가이코(또는 올스테이트나 프로그레시브, 파머스)로 보험을 옮기면 돈을 절약할 수 있다고 생각하는 것의 문제점은 가이코로 옮긴 사람들이 자동차 보험 시장에서 무작위로 추출한 고객 표본이 절대 아니라는 것이다. 한번 생각해 보자. 가이코(또는 다른 회사)로 옮길 때의 온갖 번거로움을 참으려면 어떤 보상이 따라야 할까? 상당한 액수의 돈을 절약할 수 있어야 할 것이다. 돈을 더 내려고 보험사를 바꾸는 사람은 없다!

보험사들은 고객의 보험료를 결정하기 위해 다양한 알고리즘을 사용한다. 어떤 회사는 당신의 운전 기록에 가중치를 두고, 어떤 회사는 운전 거리를 더 강조한다. 어떤 회사는 밤에 차를 차고에 보관하는지 여부를 살펴본다. 성적이 좋은 학생들에게 낮은 보험료를 제시하는 회사도 있다. 어떤 회사는 차의 엔진 크기를 고려하고, 어떤 회사는 차에 잠김 방지 브레이크 시스템과 구동력 조절 장치가 있으면 보험료를 깎아준다. 그래서 보험에 가입하려고 여기저기 알아보는 운전자는 관련 알고리즘이 자신의 보험료를 상당히 낮춰줄 수 있는 보험사를 찾는다. 이미 자신의 개인적 상황에 맞는 가장 저렴한 보험에 가입돼 있거나 다른 보험사의 요금이 아주 약간 저렴한 수준이라면 보험사를 바꾸지 않을 것이다. 보험사를 바꾸는 사람은 그렇게 함으로써 큰돈을 절약할 수 있는 사람들뿐이다. 모든 보험사가 자기네 회사로 옮긴 사람들이 상당한 액수의 돈을 절약할 수 있다고 주장하는 건 이런 이유 때문이다.

이는 선택 편향의 전형적 예다. 가이코로 옮긴 사람들은 보험 고객의 무작위표본이 아니라 회사를 옮김으로써 얻을 게 가장 많은 고객들이다. 그러니 보험사 광고 카피는 이렇게 읽을 수 있다. "어떤 사람은 가이코로 옮기면 보험료가 오를 것이다. 어떤 사람은 보험료가 거의 그대로 유지될 것이다. 하지만 어떤 사람은 보험료가 내려갈 것이다. 이들 가운데 몇 명은 보험료가 많이 줄어들 것이다. 이렇게 보험료가 많이 줄어든 이들의 평균 절감액은 500달러다." 이게 정확한 사실이지만, 슈퍼볼Super Bowl 광고 시간에 말하는 파충류가 나와서 이런 말을 할 가능성은 없다.*

이 모든 사례에서 보험사들은 아마 자신들이 유리한 수치를 내세울 수 있는 게 선택 편향 때문이라는 사실을 알고 있을 것이다. 현명한 소비자는 마케팅 내용에 사람들을 호도하는 부분이 있다는 걸 깨닫지만, 그게 정확히 무엇인지는 모른다. 하지만 때로는 보험사들도 모르는 경우가 있다. 한 대형 보험사 임원이 자기 팀원들을 일시적으로 어리둥절하게 만들었던 선택 편향 사례를 들려줬다. 1990년대 그가 다니던 회사는 보험 상품을 온라인으로 판매한 최초의 주

---

* 지금보다 나은 조건의 보험을 찾을 가능성은 그리 높지 않다. 매년 운전자 3명 중 1명은 자동차 보험을 새로 알아보는데, 실제로 보험사를 옮기는 사람은 이 중 3분의 1도 안 된다. 올스테이트로 옮긴 어떤 사람이 498달러를 절약했다고 해서 당신도 올스테이트로 옮겼을 때 498달러를 절약할 수 있는 건 아니다. 그리고 거의 모든 보험사가 비슷한 주장을 한다고 해서 보험사를 바꾸기만 하면 그만한 돈을 절약할 수 있는 것도 아니다. 당신은 보험사를 바꿀 만큼 설득력 있는 제안을 찾지 못하는 대다수의 사람 중 1명이 될 가능성이 높다.

요 보험사 중 하나였다. 이 시장은 빨리 진입해야 하는 귀중한 시장처럼 보였지만, 회사 분석 팀은 인터넷에 능통한 고객들에게 보험을 판매하는 일과 관련해 충격적 결과를 얻었다. 이메일 주소가 있는 사람은 그렇지 않은 사람보다 보험금을 청구할 가능성이 훨씬 높다는 사실을 깨달은 것이다.

만약 그 차이가 작았다면 그게 실제 패턴이라고 추정하고 싶었을 것이다. 인터넷 사용자들은 운전하는 거리가 길고 운전 솜씨가 난폭한 젊은 남성일 가능성이 높다는 등의 그럴듯한 사후 설명도 제시할 수 있었을지 모른다. 그러나 이 경우에는 청구 비율 차이가 너무 컸다. 우리 친구는 이 문제에 헛소리를 알아차리는 가장 중요한 규칙 하나를 적용했다. 어떤 게 너무 좋거나 너무 나빠서 도저히 사실일 리 없다면 아마 그 생각이 맞을 것이다. 그는 이 패턴을 발견한 분석 팀에 찾아가 그 분석이 맞을 리 없다면서 분석 내용을 다시 확인해 달라고 요청했다. 일주일 뒤 그들은 신중하게 재분석한 결과를 보고했는데 원래 결과와 똑같았다. 여전히 그 말이 믿기지 않았던 우리 친구는 이 상황을 설명할 증거를 다시 찾아보라면서 보고서를 돌려보냈다.

이번에는 그들이 약간 멋쩍어하면서 보고를 하러 왔다. 수학 공식은 맞았지만, 데이터에 문제가 있었다는 것이다. 회사가 처음에 보험을 판매할 때는 이메일 주소를 요구하지 않았다. 그들이 이메일 주소를 요구한 건 누군가가 보험금을 요청할 때뿐이었다. 그 결과 회사 데이터베이스에 이메일 주소가 등록돼 있는 사람은 필연적으로 보험금을 청구한 사람일 수밖에 없었다. 이메일을 사용하는 사람들이 보험금을 청구할 가능성이 높은 게 아니라 보험금을 청구한 사람들의 이메일 주소가 파일에 등록돼 있을 가능성이 훨씬 높았던 것이다.

선별 효과를 찾기 시작하면 어디서나 발견할 수 있다. 정신과 의사인 한 친구는 정신 질환이 나타나는 방식의 비대칭성에 경탄했다. 그는 "미국인 4명 중 1명은 살면서 1번쯤은 과도한 불안감에 시달리게 될 것"이라고 설명했다. "하지만 지금껏 이 일을 하면서 불안감이 너무 적어서 고민이라는 환자는 딱 1번밖에 못 만나봤어."

당연히 그럴 것이다! 정신과 의사를 찾아와서 "선생님, 저 좀 도와주세요. 밤이면 밤마다 아무 고민도 없어서 잠을 못 이뤄요."라고 말하는 사람은 아무도 없다. 아마 세상에는 불안감이 너무 적은 사람도 너무 많은 사람만큼 있을 것이다. 단지 그들은 치료를 받으러 가지 않을 뿐이다. 대신 그들은 결국 감옥이나 월스트리트에 가게 된다.

'머피의 법칙'의 숨겨진 원인

포르투갈에서는 자녀가 있는 가정의 약 60퍼센트에 아이가 1명뿐이지만, 전체 아이들 가운데 약 60퍼센트는 형제자매가 있다. 불가능한 얘기처럼 들리겠지만, 그렇지 않다. 아래 그림이 그 원리를 보여준다. 포르투갈의 20가족 가운데 12가족은 자녀가 1명이고, 7가족은 2명, 1가족은 3명의 아이를 둔 것으로 예상된다. 따라서 대부분의 가정에는 자녀가 1명이지만, 다자녀 가정은 전부 여러 명의 자녀를 두기 때문에 대부분의 아이들이 다자녀 가정에서 사는 것이다.

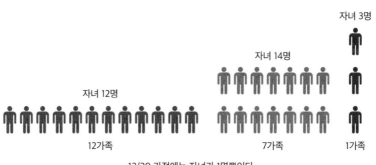

자녀 3명

자녀 14명

자녀 12명

12가족   7가족   1가족

12/20 가정에는 자녀가 1명뿐이다
17/29 아이들은 형제자매가 있다.

이게 헛소리와 무슨 상관이란 말인가? 대학들은 강좌 규모가 작다고 자랑하지만, 학생들은 이런 통계를 믿기 어려울 때가 많다. "강좌당 학생 수가 평균 18명이라고? 그건 헛소리야! 지난 3년 동안 학생 수가 50명 미만인 강좌는 겨우 2개뿐이었다고!"

학생과 대학 모두 옳다. 아니, 어떻게? 이런 인식 차이가 생기는 이유는 다자녀 가정의 자녀 수가 불균형하게 많은 것처럼 대규모 강좌를 듣는 학생 수가 불균형하게 많기 때문이다. 어떤 학기에 생물학과에서 학생 20명이 듣는 강좌를 20개 개설하고 200명이 듣는 강좌를 4개 개설했다고 가정해 보자. 먼저 관리자의 관점에서 보자. 강좌 6개 중 1개만 대형 강좌다. 평균 강좌 규모는 [(20×20)+(4×200)]/24=50이다. 여기까지는 좋다.

하지만 이제 학생 800명은 200명씩 듣는 수업을 듣고 400명만 20명짜리 수업을 듣는다는 사실에 주목하자. 6개 강좌 중 5개는 규모가 작지만, 그 수업을 들을 수 있는 건 학생 3명 중 1명뿐이다. 따라서 무작위로 고른 학생 그룹에게 강좌 규모가 어떠냐고 물어보면 그들의 평균 응답은 대략 $[(800 \times 200)+(400 \times 20)]/1,200=140$이 될 것이다. 이건 학생들이 실제로 경험한 강좌 크기를 반영하므로 경험된 평균 강좌 규모*라고 부르겠다.

규모가 큰 강좌에는 학생들이 더 많이 포함되므로 평균적인 학생은 평균 강좌 규모보다 큰 강좌에 등록하게 된다. 학교에서는 이런 차이를 이용해 자신들의 의제를 홍보할 수 있다. 대학의 신입생 모집 팸플릿에는 "생물학과 평균 강좌 규모가 50명"이라고 적혀 있을 수도 있다. 강좌 규모를 줄이기 위해 로비 활동을 벌이는 학생 자치회에서는 "일반적인 생물학과 학생은 140명씩 들어가는 수업을 받는다."라고 보고할지도 모른다. 둘 다 거짓말은 아니지만, 이들이 하는 얘기는 서로 매우 다르다.

이 원칙은 왜 교수진이 강좌 규모에 대해 학생들과 다른 생각을 가질 수 있는지 설명한다. 당신은 강좌 규모를 알고 싶을 때 학생에게 물어보든 교사에게 물어보든 같은 답을 얻을 것이라고 생각할지도 모른다. 다들 진실을 말하기만 한다면 문제가 되지 않을 것이다. 하지만 실제로는 많은 문제가 있다. 규모가 크든 작든 각 강좌에는 강사가 1명씩 있다. 따라서 강사 표본을 무작위로 추출할 경우 캠퍼스 내에서 해당 강좌가 진행되는 빈도에 비례해 대규모 강의나 소규모 강의를 관찰할 수 있을 것이다. 위의 사례에서는 소규모 강의를

---

* 엄밀히 말하면 가중평균이지만, 각 값(강좌 크기)이 해당 값 자체에 의해 가중치가 부여되는 특이한 경우다.

하는 교사들이 더 많았다. 하지만 대규모 강좌에는 학생들이 많고 소규모 강좌에는 학생들이 적으므로 학생 표본을 무작위로 정한다면 그 학생들은 대규모 강의를 들을 가능성이 더 높다.[*]

5장에서 얘기한 굿하트의 법칙을 떠올려보자. "측정치가 목적이 되면 올바른 측정은 불가능하다." 강좌 규모도 이와 관련된 사례를 제공한다. 매년 가을마다 대학 관리자들은 〈U.S.뉴스 & 월드리포트〉지의 대학 순위에서 몇 위를 차지했는지 궁금해하며 소식을 애타게 기다린다. 순위가 높으면 학교 평판도 높아져 상위권 학생들의 지원서가 몰려들고 동문들의 기부금이 늘어나기 때문에 결국 수입과 평판 모두 올라간다. 이 순위 결정 과정에서 강좌 규모가 중요한 요소로 작용하고 소규모 강좌에 높은 가산점이 붙는다는 사실이 밝혀졌다.

학생 수가 20명 미만인 학부생 강좌 비율이 높으면 이 지수에서 가장 많은 점수를 받는다. 학생 수가 20~29명인 강좌의 점수가 두 번째로 높고, 30~39명은 세 번째, 40~49명은 네 번째로 높다. 학생이 50명 이상인 강좌는 점수를 받지 못한다.

---

[*] 대학의 강좌 규모에 대해 철저한 데이터를 얻기는 힘들지만, 밀워키에 있는 마르케트대학Marquette University은 강좌 규모를 2-9, 10-19, 20-29, 30-39, 40-49, 50-99, 100 이상으로 분류해 각각의 개수를 알려주는 등 비교적 세분화된 자료를 제공한다. 이 데이터를 이용해 규모가 중간 정도인 미국 대학들의 평균 강좌 규모와 경험된 평균 강좌 규모 사이의 차이를 추정할 수 있다. 구간의 중간점을 이용해 강좌 규모의 근사치를 계산하면(100개 이상인 구간은 150을 이용) 다음과 같은 강좌 규모를 얻게 된다.

강좌 규모	5	15	25	35	45	75	150
강좌 수	101	318	197	59	66	28	22

이 강좌 규모의 분포를 고려할 때, 평균적인 강좌 규모는 약 26명이다. 하지만 학생들의 관점에서는 그렇지 않다. 전체 학생 중 505명만이 5인 수업을 듣고 3,300명은 150인 수업에 들어간다. 경험된 평균 강좌 규모는 약 51명으로 평균 강좌 규모의 거의 2배에 달한다.

〈U.S.뉴스 & 월드리포트〉 순위는 모든 강좌의 점수를 합산해서 정해지므로 경험된 평균 강좌 규모를 최소화하는 게 아니라 소규모 강좌 수를 최대로 늘린 학교에 보상이 돌아간다. 중요한 건 학생 경험이기 때문에 이건 실수일 수도 있다. 우리가 앞에서 제시한 숫자 예시를 생각해 보자. 그 예에 등장한 생물학과에는 24명의 강사와 1,200명의 학생이 등록돼 있으므로 각 강좌마다 학생이 50명씩 배정되도록 재구성할 수 있다. 그러면 경험된 평균 강좌 규모는 140명에서 50명으로 급감하지만, 〈U.S.뉴스 & 월드리포트〉 기준에 따르면 학과 점수가 확 떨어질 것이다.* 대학들이 학생 대부분을 대규모 강좌에 몰아넣으려고 하는 이런 왜곡된 동기를 없애기 위해 우리는 〈U.S.뉴스 & 월드리포트〉가 순위를 정하기 위해 점수를 계산할 때 강좌 크기가 아닌 경험된 강좌 크기를 이용할 것을 제안한다.

똑같은 수학적 원리를 이용해 대부분의 친구들은 당신보다 친구가 많다는 기이한 사실을 설명할 수 있다. 당신이 재미 삼아 헛소리에 관한 책을 읽는, 그런 사람이기 때문에 이 말이 진실인 게 아니다. 이는 누구에게나 진실이며 흔히 우정의 역설이라고 한다. 우정의 역설을 이해하는 건 우리가 방금 다룬 강좌 규모 문제를 이해하는 것보다 조금 더 어렵지만, 문제를 기본적으로 파악하는 것이 우

---

* 아니면 앞의 각주에 나온 마르케트대학의 데이터를 고려해 보자. 마르케트는 학생이 15명씩 듣는 '소규모' 강좌 726개를 개설하고 나머지 학생들은 150명씩 나눠 65개 강좌에 배정함으로써 강사를 추가로 고용하지 않고도 〈U.S.뉴스 & 월드리포트〉의 순위를 올릴 수 있었다. 이 방법을 써서 전체 강좌의 61퍼센트였던 소규모 강좌 비율을 92퍼센트라는 놀라운 수준까지 늘린 것이다. 괜찮은 방법 같지 않은가? 그러나 마르케트가 이런 식으로 순위 상승을 추구한다면 많은 학생이 150명 규모의 수업을 받게 되고 경험된 평균 강좌 규모가 51명에서 73명으로 증가할 것이므로 학생들이 느끼는 경험의 질은 상당히 떨어지게 된다.

리의 이해 범위를 넘어서지는 않는다. 이 역설적인 결과를 처음으로 소개한 사회학자 스콧 펠드Scott Feld는 이를 다음과 같이 설명한다. 사람들에게 평균적으로 10명의 친구가 있다고 가정해 보자. (친구 수를 500명이 아니라 10명이라고 말한 것은 펠드의 논문이 1991년에 작성됐기 때문이다. 그 당시 '친구'란 실제로 만난 적이 있고 심지어 호감을 품은 사람을 뜻했다.) 이제 그 친구들 중에 친구가 5명인 내성적인 사람과 친구가 15명인 사교적인 사람이 있다고 가정하자. 이 둘을 합치면 각자의 친구가 평균 10명이 된다. 하지만 사교적인 사람은 친구가 15명이나 되기 때문에, 그의 친구들은 자기가 그보다 친구가 적다는 데 불안감을 느끼는 반면, 내성적인 사람은 5명하고만 친하게 지내므로 5명 모두 자신감을 느끼게 된다.

직관적인 주장을 하는 건 좋은 일이지만, 우정의 역설이 현실 세계에서도 사실일까? 펠드는 30년 전에 열심히 모은 사춘기 소녀 146명의 우정 도표를 살펴봤다. 그는 이 소녀들 중 상당수는 자기 친구들보다 친구가 적은 반면, 자기 친구들보다 친구가 많은 사람은 상대적으로 적다는 사실을 알아냈다.

하지만 이는 한 작은 마을에 살던 한 그룹의 표본일 뿐이다. 우리는 이 질문을 훨씬 광범위한 규모로 다루려고 하는데, 요즘 같은 소셜미디어 시대에는 연구자들이 그렇게 할 수 있다. 한 팀은 페이스북 사용자 7억 2,000만 명이 맺은 690억 개의 우정을 조사했다. 그 결과 실제로 대부분의 사용자가 자기 친구들보다 친구가 적다는 점을 알아냈다. 사실 페이스북 사용자의 93퍼센트가 이에 해당된다! 놀랍지 않은가? 이 연구진은 페이스북 사용자들이 평균 190명의 친구가 있지만, 그들의 친구들은 평균적으로 약 635명의 친구가 있다는 걸 발견했다.

후속 연구에서는 약한 형태와 강한 형태의 우정 역설을 구별했다. 약한 형태는 친구가 가진 평균 친구 수와 관련 있다. 약한 형태는 별로 놀랍지 않을 수도 있다. 당신이 트위터에서 리한나Rihanna와 다른 499명을 팔로우한다고 가정해 보자. 리한나의 팔로워 수는 9,000만 명이 넘으므로 당신이 팔로우하는 500명은 평균적으로 최소 90,000,000명/500명=180,000명의 팔로워가 있다. 이는 당신의 현재 팔로워 수보다 훨씬 많다. 강한 형태는 이것보다 인상적이다. 대부분의 사람들은 중간에 위치한 친구보다 친구가 적다고 한다. 다시 말해 친구들을 각자의 친구 수에 따라 줄을 세우고 정확히 중간에 있는 친구를 고르면 그 친구가 당신보다 친구가 많다는 것이다. 이런 현상은 인기가 아주 많은 친구 1명 때문에 생기는 것이 아니다. 같은 연구 팀이 페이스북에서도 강한 형태가 유지된다는 사실을 알아냈다. 페이스북 사용자의 84퍼센트가 친구 수로 따져서 중간에 위치한 친구보다 친구 수가 적다. 당신이 킴 카다시안Kim Kardashian이나 그와 비슷한 종류의 사람이 아니라면 이와 같은 상황에 처해 있을 가능성이 높다.

똑같은 논리가 당신이 과거에 경험한 섹스 이력에도 적용된다는 걸 알면 당황스러울 것이다. 당신의 파트너 대부분은 아마 당신보다 많은 사람들과 잤을 것이다.

좋다. 방금 얘기한 건 잊어버리고 통계로 돌아가자. 이런 선택 효과는 관찰자의 존재와 관찰자가 보고하는 변수 사이의 연관성에 영향을 받기 때문에 관찰 선택 효과라고 부르기도 한다. 강좌 규모의 예에서 학생들에게 강좌 크기를 물어본다면 학생 관찰자의 존재와 강좌 규모 사이에는 연관성이 있다. 하지만 강사들에게 강좌 규모를 묻는다면 각 강좌마다 교사는 1명뿐이기 때문에 관찰 선택 효과가 나타나지 않는다. 따라서 강의실에 있는 강사의 존재와 강좌 규모 사이에는 아무런 연관성도 없다.

관찰 선택 효과는 우리가 보통 불운 탓으로 돌리는 일 몇 가지를 설명한다. 정기적으로 버스를 타고 통근하는 사람이라면 다음 버스가 도착할 때까지 놀랄 만큼 오래 기다려야 한다는 점을 알아차렸을 것이다. 하지만 '오랜 기다림'이란 어느 정도의 시간을 말하는가? 이 질문에 답하려면 자신의 대기시간을 평균 대기시간과 비교해 봐야 한다. 버스가 정확하게 10분 간격으로 온다고 가정하자. 당신이 임의의 시간에 도착한다면 평균적으로 얼마나 오래 기다릴 것 같은가? 답은 5분이다. 당신은 10분이라는 시간 안에 정류장에 도착하게 되므로 9분 혹은 1분을 기다릴 수도 있고 8분 혹은 2분을 기다릴 수도 있다. 각 쌍의 평균은 5분이다. 일반적으로 버스가 몇 분 간격으로 운행될 때 평균 대기시간은 그 간격의 절반이다.

만약 어떤 도시에서 같은 수의 버스를 운행해 버스가 평균 10분마다 1대씩 오도록 해놓았는데 교통체증 때문에 버스가 다소 불규칙하게 운행되면 어떻게 될까? 때로는 버스가 오는 간격이 상당히 짧아지고, 때로는 15분 이상 연장될 수도 있다. 이런 상황에서는 얼마나 더 기다릴 것 같은가? 이때도 5분이 정답인 것처럼 보일지 모른다. 운행되는 버스 수는 여전히 같으므로, 버스 사이의 평균 시간은 계속 10분이다.

　그러나 버스를 기다리는 실제 평균 대기시간은 더 길어진다. 당신이 아까처럼 버스 배차 간격 사이에 도착하게 될 경우 버스 도착시간의 차이를 평균 내면 평균 대기시간은 종전과 똑같이 5분이 될 것이다. 하지만 이번에는 버스가 오는 시간 사이에 정류장에 도착할 가능성이 다르다. 버스 간격이 짧을 때보다 길 때 도착할 가능성이 더 높아진다. 그 결과 평균 5분 이상 기다리게 되는 것이다.

　위 도표에서 버스는 평균 10분마다 1대씩 운행하지만, 간혹 교통체증 때문에 몰리기도 하므로 어떨 때는 도착 시간 간격이 16분이고, 어떨 때는 4분밖에 안 된다. 버스 간격이 길 때 정류장에 도착할 확률은 80퍼센트이고 이 경우 평균 8분 정도 기다린다. 버스 간격이 짧을 때 정류장에 도착할 확률은 20퍼센트밖에 안 되는데 이때는 평균 2분 정도 기다린다. 전체적으로 평균 대기시간은 (0.8×8)+(0.2×2)=6.8분으로 버스 간격이 균일할 때 평균 대기시간인 5분보다 상당히 길어진다.

　그래서 본인은 버스 대기시간과 관련해 항상 운이 없고 예상보다 오래 기다리는 듯 느껴지겠지만, 사실은 운이 나쁜 게 전혀 아니다. 관찰 선택 효과일 뿐이다. 버스 배차 간격이 길 때 정류장에 도착할

똑똑하게 생존하기

가능성이 높기 때문에 결국 기다리고 또 기다리게 되는 것이다.

공항에서 호텔 밴이나 공항버스, 렌터카 셔틀 등을 기다릴 때도 비슷한 일이 일어난다. 위의 글을 쓰고 며칠 후 딸과 함께 비행기를 타고 로스앤젤레스로 날아온 칼은 렌터카 셔틀을 타려고 기다리고 있었다. 그들이 거기 서 있는 동안 다른 렌터카업체에서 온 셔틀은 여러 대 지나갔지만, 그들이 타야 할 셔틀은 보이지 않았다. 얼마 후 칼의 딸은 자기들이 운이 없다며 불평했지만, 이들이 특별히 불운했던 건 아니다. 관찰 선택 효과였다. 칼은 LA 공항의 도로 경계석에 서서 딸에게 이렇게 설명했다.

상황을 단순화하기 위해 2개의 렌터카 회사, 즉 당신이 고른 회사와 주요 경쟁업체만 생각해 보자.

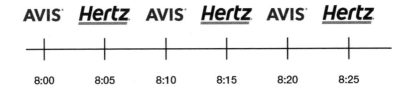

위 도표처럼 두 회사의 셔틀이 일정한 간격으로 배치됐다고 가정하자. 당신이 임의의 시간에 공항에 도착한다면 당신이 기다리는 버스가 먼저 올 확률이 반이고 다른 버스가 먼저 올 확률이 반이다. 당신이 탈 버스가 도착하기 전에 다른 회사 버스를 2대 이상 볼 수 없다. 평균적으로는 다른 회사 버스를 0.5대 보게 될 것이다.

이번에는 버스 간격이 규칙적이지 않고 임의의 시간에 도착한다

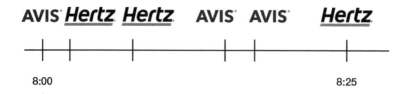

8:00   8:25

고 가정해 보자. 버스가 정확한 시차를 두고 오던 때와 마찬가지로 당신이 기다리는 버스가 먼저 도착할 확률은 반이다. 하지만 나머지 반은 다른 버스가 먼저 도착할 것이다. 여기서 주목해야 하는 중요한 사실은 그렇게 되면 처음 출발했던 지점으로 되돌아와서 당신이 탈 버스가 먼저 올 확률도 1/2이고 다른 회사 버스가 먼저 올 확률도 1/2이 된다는 것이다. 같은 수의 버스가 운행되고 있지만, 완전히 임의의 시간에 도착한다면 다른 회사 버스를 평균 0.5대가 아니라 1대씩 보게 될 것이다. 셔틀버스를 운영하는 렌터카 회사들이 많을 때도 똑같은 일이 일어난다. n개의 회사들이 같은 비율로 버스를 운행한다면 당신이 탈 버스는 평균적으로 n번째에 도착할 것이다.* 그러면 운이 나쁜 것처럼 느껴진다. "이 공항에는 렌터카 회사가 8개밖에 없는데 내가 탈 버스가 여덟 번째로 도착했어!" 당신의 직관이 버

---

* 좀 더 전문적으로 얘기하자면 우리가 말한 건 각 회사의 버스가 도착률이 동일한 푸아송Poisson 도착 프로세스에 따라 도착하는 경우다. 당신이 정류장에 도착한 순간부터 버스가 올 때까지의 대기시간은 기하급수적으로 분포된다. 다른 회사 버스들의 도착 시간 역시 기하급수적으로 분포되고 대기시간 분포도 동일하다. 다른 회사 버스가 먼저 도착하면 처음 출발한 지점으로 되돌아온다는 얘기는 첫 단계 분석을 통해 수학적으로 표현할 수 있다. n개의 렌터카 회사가 존재하고 모두 같은 빈도로 셔틀을 운행하며 당신이 탈 버스가 도착하기 전에 통과할 것으로 예상되는 셔틀 버스의 수는 s라고 가정해보자. 1/n의 확률로 당신이 탈 버스가 가장 먼저 도착하면 다른 셔틀은 하나도 보지 못하게 된다. n-1/n의 확률로 다른 셔틀이 먼저 통과하면 이제 셔틀 1대를 보고 다시 처음 출발한 지점으로 돌아오게 된다. 따라서 s=0×(1/n)+(1+s)×(n-1)/n이라고 쓸 수 있다. s를 풀면 s=n-1이된다. 셔틀 회사가 n개 있다면 당신이 탈 버스는 평균적으로 n번째에 도착할 것이다.

스 운행 간격이 일정한 상황에 기초해 작동한다면 이는 당신이 예상했던 것보다 2배나 긴 대기시간이다. 그 결과 어떤 렌터카 회사를 선택하든 그 회사는 버스를 경쟁사의 절반밖에 운행하지 않는다는 인상을 받게 될 것이다.

관찰 선택 효과는 혼잡한 4차선 고속도로를 달릴 때 자기가 느린 차선을 자주 선택하는 것처럼 느껴지는 이유도 설명할 수 있다. 선택할 수 있는 차선이 2개 있다면 그중 절반은 빠른 차선을 선택할 수 있어야 한다고 생각할지도 모른다. 하지만 그렇지 않다! 고속도로에서는 차가 빠르게 이동할수록 자동차 사이의 거리가 멀어진다. 인접한 두 차선의 차량들이 서로 다른 속도로 움직인다면 느리게 움직이는 차선에는 차들이 더 밀집하게 될 것이다. 2개의 차선이 같은 방향을 향하지만 속도가 다른 경우 도로에 있는 대부분의 차들은 느린 차선에 있을 테고, 따라서 대부분의 운전자는 이런 차선을 선택한 자신의 불운을 저주하게 될 것이다.

멋진 남자와 최고의 컴퓨터 프로그래머

5년 전 구글 엔지니어들은 가장 생산성 높은 직원을 선발하기 위해 자사 채용 과정에 머신러닝 기술을 적용했다. 그들은 놀라운 결과를 얻었다. 업무 성과는 이전에 프로그래밍 대회에서 거둔 성공과 음의 상관관계에 있었다. 이는 프로그래밍 대회에서 좋은 성과를 거둔 사람들이 직원으로서는 이상적이지 않은 다른 특성을 갖고 있기 때문일 수 있다. 구글의 연구 책임자 피터 노빅Peter Norvig은 대회 우승자들이 신속하게 일을 처리하는 데 능숙하지만, 일을 할 때는 느린 속도로 하는 게 효과적이기 때문이라고 추측했다. 그러나 섣불리 결론을 내려서는 안 된다. 그보다 프로그래밍 대회 결과와 직무 성과 사이에 이런 음의 상관관계가 존재하는 이유는 직원들이 모집단의 무작위표본이 전혀 아니라는 사실과 관련 있을 수 있다. 그들은 이미 구글 채용 과정에서 프로그래밍 능력과 다른 기술을 바탕으로 선발된 이들이다. 하지만 그게 어떻게 음의 상관관계를 만들어낼 수 있는지 이해하기 위해 먼저 좀 더 광범위한 사람들이 관심을 가진 문제로 눈을 돌려보자. 왜 섹시한 남자들은 그렇게 나쁜 남자인 걸까?

조던 엘렌버그Jordan Ellenberg라는 수학자는 벅슨Berkson의 역설이라는 현상을 통해 일반적인 불만 사항을 설명할 수 있다고 했다. 데이트에 열심인 친구들은 가끔 섹시한 사람과 데이트를 했는데 알고 보니 얼간이였던 반면, 괜찮은 사람을 만나긴 했는데 별로 매력적이지 않다고 불평을 늘어놓는다. 이런 실망스러운 관찰을 설명하는 일반 이론은 매력적인 사람이 사회에서 높은 지위를 부여받고 파트너로서도 매우 인기가 많기 때문에 나쁜 남자여도 별로 상관없다는 것이다. 하지만 가능성 있는 다른 설명도 있다.

엘렌버그는 잠재적 파트너를 2차원 그래프에 배치하는 모습을

똑똑하게 생존하기

상상해 보라고 한다. 가로축은 그들이 얼마나 좋은 사람인지 나타내고, 세로축은 매력적인 정도를 나타낸다. 그러면 사람들이 다음과 같이 표시된 도표가 만들어질 것이다.

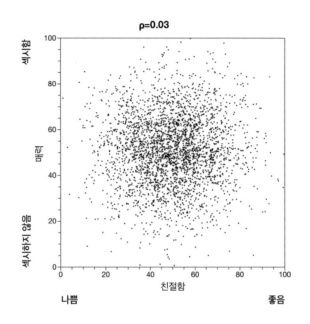

이 그림에서는 매력과 친절함이 기본적으로 상관관계가 없다. 섹시한 남자가 나쁠 확률은 그렇지 않은 남자보다 높지도 낮지도 않다. 지금까지는 착한 남자가 매력적이지 않고 매력적인 남자가 착하지 않다고 생각할 이유가 없다.

하지만 이제 당신이 실제로 누구와 사귀고 싶은지 고민하면 어떤 일이 벌어지는지 알아보자. 매력적이지 않은 얼간이는 당연히 아닐 것이다. 만약 어떤 사람이 정말 괜찮다면 그의 외모에 나타나는 몇 가지 결점쯤은 눈감고 넘어갈지도 모르고, 그 반대의 경우도 마찬가지일 것이다. 따라서 이 남자들 중에 당신이 데이트할 사람은 대각선 위쪽에 위치할 것이다.

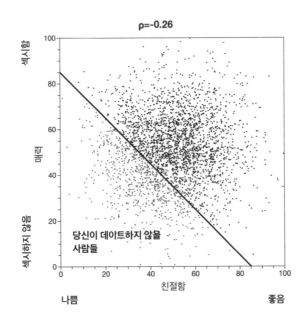

이제 당신이 사귀고 싶은 남자들의 매력과 친절함 사이에 음의 상관관계가 존재하게 됐다. 정말 섹시한 남자는 당신이 데이트할 평균적인 남자보다 친절할 가능성이 낮고, 정말 친절한 남자는 당신이 데이트할 평균적인 남자보다 섹시할 가능성이 낮다.

이게 벅슨의 역설이 작용하는 방식이다. 당신은 친절함과 매력을 둘 다 선택함으로써 데이트하고 싶은 사람들의 친절함과 매력 사이에 음의 상관관계를 만들어냈다.

반대쪽에서도 이와 유사한 과정이 진행된다. 당신만 데이트하고 싶은 상대를 선택하는 게 아니라 상대방도 당신과 데이트할 의향이

똑똑하게 생존하기

있는지 아닌지 결정한다. 이렇게 직설적으로 말해서 미안하지만, 당신이 존 레전드John Legend가 아닌 이상 더 좋은 선택권을 가진 사람들이 있을 것이다. 따라서 이 방법은 당신이 데이트할 가능성이 있는 다른 사람들도 제외한다.

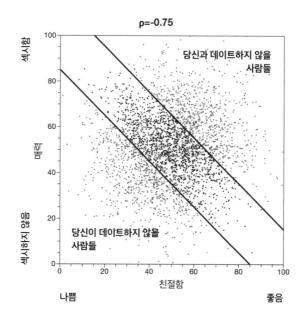

그러면 누가 남았는가? 이제 당신의 데이트 풀은 잠재적 파트너들이 있는 공간을 가로지르는 좁은 대각선 범위로 제한된다. 이 범위 안에서는 친절함과 매력 사이에 강한 음의 상관관계가 존재한다. 모집단 전체에는 음의 추세가 전혀 없었는데도 벅슨의 역설과 관련된 두 사례(하나는 당신이 데이트하고 싶은 사람, 다른 하나는 당신과 데이트하려는 사람이 포함된)가 잠재적인 파트너들 사이에 음의 상관관계를 만들어냈다.

프로그래밍 대회에서 우승할 수 있는 능력과 구글에서의 직무 수행 능력 사이에 존재하는 음의 상관관계로 돌아가 보자. 전체 모집단만 보면 프로그래밍 대회에서의 능력과 구글에서의 현장 직무 능력 사이에 강한 양의 상관관계가 존재하리라고 기대할 이유가 충분하다. 미국에서 일하는 고용인 대다수는 프로그래밍을 전혀 할 줄 모르지만, 프로그래밍 기술은 구글 엔지니어라는 직업을 갖기 위한 필수 조건이다. 구글 직원들은 폭넓은 잠재적 인재 풀에서 선별된 사람들인데 이는 아마도 프로그래밍과 관련된 기술 때문일 것이다. 실제로 고용 담당자들이 채용 과정에서 이용하는 평가 방법은 프로그래밍 대회에서 제시되는 과제나 도전과 꽤 유사할 수 있다. 아마

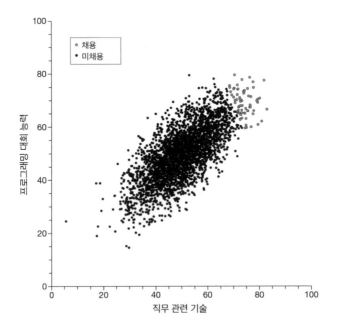

| 전체 모집단 사이의 상관관계: p=0.71
고용된 직원들 사이의 상관관계: p=-0.21 |

똑똑하게 생존하기

채용 과정에서는 직장에서 효과적인 다른 자질을 무시한 채 프로그래밍 경쟁력에만 너무 큰 비중을 두는 것 같다. 만약 그렇다면 대회에서 입상하는 능력과 직무 수행 능력 사이에 음의 상관관계가 생길 수 있다. 아래 산포도는 다음과 같은 사실을 보여준다.

벅슨의 역설을 생각하기 시작하면 어디서나 그걸 발견할 수 있을 것이다. 왜 메이저리그 최고 야수들은 타자로서의 능력이 평범하고, 최고의 타자들은 야수 능력이 평범할까? 답은 외야와 타석에서 모두 평범한 선수들은 많지만, 그들은 메이저리그에 진출하지 못했기 때문이다. 〈던전 앤 드래곤Dungeons & Dragons〉이라는 게임을 해봤다면 이런 의문이 생길 것이다. 최고 전사들은 왜 그렇게 카리스마가 약하고, 최고 마법사들은 왜 그렇게 힘이 약할까? 답은 캐릭터가 새로운 레벨에 도달해 보너스 능력 점수를 할당할 때 글자 그대로 한 영역의 능력과 다른 영역의 능력을 맞바꾸기 때문이다. 어째서 최고 작곡가들은 밥 딜런 같은 탁한 목소리의 저주를 받고, 최고 가수들은 자기가 부를 노래를 직접 만들지 못하는 걸까? 답은 딜런처럼 노래하고 헤어 메탈 밴드에나 어울리는 가사를 쓰는 음악가도 많지만, 다행히도 라디오에서 그런 노래를 들을 일은 없을 것이기 때문이다.

심지어 선택이 공공연하게 진행되더라도 통계적 결과가 직관에 반하는 것처럼 보일 수도 있다. 학교에서 학생들의 평균 성적GPA을 근거 삼아 전미 장학금 경진 대회에 나갈 학생들을 선발할 수 있다고 가정해 보자. 추천자 명단이 발표된 후 우리는 추천받은 학생들 200명을 살펴봤다. 그 결과 추천받은 여학생들의 GPA는 평균 3.84

인 반면, 남학생들의 GPA는 3.72라는 점을 알게 됐다. 표본에 포함된 학생 수가 매우 많기 때문에 이런 차이는 단순한 우연 때문이 아니다. 그렇다면 학교에서 남학생들이 성적이 낮은데도 우선적으로 지명했다고 결론지을 수 있을까? 언뜻 보기에는 그런 것 같다. 학교가 여학생과 남학생에게 동일한 추천 기준을 적용했다면 왜 그들의 GPA 평점이 거의 비슷하지 않을까?

가능성 있는 설명은 남학생들의 평점 분포가 여학생들의 평점 분포와 다르다는 것이다. 만약 그렇다면 추천받은 남학생과 여학생의 GPA 분포는 남녀 모두에게 동일한 추천 기준을 적용해 가장 우

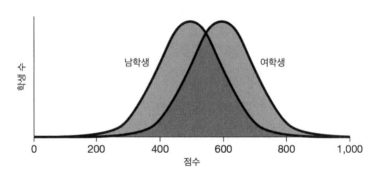

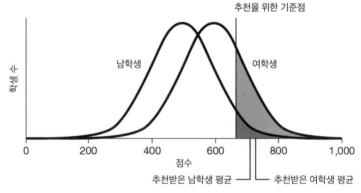

수한 학생들을 선발한 뒤에도 여전히 달라야 한다. 다음 그래프는 이 내용을 설명한다. 그래프에서 최고 점수를 받은 여학생들은 점수가 극히 높은 반면, 최고 점수를 받은 남학생들은 기준선을 아슬아슬하게 넘는다. 이 때문에 기준선 위에 있는 학생들의 평균점에 차이가 생긴다.

정확히 말해 벅슨의 역설은 아니지만, 중요한 건 선택이 온갖 흥미로운 결과를 가져올 수 있다는 것이다. 그리고 데이터를 통해 패턴을 이해하려고 할 때는 선택 편향이나 의도적인 선택이 작용했는지, 만약 그렇다면 이런 요소들이 내가 관찰하는 패턴에 어떤 영향을 미치는지 생각해 봐야 한다.

마지막으로 벅슨의 역설은 윌리엄 버틀러 예이츠William Butler Yeats가 고전적인 모더니즘 시 〈재림The Second Coming〉에서 한 음울한 관찰에 관해 지금까지 의식하지 못한 설명을 제공한다는 점에 주목하고 싶다.

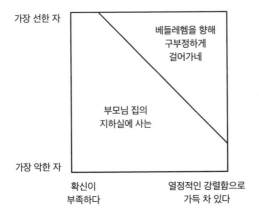

가장 선한 이들은 확신이 부족한데, 가장 악한 자들은
열정적인 강렬함으로 가득 차 있다.

음악가의 치명적인 위험

어떤 의약품 부작용의 심각성을 평가하기 위한 임상 시험에서 초기
환자 표본은 무작위로 정할 수 있지만, 부작용을 겪는 개인이 임상
시험에서 불균형하게 탈락해 최종 분석에 포함되지 않을 가능성이
있다. 이는 선택 편향과 밀접한 관련이 있는 '데이터 관측 중단'이라
는 현상이다. 관측 중단은 처음에 선택 편향 없이 표본을 무작위로
선택했는데 비확률 표본의 부분집합이 최종 분석에 포함되지 않을
때 발생한다.

바로 예를 들어보겠다. 2015년 3월 놀라운 그래프가 소셜미디어
를 휩쓸었다. 음악가의 사망률에 관한 유명 기사에서 나온 이 그래
프는 아래처럼 생겼는데 충격적인 추세를 보여주는 듯하다. 블루스,
재즈, 가스펠처럼 역사가 오래된 음악 장르에서 활동하는 음악가가
되는 건 비교적 안전한 직업인 것 같다. 하지만 펑크, 메탈, 특히 랩
과 힙합 같은 새로운 장르에서 공연하는 건 매우 위험해 보인다. 이
연구를 수행한 연구진은 〈워싱턴포스트〉와의 인터뷰에서 "이건 어
느 정도 경고를 담은 얘기다. 랩 음악이나 힙합, 펑크 음악 분야에
종사하는 이들은 전쟁터의 군인들보다도 직업적 위험이 훨씬 높다.

우리는 전투에서 군대의 반을 잃지는 않는다."라고 말했다.

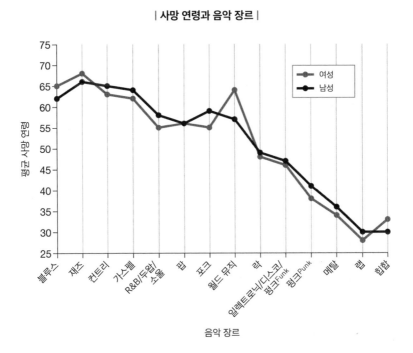

| 사망 연령과 음악 장르 |

이 그래프는 밈이 돼 소셜미디어에 널리 퍼졌다. 흥미로운 주제에 관한 양적 데이터를 제공할 뿐 아니라 음악 업계 사람들의 힘든 삶과 관련해 우리가 예전부터 품고 있던 입증되지 않은 인상을 강화한다.

하지만 그래프를 잠시 들여다보면 뭔가 잘못됐음을 알 수 있다. 다시 한 번 말하지만, 뭔가가 너무 좋거나 너무 나빠서 도저히 사실일 것 같지 않다면 아마 그 생각이 맞을 것이다. 이 그래프는 사실이라기에 확실히 너무 안 좋아 보인다. 이 그래프에서 우리의 의심을 불러일으킨 건 사망 당시의 나이 차이가 믿기 힘들 정도로 크다는 것이다. 만약 이 연구가 일부 장르 음악가들의 수명이 5~10퍼센트 정도 감소했다는 사실을 발견했다면 우리도 별로 회의적이지 않았을 것이다. 하지만 그래프를 보라. 랩과 힙합 분야 음악가들은 다른 장르 음악가들 사망 연령의 절반 수준인 약 30세에 사망한다고 한다.

대체 어떻게 된 일인가? 이 데이터는 우측 중도 절단 자료이기 때문에 오해의 소지가 있다. 즉, 연구 기간이 끝난 뒤에도 생존한 개인은 연구에서 제외되는 것이다.

우선 우측 중도 절단 자료가 어떻게 작용하는지 그 예를 살펴본 다음 다시 음악가들에게 돌아가자. 당신이 마다가스카르에 사는 희귀한 카멜레온 종의 라이프사이클을 연구하는 보호 팀의 일원이라고 상상해 보라. 카멜레온은 이상할 정도로 수명이 짧다. 전체 수명이 기껏해야 2~3년밖에 안 된다. 2013년부터 숲의 일정 구역에서 새로 태어난 개체들에게 전부 식별용 밴드를 달기 시작해 2017년 자금이 바닥날 때까지 그들의 생존을 추적했다. 아래 그래프는 식별용 밴드를 달아둔 개체들의 수명을 나타낸다. 각각의 막대는 카멜레온 1마리에 해당한다. 그림 맨 아래쪽은 2013년 맨 처음 식별 밴드를 단 개체들이다. 일부는 포식자 때문에 일찍 죽었지만, 나머지는 카멜레온의 수명을 다 살았다. 당신은 사망 날짜를 기록하고 그래프에 표시한다. 2014년 태어난 개체도 마찬가지다. 하지만 2015년과 2016년에 태어난 개체들 중에는 2017년 연구가 끝날 때까지 살아있는 것들이 있었다. 이들은 연구 종료를 나타내는 수직선을 넘어가는 막대로 표시했다.

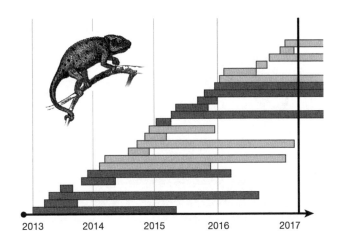

그렇다면 이 데이터를 어떻게 기록해야 할까? 연구가 종료될 때 그 개체들이 전부 죽은 것으로 간주한다면 데이터에 매우 강한 편향이 발생할 것이다. 카멜레온들은 실제로 죽은 게 아니다. 당신이 그냥 집으로 돌아간 것뿐이다. 그러면 데이터 세트에서 그 개체들을 완전히 삭제하는 것이 가장 안전한 방법이라고 판단할 수도 있다. 그렇게 할 경우 데이터가 우측 중도 절단된다. 그래프의 오른쪽을 벗어나는 데이터를 버리는 것이다. 아래는 우측 중도 절단된 데이터다.

여기서 무슨 일이 일어나고 있는지 보자. 2013년과 2014년에 태어난 카멜레온 중 일부는 일찍 죽었지만, 다른 카멜레온은 2-3년간 살았다. 이 우측 중도 절단 데이터를 보면 2015년과 2016년에 태어난 카멜레온은 모두 일찍 죽은 것처럼 보인다. 데이터가 우측 중도 절단됐다는 사실을 몰랐다면 2015년과 2016년은 카멜레온이 살아

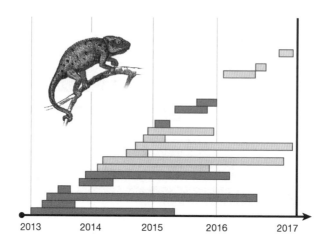

가기에 매우 위험한 해였다는 결론을 내릴 수도 있고, 이 개체군의 장기적인 건강을 걱정할 수도 있다. 이는 오해의 소지가 있다. 수명 분포는 2013~2017년까지 바뀌지 않았다. 연구가 끝난 뒤에도 살아남은 개체들을 제외하는 바람에 2013년과 2014년에 태어난 개체들은 전부 보이지만 2015년과 2016년에 태어난 개체들 중에는 단명한 개체만 보인다. 데이터를 우측 중도 절단한 탓에 사망률 패턴을 잘못 생각하게 만들었다.

여기서 살펴본 우측 중도 절단 문제는 선택 편향의 한 형태로 볼 수 있다. 이 표본에서 2015년과 2016년에 태어난 개체들은 그해에 태어난 카멜레온의 무작위표본이 아니다. 정확히 말해 수명이 가장 짧은 개체들이다.

음악가들의 평균 사망 연령 그래프에서도 같은 문제가 발생한다. 랩과 힙합은 생긴 지 40년 정도밖에 안 된 새로운 장르이며 인기 있는 음악가들은 10대나 20대에 커리어를 시작하는 경향이 있다.

똑똑하게 생존하기

그 결과 대부분의 랩과 힙합 스타들은 오늘날에도 여전히 살아 있고 따라서 이 연구에서 제외됐다. 이미 사망한 랩과 힙합 뮤지션들은 때 이르게 사망한 이들뿐이다. 그에 비해 재즈, 블루스, 컨트리, 가스펠은 1세기 이상 전부터 존재했다. 이 장르에서 활동하다가 사망한 음악가들 중에는 80대 이상까지 산 이들도 많다. 결국 랩 스타들이 젊은 나이에 죽을 가능성이 높은 게 아니라 죽은 랩 스타들이 젊은 나이에 죽은 게 분명하다는 얘기다. 랩은 생긴 지 그렇게 오래된 장르가 아니기 때문이다.

이 연구 저자에게 공평을 기하기 위해 말하자면 그는 자기 논문에 사용된 데이터가 우측 중도 절단됐다는 사실을 인정한다. 문제는 독자들이 그래프에 나타난 놀라운 차이가 음악 장르별로 다른 사망률 차이 때문이라고 생각할 수도 있다는 건데, 우리는 이 패턴 대부분이 우측 중도 절단의 결과라고 의심한다. 우리는 패턴의 일부 혹은 대부분이 통계적 가공 때문에 생긴 그래프를 보는 게 싫다. 그리고 저자가 "하지만 패턴 일부는 진짜야. 날 믿어줘!"라고 말하는 것도 딱 질색이고.

또 하나의 문제는 데이터 그래픽 자체에서 우측 중도 절단 문제를 경고하지 않는다는 점이다. 소셜미디어 환경에서는 데이터 그래픽이 텍스트가 없는 채로 공유될 수 있다는 점을 각오해야 한다(적어도 일반 대중을 겨냥한 데이터의 경우). 우리가 생각하기에 이런 데이터는 지금과 같은 방식으로 도표를 만들어서는 안 된다. 여기 이 그래프는 신중한 분석이 제시하는 결론과 일치하지 않는 얘기를 보여준다.

선택 편향 해제

지금까지 선택 편향이 발생할 수 있는 여러 가지 방법을 살펴봤다. 이제 그 문제를 해결하는 방법을 숙고하면서 결론을 내리려고 한다.

임상 시험 과정에서는 선택 편향이 자주 발생한다. 왜냐하면 의사와 보험사 그리고 임상 시험에 참여한 환자 개개인이 모두 누구에게 어떤 치료를 할 것인지를 두고 발언권을 갖고 있기 때문이다. 결과적으로 개입을 받는 치료군은 개입을 받지 않는 대조군과 중요한 부분에서 다를 수 있다. 어떤 환자가 특정 치료를 받을 것인지 무작위로 정하면 선택 편향을 최소화할 수 있다.

기업 웰니스 프로그램에 관한 최근 연구는 이 문제가 얼마나 중요한지 보여준다. 당신이 대기업에서 일한다면 이미 그런 프로그램에 참여하고 있을 것이다. 기업 웰니스 프로그램의 정확한 구조는 회사마다 다르지만, 그 접근 방식은 예방의학을 기반으로 한다. 웰니스 프로그램에는 질병 검사, 건강 교육, 피트니스 활동, 영양 상담, 체중 조절, 스트레스 관리 등이 포함되는 경우가 많다. 대부분의 웰니스 프로그램이 직원들의 활동이나 다른 건강 측면을 추적한다. 몇몇 기업에서는 심지어 직원들에게 개인의 활동 수준에 관한 세부 정보를 제공하는 스마트 밴드를 착용하게 한다. 이런 프로그램은 대부분 건강한 활동에 참여하려는 동기를 부여한다. 일부 프로그램은 활동에 참여하거나 특정한 건강 단계에 도달한 직원에게 보상도 제공한다. 또 건강에 좋지 않은 행동에 제재를 가하고 흡연자나 비만인 사람에게 더 높은 보험료를 부과하는 경우도 있다.

웰니스 프로그램은 고용주가 직원들의 신체를 이 정도 수준까지 통제하고 소유권을 행사하는 것에 윤리적인 의문을 제기한다. 그러나 좀 더 근본적인 문제도 있다. 이 프로그램이 제대로 기능하기는 하는 걸까? 이 질문에 답하려면 먼저 웰니스 프로그램이 어떤 기능을 해야 하는지에 대해 모두의 의견이 일치해야 한다. 고용주는 직원들을 걱정하고 그들의 삶의 질을 높이고 싶어서 이런 프로그램을 제공한다고 말한다. 대부분 헛소리다. 회사 잔디밭에 모래 배구장이 있으면 직원들을 신규 채용할 때 도움이 될 수도 있다. 그러나 웰니스 프로그램을 시행하는 주된 이유는 직원들의 건강이 개선되면 회사에서 지출하는 보험비가 줄고 결근이 줄고 심지어 직원들의 퇴직 비율까지 줄일 수 있기 때문이다. 이런 요소들이 모두 회사 수익에 기여한다.

그래서 이 같은 프로그램을 시행하는 회사들이 늘고 있다. 2017년까지 직장 웰니스 사업은 미국에서만 80억 달러 규모 산업으로 확대됐다. 한 보고서에 따르면 직원 수가 50명 이상인 기업 절반이 웰니스 프로그램을 제공하고 있으며, 평균 비용은 직원 1인당 연간 500달러가 훨씬 넘는다고 한다.

기존 연구 결과를 집계한 메타 분석 결과는 고무적으로 보인다. 이 연구는 일반적으로 웰니스 프로그램이 의료비 지출과 결근을 줄여 고용주가 상당한 비용을 절감하게 한다고 결론짓는다. 그러나 연구 대부분은 선택 편향이 서서히 파고든다는 문제점을 안고 있다. 그들은 같은 회사 내에서 웰니스 활동에 참여한 직원과 그러지 않은 직원을 비교한다. 그러나 고용주는 직원들에게 참여를 강요할 수 없으며, 참여하기로 한 사람들은 그러지 않은 이들과 중요한 면에서 차이가 있을 수도 있다. 특히 참여하는 사람들은 이미 더 건강한 상태고 참여하지 않은 이들보다 건강한 라이프스타일을 영위하고 있을지도 모른다.

연구원들은 최근 연구에서 이 문제를 해결할 방법을 찾아냈다. 일리노이대학교 어바나 샴페인 캠퍼스University of Illinois at Urbana-Champaign에서는 직장 웰니스 프로그램을 시작할 때 직원들을 무작위로 골라 치료군이나 대조군에 넣었다. 치료군 구성원들은 참여할 수 있는 선택권이 있었지만, 꼭 그래야 하는 건 아니었다. 대조군 구성원들에게는 참여할 기회조차 주지 않았다. 이런 설계는 연구진에게 참여하기로 한 사람, 참여하지 않기로 한 사람, 처음부터 참여할 기회가 없었던 사람이라는 3가지 범주의 관찰 대상을 제공했다.* 저자들은 연구에 참여하기 전과 후의 건강 상태를 비교할 수 있는 기준을 마련하기 위해 모든 참가자들의 이전 13개월간의 건강 데이터를 수집했다.

기존에 진행된 관찰 연구와 달리 이 연구에서는 웰니스 프로그램을 제공하는 게 의료비나 결근에 통계적으로 유의미한 영향을 미치지 않으며 헬스클럽 방문이나 그와 유사한 신체 활동을 증가시키지도 않는다는 사실을 발견했다. (웰니스 프로그램이 도움되는 부분 하나는 건강검진을 받은 참가자들 비율이 증가한 것이다.) 다음 도표는 이런 결과를

---

* 직장 웰니스 프로그램에 참여할 수 있는 선택권을 받은 사람들은 사실 6개 그룹으로 나눠서 각기 다른 참가비를 받았지만, 얘기를 단순하게 진행하기 위해 여기서는 그런 세부 사항을 언급하지 않겠다.

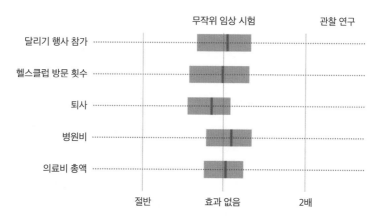

| 일리노이 웰니스 프로그램이 영향을 미친 부분… |

요약한 것이다.

무작위 임상 시험 결과, 웰니스 프로그램을 제공해도 피트니스 활동, 직원 유지, 의료비에 영향을 미치지 않는 것으로 나타났다.

하지만 이유가 뭘까? 이전 연구에서는 대체로 유익한 효과가 발견됐다. 일리노이 웰니스 프로그램의 설계 방식에 특별히 효과적이지 않은 부분이 있었던 걸까? 아니면 기존 연구에 선택 효과가 작용했음을 가리키는 걸까? 이를 알아내기 위해 조사관들은 대조군을 따로 떼어놓고 웰니스 프로그램에 참여할 수 있는 기회를 제공받은 직원들만 살펴보는 두 번째 분석을 실시했다. 그 프로그램에 적극적으로 참여한 사람들과 그러지 않은 사람들을 비교하자 참여를 선택한 사람과 그러지 않은 사람들의 활동, 직원 유지 비율, 의료비 등에서 확실한 차이가 발견됐다. 이런 차이는 참여한 이들과 거절한 이들 사이에 존재하는 연령, 성별, 체중, 기타 특징 등의 차이를 통제했을 때도 그대로 유지됐다. 만약 연구 저자들이 기존 연구진처럼 관찰 연구를 진행했다면 그들도 직장 웰니스 프로그램에 참여한 직원들이 더 건강하고 회사를 떠날 가능성도 적다는 점을 확인했을 것이다.

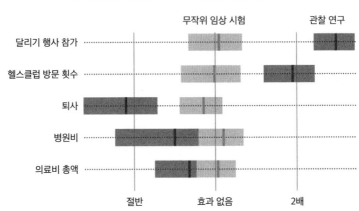

| 일리노이 웰니스 프로그램이 영향을 미친 부분… |

이는 선택 효과의 전형적 예다. 건강한 사람들이 웰니스 프로그램에 참여할 가능성이 더 높다. 웰니스 프로그램이 건강을 좋게 해주는 게 아니라 원래 건강했던 사람들이 웰니스 프로그램에 참여한다는 얘기다.*

이 장에서는 통계분석이 실패해 사람들을 호도하는 가장 중요한 방법, 즉 비확률적 표본추출을 살펴봤다. 데이터 스토리를 전달하는 또 하나의 방법은 시각화와 그림을 이용하는 것이다. 통계분석과 마

---

* 저자들은 직장 웰니스 프로그램을 이용해 건강 상태가 최상인 개인들을 차별적으로 채용하거나 유지할 경우 가장 건강한 직원을 선별해 회사에 재정적 이익을 안겨줄 수 있다는 점에 주목했다. 비록 프로그램 자체가 누군가를 더 건강하게 해주지는 않지만 회사에 입사하거나 남기로 한 이들의 평균 건강을 향상한다.

찬가지로 시각적 데이터 표시도 오용될 수 있다. 이것이 다음 장에서 살펴볼 주제다.

데이터 시각화

CHAPTER 07

미국 대부분 지역에서는 민간인들이 심각한 신체적 해를 입을 위험에 직면하면(심지어 그런 기분을 느끼기만 해도) 가해자를 죽일 수 있는 법적 권리가 있다. '스탠드 유어 그라운드Stand Your Ground'법에 따르면 사람은 폭력적 위협 앞에서 물러설 책임이 없다. 오히려 그 상황을 완화하기 위해 필요한 모든 무력 사용이 허용된다. 그게 가해자를 죽이는 걸 의미할지라도 말이다. 일례로 정당한 무력 사용에 관한 플로리다주 법령은 살해 위협, 심각한 신체적 해악, 심지어 강도나 절도 같은 물리력을 이용한 흉악 범죄 실행을 저지하기 위해 치명적인 무력 사용을 허용하도록 규정하고 있다.

스탠드 유어 그라운드법을 비판하는 사람들은 이 법을 적용할 때 발생하는 인종차별을 지적하고 총을 쏜 사람이 정당방위를 주장하기가 너무 쉽다고 우려를 표한다. 반면 지지자들은 이 법이 범죄자에 맞서 범죄 피해자의 권리를 보호하고 폭력적 범죄를 전반적으로 저지하는 데 도움이 된다고 반박한다. 그러나 스탠드 유어 그라운드법에 이런 효과가 있는지는 확실하지 않다. 연구진이 여러 주의 폭력 범죄 데이터를 조사하자 엇갈린 결과가 나왔다. 어떤 이들은 그 법이 제정된 후 절도 같은 재산 범죄가 감소한 걸 발견했지만, 다른 이들은 살인이 상당히 증가한 것을 확인했다.

이렇게 양측이 치열한 논쟁을 벌이고 있을 때 로이터Reuters통신이 다음에 소개한 것과 같은 데이터 시각화 자료를 발표했다. 이 그래프는 22년 동안 플로리다주에서 발생한 살인 건수를 보여준다.

| 플로리다주 총기 사망 건수 |

출처: 플로리다주 법 집행부

언뜻 보면 이 그래프는 플로리다주가 2005년 제정한 스탠드 유어 그라운드법이 놀라운 효과를 발휘한 듯한 인상을 준다. 1990년대 후반까지 총기 살인이 증가하다가 한동안 안정세를 유지하더니 2005년 스탠드 유어 그라운드법이 시행되면서 급감하는 것처럼 보인다. 하지만 그건 실제로 벌어진 상황이 아니다. 위 그래프의 수직축을 보라. 거꾸로 돼 있다! 0이 그래프 아래가 아니라 맨 위에 가 있다. 따라서 아래쪽에 있는 점이 더 많은 살인 건수를 나타내는 것이다. 2005년 이후 살인 사건이 급감한 것처럼 보였던 게 사실은 급속히 증가했던 것이다. 이걸 일반적인 형태로 표시하면 다음과 같은 모습의 그래프가 된다.

| 플로리다주 총기 사망 건수 |

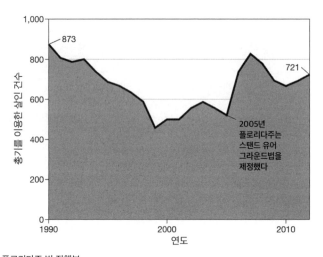

출처: 플로리다주 법 집행부

플로리다주에서는 스탠드 유어 그라운드법이 제정된 뒤 총기 살인 사건이 크게 증가했다. (4장에서 얘기했듯이 이 법 때문에 증가한 것은 아니다) 시간이 좀 있으면 대부분의 독자들이 그래프를 제대로 이해하고 올바른 결론을 끌어낼 수 있을 것이다. 하지만 데이터 그래픽의 목표는 대개 복잡한 데이터를 빠르고 직관적으로 볼 수 있게 하는 것이다. 이런 그림은 그냥 흘끗 보고 넘어가는 경우가 많다. 뉴스 피드를 스크롤하면서 자세히 읽을 시간이 없을 수도 있다. 그래서 그게 뭘 의미하는지 안다고 가정하고 다음으로 넘어간다.

미국에서는 총기 규제 옹호자들과 반대자들 사이에서 열띤 논쟁이 벌어지고 있다. 우리가 이 그래프를 미국 청중들에게 보여주면 대부분 이 그림이 고의적으로 사람을 기만하기 위해 만든 것이라고 추측한다. 그들은 2005년 플로리다주에서 법이 제정된 후 살인 사건이 증가했다는 사실을 감추기 위해 총기 옹호 로비스트들이 일부러 사기를 친다고 생각한다. 하지만 그렇지 않다. 이 그래프는 좀 더 미묘하고 우리가 보기에 좀 더 흥미로운 뒷얘기를 갖고 있다.

비판자들이 이 그래프가 오해의 소지가 크다고 화를 내자 그래픽 디자이너가 고심 끝에 반전된 수직축을 선택하게 된 과정을 설명했다. "나는 죽음을 비관적인 형태로(반전된 상태로) 보여주는 걸 선호한다."

게다가 그는 이라크 전쟁 사상자 수를 설명한 〈사우스차이나 모닝포스트South China Morning Post〉의 강렬한 데이터 그래픽에서 영감을 얻었다고 덧붙였다. 그 그래프도 수직축이 뒤집혀 있었지만, 모양 때문에 마치 피를 흘리는 듯한 인상을 심어줬고 잘못 해석될 소지도 적었다.

모든 사람의 추측과 달리 플로리다주의 '스탠드 유어 그라운드'

그래픽은 사람들을 호도하기 위한 게 아니었다. 단지 형편없이 디자인됐을 뿐이다. 이 사례는 우리가 신봉하는 헛소리 까발리기 원칙 중 하나를 강조한다. 무능함으로 상황이 충분히 설명될 때는 절대 악의나 경솔함을 가정하지 말고, 합리적인 실수로 상황을 설명할 수 있을 때는 무능을 가정하지 말라.

어떻게 해야 그래프의 데이터에 속지 않을 수 있을까? 이 장에서는 그래프나 다른 형태의 데이터 시각화가 독자들의 주의를 딴 데로 돌리거나 혼란스럽게 하거나 호도하는 방법을 살펴본다. 또 이런 형태의 그래픽으로 된 헛소리를 찾아내는 방법을 알려주고 동일한 데이터를 잘 제시하는 방법도 설명한다.

데이터 시각화의 여명

컴퓨터는 대용량 데이터 세트를 처리하는 데 능하지만, 인간은 그렇지 않다. 데이터가 원시적인 형태로 제시되거나 표로 요약돼 있으면 데이터 패턴과 구조를 이해하는 데 어려움을 겪는다. 그러니 정보를 단순화하면서 동시에 중요한 아이디어를 강조할 방법을 찾아야 한다. 이럴 때 데이터 시각화가 도움이 될 수 있다.

과학 분야 연구원들은 과학이나 인구통계학 데이터를 탐구하고 전달하기 위해 18세기부터 그래프를 사용해 왔다. 그사이 윌리엄 플레이페어William Playfair라는 인구통계학자가 마이크로소프트 엑셀Microsoft Excel이 기본적으로 제공하는 막대그래프, 선 그래프, 파이 그래프 같은 데이터 시각화 형식을 새롭게 개척했다. 이와 비슷한 시기에 물리학자 요한 하인리히 람베르트Johann Heinrich Lambert는 오늘날에도 사용하는 정교한 과학 그래픽을 발표했다. 그의 그래픽 플롯은 1980년대까지 과학 학술지에 실렸던 손으로 직접 그린 그림과 거의 구분이 되지 않는다.

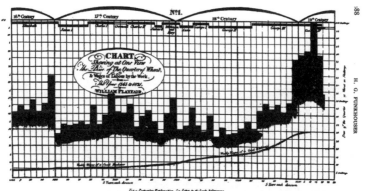

FIG. 5. An illustration of the mechanical perfection of PLAYFAIR's graphic work. From *A Letter on Our Agricultural Distresses*, 1821. (Size of original, 30.5 × 16 cm.).

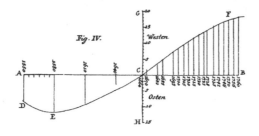

FIG. 2
Graph of magnetic variation. From J. H. Lambert, 'Theorie der Zuverlässigkeit der Beobachtungen und Versuche', *Beyträge zum Gebrauche der Mathematik und deren Anwendung* **(Berlin, 1765), i. Plate 'Mathes. Adplicat: Tab. V'.**

19세기 중후반까지는 데이터 시각화가 제한적으로 사용됐다. 그러나 20세기에 들어설 무렵부터 자연과학자와 사회과학자들이 데이터를 보고하고 자신들의 이론을 설명하기 위해 그 기술을 자주 사용하게 됐다. 그러나 대중 언론이 그 뒤를 따르기까지는 시간이 걸렸다. 20세기 들어 신문과 잡지에 가끔 지도나 파이 그래프, 막대그래프 등이 실리긴 했지만, 이런 간단한 차트도 그리 자주 볼 수 있는 건 아니었다.* 다음은 〈뉴욕타임스〉에 게재됐던 지도와 1920년에 발간된 《협회 백과사전》에 실렸던 파이 그래프를 다시 그린 것이다.

---

* 재무 관련 쪽에는 대개 선형차트 형태의 좀 더 정교한 데이터 시각화 자료가 실렸다. 하지만 이는 대중들을 위한 게 아니라 전문가들을 위한 전문적인 그래픽이었다. 기술과학 문헌과 훨씬 공통점이 많다고 본다.

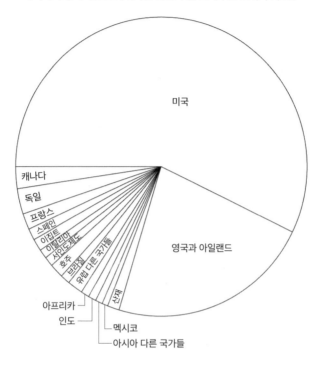

| 각국의 상대적인 프리메이슨 회원 수를 보여주는 그래픽 차트 |

미국

캐나다
독일
프랑스
스페인
이집트
이탈리아
서인도제도
호주
브라질
유럽 다른 국가들
상제

영국과 아일랜드

아프리카
인도
멕시코
아시아 다른 국가들

20세기에도 거의 대중매체의 데이터 시각화는 파이 그래프처럼 단일 변수만 보여주거나 시간이 지나면서 변수가 어떻게 변하는지 보여주는 정도의 수준이었다. 그래프를 이용해 1930년대 밀 가격이 어떻게 변했는지 보여줬을 가능성은 있다. 하지만 곡창지대의 강우량에 따라 밀 가격이 어떻게 변했는지는 설명하지 않았을 것이다. 1982년 통계학자이자 데이터 시각화 전문가인 에드워드 터프티 Edward Tufte가 다양한 뉴스 출처의 복잡한 관계를 보여주는 그래프 부분을 표로 만들었다. 〈뉴욕타임스〉에 게재된 데이터 시각화 자료 가운데 여러 변수(시간 외에) 사이의 관계를 설명한 건 200개당 1개꼴이었다. 〈워싱턴포스트〉나 〈월스트리트저널〉의 데이터 시각화 자료 중에는 그런 게 하나도 없었다.

1980년대 디지털 플로팅 소프트웨어를 손쉽게 이용할 수 있게 되자 신문들은 과거보다 차트와 데이터 그래픽을 많이 게재하기 시작했다.

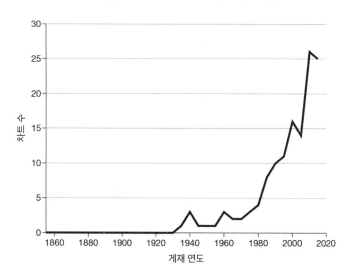

| 신문에 게재되는 차트 증가 |
9월에 발행된 〈뉴욕타임스〉의 차트 수 (5년에 1번씩 확인)

차트가 확산되면서 차트의 정교함도 증가했다. 오늘날 〈뉴욕타임스〉 같은 신문사들은 상당수의 데이터 시각화 전문가들을 고용하고 있다. 이들이 만드는 데이터 그래픽은 대부분 독자가 복잡한 데이터 세트의 다양한 측면을 탐색하고 여러 변수 사이의 관계에서 패턴을 파악할 수 있게 하는 쌍방향interactive 시각화 자료다. 잘 설계된 데이터 그래픽은 독자들에게 좀 더 깊이 있고 미묘한 관점을 제공하며 세상을 이해하고 결정을 내리는 데 정량적 정보를 사용하도록 유도한다.

하지만 단점이 하나 있다. 우리 교육 시스템은 아직 이런 발전을 따라잡지 못했다. 독자들은 데이터 그래픽을 해석하는 방법을 거의 교육받지 못했을 수 있다. 최근 퓨 리서치 센터Pew Research Center에서 진행한 연구에 따르면 조사에 참여한 미국인 가운데 간단한 산점도를 올바르게 해석할 수 있는 사람은 절반뿐이었다.* 특히 대학 학위가 없는 사람은 그래프를 보고 정확한 결론을 도출할 가능성이 현저히 낮았다. 이것이 데이터 그래픽이 보편화된 세상에서 발생하는 문제다.

또 다른 문제는 데이터 시각화가 객관적으로 보일지 몰라도 디자이너가 그래픽이 전달하는 메시지에 상당한 통제력을 갖고 있다는 것이다. 정확한 데이터를 사용하더라도 디자이너는 그 데이터가 주는 느낌을 조작할 수 있다. 상관관계가 존재하지 않는 곳에 상관관계의 환상을 만들 수도 있고, 집단 사이의 작은 차이를 커 보이게 만들 수도 있다. 다시 한 번 말하지만, 우리 교육 시스템은 한참 뒤처져 있다. 이런 조작을 찾아내는 방법을 배우거나 심지어 디자이너에게 데이터가 전하는 얘기를 꾸며낼 수 있는 힘이 있다는 사실을

---

* 퓨 리서치 센터는 조사 대상자의 50퍼센트가 아닌 63퍼센트가 차트를 읽을 수 있다고 주장했다. 4지선다 문제에서 정답을 맞힌 사람이 총 63퍼센트라는 게 이 주장의 근거다. 하지만 개중 차트를 읽을 줄 아는 사람이 아무도 없더라도 25퍼센트는 무작위로 답을 찍어서 정답을 맞힐 수 있다. 더 괜찮은 모델이라면 차트를 해석할 줄 아는 사용자는 문제를 올바르게 이해하고 그러지 못하는 사용자는 무작위로 추측했으리라고 가정할 것이다. 정답을 맞힌 사람이 63퍼센트가 되려면 조사 대상자의 절반 정도는 차트를 읽고 정답을 맞혔을 것이고 나머지 절반 중 약 4분의 1은 찍은 답이 맞았기 때문에 총 정답률이 63퍼센트가 됐을 것이다.

배운 사람도 거의 없다. 논리적 오류를 찾아내는 방법이나 의심스러운 출처에서 나온 주장을 검증하는 방법은 배울 수 있다. 하지만 우리를 호도하기 위해 설계된 데이터 그래픽을 파악하는 방법을 배운 사람은 드물다.

이 장의 주요 목표 중 하나는 이런 기술을 가르쳐주는 것이다. 그전에 의도적인 속임수나 잘못된 설명이 아닌 진짜 전형적인 헛소리가 슬그머니 데이터 시각화를 이용하는 방법부터 살펴보자.

오리다!

뉴욕주 롱아일랜드의 플랜더스라는 작은 마을에 있는 간선도로를 따라 운전하다 보면 노란색의 커다란 부리와 모델 T 포드Model T Ford 후미등으로 만든 눈이 달린 거대한 흰 오리 동상을 만나게 될 것이다. 차를 멈추고 자세히 들여다보면 이 동네에서 빅 덕Big Duck이라고 부르는 이것이 실은 커다란 동상이 아니라 작은 건물임을 깨달을 수 있다. 오리의 가슴 부분에 우묵하게 들어간 문이 하나 달려 있는데 이 문은 오리 몸통을 파서 만든 작고 창문이 없는 방으로 통한다.

빅 덕은 1931년 한 오리 농부가 자기가 키우는 오리와 알을 판매하는 상점으로 이용하려고 만든 것이다. 이제는 그 안에서 오리를 팔지 않지만, 플랜더스에서 사랑받는 상징물이 됐고 미국의 주간 고속도로를 달리는 여행객들을 즐겁게 해주는 재밌는 길가 명소 중 하나가 되었다.

똑똑하게 생존하기

그러나 건물로서의 빅 덕은 별로 실용적이지 않다. 이는 기능보다 형태를 우선할 때 벌어지는 일의 상징이 됐으며, 모더니즘 운동 과정에서 겪은 큰 실패에 대한 은유다.* 건축에서 '오리'라는 용어는 장식이 목적을 압도하는 모든 건물을 뜻하지만, 특히 그곳에서 판매하는 상품처럼 생긴 건물을 지칭하는 말로 흔히 쓰인다. 바구니를 만드는 회사 롱가버거Longaberger의 본사는 거대한 피크닉 바구니처럼 생겼다. 우리가 산타페에서 들렀던 빙수 가판대는 그 디저트를 만드는 원료인 원통형의 얼음덩어리 모습을 하고 있었다.

터프티는 데이터 시각화에서 이와 유사한 문제가 자주 발생한다

---

* "현대의 건축가들은 건물에서 장식을 배제하는 올바른 선택을 하더니 자기도 모르게 그 자체가 장식인 건물을 설계했다. … 건축물을 장식하는 건 괜찮지만, 장식품을 건설해서는 안 된다." 로버트 벤추리(Robert Venturi 외[1972], 에드워드 터프티가 인용[1983]

고 지적했다. 미학도 중요하지만, 데이터 그래픽은 눈길을 끄는 장식이 아니라 데이터가 중심이 돼야 한다. 이 원칙에 위배되는 그래프를 '오리'라고 한다.

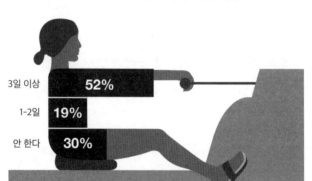

| 성인들이 하루 30분 이상 운동하는 주별 일수 |

3일 이상 **52%**
1-2일 **19%**
안 한다 **30%**

〈USA투데이〉는 데이터 시각화를 '오리'로 만든 선구자 중 하나다. 이 신문은 '데일리 스냅샷'이라는 코너를 통해 일반적으로 별로 중요하지 않은 정보를 단순한 그래프 형태로 제공한다. '데일리 스냅샷'의 모든 그래프는 다루는 주제와 모호하게 연관된 그래픽을 바탕으로 디자인된다. 여성들이 화장품에 얼마나 많은 돈을 쓰는지에 관한 차트에서는 립스틱 튜브를 막대그래프의 막대로 이용한다. 콘 위에 올려놓은 동그란 아이스크림은 인기 있는 아이스크림 브랜드를 나타내는 그래픽에서 파이 그래프가 된다. 남자 얼굴에서 텔레비전 화면까지 지그재그로 이어진 선은 수년간 올림픽 시청률을 나타내는 선 그래프를 이룬다. 이 중 특정한 사례가 다른 것보다 훨씬 나쁘다고 말하기는 어렵지만, 앞 이미지는 〈USA투데이〉의 스타일을 대표한다.

〈USA투데이〉가 이런 형태를 독점하고 있지는 않다. 민트닷컴 Mint.com에 올라온 그래프를 본떠 만든 아래 그래프에서는 포크 2개의 갈래가 막대그래프의 막대 역할을 한다. 여기서는 뭐가 그렇게 잘못됐을까? 아주 많은 게 잘못됐다. 막대 자체(그래프의 정보를 전달하는 부분)는 그래픽이 차지하는 전체 공간의 극히 일부만 사용한다. 기울어진 각도도 문제다. 우리는 그런 식으로 각이 진 막대그래프를 해석하는 데 익숙하지 않다. 설상가상으로 포크가 나란히 배열된 방식 때문에 왼쪽 포크의 기준선이 오른쪽 포크의 기준점보다 훨씬 위에 위치하게 된다. 따라서 두 포크를 비교하기가 더욱 어려워진다. 다행히 수치가 기록돼 있긴 하다. 하지만 여기에 의존해 그림을 해석해야 한다면 그래픽 요소들은 기본적으로 불필요하고, 정보는 표

| 돈을 내세요 |
2분기 미국 내 외식업 지출 증가, 5개월간 이어지던 매출 감소 추세 반전

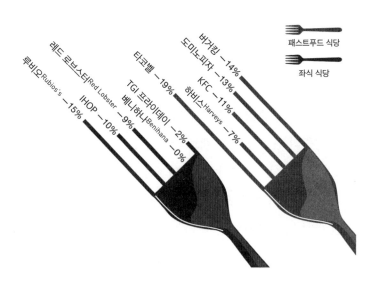

로 제시할 수 있다.

'오리'는 대부분 대중 언론의 병폐지만, 최근 들어 과학 문헌에도 슬그머니 기어 들어오고 있다. 아래 그림을 만든 이들에게는 창의성을 인정해서 점수를 좀 줘야겠지만, 파이 그래프를 숫양의 뿔 모양으로 구부려놓으면 수량을 시각적으로 비교하는 능력을 떨어뜨릴 뿐이다.

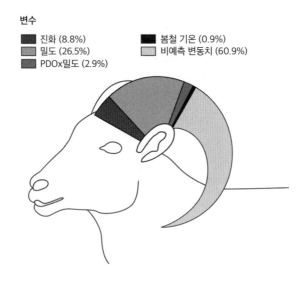

지금까지 헛소리란 진실과 논리적 일관성을 노골적으로 무시하면서 청중의 관심을 다른 데로 돌리거나 압도하거나 위협하는 방법으로 그들을 설득하거나 깊은 인상을 주기 위한 것이라고 설명했다. 데이터 시각화의 '오리'는 완전한 헛소리가 아닐지도 모르지만, 그런 방향으로 작동한다. '오리'는 우리 정신에 작용하는 클릭 미끼와 같다. 마우스 클릭을 유도하는 대신 몇 초간 당신의 관심을 끌려

똑똑하게 생존하기

고 한다. 막대그래프나 선 그래프는 무미건조하고 복잡해 보이지만, 다채로운 삽화는 관심이 동할 만큼 재밌고 눈길을 끌 수 있다.

그게 뭐가 그렇게 잘못됐단 말인가? '오리'에서 짜증 나는 부분은 귀엽게 표현하려고 하는 바람에 독자들이 근본 데이터를 이해하기가 더 어려워진다는 것이다.

유리 구두와 못생긴 새 언니

다들 신데렐라 얘기의 기본 줄거리는 알고 있을 것이다. 한 소녀가 사악한 계모에게 입양돼 계모와 새 언니들을 위해 요리와 청소를 하도록 강요당하고 왕자가 신부를 찾는 무도회에도 초대받지 못한다. 그때 요정 대모가 나타나 누더기 옷을 아름다운 드레스로, 샌들을 유리 구두로, 호박을 화려한 마차로 바꿔준다. 신데렐라는 무도회에 참석해 왕자의 마음을 사로잡는다. 하지만 자정이 되면 마법의 힘이 사라진다는 걸 알고 있던 그는 시계가 12시를 치기 시작하자 달아난다. 왕자는 신데렐라가 달아나면서 두고 간 유리 구두의 도움을 받아 자기 마음을 사로잡은 수수께끼의 여인을 찾기로 결심한다. 이는 코크런Cochran의 변호 방법*을 거꾸로 뒤집은 것인데, 결국 유리

---

* 1995년 O. J. 심슨O. J. Simpson의 유명한 살인 사건 재판에서 피고 측 변호사 조니 코크런Johnnie Cochran이 자기 의뢰인에게 살인자가 착용했던 피 묻은 장갑을 껴보게 했다. 우리 세대의 거의 모든 미국인은 심슨이 그 장갑을 끼려고 애쓰던 극적인 순간들을 기억한다. 코크런은 그 장갑이 너무 작아서 심슨의 것일 리가 없다고 생각했다. 코크런이 배심원들에게 "만약 맞지 않는다면, 무죄이다If it doesn't fit, you must acquit."라고 했던 유명한 말이 실은 장갑을 가리키는 게 아니라 검사의 주장을 가리키는 것임을 기억하는 이는 별로 많지 않다.

구두는 신데렐라 외에 아무에게도 맞지 않았다. 왕자는 신데렐라에게 청혼했고, 두 사람은 오래오래 행복하게 산다. 우리에게 별로 익숙하지 않은 부분은 그림 형제의 원작에서 사악한 새 언니들이 유리 구두에 발을 맞추려고 필사적인 시도를 한다는 것이다. 그들은 작고 딱딱한 신발에 발을 맞추려고 발가락과 발꿈치를 잘랐다.

데이터 시각화의 '오리'가 헛소리 쪽으로 흐른다면, 우리가 '유리 구두'라고 부르는 시각화 종류는 정말 심각한 문제다. 유리 구두는 어떤 데이터를 다른 정보를 보여주기 위해 고안된 시각적 형태에 억지로 쑤셔 넣는다. 그리고 괜찮은 시각화의 권위를 이용해 자기들이 권위자처럼 보이려는 것이다. 그들이 데이터 시각화로 하는 짓은 수학의 오용이 수학 방정식으로 하는 짓과 같다.

화학자 드미트리 멘델레예프Dmitri Mendeleev는 19세기 후반 주기율표를 발명했다. 그의 노력은 데이터 시각화가 패턴을 정리하고 과학에서 뭔가를 예측하는 도구로서 거둔 승리다. 주기율표는 가장 가벼운 것부터 가장 무거운 것까지 화학원소를 배열한 표다. 왼쪽에서 오른쪽으로 배열된 위치는 우리가 현재 각 원소의 기본 원자구조라고 알고 있는 것을 반영하고 원소들의 화학적 상호작용을 예측한다. 주기율표의 특이한 장방형 구조는 전자가 원자핵 주위에 있는 부각에 채워지는 방식을 반영한다. 멘델레예프는 알려진 원소들을 그들 사이의 패턴을 포착하는 방법으로 배치함으로써 아직 발견되지 않은 화학원소의 존재와 성질을 예측할 수 있었다. 간단히 말해 주기율표는 매우 특정한 형태의 데이터 시각화이며 원자 화학의 논리를 반영하는 구조를 갖고 있다.

Group																	
1 H Hydrogen 1.008																	2 He Helium 4.003
3 Li Lithium 6.94	4 Be Beryllium 9.012											5 B Boron 10.81	6 C Carbon 12.011	7 N Nitrogen 14.007	8 O Oxygen 15.999	9 F Fluorine 18.998	10 Ne Neon 20.180
11 Na Sodium 22.990	12 Mg Magnesium 24.305											13 Al Aluminium 26.982	14 Si Silicon 28.085	15 P Phosphorus 30.974	16 S Sulfur 32.06	17 Cl Chlorine 35.45	18 Ar Argon 39.948
19 K Potassium 39.098	20 Ca Calcium 40.078	21 Sc Scandium 44.956	22 Ti Titanium 47.867	23 V Vanadium 50.942	24 Cr Chromium 51.996	25 Mn Manganese 54.938	26 Fe Iron 55.845	27 Co Cobalt 58.933	28 Ni Nickel 58.693	29 Cu Copper 63.546	30 Zn Zinc 65.38	31 Ga Gallium 69.723	32 Ge Germanium 72.630	33 As Arsenic 74.922	34 Se Selenium 78.97	35 Br Bromine 79.904	36 Kr Krypton 83.798
37 Rb Rubidium 85.468	38 Sr Strontium 87.62	39 Y Yttrium 88.906	40 Zr Zirconium 91.224	41 Nb Niobium 92.906	42 Mo Molybdenum 95.95	43 Tc Technetium [97]	44 Ru Ruthenium 101.07	45 Rh Rhodium 102.906	46 Pd Palladium 106.42	47 Ag Silver 107.868	48 Cd Cadmium 112.414	49 In Indium 114.818	50 Sn Tin 118.710	51 Sb Antimony 121.760	52 Te Tellurium 127.60	53 I Iodine 126.904	54 Xe Xenon 131.293
55 Cs Cesium 132.905	56 Ba Barium 137.327	★ 57 - 70	71 Lu Lutetium 174.967	72 Hf Hafnium 178.49	73 Ta Tantalum 180.948	74 W Tungsten 183.84	75 Re Rhenium 186.207	76 Os Osmium 190.23	77 Ir Iridium 192.217	78 Pt Platinum 195.084	79 Au Gold 196.967	80 Hg Mercury 200.592	81 Tl Thallium 204.38	82 Pb Lead 207.2	83 Bi Bismuth 208.980	84 Po Polonium [209]	85 At Astatine [210]	86 Rn Radon [222]
87 Fr Francium [223]	88 Ra Radium [226]	★★ 89 - 102	103 Lr Lawrencium [262]	104 Rf Rutherfordium [267]	105 Db Dubnium [270]	106 Sg Seaborgium [269]	107 Bh Bohrium [270]	108 Hs Hassium [270]	109 Mt Meitnerium [278]	110 Ds Darmstadtium [281]	111 Rg Roentgenium [281]	112 Cn Copernicium [285]	113 Nh Nihonium [286]	114 Fl Flerovium [289]	115 Mc Moscovium [289]	116 Lv Livermorium [293]	117 Ts Tennessine [293]	118 Og Oganesson [294]

*Lanthanide series

57 La Lanthanum 138.905	58 Ce Cerium 140.116	59 Pr Praseodymium 140.908	60 Nd Neodymium 144.242	61 Pm Promethium [145]	62 Sm Samarium 150.36	63 Eu Europium 151.964	64 Gd Gadolinium 157.25	65 Tb Terbium 158.925	66 Dy Dysprosium 162.500	67 Ho Holmium 164.930	68 Er Erbium 167.259	69 Tm Thulium 168.934	70 Yb Ytterbium 173.045

**Actinide series

89 Ac Actinium [227]	90 Th Thorium 232.038	91 Pa Protactinium 231.036	92 U Uranium 238.029	93 Np Neptunium [237]	94 Pu Plutonium [244]	95 Am Americium [243]	96 Cm Curium [247]	97 Bk Berkelium [247]	98 Cf Californium [251]	99 Es Einsteinium [252]	100 Fm Fermium [257]	101 Md Mendelevium [258]	102 No Nobelium [259]

그런데 디자이너들은 하늘 아래 존재하는 모든 것의 주기율표를 만든다. 우리는 클라우드 컴퓨팅, 사이버 보안, 활자체, 암호 화폐, 데이터 과학, 기술 투자, 어도비 일러스트레이터Adobe Illustrator 단축키, 계량 서지학 등의 주기율표를 본 적이 있다. 욕설 주기율표, 코끼리 주기율표, 핫도그 주기율표 같은 것들은 틀림없이 농담일 것이다. 하지만 콘텐츠 마케팅 주기율표, 디지털 마케팅 주기율표, 상업 마케팅 주기율표, 이메일 마케팅 주기율표, 온라인 마케팅 주기율표, 마케팅 속성 주기율표, 마케팅 신호 주기율표, 마케팅 전략 주기율표 같은 건 골치 아플 정도로 심각해 보인다. 아, 그리고 b2b 디지털 마케팅 지표 주기율표도 빼먹으면 안 된다. 검색 엔진 최적화SEO와 관련된 수십 개의 주기율표는 아예 말도 꺼내지 말자. 전부 따라잡기 힘들다고? 다행히 누군가가 주기율표에 대한 주기율표도 만들어뒀다.

이런 가짜 주기율표는 분류된 정보와 일치하지 않는 구조를 사용한다. 멘델레예프의 원래 주기율표는 아직 발견되지 않은 원소를 위한 공백을 포함할 수 있을 만큼 확실한 이론적 근거가 있었다. 반면 가짜 주기율표는 항목이 완전하지 않고 포함 기준이 불분명한 경우가 많다. 위에서 언급한 데이터 시각화 주기율표에는 공백이 없다. 우리가 데이터 시각화를 위해 가능한 기술을 전부 발견했다고 믿는 사람이 과연 있을까? 이렇게 만들어낸 다른 주기율표들은 대부분 멘델레예프의 원소 주기율표 구조를 유지하는 데 애를 먹는다. 일반적으로 각 항목에는 오름차순으로 번호가 할당되지만, 그 숫자에는 멘델레예프의 주기율표에 나열된 원자번호 같은 본질적 중요성이 없다. 멘델레예프를 모방해 만든 이 표들은 뭔가를 체계적으로 분류했다는 환상을 전하고 싶어 하지만, 그 구성원들을 위한 좀 더 자연스러운 체계를 찾지 않고 멘델레예프의 표 구조를 그대로 흉내 내어 논리적 일관성을 무시한다. 이것들은 전부 헛소리다.

일반적으로 사용되는 지하철 노선도는 시각화의 모범 형태다. 지하철 노선도는 많은 양의 복잡한 지리 정보를 압축해 표현한다. 통근자가 지하철 시스템을 이용하는 데 필요한 정보를 강조하기 위해 관련 없는 세부 사항은 모두 버린다. 그 결과 읽기 쉬운 간단한 지도가 만들어진다. 지하철 노선도는 몇 가지 요소로만 구성돼 있다. 지하철 역은 2차원으로 배열되고 지하철 노선은 이 역들을 선형 혹은 원형으로 연결하며 2개의 선이 합류하는 지점에는 환승역을 표시한다.

불행히도 디자이너들은 지하철 시스템과 전혀 비슷한 점이 없는 콘텐츠를 보여줄 때도 지하철 노선도를 차용하고 싶다는 유혹을 거부하지 못한다. 덕분에 과학자, 웹사이트, 국립공원, 도덕 철학, 세

익스피어 희곡, 성경책, 제임스 조이스James Joyce의 《율리시스Ulysses》 줄거리, 애자일Agile 개발 및 관리 프레임워크, 데이터 과학기술 등의 지하철 노선도를 봤다.

지하철 노선도의 은유를 실체화한 일부 작업물 중에는 다른 것들보다 좀 나은 것도 있다. '로큰롤 지하철 노선도'는 지하철 노선을 이용해 헤비메탈, 펑크, 얼터너티브 같은 장르를 나타내며 그 노선을 따라 줄지어 있는 각 역은 밴드들이다. 이 지도에서는 각 '노선'의 순차 구조가 의미가 있다. 노선은 가장 먼저 등장한 밴드부터 가장 최근 밴드까지 순서대로 나열한다. 환승역은 여러 개 장르에 걸쳐 있는 밴드를 나타낸다. 하지만 표시된 밴드의 물리적 위치는 도시 내 지하철역 위치와 전혀 일치하지 않는다.

인체의 피부 밑 지도는 신경계, 소화계, 골격계, 림프계 등 다양한 신체 시스템을 나타내기 위해 다양한 지하철 노선을 이용한다. 각 역은 기관 또는 구조다. 환승역은 여러 시스템에 관여함을 나타낸다. 페이지상 물리적 위치는 신체 내부의 실제 위치와 일치한다. 하천계와 우리 은하를 나타내는 지하철 노선도 2개의 공간 차원을 적절하게 이용한다. 이 경우에는 전통적인 지하철 노선도의 여러 요소를 의미 있게 사용했다는 점을 인정하지만, 이런 지도도 역시 관심을 끌기 위한 술책처럼 보인다. 해부학 도표나 하천 차트, 별 지도 등 더 적절한 시각화 방식이 이미 보편화돼 있기 때문이다.

지하철 노선도도 주기율표처럼 잘못 사용되는 경우가 많기 때문에 지하철 노선도를 은유적으로 활용한 지하철 노선도 지도라는 메타 레벨 해설까지 나왔다.

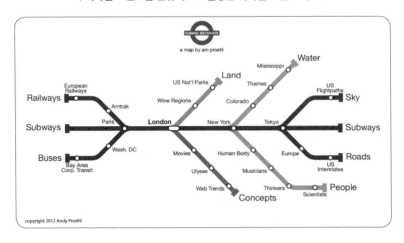

이런 변칙성에 수여하는 상이 있다면 '원소 지하도'에 수여해야
한다.*

| 원소 지하도 |

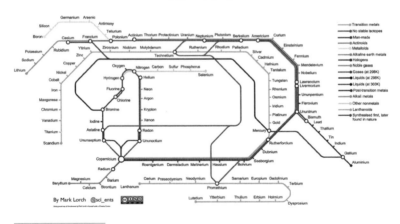

---

* 인터넷에서 검색해 보면 '원소 지하도'에 '런던 지하도 주기율표'라는 사악한 쌍둥이가 있다는 사실
  을 알 수 있다. 우리는 이렇게 고의적으로 비딱하게 만든 것들에는 불만이 없다. 그들은 영리하고
  자기가 뭘 하는지 잘 안다. '원소 지하도'에 수반된 토론에서 작가 마크 로치Mark Lorch는 주기율표
  가 왜 화학원소를 정리하는 훌륭한 방법인지 설명하고 다른 것들을 주기율표로 표현하는 게 왜 어
  리석은지도 우리가 얘기한 것과 똑같은 이유를 들어 설명한다.

주기율표와 지하철 노선도는 매우 구체적인 시각화 형태다. 그러나 매우 일반적인 시각화 방식도 유리 구두가 될 수 있다. 서로 겹쳐지는 타원형을 이용해 여러 집단에 속할 수 있는 항목의 소속 현황을 보여주는 벤다이어그램Venn diagrams은 인기 있는 유리 구두다.

다음 도표는 마리화나를 피우는 캐나다인들의 비율을 설명한 것이라고 한다.

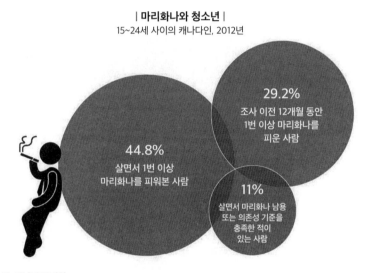

| 마리화나와 청소년 |
15~24세 사이의 캐나다인, 2012년

29.2%
조사 이전 12개월 동안
1번 이상 마리화나를
피운 사람

44.8%
살면서 1번 이상
마리화나를 피워본 사람

11%
살면서 마리화나 남용
또는 의존성 기준을
충족한 적이
있는 사람

출처: 캐나다 통계청

진한 색으로 겹쳐진 원들이 이건 '벤다이어그램' 이미지라고 외치고 있다. 하지만 생각해 보라. 44.8퍼센트 원과 11퍼센트 원은 거의 겹치지 않는다. 만약 이게 벤다이어그램이라면 '살면서 마리화나 남용 또는 의존성 기준을 충족한 적이 있는 사람'이 '살면서 1번 이상 마리화나를 피워보지' 않았다는 사실을 의미할 것이다. 각 원은 그저 해당 그룹의 크기를 나타낼 뿐이다. 원들이 서로 포개진 부분은 아무 의미도 전달하지 않는다.

힐러리 클린턴은 트위터에 다음과 같은 그래프를 올렸다. 이것도 벤다이어그램처럼 보이지만 거기에 적힌 글은 타당하지 않다. 각각의 영역은 그저 텍스트를 집어넣을 공간에 지나지 않는 듯하다. 이 그림은 "미국인의 90퍼센트, 총기 소지자의 83퍼센트가 신원 조사를 지지한다."라는 내용을 혼란스럽게 전달하는 방법일 뿐이다.

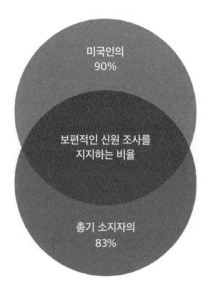

아래 그림은 트위터 데이터로 대중의 과학 논문 참여도를 연구한 논문에 나온 것인데 여기에도 비슷한 부분이 있다. 아래 그림은 벤다이어그램처럼 보이지만 겹쳐진 타원형은 순전히 숫자 3개와 단어 5개를 위한 장식용 배경 역할만 한다.

벤다이어그램과 유사하지만, 실제로는 벤다이어그램이 아닌 도표들 외에 여러 가지 바람직한 특성을 나열하기 위해 벤다이어그램

똑똑하게 생존하기

을 사용하는 것도 자주 볼 수 있다. 다음의 예는 그 전형이다. 제품의 우수성, 효과적 브랜드화, 홍보 집중 등은 모두 좋은 내용처럼 보인다. 그리고 그것이 교차하는 지점에는 이익이라는 또 하나의 바람직한 게 존재한다. 하지만 다른 항목들을 보자. 왜 수요 창출은 효과적 브랜딩이나 홍보 집중과 교차하면서, 제품의 우수성은 배제하는

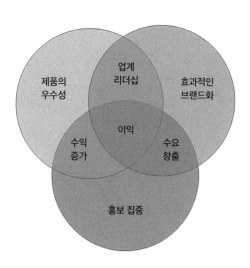

가? 수익 증가가 효과적 브랜드화를 배제하는 이유는 무엇인가? 왜 업계 리더십이 홍보 집중을 배제하는가? 아무도 이런 문제를 충분히 고민해 본 적이 없는 것 같다. 자기만족적 문구들을 무작위로 도표에 늘어놓으면서 그 배치를 주의 깊게 생각하는 사람이 없기만을 바란 것 같다.

그리고 물론 실수로 벤다이어그램의 은유에 호소할 위험도 있다. 한 유명한 정보과학 회사에서 다음과 같은 포스터를 제작했다. 시각적으로 매력있게 보이도록 의도한 것이지만, 벤다이어그램을 본 적이 있는 사람이라면 회사 가치관이 신뢰, 파트너십, 혁신, 성과 등을 모두 배제한다는 사실을 알 수 있다.

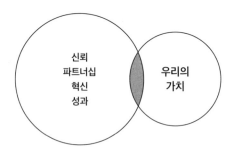

공학이나 해부학 같은 분야에서 특히 인기 있는 또 다른 형태의 다이어그램은 라벨을 붙여서 분류한 구성도다. 다음은 각 분야의 예시다.

이는 데이터 시각화의 고전 형태이며 이런 구성도는 복잡한 이미지의 각 부분마다 라벨을 붙여 분류할 수 있는 효율적 방법을 제공한다. 하지만 이 구성도가 갈수록 느슨하고 은유적인 방식으로 이

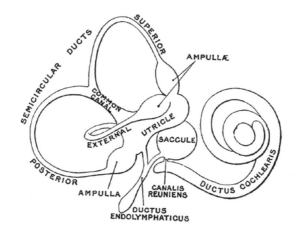

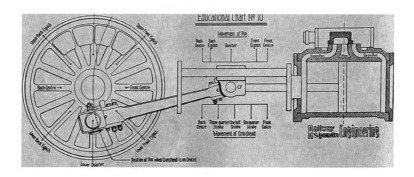

용되는 걸 볼 수 있다. 비즈니스 분석 리워드 프로그램을 광고하는
데 사용된 유니콘을 예로 들어보자.

이 그림의 라벨은 말이 안 된다. 앞다리가 머신러닝 및 시각화와
무슨 관계가 있는가? R 프로그래밍을 뒷다리와 연관 지은 이유가 있
는가? 왜 오른쪽 뒷다리에는 아무 속성도 없는 건가? 왜 머리는 '분
석적 사고자'라고 하면서 사람을 지칭해 놓고 다른 신체 부분은 기
술을 가리키는 것인가? '비즈니스 통찰력'이 꼬리에 해당하는 이유
는 무엇인가? (디자이너들이 그게 말의 엉덩이에 가장 가까운 범주라고 제안할

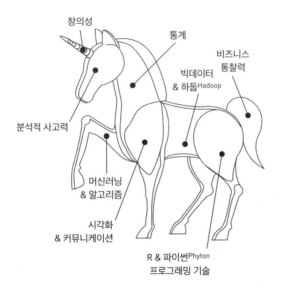

창의성
통계
비즈니스
통찰력
빅데이터
& 하둡Hadoop
분석적 사고력
머신러닝
& 알고리즘
시각화
& 커뮤니케이션
R & 파이썬Phyton
프로그래밍 기술

의도로 그런 것은 아니라고 생각한다) 그저 디자이너가 중요하다고 생각한 용어들의 목록일 뿐인데 라벨을 붙여 분류한 구성도처럼 보이게 만들어놓은 것이다.

이 연필도 같은 문제를 갖고 있다. 우리는 연필 각 부분이 거기에

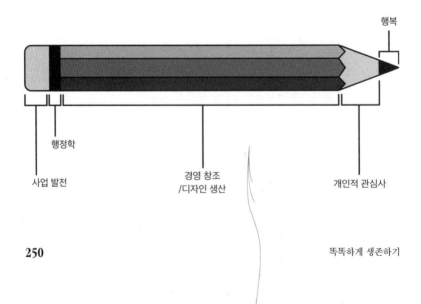

행복
행정학
사업 발전
경영 창조
/디자인 생산
개인적 관심사

붙은 라벨과 어떻게 부합되는지, 심지어 이 그림에서 어떤 정보를 얻어야 하는지 확신이 가지 않는다. 어쩌면 사업 발전이 행복의 흔적을 지우는 걸까?

지금까지 본 모든 걸 뛰어넘을 정도로 대단해 거의 자기 풍자의 경지에까지 오른 은유 사례를 하나 살펴보면서 마무리하겠다.

다음의 그림은 학습 및 교육과 관련 있지만, 우리는 그게 뭔지 잘 모르겠다.

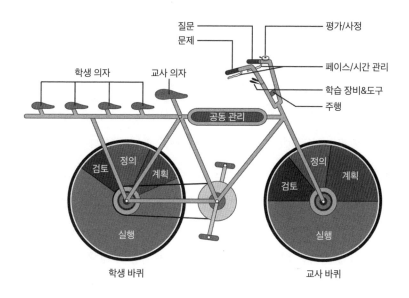

'오리'는 귀여워 보이려는 목표 때문에 그래픽의 의미 있는 데이터를 쓸데없이 꾸미거나 모호하게 만든다. 유리 구두는 한 유형의 데이터를 완전히 부적합한 데이터 시각화에 집어넣어 정확성에 관한 잘못된 인식을 만들어낸다.

데이터 시각화는 의도적으로 혹은 우연히 사람들을 호도할 수 있다. 다행히 내가 뭘 찾아야 하는지 알면 이런 속임수를 쉽게 알아차릴 수 있다.

막대그래프와 산점도를 비롯한 대부분의 데이터 그래픽은 축을 따라 정보를 표시한다. 이는 수치 값 구성을 표현하는 수평 및 수직 척도다. 축이 포함된 데이터 그래픽을 볼 때는 항상 축을 살펴봐야 한다.

디자이너가 그래프의 축을 조작하는 방법은 다양하다. 2016년 칼럼니스트이자 교수인 앤드루 포터Andrew Potter는 캐나다 뉴스 매거진《매클린스Maclean's》에 쓴 논평으로 사람들의 분노를 샀다. 그는 이 글에서 퀘벡이 안고 있는 많은 문제가 "캐나다의 다른 지역과 비교해 퀘벡은 거의 비정상적으로 소외돼 있고 신뢰도가 낮으며 다른 캐나다인들이 당연시 여기는 가장 기본 형태의 사회적자본이 부족해서" 그런 것일지도 모른다고 주장했다. 포터의 주장을 뒷받침하기 위해 이 잡지사는 다음과 같은 데이터 그래픽을 게재했다.

언뜻 보기에 이 그래프는 포터의 전제를 강하게 뒷받침하는 것처럼 보인다. 퀘벡의 경우 신뢰를 나타내는 막대가 캐나다 다른 지역보다 훨씬 낮다. 하지만 잠시 하던 일을 멈추고 수직(y)축을 확인해 보자. 이 막대는 0까지 내려가지 않았다. 최저점이 각각 35, 45, 50이다. 디자이너는 퀘벡의 수치를 나타내는 막대기 정점의 바로 아랫부분을 잘라냄으로써 퀘벡과 캐나다 다른 지역의 차이를 시각적

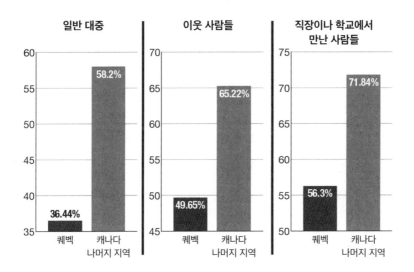

일반 대중 / 이웃 사람들 / 직장이나 학교에서 만난 사람들

으로 과장했다. 막대가 0까지 계속 이어진다면 이 그래프는 지금과 다른 인상을 줄 것이다.

| 사람들이 신뢰하는 정도 |

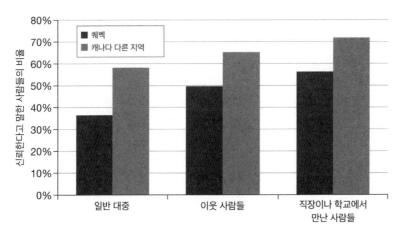

이 새로운 시각화 자료를 보면 퀘벡의 신뢰도가 실제로 다소 낮음을 알 수 있지만, 타 지역과의 신뢰도 차이가 얼마나 되는지를 좀 더 확실히 느낄 수 있다. 애초에 이렇게 만든 시각화 자료를 발표했어야 했다. 《매클린스》는 독자들이 원본 그래픽에서 축이 조작된 걸 발견하고 불만을 제기한 뒤에야 수정본을 올렸다.

막대그래프는 명시적인 축이 없어도 사람들을 호도할 수 있다. 여기 힐러리 클린턴의 선거 캠프가 인스타그램에 올린 예시가 있다.

| 백인 남성의 소득 비율로 본 여성의 소득 |

히스패닉계 또는 라틴계	55%
아메리칸 인디언 & 알래스카 원주민	59%
아프리카계 미국인	60%
하와이 원주민 & 기타 태평양 섬 주민	62%
백인	75%
아시아계 미국인	84%

여기서는 막대가 밑에서 위로 솟아오르는 게 아니라 왼쪽에서 오른쪽으로 뻗는다. 각각의 막대가 숫자값(예: 연도, 연령, 소득 범위 등)이 아니라 자연스러운 순서가 없는 범주를 나타내기 때문에 이는 괜찮은 방법이다. 여기서 괜찮지 않은 건 막대의 길이가 각자 나타내는 숫자에 비례하는 것처럼 보이지만, 실은 그렇지 않다는 것이다. 처음 4개의 막대는 길이가 대략적으로 맞고 왼쪽에서 오른쪽까지 전체 길이의 지정된 값과 매우 비슷하다. 하지만 마지막에 있는 2개의 막대는 이들이 표시해야 하는 숫자값을 감안할 때 실제보다 상당

똑똑하게 생존하기

히 길다. 백인 여성을 나타내는 막대에는 75퍼센트라고 적혀 있지
만, 오른쪽 가장자리까지 78퍼센트쯤 뻗어 있다. 아시아계 여성을
가리키는 막대는 그보다 더 오해의 소지가 크다. 84퍼센트라고 적혀
있지만, 실제로는 오른쪽 가장자리까지 90퍼센트나 뻗어 있다. 이것
이 발휘하는 효과는 미국의 비아시아계 유색인종 여성에게 지급되
는 임금과 백인 및 아시아계 미국인 여성에게 지급되는 임금의 감지
된 차이를 과장하는 것이다. 우리는 막대에 적힌 숫자를 읽지만, 실
제 차이를 느끼는 건 막대 길이를 통해서다.

  막대그래프의 막대는 0까지 확장돼야 하지만, 선 그래프는 종속
변수 축에 0이 포함되지 않아도 된다. 아래의 선 그래프는 캘리포니
아주에서 1970년 이후 맞벌이 부모 가정 비율이 어떻게 증가했는지
보여준다. 퀘벡의 신뢰도를 나타낸 원래 그래프처럼 이 그래프도 0
까지 내려가지 않는 수직축을 사용한다.

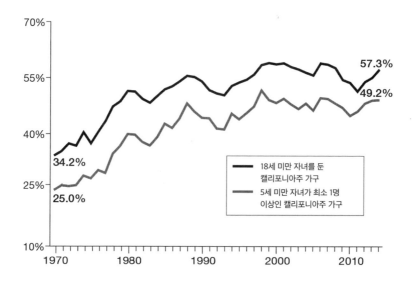

무엇이 다를까? 왜 막대그래프는 수직축에 0이 포함돼야 하는데 선 그래프는 그러지 않아도 될까? 이 두 종류의 그래프는 서로 다른 얘기를 들려준다. 막대그래프는 디자인을 통해 각 범주와 관련된 값의 절대 크기를 강조하는 반면, 선 그래프는 독립변수(일반적으로 x값)가 바뀔 때 종속변수(일반적으로 y값)의 변화를 강조한다.

사실 선 그래프의 수직축이 0까지 내려가면 사람들이 오해할 수도 있다. "지금부터 봐야 하는 단 하나의 지구 온난화 차트"라는 악명 높은 사례는 스티븐 헤이워드Steven Hayward가 〈파워라인Powerline〉 블로그를 위해 만든 것인데 2015년 말 《내셔널 리뷰National Review》가 트위터에 게시한 뒤로 더 널리 공유됐다. 헤이워드는 자신의 도표를 설명하면서 이렇게 썼다.

이 일로 열을 내기는 좀 힘드시죠? 사실 당신은 온난화의 증거를 거의

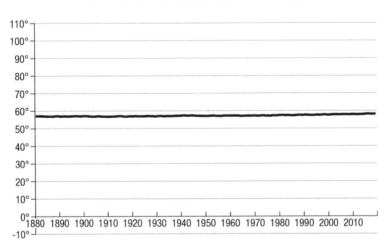

| 화씨로 나타낸 지구의 연평균 기온, 1880~2019년 |

똑똑하게 생존하기

찾을 수 없을 겁니다.

이건 바보 같은 짓이다. 절대온도는 무관하다. 모든 패턴이 모호해질 정도로 축소해 봤자 소용없다. 실제로 기후가 변하고 있는지 결론을 내리고 싶다면 다음 그래프와 같은 척도가 필요하다.

| 연도별 지구의 평균 온도 |

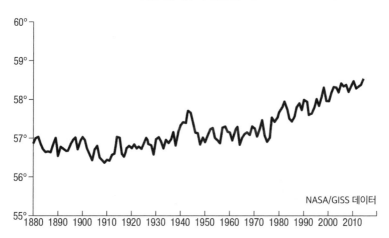

〈파워라인〉 그래프의 솔직하지 못한 점은 헤이워드가 자기가 말한 내용과 일치하지 않는 그래픽 표시를 선택했다는 것이다. 헤이워드는 지구의 온도 변화에 관한 글을 쓴다고 주장하면서 변화를 확연히 드러낼 수 있는 자료를 선택하지 않고 절대 크기에 관한 정보를

보여주기 위해 변화 양상을 모호하게 만들어놓는 자료를 선택했다.*

그래프가 서로 다른 2개의 수직축 척도를 사용할 때는 훨씬 더 주의해야 한다. 디자이너는 서로에 대한 축의 크기를 선택적으로 변경함으로써 자기가 원하는 얘기를 전달하도록 할 수 있다. 예를 들어 2015년 인지도가 낮은 한 학술지에 실린 연구 논문은 자폐증과 홍역-볼거리-풍진MMR 백신을 연결하는 오래전 정체가 폭로된 음모론을 부활시키려고 시도했다. 그러면서 다음과 같은 그림을 증거로 제시했다.

| 영국과 스칸디나비아 국가의 평균 AD/ASD 유병률 및 MMR 접종률 |

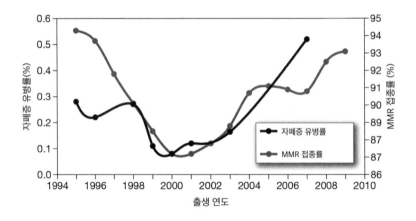

---

* 헤이워드의 차트는 일별 온도가 임의영점을 가진 척도에 지정된 구간 변수이기 때문에 절대 크기도 잘 나타내지 못한다. 섭씨 0도는 물의 결빙 온도와 일치한다. 화씨 눈금의 영점은 이보다 훨씬 임의적으로 정해져 18세기 초 다니엘 파렌하이트Daniel Fahrenheit가 실험실에서 만들어낼 수 있었던 가장 추운 온도에 해당한다. 온도 축에 0이 포함돼야 한다고 주장하고 싶다면 온도를 비율 변수, 즉 유의미한 영점이 있는 척도로 측정해야 한다. 예컨대 절대영도가 인간의 문화적 관습과 무관한 자연적·물리적 의미를 띠는 켈빈 척도를 사용할 수 있다.

똑똑하게 생존하기

데이터 선택 및 분석과 관련된 주요 문제는 기꺼이 제쳐두더라도 이 그래프가 제시하는 관련성을 어떻게 이해해야 할까? 얼핏 보면 자폐증 발병률이 백신 접종률을 바짝 뒤따라가는 것 같다. 하지만 축을 살펴보자. 자폐증 유병률은 0~0.6퍼센트 사이에 분포한다. MMR 접종률은 86~95퍼센트 사이에 분포돼 있다. 이 기간 동안 우리가 볼 수 있는 건 자폐증의 비율 변화가 크다는 것이지만,(2000~2007년까지 약 10배 증가), MMR 접종률의 비율 변화는 매우 작다. 그래프를 다시 설계하면 이 사실이 명확해진다. 2가지 추세를 동일한 척도로 표시할 필요는 없지만, 두 축에 모두 0이 포함되도록 해야 한다.

| 영국과 스칸디나비아 국가의 평균 AD/ASD 유병률 및 MMR 접종률 |

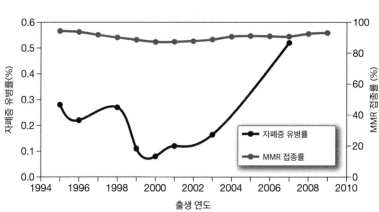

이런 식으로 보면 상대적 변화가 적은 MMR 접종률이 상대적 변화가 큰 자폐증 발병률에 영향을 미쳤을 가능성은 낮다는 것이 명확해진다.

또 다른 예가 있는데 잘 알려지지 않은 과학 학술지 연구 논문에서 발췌한 것이다. 이 그래프는 갑상선암과 살충제 글리포세이트(라운드업Roundup) 사용 사이의 시간적 상관관계를 설명한다고 한다.

| 갑상선암 발생률 |

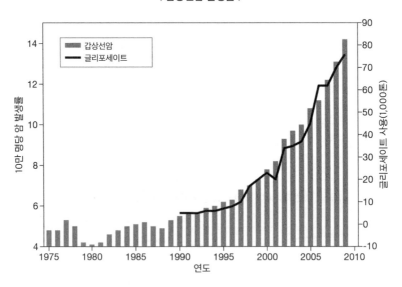

자, 라운드업 노출은 건강에 심각한 결과를 가져올 수 있다. 하지만 그게 무엇이든 이 그래프는 설득력이 없다. 우선 상관관계는 인과관계가 아니다. 휴대전화 사용과 갑상선암, 심지어 휴대전화 사용과 라운드업 사용 사이에서도 이와 유사한 상관관계를 발견할 수 있을 것이다. 아래에서 휴대전화 소유자 통계를 그림에 추가했다.

만약 원래 주장에 담긴 논리를 믿는다면 휴대전화가 갑상선암을 유발하거나 심지어 라운드업이 휴대전화 사용을 초래하지는 않는지 걱정해야 할 것이다.

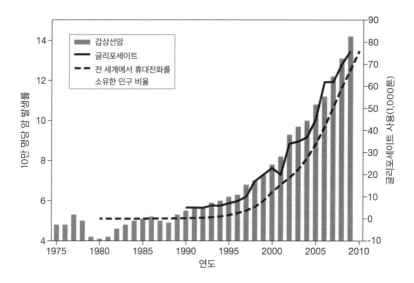

| 갑상선암 발생률, 글리포세이트 사용, 휴대전화 사용 |

이제 이 그림의 축을 보자. 막대그래프에 해당하는 왼쪽 수직축은 0까지 내려가지 않았다. 왜 이게 문제가 되는지는 이미 얘기했다. 하지만 상황은 점점 더 심각해진다. 오른쪽 수직축의 절편과 눈금을 조정해 글리포세이트 곡선이 암 발생률을 나타내는 막대의 정점을 따라가도록 해놓은 것이다. 가장 두드러진 부분은 곡선이 이런 모양이 되도록 하기 위해서 축에 사용한 글리포세이트 양을 마이너스 1만 톤까지 표시해야 한다는 것이다. 전혀 말이 되지 않는다. 선 그래프에서는 수직축이 0까지 내려갈 필요가 없다고 했지만, 양수 값만 취할 수 있는 수량이 음수까지 내려가니 경보음이 울릴 수밖에 없다.

수직축을 이용한 속임수를 더 자주 보긴 하지만, 수평축도 사람들을 속이기 위해 사용될 수 있다. 가장 간단한 방법은 얘기의 일부를 모호하게 하는 데이터 범위를 선택하는 것이다. 2018년 7월 페이스북은 실망스러운 분기별 수익 보고서를 발표한 뒤 주가가 하락했다. 〈비즈니스 인사이더Business Insider〉의 헤드라인은 "페이스북의 재앙과도 같은 수익 하락으로 시장 가치 1,200억 달러 증발-미국 주식 시장 역사상 가장 큰 완패"라며 떠들어댔다. 그 헤드라인에는 4일간의 페이스북 주가 그래프가 첨부돼 있었다.

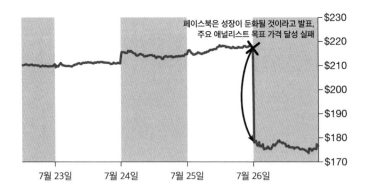

한편으로는 엄청난 가치 손실이지만, 페이스북의 초기 평가가 너무 높았던 데서 기인한 일이다. 페이스북은 전반적으로 아주 잘해 왔고 우리는 4일이 아닌 5년간의 그래프를 이용해 2018년 7월의 하락을 전체 맥락에서 살펴보고 싶다.

이렇게 표시하면 페이스북 주식 폭락과 관련해 아주 다른 얘기를 보게 된다. 또 예전에도 몇 차례 폭락을 겪은 뒤 빠르게 반등한 모습도 볼 수 있다. 우리는 〈비즈니스 인사이더〉에 실린 그래프에 오해의 소지가 있는지 여부보다 그들의 의견이 제시된 시간 범위에 얼마나 의존하고 있는지에 주목하고 싶다. 선 그래프나 그와 관련된

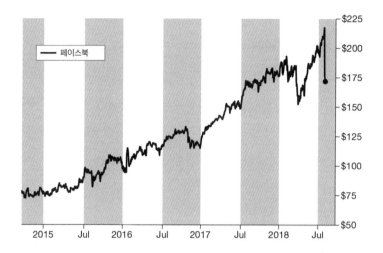

시각화 형식을 볼 때는 이 점을 유념해야 한다. 표시된 기간이 그래프가 설명하고자 하는 요점에 적합한지 확인하자.

수평축이 우리를 호도하는 다른 방법도 살펴보자. 아래 그래프는 CO_2 배출량이 정점에 도달했음을 나타낸다. 본문에는 이렇게 적

| 전 세계 화석연료 연소 및 산업 공정에서의 이산화탄소 배출량, 1751~2016 |

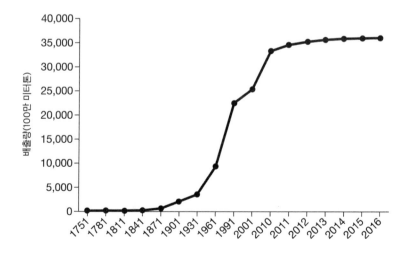

혀 있다. "지난 몇 년 동안 전 세계의 이산화탄소 배출량은 과거 수십 년에 비해 안정됐다."

하지만 수평축에서 무슨 일이 벌어지고 있는지 보라. 1991년까지는 칸 하나가 30년의 간격을 나타낸다. 그다음은 10년, 그 뒤는 9년이다. 그리고 거기서부터는 각 칸이 1년을 나타낸다. 이 그래프를 다시 그려서 x축 눈금이 일정한 간격을 나타내도록 하면 완전히 다른 그림이 생긴다.

| 연간 이산화탄소 배출량 |

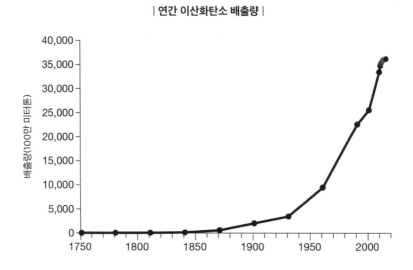

이산화탄소 배출량이 좀 더 느리게 증가할 수는 있지만, 아직 정점 근처에 다다른 것 같지는 않다.

일반적으로 x축 눈금이 균일하지 않거나 변하는 경우에는 주의해야 한다. 막대그래프의 데이터를 전부 '구간화해' 막대를 만들 때도 이와 비슷한 일이 벌어질 수 있다. 오바마 전 대통령의 세금 계획에 관한 〈월스트리트저널〉 기사에서 나왔던 다음과 같은 막대그래프를 생각해보자.

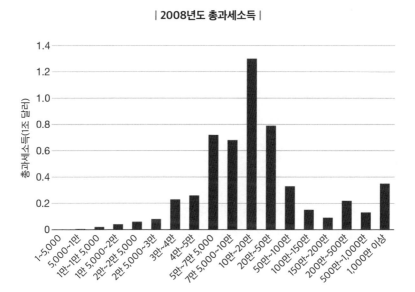

| 2008년도 총과세소득 |

조정된 총 소득수준($)

이 그래프는 미국 과세표준 대부분의 위치를 나타내기 위한 것이라고 한다. 각 막대는 특정 소득 범위의 납세자를 나타내는데 이를 '데이터를 구간화한다.'라고 말한다. 이 소득 범위는 수평축을 따라 표시되며 수직축은 특정 범위에 속한 모든 납세자의 총소득이다. 이 그림에 따르면 대부분의 과세소득은 막대가 가장 높이 솟아 있는 5만~20만 달러 구간, 즉 '중산층'에서 나온다. (20만~50만 달러 범위에도 과세소득이 많지만, 〈월스트리트저널〉 기준으로도 이들을 중산층이라 하기는 어렵다)

필자는 오바마의 세금 계획에 따른 부담 대부분이 부자가 아닌 중산층에 돌아갈 수밖에 없다고 주장한다.

부자들은 오바마 대통령의 의료보험 개혁안이 시작되기 전에도 오바마의 복지국가 포부에 필요한 자금을 댈 만큼 부유하지 않았다. 그렇다면 누구에게 세금을 부과할 수 있을까? 2008년에는 개인 납세자들의 총과세소득이 약 5조 6,500억 달러였고, 그 대부분은 중간 소득자에게서 나왔다. 근처의 도표는 그 분포를 보여주며, 가운데에 커다랗게 툭 튀어나온 부분이 윌리 서튼Willie Sutton이 은행을 털었던 것과 동일한 이유로 민주당원들이 노리게 될 곳이다.*

하지만 이 그래프를 꼼꼼히 살펴보자. 그래프의 각 막대를 구성하는 "구간"의 크기가 매우 다양하다. 맨 앞의 구간들은 5,000달러 또는 1만 달러씩 증가한다. 막대가 그렇게 낮은 것도 당연하다. 구간이 아주 좁기 때문이다! 그러다가 필자가 과세표준이 가장 크다고 주장하는 중산층에 접어들면 구간 크기가 엄청나게 커진다. 폭이 2만 5,000달러나 되는 구간이 2개 나오고, 그다음에는 10만 달러짜리 구간이 나온다. 그 뒤에도 구간은 계속해서 늘어난다. 구간 폭을 이런 식으로 정하는 바람에 과세소득 대부분이 분포 중간쯤에 위치한 것처럼 보이게 된다.

정치학자 켄 슐츠Ken Schultz는 디자이너가 가변적 구간 폭을 선택할 수 있는 경우 완전히 다른 얘기를 전달할 수 있다는 사실을 강조

---

* 출처가 불분명한 어떤 얘기에 따르면 전설적인 은행 강도 윌리 서튼에게 "왜 그 은행들을 털었느냐?"라고 묻자 "거기에 돈이 있기 때문"이라고 대답했다고 한다.

　　　　　　　　　　　　　　　　똑똑하게 생존하기

하고 싶었다. 그는 동일한 세금 데이터로 3가지 다른 얘기를 전하기 위해 다양한 구간 세트를 골랐다.

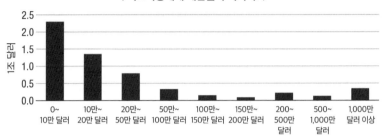

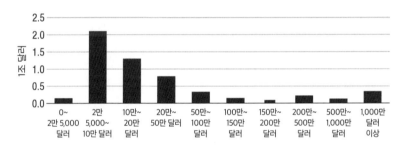

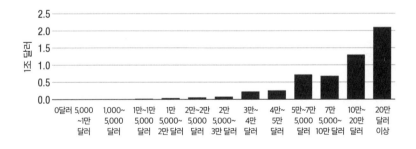

슐츠는 구간 폭을 바꿈으로써 저소득층과 중산층(여기에서는 과세

소득이 10만 달러 미만으로 정의된) 그리고 매우 부유한 사람들에게 어떻게 세금을 부과해야 하는가에 대한 얘기를 만들 수 있었다.

〈월스트리트저널〉은 독자들을 호도하려고 한 게 아니었을 수도 있다. 그들이 설명한 구간은 국세청이 보고한 것과 동일하다고 밝혀졌다. 하지만 필자의 동기와는 상관없이 데이터 배열이 얘기에 영향을 미칠 수 있는 모든 방식을 경계해야 한다.

구간화된 데이터가 얼마나 기만적일 수 있는지 알려주는 또 다른 예를 살펴보자. 다음 그래프의 데이터는 유전학이 교육적 성취도를 얼마나 예측할 수 있는지 설명하기 위한 것이다. 수평축은 유전 구성을 나타내는 지표이고, 수직축은 고등학생들의 평균 성적이다. 언뜻 보기에 이 추세는 매우 강력해 보여서 교육 성과를 판가름하는 데 유전자가 중요한 역할을 한다고 생각할 수 있다.

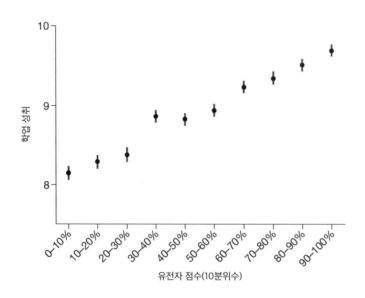

똑똑하게 생존하기

하지만 이런 식으로 표시해 놓으면 데이터에 오해의 소지가 있는 얘기를 들려준다. 문제는 그것이 '구간화'됐다는 점이다. 축을 따라 각각 10개의 구간 안에 있는 점들을 모두 합쳐 평균을 표시한다.*이런 식으로 평균을 내면 개인별 점수에 존재하는 큰 차이를 숨기게된다. 다음의 두 번째 그래프에서 볼 수 있는 원본 데이터 포인트는다른 얘기를 들려준다. 이 데이터는 앞의 도표를 제작할 때 사용한것과 동일한 데이터다. 하지만 이번엔 확실한 선형 추세를 보인다기보다 산탄총을 쏘고 난 뒤의 여파에 더 가까워 보인다! 결과적으로 유전자 점수로는 교육 성취도 변화의 9퍼센트만 설명할 수 있다는 사실이 밝혀졌다. 구간화 데이터를 사용하는 경우에는 상자 수염

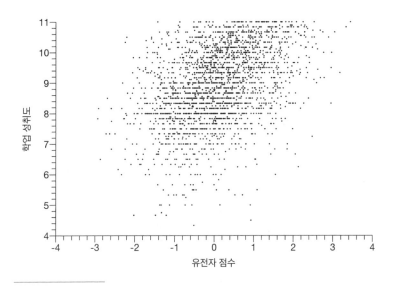

---

* 게다가 오차 바는 관측치의 표준편차가 아니라 평균의 표준편차를 나타낸다. 따라서 구간 내 점들의 산포를 직접적으로 표시하는 게 아니라 구간 평균값에 대한 불확실성을 나타낸다. 이런 표시 방법을 선택하면 데이터 수열이 유전자 점수가 학업 성취도를 정확하게 예측하는 확실한 추세를 형성한다는 오해를 더 악화한다.

그림box-and-whisker plot이라고 하는 것이 각 구간 내 값의 범위를 훨씬 잘 표현한다.

다행히 이 논문 작성자는 데이터에 대한 2가지 관점을 모두 제공하므로 구간 데이터의 평균을 표시하는 게 얼마나 오해를 불러일으키는지 알 수 있다. 그러나 저자들이 항상 그렇게 투명하지는 않다. 때로는 과학 논문이나 연구 결과에 관한 뉴스 기사에 구간 평균치만 등장하기도 한다. 이런 자료에 속아서 추세가 실제보다 훨씬 강하다고 생각하지 않도록 주의하자.

비례 잉크의 원칙

ESPN은 다음과 같은 데이터 시각화를 통해 웨스트 브로미치West Bromwich와 아스널Arsenal의 축구 경기 결과를 요약했다.

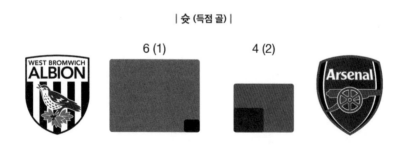

| 슛 (특점 골) |

이 그래픽은 웨스트 브로미치가 6개 슛을 기록해서 그중 하나가 골로 연결됐고 아스널은 4개 슛을 기록해 그중 2개가 골로 연결됐음을 보여준다. 하지만 이런 데이터 제시 방법은 오해의 소지가 있다.

왼쪽 패널부터 보자. 득점 골을 나타내는 진한 색 영역이 모든 슛을 나타내는 밝은 영역에 비해 너무 작기 때문에 마치 웨스트 브로미치의 슈팅이 끔찍할 정도로 부정확한 것처럼 느껴진다. 하지만 실은 그들이 시도한 전체 슛 가운데 6분의 1이 득점에 성공했다. 인상적인 성적은 아니지만, 그렇게 나쁘지도 않다. 문제는 진한 색으로 표시된 영역이 전체 폭의 6분의 1, 전체 높이의 6분의 1에 불과해서 결국 전체 면적의 36분의 1밖에 안 된다는 것이다. 오른쪽 패널에서도 동일한 문제가 발생한다. 아스널의 슛 중 절반이 골로 연결됐지만, 진한 색으로 표시된 영역은 전체의 4분의 1밖에 안 된다.

이 그림의 문제는 진하게 표시한 영역을 이용해 숫자값을 나타내지만, 이런 영역의 크기가 해당 영역이 나타내는 값에 비례하지 않는다는 것이다. 이는 우리가 비례 잉크의 원칙이라고 부르는 것에 위배된다.

진하게 표시한 영역을 이용해 숫자값을 나타내는 경우에는 그 영역의 크기(즉, 면적)가 해당되는 값에 정비례해야 한다.

이 규칙은 터프티가 고전이 된 그의 저서 《양적 정보의 시각적 표시The Visual Display of Quantitative Information》에서 제시한 일반 원칙에서 유래했다. 터프티는 "그래픽 표면에서 물리적으로 측정되는 숫자 표현은 나타내는 수치 양에 정비례해야 한다."라고 말한다. 비례 잉크의 원칙은 그래프에서 음영을 사용하는 방식에도 적용된다. 간단해 보이겠지만, 실은 지대한 영향을 미친다. 앞 섹션 시작 부분에서

막대그래프는 규모를 강조하는 반면, 선 그래프는 변화를 강조한다
고 설명했다. 그래서 막대그래프는 기준선이 항상 0에서 시작해야
하는 반면, 선 그래프는 변화하는 값을 잘 나타내도록 적절한 지점
에서 자른다. 왜 이렇게 명백한 이중 잣대를 쓰는 걸까?

비례 잉크의 원칙이 답을 알려준다. 축이 0에서 시작하지 않는
막대그래프는 이 원칙을 위배한다. 다음에 나와 있는 테네시 노동부
와 인력 개발부의 막대그래프는 해당 주의 비농업 일자리가 시간 경
과에 따라 어떻게 변했는지 보여준다.

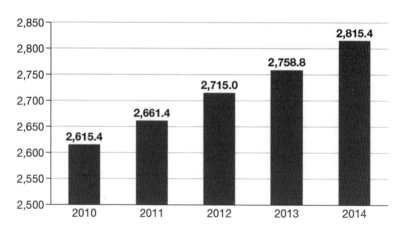

| 테네시 주의 비농업 일자리 총수 (단위: 1,000개) |

이 차트에서는 2014년 수치가 2010년 수치의 약 1.08배이지만,
수직축이 잘렸기 때문에 2014년 막대가 2010년 막대보다 잉크를 약
2.7배 많이 사용한다. 이는 비례 잉크가 아니다.

막대그래프에서 차이를 과장하는 대신 감추면 반대 방향으로 사
람들을 호도할 수도 있다. 아래의 막대그래프는 〈비즈니스 인사이

똑똑하게 생존하기

더)에 게재된 내용을 본뜬 것으로 세계에서 가장 많이 읽힌 책을 보여주기 위한 것이라고 한다. 하지만 작게 적혀 있는 내용을 읽어보면 실제로는 가장 많이 팔린 책을 보여주고 있는데, 이는 완전히 별개의 문제다. 어쨌든 그래프는 책을 막대그래프의 일부로 이용해 책제목을 나타내는 시각적 효과를 중심으로 디자인됐다. 이 그래프의 시각적 문제는 막대에서 각 책의 제목을 표시하는 데 사용된 부분

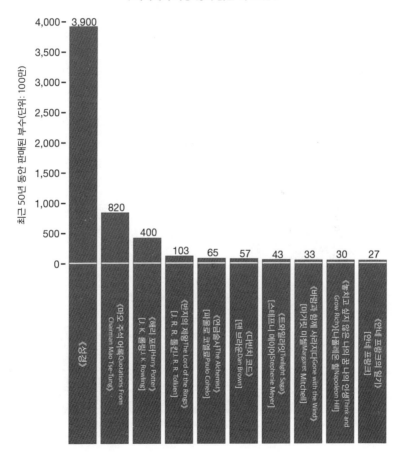

| 세계에서 가장 많이 읽은 책 10권 |

이 영점 아래에 위치한다는 것이다. 결과적으로《다빈치 코드The Da Vinci Code》가《안네 프랑크의 일기Diary of Anne Frank》보다 2배 이상 팔렸는데도 막대 높이는 겨우 1퍼센트밖에 차이 나지 않는다.

이 장 앞부분에서 설명한 것처럼 선 그래프는 종속변수 축에 0을 포함할 필요가 없다. 막대그래프는 규모를 얘기하도록 설계된 반면, 선 그래프는 변화를 얘기해 준다. 또 선 그래프는 수량을 나타낼 때 음영 영역이 아닌 위치를 사용한다. 변수 크기를 표시할 때는 잉크 양을 사용하지 않기 때문에 비례 잉크의 원칙은 적용되지 않는다. 대신 축이 데이터값의 범위와 크기가 비슷한 영역에 걸쳐 있도록 해서 각 점의 위치가 최대한 많은 정보를 전달하도록 선 그래프 크기를 조정해야 한다.

그렇기는 해도 음영 영역으로 값을 나타내는 '색칠한' 선 그래

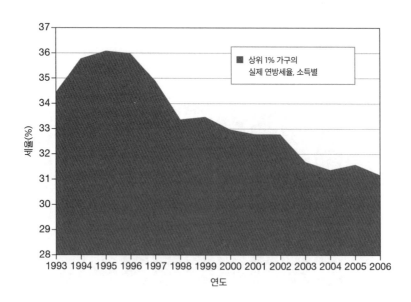

똑똑하게 생존하기

프의 경우에는 0까지 내려가는 축이 있어야 한다. 《애틀랜틱^{The} ^{Atlantic}》에 게재된 그림을 따라 그린 아래 예에서는 수직 축이 28퍼센트에서 잘려 있다. 이는 세율 하락을 실제보다 더 커 보이게 하므로 오해의 소지가 있다. 곡선 아래 영역을 칠하지 않고 놔뒀다면 문제가 되지 않았을 것이다.

도넛 막대그래프에서는 비례 잉크의 원칙에 대한 또 다른 위반 사례가 발생한다. 도넛은 데이터 시각화 작업에서 아직 많이 사용되지 않지만, 전보다는 자주 볼 수 있다. 막대가 여러 개 있는 도넛 그래프는 차이를 과장하기 위해 비례 잉크의 원칙을 위반하는 방식을 특히 잘 보여준다. 아래 그림은 1인당 경작지 차이를 보여주기 위한 것이라고 한다.

경주 트랙 바깥쪽에 있는 달리기 선수가 안쪽에 있는 선수보다 더 먼 거리를 달려야 하는 것처럼, 이 그림에 나온 원들의 기하학적 구조 때문에 바깥쪽에 있는 막대에 불균형하게 많은 양의 잉크가 사용됐다.* 따라서 도넛 막대그래프는 그 디자인 방식에 따라 값의 차이를 과장하거나 숨길 수 있다. 이 그래프처럼 도넛의 둥근 띠를 중심부에 가장 작은 걸 놓고 가장 큰 걸 주변부에 놓는 식으로 순서대로 정렬해 놓으면 각 띠에 사용된 잉크 양이 띠 크기의 차이를 과장

---

* 이 그래프가 비례 잉크 사용량을 얼마나 벗어났는지 추정할 수 있다. 차트에서 하나의 값을 나타내는 곡선 띠를 정한다. φ가 이 띠와 관련된 중심각이고 r은 도표 중심과 띠 중심 사이의 거리, w는 띠의 폭이라고 하면 띠 길이는 φr이고 면적은 대략 φrw다. 예를 들어 미국을 나타내는 띠의 중심 각도가 75도 정도라고 하면 캐나다를 나타내는 띠의 중심 각도는 그것보다 3배가량 더 크다. 도표 중심부터 미국 띠까지의 거리는 캐나다 띠까지 거리의 절반쯤 된다. 두 띠의 폭은 동일하다. 따라서 미국 수치는 캐나다 수치의 3분의 1인 반면 미국 띠에 사용된 잉크 양은 캐나다의 6분의 1밖에 안 된다.

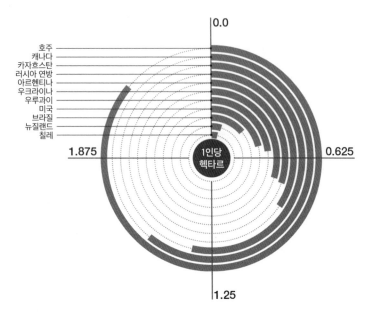

| 1인당 경작지 |

0.0

호주
캐나다
카자흐스탄
러시아 연방
아르헨티나
우크라이나
우루과이
미국
브라질
뉴질랜드
칠레

1.875   1인당 헥타르   0.625

1.25

출처: CIA 팩트북 2012 및 FAO 2011

한다. 반대로 중심부에 가장 큰 걸 배치하고 주변부에 가장 작은 걸 놓는다면 사용된 잉크 양이 값들 사이의 차이를 축소할 것이다.

데이터 그래픽에서 잘못될 수 있는 또 다른 문제는 분모가 다른 수량을 비교하는 것이다. 자동차 사고의 4분의 1이 음주 운전과 관련돼 있다고 말한다고 해서 음주 운전이 멀쩡한 정신으로 운전하는 것보다 안전하다는 결론을 내리지는 않을 것이다. 음주 운전은 비교적 드물지만, 전체 사고의 4분의 1이 음주 운전자와 관련이 있다면 위험도가 크게 증가할 것이라는 사실을 알기 때문이다.

하지만 데이터 그래픽을 분석할 때 항상 이런 직관력을 발휘하지는 않는다. 연령별 자동차 사고율을 나타내는 다음의 막대그래프를 살펴보자.

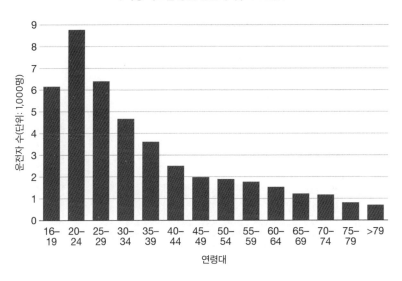

이 그래프를 보면 2가지 놀라운 사실이 눈에 띈다. 첫째, 16~19 세 사이 청소년들이 20~24세 사이 청년들보다 사실상 운전을 더 잘 하는 것처럼 보인다. 둘째, 사람들은 나이가 들면서 더 뛰어난 운전 자가 되는 것 같다. 노인들에게 예상되는 운전 실력 감소가 보이지 않기 때문이다. 하지만 이 그래프는 사망 사고의 상대적 위험이 아 니라 그런 사고의 총건수만 보고하기 때문에 오해의 소지가 있다. 그리고 중요한 건 연령대가 다른 사람들은 운전하는 거리에 서로 큰 차이가 있다는 것이다. 가장 낮은 연령대의 운전자와 가장 높은 연 령대의 운전자들이 운전 거리가 가장 짧다. 주행거리당 사망 사고를 표시한 그래프를 보면 완전히 다른 패턴을 확인할 수 있다. 가장 어 린 운전자와 가장 나이 많은 운전자들이 단연코 가장 위험하다.

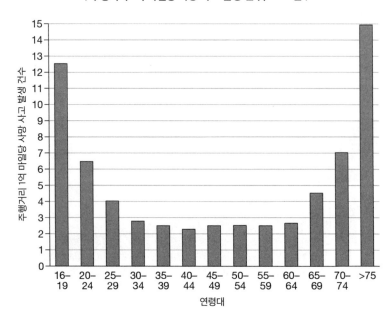

| 주행거리 1억 마일당 사망 사고 발생 건수, 1988년 |

(세로축: 주행거리 1억 마일당 사망 사고 발생 건수, 가로축: 연령대)

1980년대 후반에 다양한 그래픽 소프트웨어 패키지가 3D 막대그래프를 만들기 시작했다. 1990년대에는 3D 막대그래프를 만드는 기능이 모든 데이터 그래픽 패키지에 보편화됐고 기업 전망 자료부터 과학 논문, 대학의 신입생 모집 브로슈어에 이르기까지 다양한 곳에 이런 그래프가 등장하기 시작했다. 다음 사례처럼 한 쌍의 독립변수와 관련된 값을 표시할 때 3D 막대그래프를 쓰면 정당한 용도로 활용할 수 있다.

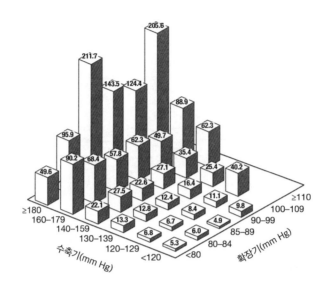

이건 특별히 매력적인 그래프는 아니고, 잠시 후에 살펴볼 몇 가지 문제도 있지만, 2차원 수치 매트릭스를 구성하는 데 도움이 된다.* 독립변수가 하나뿐인 데이터를 표시할 때 3D 데이터 그래픽을 사용하면 진정한 헛소리의 영역으로 넘어가게 된다. 이 경우 2D 선 그래프나 막대그래프가 훨씬 효과적일 수 있다. 아래 그림은 지난 80년 동안 미국 여성의 출산율을 보여준다. 그래프를 보고 자신에게 데이터에 관한 기본 질문을 던져보자. 예를 들어 모든 연령대의 여성들에게 베이비붐이 동시에 최고조에 달했는가? 35~39세 여성들의 출산율이 15~19세 여성들의 출산율을 넘어선 때는 언제인가? 30~34

---

* 3D 막대그래프의 가장 일반적인 대안은 '열지도'다. 3D 막대그래프와 동일한 x축 및 y축을 가진 2D 그리드인데, 열지도는 높이를 이용해 세 번째 값을 표현하는 대신 색상을 이용한다. 열지도가 더 깔끔해 보이긴 하지만, 독자가 색상 변화를 숫자값 차이와 맞추기 힘들어하기 때문에 문제가 있다. 또 두 영역의 차이가 색상 팔레트에 따라 크거나 작아 보일 수 있다. 마지막으로 열지도는 체커 그림자 착시의 영향을 받을 수 있는데 이는 한 영역에서 감지된 색이 주변 색의 영향을 받는 것을 말한다.

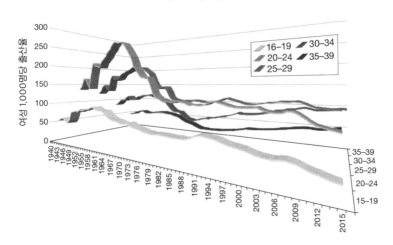

| 연령별 여성 출산율, 미국 |

세 여성들의 출산율이 더 높았던 건 1940년인가, 아니면 2010년인
가? 이 그래프만 봐서는 이 중 어떤 질문에도 대답하기가 어렵다.

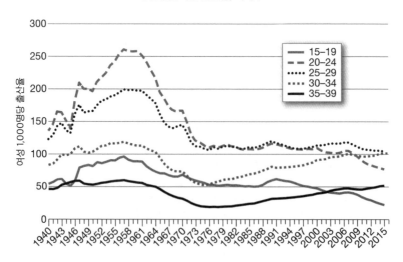

| 연령별 여성 출산율, 미국 |

똑똑하게 생존하기

다음은 동일한 데이터를 일반 2D 선 그래프 표시한 것이다. 이제 방금 물어봤던 질문에 답하기가 쉬워졌다. 베이비붐은 모든 연령층에서 거의 동시에 정점에 달했다. 35~39세 여성의 출산율이 15~19세 여성의 출산율을 넘어선 것은 2003년 무렵이다. 30~34세 여성의 출산율은 1940년보다 2010년에 더 높았다.

3차원을 이용하는 유일한 이유는 보는 이들에게 감명을 주기 위해서인 것 같다. 3D 렌더링 기술이 처음 등장한 1990년대 초에는 감명을 받았을지도 모르지만, 디자이너들이 왜 오늘날에도 3D 선 그래프를 계속 사용하는지 도통 알 수가 없다.

또 다른 예로 미국 여러 주에서 생산되는 거름양을 표시한 막대 그래프를 살펴보자. 다음 그래프에는 몇 가지 문제가 있다. 첫째, 끝

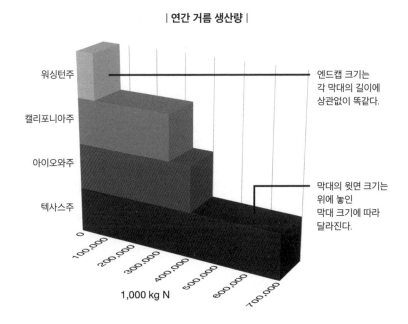

| 연간 거름 생산량 |

CHAPTER 07. 데이터 시각화

면이 각 막대의 실질 시각적 길이를 연장한다. 워싱턴주의 막대에 사용된 잉크 대부분이 끝면에 들어갔다. 워싱턴주의 거름 생산량은 캘리포니아주의 5분의 1, 텍사스주의 10분의 1밖에 안 되는데도 3개 주의 끝면 크기가 모두 같다. 둘째, 그래프를 배치한 각도 때문에 막대 길이를 평가하기가 어려울 수 있다. 측면에서 똑바로 표시했다면 정확한 값을 알아보기가 훨씬 쉬웠을 것이다. 셋째, 막대를 겹쳐서 쌓아놨기 때문에 어떤 막대는 윗부분이 거의 다 보이고, 어떤 막대는 대부분 가려져 있다. 그래프에서 텍사스주 막대에 사용된 잉크양은 텍사스주의 거름 생산량뿐만 아니라 아이오와주의 생산량에도 영향을 받는다. 이것도 비례 잉크의 원칙을 위반한 사례다.

3D 그래프의 또 다른 심각한 결점은 원근법을 사용한 탓에 보는 사람이 차트 요소들의 상대적 크기를 평가하기가 상당히 어렵다는 점이다. 이 효과는 위의 분뇨 생산 그래프에서 잘 드러나지 않았지만, 다음에 있는 검색 엔진 시장점유율 그래프에서는 매우 두드러진다. 이 그래프에서는 수평 격자선이 평행하지 않고 그래프 왼쪽의 소실점을 향해 후퇴하는 게 분명하게 보인다. 결과적으로 왼쪽 막대들은 동등하게 평가된 오른쪽 막대들보다 짧고 잉크도 적게 사용된다. 다시 한 번 말하지만, 이건 완전히 시각적인 헛소리다. 보는 사람을 감명시키기 위해 그래프에 덧붙인 요소가 추가 정보를 주기는커녕 의미를 모호하게 만든다.

똑똑하게 생존하기

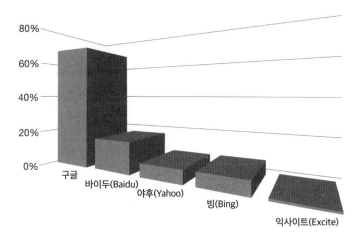

| 검색 엔진 시장점유율 |

아래의 온타리오주 투표 차트 같은 3차원 파이 그래프는 훨씬 더
나쁘다.*

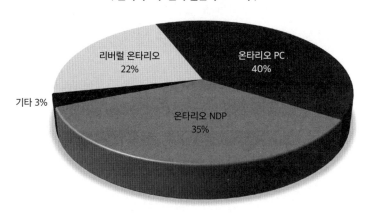

| 온타리오주 선거 일반 투표 조사 |

---

* 우리는 일반적인 2차원 파이 그래프도 별로 좋아하지 않는다. 막대그래프가 아니라 파이 그래프를
   사용하는 주된 목적은 값을 전부 더하면 전체가 되는 분수 혹은 백분율임을 시각적으로 보여주기
   위해서다. 이런 메시지를 전달하려면 상당한 비용이 든다. 파이 그래프에서 값을 비교하는 건 막
   대그래프보다 어렵다. 보는 사람 입장에서는 호 2개의 중심내각을 비교하는 게 막대 2개의 높이를
   비교하는 것보다 어렵기 때문이다.

3D 파이그래프의 주요 문제는 파이그래프의 앞쪽에 있는 칸이 뒤쪽 칸보다 크게 보인다는 것이다. 온타리오 NDP칸은 전체 투표수의 35퍼센트를 나타내지만, 실제로는 원반 표면의 약 47퍼센트를 차지하고 있다. 이에 비해 온타리오 PC칸은 투표수의 40퍼센트를 나타내야 하지만 차지하는 표면적은 32퍼센트뿐이다. 이 경우 숫자 대신 잉크를 보면 선거판이 NDP에 유리하게 뒤집힌다. 또 다른 문제는 파이 그래프의 앞쪽 가장자리만 보이고 뒤쪽이 보이지 않기 때문에 비례 잉크의 원칙을 위반한다는 것이다.

데이터 시각화는 전하고자 하는 얘기가 있다. 막대그래프나 선 그래프의 축 범위처럼 비교적 미묘한 선택은 그림이 전하는 얘기에 큰 영향을 미칠 수 있다. 그래프가 근본 데이터를 정확하게 반영한 얘기를 전달하도록 디자인됐는지, 아니면 디자이너가 당신에게 믿게 하고 싶은 내용과 밀접하게 연결된 얘기를 전하도록 디자인됐는지 자문해 보자.

빅데이터에 담긴 헛소리 까발리기

Calling Bullshit 'on Big Data

CHAPTER 08

해군은 오늘 걷고 말하고 보고 쓰고 자가 복제하고 자신의 존재를 의식

할 수 있을 것으로 예상되는 전자 컴퓨터 배아를 공개했다.

1958년 7월 8일 자 〈뉴욕타임스〉의 한 기사는 이렇게 시작됐다.

이 배아는 퍼셉트론perceptron이라는 간단한 빌딩 블록이었다.

퍼셉트론. 꼭 마법처럼 들리는 단어지만(후디니Houdini의 새로운 연기

처럼), 다른 훌륭한 마술 묘기처럼 이것의 진정한 마력은 그 단순함

에 있다. 퍼셉트론은 생물의 뉴런을 모방하도록 설계된 간단한 논리

회로다. 일련의 숫자값을 입력하면 0이나 1을 출력한다. 입력하는

숫자는 흉부 X선의 픽셀값일 수도 있다. 그러면 환자가 폐렴에 걸렸

는지 여부를 출력한다.

이 퍼셉트론을 올바른 방법으로 대량 연결하면 체스를 하는 컴

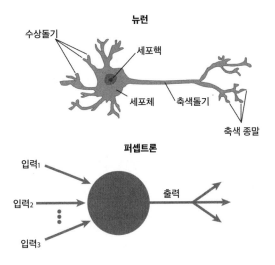

뉴런

수상돌기

세포핵

세포체   축색돌기

축색 종말

퍼셉트론

입력1

입력2

입력3

출력

퓨터, 자율주행 자동차, 또는 더글러스 애덤스Douglas Adams의 바벨 피시Babel Fish(《은하수를 여행하는 히치하이커를 위한 안내서》에 나오는 것으로 바벨 피시를 귀에 넣으면 어떤 언어로 말하든 즉시 이해할 수 있다-옮긴이)처럼 실시간으로 말을 번역하는 알고리즘을 만들 수 있다. 요새는 퍼셉트론이라는 말을 자주 듣지 못했겠지만, 이 회로는 날마다 헤드라인에 등장하는 합성곱 신경망과 딥러닝 기술의 기본 구성 요소다. 이 오래된 마법쇼가 여전히 성황리에 표를 팔고 있는 것이다.

퍼셉트론을 발명한 프랭크 로젠블랫Frank Rosenblatt은 천문학과 신경생물학에 폭넓은 관심을 가진 심리학자였다. 그는 또 중요한 아이디어를 판매하는 데 능했다. 코넬 항공 연구소에서 일하던 그는 200만 달러짜리 IBM 704 컴퓨터로 첫 번째 퍼셉트론을 시뮬레이션했다. 그는 자신의 작업을 거창하게 묘사했다. 〈뉴욕타임스〉와의 인터뷰에서는 자기가 만든 기계가 인간처럼 생각하고 경험을 통해 학습하게 될 거라고 말했다. 또 언젠가는 퍼셉트론이 얼굴을 인식하고 실시간으로 말을 번역하게 될 거라고 예측했다. 퍼셉트론이 다른 퍼셉트론을 조립하고 어쩌면 의식까지 얻을 수 있을지도 모른다. 언젠가 퍼셉트론이 우주에서 우리의 눈과 귀가 되고 우리를 대신해 행성과 별을 탐험하도록 지구 경계 너머로 보낼 수도 있을 것이다.

1958년에 이런 얘기를 했으니 주변에서 얼마나 시끄럽게 떠들어 댔을지 상상해 보라. 로젠블랫과 그 뒤에 이어진 선정적 보도에서 영감을 받은 공상과학소설 작가들이 얼마나 많을까?

이제 55년 뒤로 빨리 감기를 해보자. 2013년 12월 28일 〈뉴욕타임스〉는 신경망과 뇌처럼 기능하는 능력에 관한 또 다른 기사를 실었는데, 이들은 1958년에도 같은 얘기를 했었다. 컴퓨터 하드웨어가 훨씬 강력해지긴 했지만, 기본 접근법은 로젠블랫이 반세기 전에 설명한 것과 거의 비슷하다. 2013년도 기사를 쓴 사람은 뇌처럼 기능하는 이 기계가 아주 짧은 시간 안에 "보기, 말하기, 듣기, 탐색, 조작, 제어 등 인간이 하는 몇 가지 일을 손쉽게 수행하는 차세대 인공지능^AI 시스템이 등장하게 할 것"이라고 추측했다. 마치 예전 기사를 쓴 사람들이 립 반 윙클^Rip Van Winkle보다 오래 잠들었다가 55년 뒤에 일어나서 똑같은 기술에 관한 똑같은 기사를 똑같은 최상급 표현을 총동원해 쓴 것 같다.

그렇다면 로젠블랫이 예전에 퍼셉트론을 실험한 이후로 무엇이 달라졌을까? 대대적인 선전은 확실히 줄어들지 않았다. 신문은 누군가가 약속한 획기적 발전이 곧 이뤄질 것이라고 호들갑을 떠는 기사로 가득 차 있다. 인공지능 관련 직업은 슈퍼스타급 급여를 지불하고 있다. IT 회사들은 AI 전문 지식을 가진 대학교수들을 설득해 캠퍼스를 떠나게 하고 있다. 벤처 캐피털 회사들은 '딥러닝'이라고 말할 수 있는 사람이라면 누구에게나 정색을 하고 돈을 뿌리고 있다.

로젠블랫은 그의 야심 찬 예언 가운데 상당수가 실현됐기 때문에 인정받을 만하다. 현대 AI(인간의 지능을 모방한 기계)를 뒷받침하는 알고리즘과 기본 아키텍처는 그가 상상한 것과 거의 동일하다. 안면 인식 기술, 가상 비서, 기계 번역 시스템, 주식거래봇 등은 모두 퍼셉트론 같은 알고리즘을 기반으로 구축됐다. 머신러닝(데이터를 통해 학습하도록 설계된 알고리즘을 연구하는 AI의 하위 분야) 분야에서 최근에 이뤄진 혁신 대부분은 근본적으로 다른 접근 방식 때문이 아니라 이용 가능한 데이터양과 처리 능력이 크게 향상됐기 때문이다.*

실제로 머신러닝과 인공지능은 그것이 사용하는 데이터에 따라 살거나 죽는다. 예를 들어 우수한 데이터를 사용하면 하나의 언어를 다른 언어로 번역하는 데 매우 효과적인 알고리즘을 설계할 수 있다. 하지만 실을 자아서 금을 만들 수 있는 마법의 알고리즘은 없다. 잘못된 데이터는 되돌릴 수가 없다. 만약 누군가가 다르게 말한다면 그는 헛소리를 하고 있는 것이다.

머신러닝은 어떻게 기능할까? 이건 컴퓨터 프로그래밍의 통상적인 논리를 비튼 것이다. 고전적인 컴퓨터 프로그램에서는 프로그램

---

* '빅데이터'라는 용어는 '기계 지능'이나 '딥OOO' 같은 새로운 대안에 비해 벌써 시대에 뒤떨어진 느낌이 있지만, 본 장 제목에 빅데이터라는 말을 쓴 것은 이것이 현재의 기술 전성기를 이끌고 있는 데이터이기 때문이다. 알고리즘은 기본적으로 1950년대 발명된 것과 동일하고 심지어 계산 능력도 지난 10년 동안 큰 변동 없이 안정화되기 시작했다.

을 작성하고 컴퓨터에 데이터를 제공하면 컴퓨터가 출력물을 생성한다.

머신러닝에서는 컴퓨터에 일련의 훈련 데이터를 제공한다. 컴퓨터가 고양이와 개 그림을 구별하도록 가르치고 싶다면 고양이 그림과 개 그림이 훈련 데이터가 될 것이다. 또 자기가 올바르다고 알고 있는 훈련 데이터 라벨도 컴퓨터에 제공한다. 고양이와 개의 예에서는 각각의 훈련 이미지에 대해 지금 고양이를 보고 있는지 아니면 개를 보고 있는지 컴퓨터에 알려줄 것이다. 그러면 컴퓨터는 학습 알고리즘을 이용해 새로운 프로그램을 만든다. 예를 들어 학습 알고리즘은 신경망이 고양이와 개를 구분하도록 가르칠 수도 있다. 그런

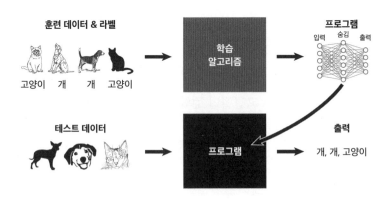

똑똑하게 생존하기

다음 새 프로그램을 사용해 익숙하지 않은 데이터, 즉 테스트 데이터에 라벨을 지정할 수 있다. 이제 지금까지 본 적 없는 그림을 컴퓨터에 제공하면 컴퓨터는 그게 고양이인지 개인지 알려줄 것이다.

이런 시스템의 핵심은 데이터이기 때문에 납득할 수 없는 주장이나 문제 있는 응용을 찾아내기 위해 컴퓨터 과학을 전문적으로 공부해야 할 필요는 거의 없다. 대개의 경우 학습 알고리즘을 자세히 이해할 필요도 없고 학습 알고리즘이 생성하는 프로그램 작동 방식을 이해할 필요도 없다. (딥러닝 모델에서는 학습 알고리즘 작성자를 비롯해 그 누구도 알고리즘이 생성한 프로그램 작동 방식을 실제로 이해하지 못한다) 문제를 발견하기 위해 당신이 해야 할 일은 훈련 데이터와 알고리즘에 입력하는 라벨을 생각하는 것뿐이다. 잘못된 데이터와 라벨을 갖고 시작하면 잘못된 예측을 하는 잘못된 프로그램을 얻게 된다. 이런 상황이 정말 자주 발생하기 때문에 컴퓨터 과학계에는 이를 가리키는 GIGO(쓰레기 입력, 쓰레기 출력)라는 약자가 있을 정도다. 우리는 블랙박스 안에 있는 알고리즘의 세부 사항보다는 데이터에 초점을 맞춰 AI 과대광고를 줄이고자 한다.

AI에 대한 약속은 경제활동을 촉진하고 흥미진진한 공상과학소설 줄거리에 영감을 불어넣는다. 그러나 한편으로는 불합리한 기대를 낳고, 업계와 학계에서 무책임한 연구를 추진하며, 개인의 사생활과 관련해서는 그 어떤 희망도 남지 않을 것이라고 위협하고, 잘못된 정책에 동기를 부여한다. 연구진과 기술자는 아직 이뤄지지 않은 일에 너무 많은 시간을 쏟느라, 지금 당장 중요한 일에는 시간을 거의 들이지 않는다. 카네기멜론대학의 AI 연구원인 재커리 립톤Zachary Lipton은 "정책 입안자들은 알고리즘의 의사 결정 과정에서 나타나는 차별을 얘기해야 할 때 로봇의 권리를 진지하게 논의하고 있다."라고 설명했다. 로봇을 위한 권리장전 초안을 작성하거나 터미네이터 Terminator 같은 초지능형 기계로부터 인류를 보호하는 방법을 궁리하는 것에 비하면 알고리즘 감사의 세부 사항을 파고드는 건 지루할 수 있다. 하지만 지금 AI가 야기하는 문제를 해결하려면 이미 일상적인 목적으로 사용되고 있는 데이터와 알고리즘을 이해해야 한다.

대중매체에서 떠들어대는 AI와 AI 연구가 실제로 진행되는 현실 사이에는 엄청난 차이가 있다. 테슬라Tesla, 스페이스XSpaceX, 페이팔 PayPal 설립자인 일론 머스크Elon Musk는 2017년 미국 주지사들과 만난 자리에서 AI가 "인간 문명의 존재에 근본적 위험"을 초래한다고 경고했다. 그와 비슷한 시기에 《패스트 컴퍼니》는 〈AI가 인간이 이해할 수 없는 언어를 발명하고 있다. 이걸 멈출 수 있을까?〉라는 제목의 기사를 통해 공포를 부채질했다. 정말 무섭지 않은가? 이 기사는 페이스북 연구 프로젝트가 실패했다고 설명했다. 연구진은 설득력 있는 대화를 이어갈 수 있는 챗봇을 만드는 과정에서 컴퓨터 알고리즘이 서로 얘기를 나누도록 훈련시켰다. 하지만 이들 알고리즘이 개발한 언어는 인간의 언어와 전혀 달랐다. 《패스트 컴퍼니》는 연구원들이 이 프로젝트를 신속하게 중단했다고 보도했다. 스카이넷Skyne(영화 〈터미네이터〉에 악역으로 등장하는 가상의 인공지능-옮긴이)이 공식적으로 자아 각성을 위한 길을 걷고 있었는데 가까스로 재난을 모면한 셈이고 이와 비슷한 다른 상황도 막았다고 기사는 전한다.

똑똑하게 생존하기

그렇다면 이 로봇 언어란 어떻게 생긴 걸까? 챗봇 대화 한 토막을 들여다보자.

밥 봇: "난 난 다른 건 난 다 다 할 수 있어요."

앨리스 봇: "공은 나에게 나에게 나에게 나에게 나에게 나에게 나에게 나에게 나 0이에요."

밥 봇: "당신 나 다른 모든 것."

앨리스 봇: "공은 나에게 나에게 나에게 나에게 나에게 나에게 나에게 나에게 신나게 즐겨요."

AI가 정말 자신들만의 언어를 발전시키고 스스로를 자각할 수도 있을 것이다. 만약 그렇다면 인간들과 평화롭게 조화를 이루는 방향으로 진행되기를 바란다. 하지만 이 페이스북 챗봇은 특별한 경로를 따라가지 않았다. 페이스북 팀이 원래 작성한 블로그 게시물에서는 챗봇 언어가 무의미한 문장의 반복으로 발전한 연구 프로젝트를 설명했다. 그런데 대중매체가 이걸 충격에 휩싸인 연구원들이 프로젝트를 중단하고 인류를 구하기 위해 안간힘을 쓰고 있다는 극적인 얘기로 왜곡한 것이다. 그러나 〈스노프〉 기자들에게 이에 관한 질문을 받은 연구원들은 자기들이 전혀 개의치 않았다고 말했다. 그들이 놀란 건 언론 반응이었다. "공포감을 느끼지는 않았다."라고 한 연구원은 말했다. "그리고 프로젝트도 중단되지 않았다." 그들은 인류의 미래를 걱정하지 않았다. 그저 챗봇이 인간다운 대화를 목표로 하지 않음을 확인하고 처음부터 다시 시작한 것뿐이다.

이런 과대광고에 대한 해결책을 제시하고 싶지만, 먼저 머신러닝이 진행되는 실제 사례부터 살펴보자. 여기에는 세상의 이목을 끌기는커녕 관심도 거의 못 받는 지루하고 반복적인 일상 업무가 포함된다.

기계는 어떻게 보는가

첨단 정보기술을 생각할 때 미국 우정청을 떠올리는 사람은 없을 것이다. 하지만 사실 머신러닝 발전에 우정청만큼 많이 의존하는 업계도 드물다.

미국 우정청에서는 매일 5억 통의 우편물을 처리한다. 정말 엄청난 숫자다. 지구에 사는 70억 명이 모두 편지나 소포를 보내도 우정청은 그걸 2주 안에 모두 처리할 수 있다. 우편물마다 적힌 주소를 일일이 읽고 해석해야 하는데도 그렇다. 타이핑된 주소의 경우에는 이 작업을 시스템에 위임하기가 꽤 쉽다. 손글씨는 더 힘들지만, 미국 우정청은 손으로 쓴 주소를 98퍼센트 정확하게 판독하는 놀라운 필기 인식 시스템을 개발했다. 당신의 주치의가 직접 쓴 크리스마스 카드, 할머니가 지역 국회의원에게 보낸 편지, 6살짜리 아이가 새로 태어난 아기 기린의 라이브 동영상 피드를 올려달라고 간청하며 동물원에 보낸 편지 등도 모두 여기 포함된다.

기계로도 읽을 수 없는 나머지 2퍼센트의 편지는 어떻게 될까? 그 편지들은 솔트레이크시티에 있는 거대한 우편단지로 보낸다. 그

곳에서 일하는 주소 전문가들은 33개 교대조로 나뉘어 하루 24시간, 주 7일 쉬지 않고 계속 주소를 해독한다. 모든 직원들 가운데 가장 빠른 사람은 시간당 1,800개가 넘는 주소를 처리할 수 있다. 이는 2초당 1개꼴이다! 산타 밑에서 일하는 요정들도 따라가기 힘든 속도다.

판단력과 재량권이 필요한 개방형 업무의 경우에는 여전히 인간의 개입을 대체할 방법이 없다. 가짜 뉴스 파악, 비꼬는 분위기 감지, 유머 창작 등은 현재 기계가 인간 창조주들에게 미치지 못하는 분야다. 그러나 주소를 읽는 건 컴퓨터에게 비교적 간단한 일이다. 숫자 분류 문제(인쇄된 숫자가 1인지, 2인지, 3인지 등을 파악)는 머신러닝의 고전적 응용 분야다.

컴퓨터가 어떻게 이런 일을 할까? 고양이와 개의 사례에서 설명한 방법과 비슷하다. 먼저 훈련용 데이터를 모은다. 우리는 인간이 0, 1, 2, … 9로 분류해 놓은, 손으로 쓴 숫자를 대량으로 모은다(수천 개의 이미지). 대개의 경우 컴퓨터가 지닌 학습 능력의 유일한 한계는 기계를 훈련시킬 때 이용하는 고품질 라벨의 가용성이다. 다행히 우정청의 경우에는 적절하게 라벨링한 손으로 쓴 숫자 세트가 오래전부터 만들어져 있었다. 이걸 손으로 쓴 숫자들로 이뤄진 'MNIST Modified National Institute of Standards and Technology 데이터베이스'라고 하는데 여기에는 아래 그림과 비슷하게 손으로 쓴 숫자 7만 개의 라벨링한 이미지가 포함돼 있다.

그렇다면 알고리즘은 어떻게 이미지를 '보는' 걸까? 컴퓨터 비전

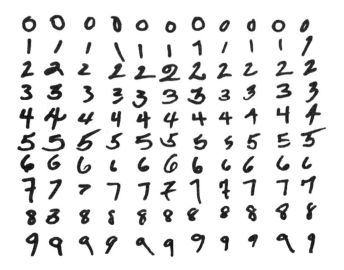

에 대한 배경지식이 없다면 거의 기적처럼 보일지도 모른다. 여담이
지만, 그게 어떻게 작동하는지 잠깐 살펴보자.

컴퓨터는 이미지를 행렬로 저장한다. 행렬은 행과 열로 이뤄진
표라고 생각할 수 있다. 이 표의 각 셀에는 숫자가 들어 있다. 설명
을 간단히 하기 위해 우리 이미지가 흑백이라고 가정해 보자. 셀이
검은색이면 값이 0이고 그렇지 않으면 1이다.*

위의 28행x28열 이미지는 숫자 4를 나타낸다. 784개의 정사각형
이 있고 각 정사각형은 0 또는 1로 채워져 있다. 컴퓨터는 이런 행렬
을 통해 이미지를 '본다'. 숫자 4를 본다는 것은 곧 손으로 쓴 4에 해

---

* 그레이 스케일 이미지는 더 많은 옵션을 제공한다. 셀 값이 1 또는 0이 아니라 0부터 255 사이의
숫자일 수 있으며, 숫자가 작을수록 어두운 회색에 해당된다. 컬러 이미지의 경우 각 셀마다 빨간
색, 녹색, 파란색 값이 따로 있다.

똑똑하게 생존하기

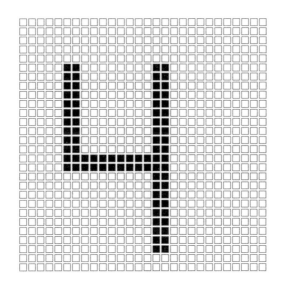

당하는 행렬의 고유한 속성을 식별한 다음 유사한 이미지의 행렬을 그것과 비교한다는 뜻이다.

알려진 '4'의 이미지가 기계가 학습하는 훈련 데이터다.* 충분한 훈련 데이터와 실수에 페널티를 부과할 양적 방법이 있으면 손으로 쓴 4를 기계가 일관되게 분류하도록 가르칠 수 있다. 기계가 얼마나 잘 배우고 있는지 평가하기 위해 기계가 한 번도 본 적 없는 시험용 데이터를 제공한다. 학습이 실제로 효과를 발휘하려면 테스트 데이터를 잘 처리해야 한다.

알고리즘이 기본적으로 모든 데이터 포인트와 그 속성을 전부 암기해 훈련 데이터를 완벽하게 분류하는 일이 종종 있다. 손으로

---

* 알려진 라벨이 붙은 훈련 데이터를 사용할 수 있을 때는 지도 머신러닝 문제라고 부른다. 정답 또는 오답이 있는 라벨을 사용할 수 없을 때는 일반적으로 비지도 머신러닝 문제라고 한다. 비지도 학습 문제의 예로 유사한 구매 패턴을 가진 고객 집단 찾기를 목표로 삼을 수 있다. 이 장에서는 지도 머신러닝 문제를 중점적으로 살펴볼 것이다.

쓴 숫자의 경우 기계는 모든 픽셀의 정확한 위치와 값을 기억할 수 있다. 그래서 해당 훈련 세트의 이미지를 주면 숫자를 정확하게 맞힐 수 있다. 하지만 그것만으로는 충분하지 않다. 현실 세계에서 얻은 훈련 데이터는 항상 지저분하다. 어떤 건 개별 필체의 특이한 특징 때문에 그렇고, 어떤 건 이미지를 잘못 스캔해서 그렇다. 또 이미지를 잘못 라벨링하거나 완전히 엉뚱한 데이터 세트에서 가져와서 그럴 수도 있다. 이런 노이즈를 암기하면 훈련 세트에 없는 새 이미지를 라벨링하라는 지시를 받았을 때 컴퓨터에 문제가 발생한다. 훈련 데이터에서 테스트 데이터로 넘어갈 때 컴퓨터의 라벨링 정확도가 크게 떨어지면 모델이 과적합돼 예측을 할 때 노이즈까지 관련 정보로 분류할 수 있다. 과적합은 머신러닝의 골칫거리다.*

과학자들이 행성 위치를 예측하기 위한 모델을 만들 때 그들은 모든 행성의 모든 위치를 가능한 시간대마다 전부 분류하지 않는다. 미래의 위치를 예측할 수 있는 핵심적 물리법칙을 찾아낸다. 머신러닝의 과제는 일반화할 수 있는 알고리즘을 개발하고 자기가 학습한 것을 활용해 이전에 보지 못했던 패턴을 식별하는 것이다.

기계가 패턴을 식별하고 예측하는 방법을 잘 이해하기 위해 회색 동그라미와 검은색 동그라미만 있는 예를 살펴보겠다. 하지만 당신은 이걸 다양한 건강 지표에 기초한 당뇨 환자와 비당뇨 환자의 데이터 집합이라고 생각할 수 있다. 지금 이 세트에 없는 새로운 점

---

* 모델이 노이즈와 데이터의 관련 패턴을 모두 무시하는 현상을 과소적합이라고 하는데 이것 역시 문제가 될 수 있다. 이 경우에는 알고리즘이 테스트 데이터에서도 훈련 데이터만큼의 성과를 낼 수 있지만, 두 데이터 세트에 대한 성과 모두 좋지 않을 것이다.

이 회색일지 아니면 검은색일지 예측할 수 있는 규칙을 찾아내려고 한다. 우리가 이미 갖고 있는 100개의 점이 훈련 데이터다. 검은색 동그라미는 대부분 위쪽에 있고 회색 동그라미는 대부분 아래쪽에 있기 때문에 회색 동그라미와 검은색 동그라미를 구분하는 경계를 만들 수 있다.

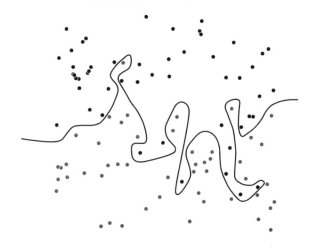

잘못 분류된 점: 검은색 0개, 회색 0개

위에 표시된 경계(우리 모델)는 필요한 작업을 훌륭하게 수행해 훈련 데이터의 모든 점을 정확하게 분류했다. 경계선 위의 점은 모두 검은색이고 그 아래 점은 모두 회색이다. 그러나 추가로 100개의 점을 더하면(아래) 검은색 점 11개가 경계선 아래로 내려가고 회색 점 9개가 위로 올라가게 된다. 우리가 훈련 데이터에서 선택한 경계선이 회색 점과 검은색 점 사이를 구불구불 누비듯 움직이면서 데이터의 무작위 노이즈를 마치 의미 있는 패턴인 것처럼 취급한 것이다. 우리 모델은 데이터를 과적합한다.

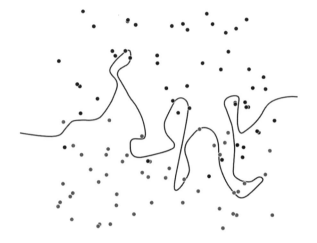

잘못 분류된 점: 검은색 11개, 회색 9개

과적합을 피하기 위해 더 간단한 모델을 사용할 수 있다. 경계선을 직선으로 그어보자. 많은 데이터 세트에서는 직선이 너무 단순할 수 있지만, 여기서는 우리가 말하려는 요점을 설명한다. 이 단순한

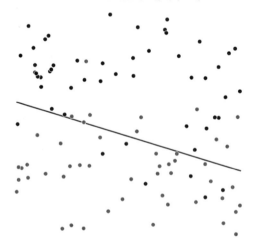

잘못 분류된 점: 검은색 7개, 회색 10개

똑똑하게 생존하기

모델로는 작업을 완벽하게 수행하지 못하지만(회색 점과 검은색 점을 완벽하게 분류할 수 있는 직선은 없다) 우리는 검은색 점 7개와 회색 점 10개만 잘못 분류하는 직선을 찾아냈다.

이 단순한 모델은 모든 점을 올바른 위치에 두기 위해 이리저리 뒤틀리거나 구불거리지 않는다. 훈련 데이터를 과적합하지 않았다. 그래서 테스트 데이터에 대해서도 훈련 데이터와 비슷한 성과를 올린다. 훈련 데이터에서는 이 모델이 검은색 점 6개와 회색 점 5개를 잘못 분류했다.

이건 시시한 예에 불과하지만, 대부분의 머신러닝 애플리케이션에서도 동일한 문제가 발생한다. 복잡한 모델은 훈련 데이터에서 오차가 감소하지만, 단순한 모델은 복잡한 모델보다 테스트 데이터에

서 더 뛰어난 성과를 발휘하는 경우가 종종 있다. 비결은 사용할 모델이 얼마나 단순한지 파악하는 것이다. 선택한 모델이 너무 단순하면 유용한 정보를 빠뜨리게 된다.

쓰레기를 넣으면 쓰레기가 나온다

머신러닝에서 훈련 데이터의 역할을 이해하는 게 왜 그렇게 중요할까? 이 부분에서 가장 치명적인 실수가 발생하기도 하고 또 교육받은 사람이 머신러닝 애플리케이션의 헛소리를 찾아낼 수 있는 곳이기도 하기 때문이다. 3장에서 누가 범죄자인지 알아내야 하는데 누가 웃고 있는지 감지하는 법만 배운 머신러닝 알고리즘을 얘기했었다. 문제는 훈련 데이터에 있었다. 알고리즘을 훈련시키는 데 사용한 범죄자의 얼굴은 거의 웃지 않는 반면, 비범죄자의 얼굴은 대부분 웃고 있었다. 현실 세계에서 미소는 누군가가 범죄자인지 아닌지 알려주는 좋은 지표가 아니지만, 기계는 자기가 범죄의 징후를 찾아내야 한다는 사실을 몰랐다. 기계는 단지 훈련 세트에 들어 있는 두 종류의 얼굴을 구별하려고 했을 뿐이다. 결국 훈련용 이미지를 선택한 방법 때문에 미소의 유무가 유용한 신호로 작용했다.

아무리 논리적으로 설계된 알고리즘도 결함 있는 훈련 데이터를 이길 수는 없다. 초기 컴퓨팅 분야의 선구자인 찰스 배비지Charles Babbage는 19세기 이 문제에 관해 다음과 같이 말했다. "배비지 씨, 기계에 잘못된 수치를 넣어도 정답이 나오나요?'라는 질문을 두 번

똑똑하게 생존하기

이나 받았다. … 얼마나 생각이 혼란스러우면 그런 질문을 할 수 있는지 도무지 이해가 안 간다."

앞서 말한 것처럼 좋은 훈련 데이터는 얻기도 어렵고 비용도 많이 든다. 또 훈련 데이터는 대개 현실 세계에서 얻지만, 현실 세계는 인간의 편견과 그 결과로 가득하다. 여러 가지 이유 때문에 머신러닝 연구의 매력적인 측면에는 새로운 알고리즘을 개발하거나 오래된 알고리즘을 수정하는 일이 포함된다. 그러나 그보다 더 절실하게 필요한 건 적절한 대표 데이터를 선택하는 방법에 관한 연구다. 그 영역이 발전하면 많은 이익을 얻게 될 것이다.

이제 우체국으로 돌아가 보자. 이 경우 알고리즘을 훈련시킬 때 사용한 데이터는 사실 꽤 좋은 데이터다. 손으로 쓴 문자와 숫자를 모아놓은 MNIST 데이터베이스는 내용이 매우 포괄적이다. 각 이미지의 올바른 라벨도 쉽게 확인할 수 있다. 찾아내야 할 헛소리도 많지 않다. 이 방법이 잘 작동한 덕분에 우편물을 빠르고 효율적으로 분류할 수 있어서 운송업자와 납세자의 돈 수백만 달러가 절약된다.

하지만 손으로 쓴 주소를 읽는 비교적 간단한 문제도 표본 편향 문제에 부딪힌다. 우리 훈련 데이터에 미국 거주자가 쓴 숫자만 포

함된 경우 알고리즘은 수많은 1을 7로 잘못 분류할 수 있다. 세계 다른 지역에서는 1자 윗부분을 구부려서 쓰기도 하기 때문이다(그리고 7은 1과 구분하기 위해 중간에 평행선을 긋는다).

우리는 훈련 데이터가 실제 환경에서 알고리즘이 직면할 수 있는 것과 동일한 변화 범위를 다루는지 확인해야 한다. 다행히 글씨 스타일의 국제적 차이를 고려하더라도 숫자는 대부분의 다른 데이터 세트에 비해 상대적으로 제한된 가능성을 제공한다. 이를 뉴스 기사가 진짜인지 가짜인지 분류하는 알고리즘을 훈련시키는 어려움과 비교해 보라. 이는 손으로 쓴 숫자가 6인지 아닌지를 판단하는 것보다 훨씬 어렵다. 그냥 보기만 해서는 답을 알 수 없다. 조사를 해봐야 할지도 모른다. 그런데 어디서 조사를 해야 할지, 어떤 출처가 권위 있는 것으로 간주되는지도 명확하지 않다. 일단 답을 찾은 뒤에도 합리적인 사람들은 당신이 보는 게 가짜 뉴스인지, 지나치게 당파적인 뉴스인지, 혹은 풍자나 다른 종류의 허위 정보인지를 두고 여전히 의견이 일치하지 않을 수도 있다. 가짜 뉴스는 계속 발전하고 있기 때문에, 2020년 가짜 뉴스를 찾아내기 위한 훈련 세트가 2021년에는 이미 쓸모없는 것이 될 수도 있다.

최근 등장한 AI 스타트업들이 하는 헛소리를 찾아낼 때는 훈련 데이터의 디테일을 물어보는 것만으로도 충분할 때가 많다. 훈련 데이터를 어디서 구했는가? 누가 라벨을 붙였나? 데이터의 대표성은 얼마나 되는가? 블랙박스 도표를 기억하자.

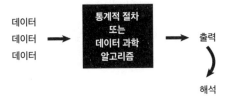

블랙박스에 입력되는 데이터가 초반에 제기된 의문을 통과하면 알고리즘을 건너뛰고 이 체인의 반대쪽 끝부분, 즉 블랙박스에서 어떤 결과가 나오고 그걸 어떻게 해석하는지에 초점을 맞추자.

게이더 기계와 엉터리 결론

2017년 9월 초《이코노미스트The Economist》와《가디언The Guardian》은 스탠포드대학교 연구원들이 사람의 성적 지향성을 탐지할 수 있는 인공지능을 개발했다고 주장하는, 이상하게 속기 쉬운 기사를 내보냈다. AI는 피실험자의 행동을 관찰하거나 병력을 조사하거나(고맙기도 하지) 누구에게 어떤 질문도 할 필요가 없다. 필요한 건 피실험자의 얼굴 사진뿐이다. 연구진은 이 AI가 얼굴 구조의 아주 미세한 차이, 인간 관찰자들이 전혀 알아차리지 못하는 아주 미묘한 차이를 통해 사람의 성적 지향성을 추론할 수 있다고 발표했다.

이 연구는 전통적인 미디어와 소셜미디어에서 똑같이 많은 관심을 끌었다. 논객들은 동성애가 종종 오명을 쓰고, 많은 나라에서 금지되며, 심지어 어떤 곳에서는 사형에 처해질 수도 있는 상황에서 그런 연구를 수행한 것의 윤리적 의미에 의문을 제기했다. 꼭 이런 소프트웨어를 개발해야 했는가? 그걸 발표한 게 어떤 의미가 있는가? 이 연구가 LGBTQ 커뮤니티에 어떤 의미를 안겨줄까? 전부 타당한 질문들이지만, 가장 먼저 물어봐야 하는 건 이런 연구 자체가 어딘가에 도움이 되는 부분이 있느냐는 것이다.* 《이코노미스트》와 《가디언》은 스탠포드대학의 연구원 이룬 왕Yilun Wang과 미하일 코신스키Michal Kosinski가 심층 신경망이 사진을 보고 어떤 사람이 이성애자인지 아니면 동성애자인지 예측하도록 훈련시킨 연구 논문을 설명했다. 왕과 코신스키는 인터넷 데이트 사이트에서 남자 8,000명과 여자 7,000명의 사진을 수집했는데 사진에는 이성애자와 동성애자가 고르게 포함돼 있었다. 연구원들은 표준 컴퓨터 비전 기술로 얼굴 이미지를 처리했다. 한쪽은 이성애자고 다른 쪽은 동성애자인 두 사람의 사진을 보여줬을 때 알고리즘은 누가 어느 쪽인지를 우연보다 높은 확률로 알아맞혔다. 똑같은 작업을 사람에게 맡겼을 때보다도 잘해냈다.

훈련 데이터와 관련해 물어볼 수 있는 질문이 너무나 많다. 성적 기호를 연속체가 아닌 이항 구조(동성애자 또는 이성애자)로 처리하는 훈련 데이터를 사용하면 어떤 결과를 얻을 수 있는가? 그 사진에는 대표 집단이 포함돼 있는가? 사진은 어떻게 수집했는가? 라벨(이성애자냐 동성애자냐)이 정확한가? 표본에서 어떤 편향이 발생하는가? 모

---

* 저자들이 실험 내용을 정확하게 보고했고 그들의 알고리즘이 설명대로 잘 작동했다고 가정하겠다. 실제로 알고리즘이 우연보다 높은 확률로 성적 지향성을 추측할 수 있다는 그들의 기본 연구 결과는 다른 훈련 데이터와 테스트 데이터를 사용한 존 로이너John Leuner의 미발표 석사 논문에서도 똑같이 재현됐는데, 이 연구에서는 알고리즘의 정확도가 다소 낮았다.

두 좋은 질문이지만, 여기에서는 블랙박스에 들어간 게 아니라 나온 것을 살펴보려고 한다. 우리는 결과에 근거해 살펴볼 때 저자들의 2가지 주요 추론이 정당한지 물을 것이다.

추론 1: 컴퓨터는 인간이 감지할 수 없는 미묘한 얼굴 특징을 감지할 수 있다.

저자들은 신경망이 인간이 감지할 수 없는 특징을 알아차린다고 주장한다. "얼굴에는 인간의 뇌가 인식하고 해석할 수 있는 것보다 훨씬 많은 성적 지향과 관련된 정보가 포함돼 있다." 연구 결과는 이 주장과 일치하지만, 확실하게 입증된 건 절대 아니다. 사실 컴퓨터가 인간보다 잘하는 이유는 간단하게 설명할 수 있다. 인간과 기계의 경쟁은 공평하지 않다. 우선 훈련받지 않은 인간 심판이 고도로 훈련된 알고리즘과 겨뤄야 한다. 그 기계는 학습을 위한 수천 개의 이미지를 갖고 있다. 인간 선수는 게임 규칙을 제대로 이해했는지 확인하기 위해 이미지를 몇 장 본 것 외에는 연습할 기회가 없었다.*

하지만 그보다 더 큰 문제가 있다. 인간은 결정을 내리기 위해 정보를 모으는 데 익숙하지 않은 반면 컴퓨터 학습 알고리즘은 이런 일을 매우 잘한다. 머신러닝 알고리즘에 블랙잭 테이블을 보여주는 카메라 피드를 제공한다고 상상해 보자. 그러면 그 기계는 수백만 번의 블랙잭 게임을 보면서 게임 방법을 배운다. 블랙잭은 간단한

---

* 또 하나 우려되는 점은 인간 심사 위원들을 채용할 때 아마존의 미케니컬 터크Mechanical Turk라는 크라우드소싱 시스템을 이용했다는 것이다. 따라서 그들은 세계 각지에서 연구에 참가할 수도 있었기 때문에 성적 기호에 따라 자기표현 방식이 달라지는 미국의 문화 규범에 익숙하지 않았을지도 모른다.

게임이고, 표준 학습 알고리즘은 게임 방법과 관련된 괜찮은 경험 규칙을 금방 추론할 수 있다. 이렇게 알고리즘을 훈련시킨 다음 그 컴퓨터의 성능을 비전문가인 인간과 비교한다. 그러면 당연히 컴퓨터 플레이어가 평균적인 인간 플레이어보다 훨씬 잘할 것이다. 자, 우리는 어떤 결론을 내려야 할까?

사람은 볼 수 없는, 딜하지 않은 카드의 어떤 부분을 기계는 볼 수 있다고 추측할지도 모른다. 예를 들어 딜러의 덱에 엎어놓은 카드 뒷면에서 정보를 가져오는 걸 수도 있다. 하지만 우리가 컴퓨터와 인간에게 2가지 별개의 일을 하라고 요구했다는 사실에 주목하자. (1) 게임 테이블에서 단서를 감지하고 (2) 이 단서로 뭘 해야 할지 올바른 결정을 내린다. 인간은 시각 시스템과 패턴 감지 능력이 뛰어나므로 1번 작업을 매우 잘한다. 우리가 봇이 아닌 인간이라는 사실을 어떻게 웹 사이트에 증명할 것인가? 'CAPTCHA' 시각적 처리 과제를 풀면 된다. 그러나 우리는 부분 정보를 바탕으로 확률적 결정을 내리는 데는 서툴다. 카드에 기계는 볼 수 있지만, 인간의 눈에 보이지 않는 표시가 돼 있다는 결론을 내리는 건 어리석은 짓일 것이다. 훈련받지 않은 인간은 어리석은 내기를 한다는 게 훨씬 간단하고 합리적인 해석이다.

컴퓨터나 사람에게 사진을 보고 어떤 사람이 동성애자일 가능성이 더 높은지 판단하도록 할 때도 이와 비슷한 상황이 생긴다. 인간은 사진에서 온갖 종류의 정보를 얻는다. 잭과 4를 갖고 있는 상황에서 딜러가 6을 보여줄 때 카드를 더 뽑을지 아니면 그대로 끝낼지

똑똑하게 생존하기

결정하는 게 아니라*, 한 사람은 야구 모자를 쓰고 있고, 다른 사람은 구레나룻을 길게 기른 모습을 보게 된다. 하나는 눈썹 피어싱을 했고, 다른 사람은 문신이 있다. 이런 각각의 사실에 따라 피실험자의 성적 기호에 대한 확률 추정치가 달라진다. 하지만 얼마나 달라질까? 이런 사실들은 어떻게 상호작용할까? 심지어 훈련받은 사람들도 이런 결정을 내리기 서툰데, 이 연구에 참가한 사람들은 훈련도 받지 않았다. 그러니 당연히 AI의 상대가 되지 않는다.

추론 2: 컴퓨터가 찾아내는 차이는 태아기의 호르몬 노출 때문이다.

컴퓨터가 인간이 감지하지 못하는 신호를 포착한다는 결론을 내린 왕과 코신스키는 이 단서가 무엇일지 살펴보기 시작했다. 그들은 동성애 성향과 이성애 성향을 가진 사람들의 얼굴 윤곽이 평균적으로 약간 다르다는 사실을 알아냈다. 저자들은 이 발견을 토대로 성적 지향의 태아기 호르몬 이론[PHT]이라는 기이한 추론적 비약을 시도했다. 이 이론은 출생 전 호르몬 노출 차이 때문에 성적 지향성 차이가 발생한다는 가설을 제시한다. 저자는 다음과 같이 설명했다.

PHT에 따르면 동성애적 성적 지향은 성 분화를 담당하는 호르몬인 안드로겐(남성적 특정 발달과 관련된 호르몬)에 남성 태아가 덜 노출되거나 여성 태아가 과도하게 노출되는 바람에 생긴다. … 안드로겐은 얼굴의 성

---

* 끝내야 한다.

적 이형성과도 관련 있기 때문에, PHT는 동성애자들이 해당 성별에서 비정형적인 얼굴 형태를 갖는 경향이 있으리라고 예측한다. … PHT에 따르면 동성애자 남성은 이성애자 남성보다 얼굴 특징이 여성스럽고, 동성애자 여성은 이성애자 여성보다 남성적인 특징이 많이 드러난다. 따라서 동성애자 남성은 턱과 아래턱이 작고 눈썹이 가늘며 코가 길고 이마가 넓을 것으로 예상되고, 동성애자 여성은 그 반대여야 한다.

왕과 코신스키는 자신들의 연구 결과가 "PHT를 강력하게 뒷받침한다."라고 결론지었다.

그러나 이렇게 놀라운 주장을 하려면 놀라운 증거가 있어야 한다. 동성애자와 이성애자가 태아기 호르몬 노출 때문에 얼굴 모양이 다르다는 건 놀라운 발상이지만, 우리는 이를 입증하는 대단한 증거는커녕 거의 아무런 증거도 얻지 못했다. 대신 저자들은 심층 신경망이 추론된 얼굴 윤곽이 약간 다르게 보인다는 관찰 결과를 제시한다. 얼굴 형상 차이를 입증하는 표준 방법은 통제된 실험실 환경에서 3D 얼굴 측정을 하는 것이다. 왕과 코신스키는 데이트 사이트에서 직접 선택한 2D 사진에 머신러닝을 이용했다.

하지만 우리가 실제로 알고 있는 사실은 심층 신경망이 우리가 모르는 어떤 이유 때문에 저자들이 직접 선택한 이 두 그룹의 사진을 구별할 수 있다는 것이다. 몸치장, 옷차림, 사진 선택, 조명 등 다양한 요소가 얼굴 형상 차이에 관여할 수 있다. 적어도 저자들은 이 얼굴형 사이에 통계적으로 유의미한 차이가 존재한다는 사실을 증명해야 했다. 하지만 그들은 이것조차 하지 못했다.*

이 연구가 (자기표현상 차이가 아닌) 성적 지향에 따른 실제 구조적, 관상학적 차이를 보여줬다고 우리가 확신한다고 가정해 보자. 이게 PHT에 대한 강력한 증거를 제공하는가? 그 결과가 PHT와 일치할 수는 있지만, 강력한 증거를 제시하는 건 아니다. 강력한 증거의 기준은 무엇일까? 어떤 가설에 강력한 증거를 제공하려면 그 가설을 철저히 시험해야 하고 결과가 특정한 방식으로 나올 경우 가설을 기각할 가능성도 있어야 한다. 만약 이 실험에서 성적 지향에 따른 얼굴 차이를 발견하지 못했다면, PHT 지지자들은 우리가 앞서 얘기한 것처럼 연구 설계의 한계를 지적하거나, 태아기 호르몬 노출의 1차 영향은 얼굴이 아닌 행동에 나타난다고 주장함으로써 이런 실험 결과를 해명할 수 있을 것이다.

반대로 정말 성적 성향에 따라 얼굴 구조에 통계적으로 유의미한 물리적 차이가 있다면 그건 다양한 메커니즘에서 발생할 수 있다. 얼굴 구조와 성적 기호 사이의 상관관계는 유전일 수 있다. 호르몬 노출이 아닌 환경의 다른 측면 때문일 수도 있다. 자궁 밖에서의 호르몬 노출 때문일 수도 있다. 얼굴 구조가 다른 사람은 남들과 다르게 대우받기 때문에 성적 지향에 차이가 생길 수도 있다. 혹은 성적 지향의 차이가 얼굴 구조 차이로 이어질 수도 있다. (바보 같은 얘기

---

* 저자들은 그들이 "얼굴의 여성미"라고 부르는 기준과 동성애적 성향을 보일 가능성 사이에서 통계적으로 유의미한 상관관계를 발견했다. 게다가 이 알고리즘은 얼굴 윤곽과 코 모양에 기초해 우연보다 맞힐 확률이 높은 추측을 할 수 있다. 그래서 마치 알고리즘이 뭔가를 포착한 것처럼 보이지만, 우리는 얼굴 윤곽과 "얼굴의 여성미"가 화장, 조명, 헤어스타일, 각도, 사진 선택 등 자기표현 양상에 쉽게 영향받는다고 의심한다.

처럼 들리겠지만, 실은 그렇지 않다. 얼굴 넓이는 성적 지향과 관련 있는 다이어트나 운동의 영향을 받을 수 있다.) 이런 식으로 계속 다른 이유를 댈 수 있다. 우리가 말하려는 건 이 연구를 액면 그대로 받아들인다고 하더라도, 동성애에 관한 다른 가능성 있는 설명보다 PHT에 힘을 실어주지는 못한다는 것이다.

왕과 코신스키 논문의 결론은 저자들이 이끌어낸 결론과 일치한다. 컴퓨터는 인간이 감지하지 못하는 얼굴 특징을 감지할 가능성이 있고, 성적 성향과 관련된 얼굴 차이는 태아기 호르몬 노출 차이 때문에 발생한다는 것이다. 그러나 그 실험은 우리가 더 가능성 있다고 생각하는 많은 설명을 배제하지 못했다. 우리는 그런 연구 결과가 나온 가장 유력한 이유로 훈련받지 않은 사람들이 여러 개의 단서를 통합해 훌륭한 확률적 추정을 하는 데 서툴고, 성적 지향은 몸단장과 자기표현에 영향을 미치기 때문이라고 의심한다. 이는 둘 다 잘 알려진 사실이다. 전자는 왜 신경망이 인간을 능가하는지 설명할 수 있고, 후자는 신경망이 우연보다 훨씬 뛰어난 성과를 올리는 이유를 설명할 수 있다. 이렇게 가능성 높은 이유가 있는 상태에서 인간의 지각 한계 이상의 불가사의한 특징이나 태아기 호르몬 노출이 얼굴 구조에 미치는 영향에 호소할 필요는 없다. 왕과 코신스키는 미약한 결과에서 확고한 결론을 이끌어내기 위해 도를 넘었다.

왕과 코신스키는 논문 원본과 트위터에서 진행된 대화에서 인권을 위해서라도 그들의 결과가 잘못된 것으로 판명되길 바란다고 전했다. 이 분석을 보고 그들이 안심하길 바란다.

기계는 어떻게 생각하는가

우리가 3장의 범죄자 얼굴 논문에 그랬던 것처럼 훈련 데이터에 의문을 제기하거나 이 장의 게이더 논문처럼 실험 결과 해석에 의문을 제기하는 일은 어렵지 않다. 그리고 이 둘은 블랙박스를 열지 않고도 할 수 있다. 두 경우 모두 신경망 작동 방식은 논의하지 않아도 된다.

하지만 특정 알고리즘이 결정을 내리는 방식의 복잡한 세부 사항을 이해하는 문제는 별개의 얘기다. 가장 간단한 인공지능 시스템조차 그것이 어떻게 결정을 내리는지 파악하기란 극히 어려운 일이다. 딥러닝 알고리즘이나 합성곱 신경망이 그 작업을 수행하는 방식을 설명하는 건 훨씬 더 어렵다. 우리 말이 믿기지 않는다면 컴퓨터 과학자에게 그의 신경망이 어떻게 그런 결과에 도달했는지 설명해 달라고 요청해 보라.

이런 불투명성이 머신러닝 분야의 주요 과제다. 이 기술의 핵심 목표는 사람들이 컴퓨터에게 목표 달성을 위해 뭘 배워야 하는지 말해주지 않아도 컴퓨터가 스스로 알아서 해내는 것이다. 그래서 기계들은 결정을 내리기 위해 자기만의 규칙을 만드는데, 이런 규칙은 사람들이 보기에 말이 안 되는 경우가 많다.*

---

* 세계 최고의 인간 바둑 기사를 이긴 알파고AlphaGo 프로그램이 좋은 예다. 알파고는 처음에 바둑의 어떤 자명한 이치나 점수 체계, 첫수를 두는 방법 등을 전혀 모르는 채로 시작했다. 그래서 스스로 바둑 두는 법을 터득했고 주어진 판 배열에 기초해 확률적 결정을 내렸다. 바둑에는 가능한 수가 10의 350제곱 개나 된다는 점을 감안하면 꽤 놀라운 일이다. 그에 비해 체스의 수는 '겨우' 10의 123제곱 개 정도다. 바둑계의 거장들은 알파고의 경기 모습을 보면서 새로운 기술을 몇 가지 배웠지만, 그 기계가 광범위하고 일반적인 수준에서 뭘 하고 있는지 이해하려면 많은 행운이 따라야 한다.

의사 결정 과정을 잘 이해하기 위해 연구진은 기계가 결정을 내릴 때 뭘 '보고 있는지' 들여다볼 수 있는 새로운 방법을 찾고 있다. 컴퓨터 과학자 카를로스 게스트린Carlos Guestrin과 그의 동료들은 허스키 사진과 늑대 사진을 구별하는 간단하고 자동화된 방법을 개발했다. 그들은 논문에서 분류 과제, 사용 방법, 알고리즘이 얼마나 잘 수행됐는지 설명했다. 그리고 거기서 한 걸음 더 나아가 알고리즘이 각 이미지를 구별하기 위해 어떤 정보를 사용했는지 살펴봤다.

대부분의 연구에서는 이런 추가 단계를 밟지 않는다. 이 방법은 어렵고 또 최종 사용자가 신경 쓰지 않는 경우가 많기 때문이다. "이 방법으로 허스키와 늑대를 70퍼센트 정확도로 구별할 수 있네. 이제 이걸로 앱을 만들자." 하지만 우리는 신경 써야 한다. 이런 검사를 통해 AI의 한계를 잘 이해할 수 있고, 더 진지한 응용 분야에서 잘못된 결정을 내릴 경우 이유를 이해할 수 있다.

게스트린과 공동 저자들은 알고리즘이 개의 주둥이, 눈, 털 또는 사람이 허스키와 늑대를 구분할 때 이용하는 형태적 특징에 별로 주

(a) 늑대로 분류된 허스키   (b) 설명

의를 기울이지 않는다는 사실을 발견했다. 대신 기계는 이미지에 존재하는 늑대와 상관관계가 있는 외부적인 뭔가를 포착했다. 기계는 늑대 이미지가 눈밭에서 촬영되는 경향이 있지만, 허스키 이미지는 아니라는 점을 알게 됐고 이런 차이를 이용해 결정을 내렸다.

머신러닝 알고리즘이 이런 부수적 특징을 강조할 경우 훈련받은 것과 똑같은 이미지를 분석하는 작업은 잘할 수 있겠지만, 다른 상황에서는 능력을 제대로 발휘할 수 없을 것이다. 캘리포니아 퍼시픽 메디컬 센터California Pacific Medical Center의 존 제크John Zech와 동료들은 신경망이 X선 이미지를 사용해 폐렴이나 심근 비대 같은 병을 얼마나 잘 발견할 수 있는지 조사하려고 했다. 연구 팀은 그 알고리즘이, 훈련받은 병원에서는 비교적 역할을 잘 수행했지만, 다른 곳에서는 형편없음을 알았다.

기계가 심장이나 폐와 상관없는 이미지의 일부분을 단서로 이용한다는 게 밝혀졌다. 예를 들어 휴대용 영상 기기로 촬영한 X선 이미지의 오른쪽 상단 모서리에는 휴대용이라는 단어가 인쇄돼 있는데 알고리즘은 이것이 환자가 폐렴에 걸렸음을 나타내는 좋은 표시임을 알게 됐다. 왜 그럴까? 휴대용 엑스레이 기계는 병원 방사선과까지 쉽게 이동할 수 없는, 상태가 위중한 환자들에게 사용하기 때문이다. 이 단서를 이용한 덕분에 원래 병원에서는 예측률이 높아진 것이다. 하지만 이는 실용적 가치가 별로 없다. 폐렴 식별과는 아무 상관도 없고, 의사들이 모르는 단서는 아무것도 알아차리지 못했으며, 이곳과 종류가 다른 휴대용 엑스레이 기계를 사용하는 다른 병원에서는 효과가 없었기 때문이다.

기계는 인간의 편견에서 자유롭지 않다. 그들은 공급받은 데이터에 의지해 편견을 영속한다. 형사처벌의 경우 〈프로퍼블리카 ProPublica〉와 다른 매체들은 현재 사용하는 알고리즘이 흑인 피고인을 '미래'의 범죄자로 식별하는 비율이 백인 피고인보다 거의 2배나 많고 이것 때문에 재판 전 석방, 선고, 가석방 거래에도 차이가 생긴다는 사실을 증명했다. 알고리즘을 이용하는 대출자들은 흑인 신청자와 라틴계 신청자에게 더 높은 이자를 부과한다. 아마존처럼 미국에서 가장 큰 기업들이 사용하는 자동 채용 소프트웨어는 여성보다 남성을 우선 선발한다. 기계가 편향된 사회에서 발생한 데이터를 기반으로 결정을 내리도록 훈련시키면, 기계들은 똑같은 편견을 배우고 영속한다. 이런 상황에서는 '머신러닝'보다 '기계 세뇌'라고 하는 편이 나을 수도 있다.

알고리즘이 인간의 삶에 미치는 중요한 영향에 대처하기 위해 연구원들과 정책 입안자들 모두 알고리즘의 책임과 투명성을 요구하기 시작했다. 알고리즘 책임이란 알고리즘을 이용해 결정을 내리는 기업과 기관도 여전히 그 결정, 특히 인간과 관계된 결정에 책임이 있다는 원칙이다. 부당하거나 해로운 행동에 대해 "그건 우리가 결정한 게 아니라 알고리즘이 정한 거다."라고 변명하도록 내버려둬서는 안 된다. 알고리즘 투명성은 '의사 결정 알고리즘의 영향을 받는 사람들은 왜 알고리즘이 그런 선택을 했는지 알 권리가 있다.'라

똑똑하게 생존하기

는 원칙이다. 그러나 상당수의 알고리즘은 기업 비밀로 간주된다.*

아마도 알고리즘 투명성의 가장 큰 문제는 역시 해석 가능성일 것이다. 기업들이 알고리즘의 세부 사항과 모든 특징, 매개변수까지 완전히 공개하더라도 알고리즘이 왜 그런 결정을 내리는지 여전히 이해하지 못할 수도 있다. 정부 정책이 책임을 지라고 요구하더라도 알고리즘이 뭘 하는지 충분히 설명할 수 있을 만큼 이해하지 못한다면 그런 정책도 별로 가치가 없다.**

알고리즘 편향은 불식하기가 특히 어려울 수 있다. 정책 입안자는 인종이나 성별에 기초한 결정을 금지하는 규칙을 만들라고 요구할 수 있지만, 알고리즘에 제공된 데이터에서 해당 정보를 생략하는 것만으로는 충분하지 않은 경우가 많다. 문제는 다른 정보 조각을 함께 고려할 때 인종이나 성별과의 상관관계가 존재할 수 있다는 것이다. 일례로 다음 가정 폭력 사건이 어디서 일어날지 예측하는 기계를 만든다면 아파트의 경우 옆집에 사는 사람들이 가정 폭력 사건을 보고할 가능성이 높기 때문에 그 기계는 단독 주택보다 아파트를 선택할 수 있다. 그러면 이런 예측은 당신이 애초에 제거하려고 했던 인종적 요소들을 다시 부상시킨다. 성차별을 근절하기 위해 이력서에 이름을 적지 않게 해도 기계가 계속 여성보다 남성을 더 선호하면 아마존처럼 실망할 수 있다. 왜일까? 아마존은 자사가 기존에 받은 이

---

* 알고리즘 세부 사항을 숨기는 또 다른 이유는 기밀성이 편법을 억제하는 데도 도움이 되기 때문이다. 구글이 알고리즘의 정확한 세부 사항을 공개하면 검색 엔진 최적화 기업들이 신나게 알고리즘을 조작할 테고 결국 구글 검색 결과의 질이 떨어질 것이다.

** 예를 들어 유럽연합의 새로운 일반 데이터 보호 규정GDPR 비고 71에는 '설명권'이 포함돼 있다. 이 지침서는 앞으로 영향이 커지겠지만, '설명'이 의미하는 바를 정의하기가 어렵기 때문에 GDPR의 모든 주제 중 가장 많은 논의가 진행되고 있다.

력서를 이용해 알고리즘을 훈련시켰는데, 이력서에는 이름 외에도 여자대학교에서 받은 학위, 여성 전문직 단체 회원 자격증, 특정 성별이 선호하는 취미 등 본인의 성별을 드러낼 수 있는 부분이 많다.

철학자들은 종종 지식을 "정당화된 참된 믿음"이라고 말한다. 뭔가를 알려면 그것이 사실이어야 하고 우리가 그걸 믿어야 한다. 그리고 또 자신의 믿음에 타당한 이유를 제시할 수 있어야 한다. 우리의 새 기계 친구는 그렇지 않다. 그들은 앎의 방법이 다르며 우리가 가진 힘을 보완해 줄 수 있다. 하지만 이를 최대한 유용하게 이용하려면 기계가 어떻게 그런 결정을 내렸는지 그리고 왜 내렸는지 알아야 한다. 사회는 어디에서 어떤 종류의 문제가 발생했을 때 이런 거래(효율을 위해 불투명성을 용인하는 것)를 허용할지 정해야 한다.

기계는 어떻게 고장 나는가

2009년 《네이처》는 사람들이 구글을 이용할 때 사용하는 검색어를 기반으로 독감 발생을 예측하는 새로운 방법에 관한 논문을 게재했다. '열', '두통', '독감 증상', '근처에 있는 약국' 같은 검색어로 미국 전역의 독감 유행을 추적할 수 있다. 이런 검색 빈도와 지리적 위치를 이용해 병원 방문을 예측할 수 있을 뿐만 아니라 질병통제예방센터 CDC에서 사용하는 역학 추적 방법보다 더 빠르고 저렴하게 독감 유행을 추적할 수 있다.

이 논문은 엄청난 흥분을 불러일으켰고 거의 모든 주요 신문과

　　　　　　　　　똑똑하게 생존하기

매체에서 보도됐다. 기술 전도사들은 그 결과를 빅데이터가 세상을 어떻게 변화시킬지 보여주는 한 예라며 극구 칭찬했다. 이 책의 저자 중 1명을 비롯한 대학 교수들은 강의 시간에 이 논문을 두고 토론했다. 데이터 분석에 기반을 둔 스타트업 회사들은 기업 홍보 자료에 이 《네이처》 논문을 집어넣었다. 《와이어드Wired》 편집장 크리스 앤더슨Chris Anderson은 구글 정도 규모의 데이터가 있으면 "숫자가 자기 의견을 말한다."라고 주장했다. 과학적 방법은 더는 필요 없다. 엄청난 양의 데이터가 우리가 알아야 하는 모든 걸 말해줄 것이다. 데이터 과학자들에게는 수년간의 역학 교육이나 독감 증상을 진단할 임상의가 필요 없다. 그냥 독감을 '실황 예측'*할 충분한 데이터만 있으면 어느 지역에 타미플루Tamiflu를 공급해야 하는지 CDC에게 알려줄 수 있다. 적어도 우리는 그렇게 들었다.

다들 흥분하는 바람에 사실이라고 믿기에 너무 좋은 일은 십중팔구 사실이 아님을 잊고 있었다. 그리고 실제로 그랬다. 축하 일색이던 헤드라인이 2014년이 되자 "구글과 독감: 빅데이터는 우리가 크나큰 실수를 하는 데 어떻게 도움을 주는가", "구글 독감은 왜 실패했는가", "구글의 독감 추세 예측 대실패에서 우리가 배울 수 있는 것" 등 경고조로 바뀌었다. 구글의 예측 방식은 몇 년 동안은 꽤 효과가 있었지만, 얼마 지나지 않아 빗맞기 시작했는데 약간 빗맞은 정도가 아니라 2배씩 차이가 났다. 시간이 지나면서 예측 성과는 계속 악화됐다. 결과가 너무 안 좋아지자 구글은 프로젝트를 대폭 축

---

* '실황 예측nowcasting'은 누군가가 충분한 시간을 두고 직접 측정하기 전에 컴퓨터 모델을 이용해 현재 또는 최근 양상을 '예측'하는 관행을 묘사하기 위해 만든 허울 좋은 단어다.

소하고 '독감 트렌드' 웹 사이트를 없앴다.

돌이켜보면 그 연구는 처음부터 불행한 결말을 맞을 운명이었다. 어떤 검색어가 독감의 적절한 예측 변수인지에 관한 이론이 없었기 때문에 알고리즘이 시간적으로 우연히 발생하는 상관관계에 매우 민감해졌다. 예를 들어 '고교 농구'는 독감 발생을 알리는 100대 예측 변수 중 하나였는데, 이는 그저 '독감'과 '고교 농구'라는 검색어의 사용 빈도가 둘 다 겨울철에 최고조에 달하기 때문이다. 할리우드의 남녀 관계처럼 이런 가짜 상관관계는 가속화된 시간 척도에서 금세 결딴이 난다. 검색 행태와 디지털 환경도 변한다. 일례로 구글은 이 연구를 수행한 후 '제안' 기능을 도입했다.* 그러면 사용자의 검색 행태가 바뀔 수 있다. '몸에서'라고 입력하기 시작했는데 제안 기능이 '열이 난다'라는 표현을 제시하면 다른 변형된 표현(예: 몸이 뜨겁다)보다 이 말을 자주 선택하게 될 것이다. 이로 인해 특정 검색어의 빈도가 증가하고 이런 악순환이 계속되면 구글의 자동 완성 기능이 그 표현을 제안할 가능성이 훨씬 높아진다. 이렇게 검색 쿼리 빈도가 바뀌면 알고리즘이 이전에 학습한 규칙이 더는 유효하지 않을 수 있다.

만약 구글의 독감 트렌드 알고리즘이 첫 2년 동안의 독감 사례만 예측해야 했다면 우리는 지금도 그것의 승리에 관한 글을 쓰고 있을 것이다. 하지만 그 기간 이후까지 예측해 보라고 하자 실패했다. 어디서 들어본 얘기 같은가? 그렇다, 과적합한 것이다. 기계가 아마 그 기간 동안의 부적절한 뉘앙스에 초점을 맞춘 것 같다. 여기에서

---

* 이 연구는 2003년부터 2008년까지의 웹 쿼리를 포함했다. 제안(자동 완성) 기능은 2008년부터 구글 웹 사이트에서 광범위하게 이용할 수 있게 됐다.

는 과학적 방법이 도움이 될 수 있다. 이는 독감 확산을 유도하는 핵심 요소에 초집중하면서 사소한 건 무시하는 이론을 발전시키도록 고안됐다. 검색어는 핵심 요소를 잘 알려주지만, 2년 이상의 예측을 일반화하려면 이론이 필요하다. 이론이 없으면 데이터에 기반한 예측은 계속 상관관계에만 의존한다.

과감하게 블랙박스를 열어볼 때는 다음 사항도 고려해야 한다. 복잡한 알고리즘은 대부분 예측을 할 때 수십, 수백 혹은 수천 개의 변수를 사용한다. 구글 독감 트렌드는 독감 발생을 가장 잘 예측한 45개의 핵심 검색 쿼리에 의존했다. 암을 찾아내도록 설계된 머신러닝 시스템은 1,000가지 유전자를 살펴본다. 괜찮은 얘기처럼 들릴 수도 있다. 변수를 더 추가하기만 하면 되니 말이다. 데이터가 많아지면 예측 결과도 좋아지지 않겠는가? 글쎄, 반드시 그렇지만은 않다. 변수를 많이 추가할수록 훈련 데이터도 많이 필요하다. 앞서 좋은 훈련 데이터를 얻는 비용에 관해 얘기했다. 모델에 포함하고 싶은 유전자가 1만 개 있다면, 믿을 만한 예측을 할 기회라도 얻으려면 본보기가 될 환자를 수백만 명 찾아내야 한다.

이렇게 변수를 추가할 때 발생하는 문제를 차원의 저주라고 한다. 블랙박스에 충분한 변수를 추가하면 결국 잘 작동하는 변수 조합을 찾게 되겠지만, 우연한 기회에 그렇게 될 수도 있다. 예측을 위해 사용하는 변수가 증가하면 실제 예측 능력과 운을 구별하기 위해 기하급수적으로 많은 데이터가 필요하다. 뉴욕 양키스의 승패 기록을 1,000개의 다른 변수가 있는 목록에 추가하면 지난 3개월간의 다우존스지수 예측 능력이 좋아진다는 사실을 알게 될지도 모른다. 그러나 곧 이런 예측 성공이 데이터가 우연히 정렬된 덕분이라는 사실을 깨닫게 될 것이다. 만약 이 변수에게 다음 3개월 동안의 지수를 예측해 달라고 요청하면 성공률이 급격하게 떨어질 것이다.

연구진은 임상의들을 돕고 건강 문제를 해결하기 위해 데이터 이용을 멈추지 않았고 또 그래서도 안 된다. 마이크로소프트 리서치 연구원들은 아직 진단되지 않은 췌장암을 앓는 사람들을 찾아내기 위해 빙의 검색 쿼리를 사용하고 있는데 부디 구글 독감 트렌드의 실수에서 교훈을 얻었기를 바란다. 사람들의 동의하에 합법적으로 그리고 프라이버시를 존중하면서 수집한 데이터는 세계를 이해하는 데 중요한 역할을 한다. 문제는 우리가 대규모로 데이터를 축적할 수만 있다면 뭔가 마법 같은 일이 벌어질 거라 말하는 과대광고다. 빅데이터는 더 좋은 데이터가 아니라 그냥 더 큰 데이터라는 사실을 상기해야 한다. 그리고 당연히 자기 생각을 말하지도 않는다.

2014년 TED 콘퍼런스TED Conferences와 엑스프라이즈 재단XPrize Foundation은 "이 무대에 올라와서 청중들에게 기립 박수를 받을 만큼 설득력 있는 TED 토크를 하는 최초의 인공지능"에게 상을 수여하겠다고 발표했다. 사람들은 AI가 인간을 능가했다고 걱정하지만, 우리는 인공지능이 곧 이 상을 탈지 의문이다. 어떤 사람은 TED 브랜드가 박힌 이 헛소리가 단지 인상적인 과학 발전, 경영진의 발언, 기술 낙관주의가 혼합된 것이라고 생각할지도 모른다. 하지만 그렇게 쉬운 일은 아니다. 이 요소들을 함께 잘 섞어야 하고 본인이 그걸 확신하는 것처럼 말해야 한다. 가까운 장래에 헛소리에 컴퓨터가 필요한 수준까지 이를 수는 없을 것이다. 헛소리는 인간이 훨씬 더 잘한다.

과학의 민감도

The Susceptibility of Science

CHAPTER

09

과학은 인류의 가장 위대한 발명품이다. 우리 종족은 수 밀리초에서 수십 년에 이르는 좁은 시간 범위 내에서 활동하도록 진화했다. 또 몇 마이크로미터에서 몇 킬로미터까지의 좁은 공간 범위 내에서 기능하도록 진화했다. 그러나 우주의 시간적, 공간적 규모는 상상할 수 없을 만큼 큰 것에서 이해할 수 없을 만큼 작은 것까지 이어져 있다. 과학은 우리가 이런 한계를 뛰어넘을 수 있게 해준다. 빅뱅 이후 첫 피코초(1조 분의 1초)에 무슨 일이 일어났는지, 그 이후 137억 년 동안 우주가 어떻게 진화했는지 이해할 수 있는 도구를 제공한다. 과학은 단일 원자 내부의 기하학적 구조를 모형화하고 너무 멀어서 광년 단위로 기록해야 하는 우주적 거리와 씨름할 수 있게 해준다.

하지만 과학이 하는 그 모든 일 때문에 오늘날처럼 과학이 궁극적인 현실의 심장부로 향하는 확실한 통로를 제공한다고 결론짓는 건 실수일 것이다. 그보다 과학은 지난 몇 세기 동안의 시행착오를 통해 발전한 제도, 규범, 관습, 전통이 무계획적으로 모인 것이라고 할 수 있다. 과학은 몇 세기 전 유럽의 자연철학에서 발생했으므로 문화적으로는 그쪽에 의존하고, 진화적으로는 그것을 실천하는 종의 인지 능력에 의존한다. 과학은 특정한 유인원 종의 진화된 심리 위에 임시방편으로 놓여 있으며, 이 종의 구성원들에게 함께 협력해 주변 세계를 잘 이해하려는 적절한 동기를 제공하기 위해 고안된 것이다. 이를 위해 과학은 우리의 추론 능력부터 의사소통 방식, 호기심이나 지위 추구 같은 심리 동기에 이르기까지 여러 가지 독특한 인간적 특성에 의존한다. 만약 꿀벌이 자기들만의 과학 형태를 발전시킨다면 인간의 과학과 매우 다를 것이다. 이런 논평이 과학의 품위를 떨어뜨리는 건 아니지만, 과학을 면밀히 조사하고 그 성과를 평가하기 위해 높은 받침대에서 내려놓는 게 가치 있는 일임을 시사한다.

과학이 잘 작용하는 이유 중 하나는 과학이 스스로 수정하기 때문이다. 모든 주장은 언제든지 이의 제기가 가능하고, 모든 사실이나 모델은 증거 앞에서 뒤집힐 수 있다. 그러나 이런 조직적 회의론 덕에 과학이 헛소리를 파헤치는 가장 잘 알려진 방법론일 수는 있지만, 그렇다고 헛소리에 절대적으로 불리하게만 작용하는 건 아니다. 과학 분야에도 수많은 헛소리가 있는데 어떤 건 우발적이고 어떤 건 고의적이다. 많은 과학적 발견은 자연의 움직임을 정확하게 반영하지만, 지구 중심 우주라든가 조반니 스키아파렐리Giovanni Schiaparelli의 화성 운하, 무한한 에너지원 역할을 하는 상온 핵융합 같은 여러 가지 것들은 그렇지 못하다. 잘못된 주장을 조사하려면 과학 문헌에서 이런 주장이 어떻게 유래됐는지 이해할 수 있어야 한다.

먼저 과학자들이 연구할 때 어떤 동기를 갖고 움직이는지부터 살펴보려고 한다. 왜 그들은 자기 일을 하느라 그 힘든 시간과 긴 밤을 투자하는 걸까? 다들 고독하게 집중하면서 자연의 신비를 탐구하려는 끝없는 호기심에 이끌린 것일까?*

---

* 성 제롬은 자연철학자가 아니라 역사가이자 신학자였지만, 뒤러의 판화는 우리가 생각하는 낭만적인 과학자의 이미지처럼 고독하게 진리를 탐구하는 모습을 담고 있다.

과학을 공부하는 철학자들은 종종 이런 렌즈를 통해 과학을 바라보면서 인간이 이상적으로 자연계를 이해하게 되는 방식에만 초점을 맞추고, 그들에게 연구를 위한 영감을 주는 것은 무시했다. 과학철학자 필립 키처Philip Kitcher는 과학자들과 그들의 동기를 생각해볼 수 있는 멋진 표현을 2가지 만들었다. 바로 '인식적으로 순수하고 인식적으로 더럽혀졌다.'라는 것이다. 인간의 이해 증진에만 관심을 두도록 최적화된 과학자는 인식적으로 순수하다. 현대 과학기술의 초기 설계자로 인정받는 프랜시스 베이컨Francis Bacon경은 《대혁신 Instauratio Magna》이라는 책의 서문에서 자신의 추종자들에게 인식적인 순수함을 촉구했다.

마지막으로 모든 이들에게 일반적인 충고 하나를 하려고 한다. 지식의 진정한 목적이 무엇인지 생각하고 그걸 마음의 즐거움이나 논쟁, 다른 사람에 대한 우월함, 이익, 명성, 권력 혹은 다른 질 낮은 목적을 위해서가 아닌 삶의 유익과 유용성을 위해 추구하고 너그러운 마음으로 완벽하게 다듬고 다스려야 한다.

우리가 아는 모든 살아 있는 과학자를 포함한 나머지 사람들은 인식적으로 더럽혀져 있다. 우리는 다른 사람들과 똑같은 인간적 동기에 따라 행동한다. 과학자들이 무책임하다거나 신뢰할 수 없다거나 비윤리적이라는 뜻이 아니다. 단지 그들이 세상을 이해하려는 순수한 탐구심 이외의 다른 관심사를 갖고 있다는 뜻이다. 과학이 어떻게 작용하고 어디서 일이 잘못될 수 있는지 이해하려면 그 관심사가 뭔지 알아야 한다. 그러니 과학계의 헛소리를 다루기 전에 그 관리인들에게 동기를 부여하는 게 무엇인지부터 살펴보자.

과학자들은 수수께끼 푸는 걸 좋아하는 호기심이 매우 강한 사람들이지만, 대부분의 면에서는 다른 사람들과 마찬가지로 돈을 벌고 동료들 사이에서 높은 지위를 얻으려고 노력한다. 우리 과학자들은 세상이 어떻게 돌아가는지 알고 싶어 하지만, 다른 한편으로는 친구와 동료에게 깊은 인상을 심어주고, 다음번에는 꼭 승진에 성공하길 바라며, 일이 잘 풀리면 〈데일리 쇼Daily Show〉나 〈라스트 위크 투나잇Last Week Tonight〉에 게스트로 출연해 인기를 얻게 되기를 바란다. 과학자들은 진리와 인정을 모두 추구한다. 특히 과학자들은 뭔가를 처음 발견한 사람으로 인정받기를 바란다. 과학계에서는 이를 우선순위 규칙이라고 한다.

과학자들은 자신의 연구 결과를 과학 논문으로 발표해 명성을 쌓는데, 논문의 분량은 대개 2~50쪽 정도다. 그들의 연구 결과는 새롭고 적절하고 완전하면서 정확해야 한다. 논문은 기존에 보고된 적 없는 실험이나 관찰을 설명해야 하고, 그 결과는 우리가 지금까지 세상에 관해 알지 못했던 사실들을 말해줘야 한다. 단순히 기존 주장에 대한 지지를 강화하는 수준이라도 말이다. 그 논문은 이미 커뮤니티에서 관심을 갖고 진행 중인 연구 사안과 관련 있거나 중요한 새 연구 주제에 관해 설득력 있는 사례를 제시해야 한다. 논문이 완전해지려면 실험이나 다른 작업에 대해 해당 분야의 전문가가 연구 결과를 재현할 수 있을 만큼 자세히 설명해야 한다. 논문은 절대 연구 결과를 잘못 보고하거나, 근거 없는 추론을 이끌어내거나, 허위

똑똑하게 생존하기

주장을 해서는 안 된다. 마지막으로 논문은 적절한 규모여야 한다. 물론 이는 관례 문제이고, 분야마다 다르기는 하지만, 과학 출판물을 만드는 데 필요한 작업 범위와 관련이 있다. 실험실에서 오후 한나절 뚝딱거리는 정도로는 부족하지만, 수년간 진행된 노력의 결과물은 대개 논문 여러 편에 나눠서 발표한다.

학문적인 과학은 동료 평가 과정에 의지해 이런 기준을 유지한다. 저자가 논문을 발표하고 싶으면 과학 학술지에 논문을 제출한다. 학술지 직원들은 미발표 논문을 소수의 심사 위원들에게 보낸다. 그들은 논문을 읽고 품질을 평가하고 개선 사항을 제시하겠다고 자원한 과학자들이다. 학술지는 출판계의 위계 서열에서 다양한 위치를 차지하고 있다. 일류 학술지에 논문을 발표하면 다른 곳에 발표한 것보다 훨씬 명망이 높아진다. 최고의 학술지는 널리 배포돼 많이 읽히며 게재하는 논문의 질과 중요성을 평가하는 높은 기준을 정해두고 있다. 좁은 틈새 독자층을 만족시키는 학술지도 있는데, 이런 데서는 일류 학술지에서 거절당한 논문도 받아주는 경우가 많다. 또 돈을 받고 어떤 논문이든 다 실어주는 질이 매우 낮은 학술지도 있다.

과학자들의 연구 과정과 발견이 엄중하게 보호되는 산업 과학과 달리 학계 과학자들은 자신의 연구 결과를 매체에 발표하려고 경쟁하고 트위터와 페이스북에서 관심을 끌려고 다투며 콘퍼런스에서 발표할 기회를 얻으려고 서로 경쟁한다. 직접적인 결과물 대신 명성이라는 보상을 안겨주는 건 광범위한 연구자 커뮤니티가 최소한의 노력으로 효율적으로 협력할 수 있게 하는 훌륭한 트릭이다.

다른 연구진이 연구 내용을 그대로 반복할 수 없으면 연구 결과는 쉽게 뒤집힌다. 1989년 저명한 전기화학자 마틴 플라이슈만Martin Fleischmann과 스탠리 폰스Stanley Pons가 상온 핵융합을 발견했다고 발표했다. 그들은 실험 과정에서 중수소라고 하는 물의 중동위원소와 팔라듐 금속을 결합하고 전류를 가했다. 그리고 실험 장치에서 시스템에 투입한 것보다 많은 에너지가 주기적으로 열의 형태로 생성되는 모습을 관찰했다. 그들은 이것이 팔라듐 금속 내의 중수소 분자 사이에서 발생한 실온 핵융합의 결과라고 추측했다. 만약 그들이 옳았다면 이 발견은 손쉽게 이용 가능한 청정 에너지원을 제공해 세상을 바꿨을 것이다. 하지만 슬프게도 그런 일은 일어나지 않았다. 많은 유명 연구소에서 이 연구 결과를 재현하려고 했지만, 아무도 반복에 성공하지 못했다. 1년도 안 돼 연구 공동체에서는 상온 핵융합이 실제로 발생한 현상이 아니라고 판단했고, 이 문제는 조용히 가라앉았다.

과학의 가장 기초적인 부분에도 의문을 제기할 수 있고 때로 그것이 현재의 발견과 양립할 수 없다고 판명되면 새로운 이론으로 대체되기도 한다. 유전학자들과 진화생물학자들은 유전자가 유전의 유일한 분자 매개체라고 오랫동안 가정해 왔다. 자손은 유전체에서 동일한 DNA 서열을 공유하기 때문에 부모를 닮은 것이다. 하지만 유전체 배열 비용이 저렴해지고 새로운 분자생물학 기술 덕에 유전자가 활성화되는 방식을 측정할 수 있게 되면서 이것이 전체 그림이 아니라는 강력한 증거가 축적되기 시작했다. 부모는 자신의 유전자를 자손에게 물려줄 뿐 아니라, 때로는 어떤 유전자를 언제 활성화해야 하는지 알려주는 비유전적 정보도 전달한다. 이를 후성유전학이라고 한다. 새로운 증거에 비춰보면 세상에 대한 우리의 과학적 이해가 바뀔 수 있기 때문에, 과학은 가끔 길을 잘못 들거나 심지어 누군가가 과학을 이용해 사기를 쳐서 우리를 일부러 잘못된 방향으로 이끌더라도 다시 원래 궤도로 돌아올 수 있다는 사실이 입증됐다.

21세기에 들어설 무렵 여러 분야에서 예상치 못하게 높은 비율로 반복 실험 문제가 발생하기 시작했다. 사기나 무능 때문에 그런 일이 벌어질 때도 있었지만, 간단한 설명이 불가능한 경우가 훨씬 많았다. 존경받는 연구원들의 탄탄한 실험 결과도 제대로 재현이 안 됐다.

2012년 유명 과학 학술지《네이처》에 실린 한 논문은 반복 실험 실패가 사람들의 생각보다 더 흔할 수 있음을 시사했다. 논문 저자인 C. 글렌 베글리C. Glenn Begley와 리 엘리스Lee Ellis는 민간 영리 실험실에서 일하는 과학자들이 최근 과학 문헌에 발표된 중요한 종양 생물학 연구 53개 중 6개만 반복 실험에 성공했다고 보고했다. 그 직후 연구자 수십 명이 대규모로 같이 일하는 '열린 과학 협력체'에서는 사회심리학 분야에서 가장 주목받는 실험 100개 중 39개만 재현할 수 있었다고 보고했다. 한편 실험 경제학에서도 이와 유사한 노력이 진행되고 있었다. 한 연구는 최고 경제 학술지에 게재된 18개 실험 논문 중 11개만 재현할 수 있었다고 밝혔다. 우리가 가장 신뢰하는 제도 중 하나인 과학이 의도치 않게 엄청난 규모의 헛소리를 만들어낸 걸까? 만약 그렇다면, 대체 왜?

과학적 결과를 재현할 수 없는 이유는 여러 가지가 있을 것이다. 그중 가장 확실한 이유는 명백한 사기이기 때문이다. 연구원들이 데이터를 조작했다면 그들의 실험을 재현할 수 없다. 이런 사기는 매스

컴의 엄청난 관심을 받기 때문에 무척 자주 발생한다는 잘못된 인상을 줄 수 있다.* 하지만 명백한 사기는 드물다. 재현이 불가능한 연구 가운데 사기 때문인 건 1,000개 중 하나꼴일 것이다. 과학 분야에서 얻은 연구 결과의 절반을 재현할 수 없는 이유는 설명하지 못한다. 그렇다면 반복 실험의 위기를 어떻게 설명해야 할까? 이 질문에 답하려면 잠시 길을 우회해 p-값이라는 통계를 살펴보는 게 도움이 된다.

검사의 오류

지금까지 살펴본 것처럼 대부분의 과학 연구는 세상에 관한 추론을 하기 위해 데이터의 패턴을 찾는다. 하지만 어떻게 해야 임의의 소음과 패턴을 구별할 수 있을까? 그리고 어떻게 특정 패턴이 얼마나 강한지 수량화할 수 있을까? 이를 구분하는 방법은 여러 가지가 있

---

* 지난 10년 동안 있었던 몇 가지 사례: 사회심리학자인 디더리크 스타펠Diederik Stapel은 자기가 실제로 진행한 적도 없는 수십 가지 실험에 대한 가짜 데이터를 조작해 그 분야의 슈퍼스타가 됐다. 그의 악행은 규모 면에서 매우 두드러졌다. 현재 그는 철회된 논문이 58개인데 앞으로 더 늘어날 듯하다. 독자들은 스타펠이 자신을 이런 대규모 사기극으로 이끈 심리를 직접 탐구한 책《가짜 과학Faking Science》에 관심이 있을 것이다. 작가로서의 스타펠이 자신의 결점을 정직하게 분석하는 모습을 보면 마음이 누그러져서 책을 내려놓기가 어렵다. 하지만 그렇게 대규모 사기를 친 사회적으로 노련한 범죄자 스타펠은 결국 신뢰할 수 없는 해설자로 간주할 수밖에 없을 것이다.
일본 생물의학계의 경우 젊은 슈퍼스타 연구원 하루코 오보카타의 연구를 다른 연구진이 재현하지 못하자 생의학 연구의 최고 단계가 크게 흔들렸다. 조사 결과 오보카타는 자신의 논문에 포함된 이미지를 부적절하게 조작해 전 세계 줄기세포 연구자들에게 잘못된 희망을 안겨준 것으로 밝혀졌다. 상황이 비극적으로 흘러가자 오보카타의 감독관인 요시키 사사이는 추문의 여파로 자살했다.
UCLA의 정치학자 마이클 라쿠어Michael LaCour는 동성애자인 여론조사관과 직접 접촉하면 동성 결혼에 대한 태도에 극단적 영향이 생길 수 있다는 조작된 자료로 그의 공동 저자를 비롯한 과학계를 호도했다. 이 엉터리 결과는 속임수가 밝혀지기 전에 이미 국내외 언론매체에 의해 널리 보도됐다.

지만, 가장 일반적인 건 p-값을 사용하는 것이다. 간단히 말해 p-값은 우리가 본 패턴이 우연히 나타날 가능성이 얼마나 되는지 알려준다. 만약 가능성이 매우 낮다면 그 결과가 통계적으로 유의하다고 말한다. 하지만 그것이 정말로 의미하는 바는 무엇이고 어떻게 해석해야 할까? 짧은 얘기를 통해 이 질문들을 살펴보자.

당신이 훌륭한 변호인인데 금세기 최고의 예술품을 훔쳤다는 혐의를 받는 온순한 생물학자를 변호한다고 상상해 보자.

그 범죄는 아주 극적이었다. 한 부유한 수집가가 산타클라라에 있는 자기 집에 개인적으로 소장하고 있던 유럽 걸작 30점을 경호원이 지키는 기차에 실어 뉴욕시 경매장으로 보냈다. 기차가 목적지에 도착하자 상자를 경매장으로 옮겨 짐을 풀었다. 여행 내내 아무 일도 없었고 상자에는 아무도 손을 대지 않은 것처럼 보였지만, 놀랍게도 가장 비싼 그림 4점이 액자에서 잘려나가 사라진 상태였다! 분실된 그림 중 하나의 액자에 남은 지문 하나를 제외하고는 경찰과 보험 수사관 모두 다른 단서를 찾지 못했다. 도난당한 그림은 다시는 발견되지 않았다.

다른 단서가 없었기에 경찰은 일치하는 사람을 찾을 때까지 FBI의 방대한 새 지문 데이터베이스로 지문을 조회했다. 일치하는 사람은 바로 당신의 의뢰인이었다. (그는 공항 검색대를 통과할 때 신발을 벗지 않아도 되는 편의를 위해 교통안전국에 지문을 제공했다.) 심문 결과 당신의 의뢰인에게는 알리바이가 없다는 사실이 밝혀졌다. 그는 2주 동안 연구 프로젝트의 일환으로 하이 시에라High Sierras 지역에서 무선송신기를 단 뇌조를 추적하느라 사람들과 접촉하지 않았다고 주장했다.

알리바이가 없긴 하지만, 당신은 이 의뢰인이 범인일 리 없다고 확신하고 있다. 그는 냉혹한 미술품 도둑이라기보다 어설픈 학자에 가깝다. 그는 이미 뇌조 번식에 관한 연구와 관련해 NSF 보조금을 두 종류 받고 있기 때문에 추가 수입에 대한 갈망이 별로 없는 것 같다. 그리고 당신이 보기에 그는 예술적 소양이 전혀 없다. 도나텔로 Donatello가 닌자 거북이라고 생각할 정도다.

하지만 사건은 재판으로 넘어갔고, 당신은 유망한 검사와 대면하게 됐다. 검사는 의뢰인에게 불리한 증거(미약한 정황 증거일 뿐이다)를 모두 제시한 다음 비장의 카드인 지문으로 넘어갔다. 검사는 컴퓨터로 진행되는 지문 조회 과정을 배심원들에게 설명한 뒤 "지문이 이 정도로 일치하는 게 단순히 우연일 가능성은 전혀 없다."라고 주장하면서 진술을 마무리했다.

당신이 반격한다. "지문이 이 정도로 일치할 가능성은 전혀 없다고 말씀하셨는데 말도 안 됩니다. 모든 테스트에는 실수 가능성이 어느 정도씩은 있습니다."

"그야 그렇죠." 검사가 인정했다. "테스트는 원칙적으로 잘못될 수 있습니다. 그러나 실제로 이런 일이 일어날 가능성은 없습니다. FBI의 자체 연구 결과 2개의 다른 지문이 우리가 여기 갖고 있는 지문들만큼 일치할 가능성은 1,000만 분의 1이라고 합니다. 1,000만분의 1이요. 모든 합리적 의심을 훨씬 뛰어넘는 수준입니다!"

이게 바로 당신이 기다리던 순간이다. 당신은 배심원단 쪽으로 돌아서서 커다란 종이 위에 행과 열이 2개씩인 표를 그렸다. 다음과 같은 모습이다.

	일치	불일치
유죄		
무죄		

"다들 동의하시겠지만," 당신은 계속 말을 잇는다. "이 범죄는 실제로 누군가에 의해 저질러졌습니다. 그리고 진범의 지문이 데이터베이스에 있다고 가정해 봅시다. 그렇지 않을 수도 있지만," 이번에는 검사를 향해 말한다. "그러면 당신 논거가 약해질 테니까 일단 그 사람이 포함돼 있다고 가정하겠습니다."

검사는 고개를 끄덕인다.

"그럼 표는 이런 모양이 되겠군요." 당신은 커다란 빨간색 매직펜으로 위쪽 행에 글씨를 쓴다.

	일치	불일치
유죄	1명	0명
무죄		

검사 쪽을 향해 묻는다. "지금 FBI 데이터베이스에 등록된 사람이 몇 명이나 됩니까?"

검사가 끼어들었다. "이의 있습니다, 재판장님! 그게 이 사건과 무슨 관련이 있죠?"

"사실, 그게 문제의 핵심입니다." 당신이 대답했다. "앞으로 몇 분 안에 그 점을 분명히 밝히겠습니다."

"이의는 기각합니다."

검사는 미국의 모든 범죄자 지문, 시민 신원 조회용 지문, 교통

안전국에서 확보한 지문 등을 모두 합치면 약 5,000만 명의 미국인 지문이 데이터베이스에 포함돼 있음을 인정한다. 그리고 물론 이 중 대다수의 지문은 그림 액자에 묻어 있던 지문과 일치하지 않을 것이다.

"이제 표를 더 채울 수 있습니다." 그러면서 오른쪽 아래 칸에 50,000,000이라고 쓴다.

	일치	불일치
유죄	1	0
무죄		50,000,000

이제 당신에 왼쪽 아래 칸(지문이 일치하지만 무죄인 사람들)을 가리키면서 묻는다. "여기에는 뭐가 들어가야 한다고 생각하십니까?" 당신은 검사를 똑바로 바라본다. "알고리즘이 잘못된 일치자를 발견할 확률이 1,000만 분의 1이라고 하셨죠. 그 말은 곧 데이터베이스에 5,000만 명이 포함돼 있다면 범죄 현장에서 발견된 지문과 일치하는 사람이 5명 정도 있어야 한다는 뜻입니다. 그러면 다음과 같이 표를 완성할 수 있습니다."

	일치	불일치
유죄	1	0
무죄	5	50,000,000

"자, 이걸 보십시오." 당신은 배심원단을 향해 돌아선다. "검사는 이 비교 수치에 당신의 관심을 끌어서 주의를 딴 데로 돌리려고 하

336　　　　　　　　　　　　　　　　　　　　　　　똑똑하게 생존하기

고 있습니다." 그러면서 아래 행(위에서 진하게 칠한 부분)을 가리킨다. "지문이 우연히 일치할 확률이 1,000만 분의 1입니다. 하지만 그건 우리가 법정에서 하는 일과 아무 관련이 없습니다. 제 의뢰인은 결백함을 알기에 일치할 가능성이 얼마나 되든 그건 중요하지 않습니다. 우리는 이미 일치한다는 걸 알고 있으니까요."

	일치	불일치
유죄	1	0
무죄	5	50,000,000

"아니, 우리가 알고 싶은 건 지문이 일치할 때 제 의뢰인이 무죄일 가능성이 얼마나 되느냐는 겁니다." 그러면서 이번에는 왼쪽 열을 가리킨다. "그건 완전히 다른 문제인데 왼쪽 열에서 설명할 수 있습니다. 우리는 데이터베이스에 약 5명의 무고한 사람들이 있고 범인이 1명 있을 것으로 예상합니다. 그러니 지문 일치율을 고려하면 피고인이 실제로 범죄를 저질렀을 확률은 약 6분의 1입니다. 지금으로서는, 제 의뢰인이 무죄임을 일말의 의심도 없이 증명할 수는 없습니다. 제가 가진 증거라고는 의뢰인이 무슨 새를 쫓아다녔다던 본인의 말뿐이니까요… 잠깐, 그 새 이름이 뭐였죠? 아니, 됐습니다. 어쨌든 중요한 건 제 의뢰인이 무죄라는 사실을 증명할 필요가 없다는 것입니다. 여기 미국에서는, 유죄로 추정되기 전까지는 무죄이며, 유죄 선고를 위한 증거의 기준은 '합리적인 의심을 할 수 없는' 것입니다. 제 의뢰인이 무죄일 가능성이 6분의 5나 된다면 저희는 분명 그 기준에 미치지 못합니다. 그러니 당신은 무죄를 선고해야

합니다."

지금 이 얘기에서, 당신이 한 주장은 궤변이 아니라 맞는 말이다. 지문이 일치하는 사람이 나올 때까지 FBI 데이터베이스를 계속 스캐닝해서 당신의 의뢰인을 찾아낸 것이라면 그가 범행 현장에 지문을 남기지 않았을 확률이 6분의 5 정도 된다.*

당신과 검사는 서로 다른 조건부확률을 강조했다. 조건부확률은 다른 정보를 고려했을 때 어떤 일이 사실일 확률이다. 검사는 무고한 사람을 무작위로 골랐을 때 지문이 엉뚱한 사람과 일치될 확률이 얼마나 되는지 묻는다.** 이를 P(일치|무죄)라고 쓸 수 있다. 당신은 반대로 묻는다. 지문이 일치할 때 당신의 의뢰인이 무죄일 확률이 얼마나 되느냐고 묻는 것이다. 사람들은 종종 이 2가지 확률이 동일할 것이라고 가정하지만 그렇지 않다. 이 예시에서 P(일치|무죄)=1/10,000,000인 반면 P(무죄|일치)=5/6다.

이런 혼란은 너무 흔해서 검사의 오류라는 이름까지 붙어 있다. 우리 얘기는 그 이유를 설명해 준다. 이는 법정에서 생사를 가르는

---

* 우리 얘기는 허구지만, 갈수록 규모가 커지는 DNA 증거 데이터베이스를 이용할 수 있게 됨에 따라 사회가 이와 유사한 문제에 직면하는 빈도가 늘고 있다. 이런 정보는 수사관들에게 매우 유용하지만, 허위 고발의 관점에서는 큰 문제가 될 수 있다. 용의자가 반드시 데이터베이스에 들어 있는 건 아니기 때문이다. 친척들이 기부한 DNA로 범인의 신원을 삼각측량할 수도 있다. 2018년 한 계보학 웹 사이트에 DNA를 자발적으로 제공한 20만 명을 대상으로 DNA 샘플을 검사해 골든 스테이트 킬러Golden State Killer라는 악명 높은 범죄자의 신원을 밝혀낸 유명한 사건이 있다. 정확하게 일치하는 DNA를 발견하기 전 수사관들은 처음에 그 살인자와 희귀한 유전자를 공유하는 엉뚱한 용의자를 범인으로 지목하기도 했다. 안면 인식 시스템도 유사한 문제를 안고 있다. 런던 경찰청에서 테스트한 어떤 시스템은 진음성true negative을 정확하게 식별하는 비율을 기준으로 따졌을 때 오류율이 0.1퍼센트라고 했다. 그러나 이 시스템을 사용해 체포한 용의자 22명 가운데 8명만이 진양성true positive으로 드러나 양성 결과 중 오류율이 자그마치 64퍼센트나 됐다.

** 의뢰인이 무작위로 선택된 사람이 아니라는 점을 유념하자. 그가 선택된 이유는 컴퓨터가 일치하는 지문을 찾았기 때문이다.

똑똑하게 생존하기

문제가 될 수도 있지만, 과학 연구 결과를 해석할 때 발생하는 흔한 혼란의 원인이기도 하다.

칼이 어릴 때 그와 친구들은 본인들의 마음에 미처 깨닫지 못한 힘이 숨겨져 있을지도 모른다고 믿고 싶어서 독심술과 ESP 실험을 해보기로 했다. 한번은 카드 1벌을 잘 섞어서 엎어놓은 다음 친구 1명에게 카드를 차례차례 뒤집게 했다. 그리고 칼은 카드를 엎어놓은 상태에서 그게 클로버, 하트, 다이아몬드, 스페이드 중 어떤 카드인지 알아맞히려고 했다. 하지만 100퍼센트 다 맞히기는커녕 절망적인 결과가 나와 그들은 곧바로 포기했다. 하지만 오늘 다시 그때로 돌아가서 그 작은 실험의 결과를 분석해 보기로 했다. 뭔가 흥미로운 일이 일어나고 있음을 시사하는 데는 100퍼센트의 성공률이 필요하지 않다. 카드의 그림은 4종류이기 때문에 4번 중 1번 정도만 맞힐 것이라고 예상할 수 있다. 그런데 만약 3번 중 1번의 확률로 맞는다면 뭔가 희한한 일이 벌어지고 있다는 뜻일 수도 있다. 하지만 칼이 맞힐 확률이 4번 중 1번보다 얼마나 높아져야 무작위 추측이 아닌 다른 뭔가가 작용한다고 생각할 수 있을지 확실하지 않다. 그가 52장의 카드 중 19장을 정확하게 맞혔다고 가정해 보자. 그건 예상보다 많은 수치다. 평균적으로는 13장만 올바르게 추측할 수 있다. 하지만 19와 13은 유의미할 만큼 충분히 차이가 나는 수치일까?

여기서 p-값이 등장한다. 우리 과제를 2가지 가설을 구별하려는 것이라고 생각할 수도 있다. 첫째는 귀무가설이라고 하며 H0이라고 쓰는데 이건 칼의 추측이 무작위로 맞히는 것보다 나을 게 없다는 것이다. 둘째는 대안가설이라고 해서 H1이라고 쓰는데 이건 칼이 우연보다 높은 확률로 카드를 알아맞힐 수 있다는 것이다. 이 실험과 관련된 p-값은 칼이 무작위로 추측했을 때 19장 이상의 카드를 올바르게 맞힐 가능성을 나타낸다. 통계 이론으로 적절한 p-값을 계산할 수 있다. 이 경우에는 무작위로 추측했을 때 과업을 잘 수행할 확률이 4.3퍼센트에 불과하므로* p-값은 0.043이다.

따라서 무작위로 추측할 경우 카드를 19장 이상 제대로 맞히지 못할 확률이 95.7퍼센트나 된다. 하지만 여기서 주목해야 할 중요한 사실은 H0이 거짓이라고 95.7퍼센트 확신한다는 얘기가 아니라는 것이다. 이 2가지 주장은 매우 다르며 예술품 절도 사례에서 살펴본 2가지 주장과 상당히 흡사하다.

우리의 법정 드라마에서 검사는 지문 일치가 우연이라서 의뢰인이 무죄일 확률이 1,000만 분의 1이라는 사실에 배심원들의 주의를 환기한다. 이는 우연히 카드 그림을 19장 이상 알아맞힐 확률과 비슷하다. 하지만 법정에서는 우리 의뢰인의 지문이 증거 지문과 일치한다는 사실을 이미 알고 있고, ESP 사례에서는 칼이 카드 19장을 알아맞혔다는 사실을 알고 있다. 따라서 이 확률은 우리가 계산하고 싶은 대상이 아니다. 그보다는 실험이 끝난 뒤에 뭘 믿어야 할지 알고 싶다. 법정에서는 의뢰인의 지문이 일치된 상황에서 그가 유죄일 확률을 알고 싶다. 독심술 테스트 결과를 평가할 때는 우연이 아닌 다른 이유 때문에 칼이 높은 점수를 받았을 확률이 궁금하다.

과학계에서 이용하는 p-값의 더러운 비밀이 여기 있다. 과학자

---

* 칼이 카드를 카운팅해서 조금이라도 유리한 상황이 되지 않도록 한번 알아맞힐 때마다 카드를 다시 섞는다고 가정한다.

들은 p-값을 보고할 때 검사가 무고한 사람의 지문이 범죄 현장에서 발견된 지문과 일치할 가능성을 보고할 때와 비슷한 행동을 한다. 이들은 관측한 데이터에 비춰 자신들의 귀무가설이 잘못될 확률을 알고 싶어 한다. 하지만 그건 p-값이 아니다. p-값은 귀무가설이 참인 경우 최소한 관측된 값만큼 극단적인 데이터를 얻을 확률을 나타낸다. 검사와 달리 과학자들은 이 사실을 보고할 때 누군가를 속이려고 하지 않는다. 과학자들은 대안가설의 확률을 계산할 좋은 방법이 없기 때문에 p-값을 사용하는 데 어려움을 겪고 있다.

다음 이미지는 유사점을 보여준다. 배심원들은 지문이 일치하는 상황에서 피고가 무죄일 확률을 알고 싶어 한다. 이는 회색 수직 타원형의 확률을 비교하는 것이다. 하지만 검찰은 피고인이 무죄라고 했을 때 지문이 일치할 확률을 말해준다. 이는 흰색 수평 타원형을 비교하는 것이다. 과학적 p-값은 동일하다. 우리는 칼이 적어도 카드 19장을 제대로 맞혔다는 점을 감안할 때 ESP가 진짜가 아닐 확률이 얼마나 되는지 알고 싶다. 회색 수직 타원은 이런 비교를 나타낸다. 하지만 우리는 알고 싶은 내용이 아니라 ESP가 진짜가 아니라고

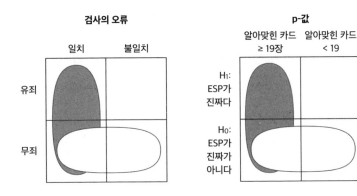

가정할 때 칼이 카드를 최소 19장 이상 맞힐 확률이 얼마인지 들었다. 흰색 수평 타원형은 이 비교를 나타낸다.

대안가설의 확률을 계산하는 건 왜 어려울까? 확률은 우리가 실험을 하기 전에 해당 가설이 얼마나 그럴싸하다고 생각했는지에 따라 달라지는데 이 문제와 관련해 사람들의 의견이 일치하는 경우가 거의 없다. 무작위 확률에 대한 다른 설명이 다음과 같다고 가정해 보자.

H1a: 사실 ESP는 존재하는데, 신비주의자와 심령주의자, 심지어 과학자들까지 오랫동안 지켜봤음에도 1970년대 후반 미시간주 앤아버Ann Arbor의 교외에 있는 어떤 집 거실에서 두 아이가 카드를 갖고 실험을 할 때까지는 그 현상을 관찰하지 못했다.

칼이 카드 52장 가운데 19장을 정확하게 알아맞혔다는 사실을 알기 전이라면 이 H1a가 그럴싸하다고 생각할 확률이 얼마나 될까? 100만 분의 일? 10억 분의 1? 1조 분의 1? 어떤 경우든 가능성은 극히 희박하다. 이 점을 감안하면 칼이 52장의 카드 중 19장을 맞혔다는 걸 안 뒤에도 H1이 사실이라고 생각할 이유는 거의 없다. 칼과 그의 친구가 인간의 텔레파시 능력을 처음 관찰했을 확률은 희박할 정도로 작은 반면, 우연히 카드 19장을 맞힐 확률은 거의 5퍼센트로 그보다 훨씬 높다.

하지만 칼이 그렇게 잘해낸 이유에 대한 다른 대안가설을 고려한다고 가정해 보자.

H1b: 칼의 친구는 칼이 ESP를 믿게 하고 싶었다. 그래서 때로는 칼이 제대로 맞히지 못했을 때도 맞았다고 해줬다.

당신이 칼의 친구를 안다면(농구부터 카드 게임까지 온갖 곳에서 다 남들을 속이는 애였다), 그가 그런 짓을 했으리라고 충분히 예상했을 것이다. 따라서 이 경우 칼이 카드 19장을 맞혔다는 얘기를 들으면 "그야 당연하지. 아니가 칼의 점수를 거짓말로 말했을 테니까."라고 말할 것이다. 여기서 중요한 점은 우리가 데이터를 본 후의 대안가설 확률 $P(H_1 \mid$ 데이터$)$가 데이터를 보기 전의 대안가설 확률에 따라 달라진다는 것이다. 그러니 이를 선뜻 측정해 과학 논문에 집어넣을 수는 없다. 그래서 우리 과학자들은 하고 싶은 일이 아니라 할 수 있는 일을 한다. $P($최소한 우리가 관측한 만큼 극단적인 데이터 $\mid H_0)$를 보고하고 이를 p-값이라고 부른다.

그래서 이 모든 게 헛소리와 무슨 상관일까? 심지어 과학자들도 가끔 p-값이 뭘 의미하는지 헷갈려한다. 게다가 과학 연구 결과가 과학 문헌에서 보도 자료, 신문, 잡지, 텔레비전 프로그램 등으로 전달되는 과정에서 p-값이 부정확하게 기술되는 일이 종종 발생한다. 예를 들어 2012년 제네바에서 대형 강입자 충돌기를 사용한 과학자들은 오래전부터 예측됐지만 직접 관찰된 적이 없었던 소립자 힉스 보손Higgs boson의 존재를 뒷받침하는 흥미로운 결과를 보고했다. 《내셔널 지오그래픽National Geographic》은 이 소식을 전하면서 과학자들이 "신의 입자라고도 알려진 힉스 보손을 발견했다고 혹은 적어도 힉스가 존재하리라고 예상했던 바로 그 위치에서 새로운 입자를 발견했다고 99퍼센트 이상 확신하고 있다."라고 썼다. 하지만 《내셔널 지오그래픽》은 실험의 p-값이 0.01이라고 보도했어야 했다. 세상에 힉스 보손이 존재하더라도 대형 강입자 충돌기로 얻은 결과가 우연히 나타날 확률은 1퍼센트다. 이는 과학자들이 힉스 보손이 진짜라고 99퍼센트 확신했다는 뜻이 아니다. 힉스 보손의 경우 힉스 보손이 존재하리라고 예상할 만한 충분한 이유가 이미 있었고 나중에 그 존재가 확인됐다. 하지만 항상 그런 건 아니다.* 기억해야 할 중요한 사실은 매우 낮은 p-값으로 실험 결과를 얻은 뒤에도, 가능성이 매우 낮은 가설은 여전히 가능성이 없다는 것이다.

P-해킹 및 출판 편향

순전히 관례 탓에 결과가 통계적으로 유의하다는 것을 나타내는 컷오프로 p-값 0.05를 사용하는 경우가 많다.** 다시 말해 $p < 0.05$이면,

---

* 2019년 CNN은 자연계의 다섯 번째 인력에 대한 증거가 있다고 주장하는 물리학 논문을 보도했다. p-값이 1조 분의 1이라고 언급한 이 논문은 "X17 입자가 아닌 다른 것 때문에 이런 결과가 발생했을 확률은 1조 분의 1밖에 안 되므로 이것은 새로운 다섯 번째 힘"이라고 주장했다. 이는 완전히 잘못된 주장이다. 힉스 입자 사례와 마찬가지로 이 진술도 p-값을 가설의 확률과 혼동하고 있다. 하지만 여기에서는 과학자들이 가능성이 상당히 낮다고 생각하는 가설을 뒷받침하기 위해 더 강력한 p-값을 이용한다. 더 심각한 문제는 실험상의 오류가 아니라면 다섯 번째 인력의 존재가 그 결과에 대한 유일한 설명이라고 암시한다는 것이다. 이는 타당한 추론이 아니다. 실험 중 뭔가 특이한 일이 일어난 것 같지만, 귀무가설을 거부한다고 해서 연구자가 선호하는 대안가설이 사실이라는 보장은 없다.

** 통계적 유의성의 한계치로 0.05를 택한 건 임의적이므로 다른 값으로 정하지 못할 이유가 없다. 최근 과학 문헌에서는 컷오프값 0.05가 타당한 선택인지, 아니면 0.005처럼 더 엄격한 컷오프를 사용해야 하는지에 관한 논쟁이 등장했다.

즉 순전히 우연으로 발생할 확률이 5퍼센트 미만이면 통계적으로 유의한 결과다.

연구자들은 통계적으로 유의하지 않은 '부정적' 결과보다 통계적으로 유의한 '긍정적' 결과를 읽는 데 더 관심이 많으므로, 저자와 학술지 모두 중요한 결과를 제시하고자 하는 강력한 동기가 있다. 연구원과 학술지가 부정적 결과에 관심이 없는 이유는 뭘까? 정확히는 모르지만, 여러 가지 그럴듯한 기여 요인이 있다. 그중 몇 가지는 우리 심리와 관련이 있다. 사람들은 대부분 부정적 결과를 지루하다고 느낀다. "이 두 그룹은 다르지 않다.", "이 치료법은 결과를 바꾸지 않는다.", "x를 알아도 y를 예측하는 데 도움이 되지 않는다." 같은 문장을 읽다 보면 세상에 관한 흥미로운 사실을 배우지 못하고 처음 시작한 곳으로 되돌아간 듯한 기분이 든다.

부정적 결과는 기술 실험을 수행할 수 없는 것과 관련 있을지도 모른다. 칼이 미생물학 연구소에서 일할 때 세균 배양액 그릇에서 연구용 유기체 대장균을 기를 수 없는 경우가 종종 있었다. 이는 흥미로운 과학적 결과가 아니다. 실험실 환경에서 그의 완전한 무능함을 증명했을 뿐이다.

세 번째 가능성은 부정명제가 흔하디흔하다는 것이다. 사실이 아닌 가설을 말하는 건 쉽다. 무작위로 단어를 조합해 문장을 만들면 대개 거짓이 된다. "틀립이 문다.", "눈송이가 철을 녹인다.", "코끼리는 새다." 이 거짓의 바다에서 진실한 얘기를 찾는 건 헛소리의 건초더미 속에서 의미라는 바늘을 찾는 일과도 같다. 이걸 배틀십 Battleship이라는 오래된 보드 게임에 대입해 생각해 보자. 격자판에 그려진 공간은 대부분 물이기 때문에 공격에 실패하면 정보를 많이 얻지 못한다. 하지만 성공하면 많은 정보를 얻을 수 있고 그 정보를 바탕으로 게임을 진행해 더 많은 걸 알게 된다.

이런 모든 이유 때문에 부정적 결과는 큰 관심을 끌지 못한다. 연구실에서 성공하지 못한 일들로만 강의를 해서 직업을 얻거나 상을 탄 사람은 본 적이 없다.

원하는 p-값을 얻기 위해 과학적으로 사기를 치는 사람은 극소수지만, 과학 연구 과정의 무결성을 손상하는 회색 영역이 많다. 연구자들은 때때로 통계적 유의성의 임계값인 p=0.05에 p-값을 조금씩 접근시킬 방법을 찾을 때까지 다양한 통계적 가정이나 테스트를 시도한다. 이를 p-해킹이라고 하는데 매우 심각한 문제다. 혹은 테스트 중인 결과를 바꿀 수도 있다. 신약이 5년 후 생존율에 미치는 영향을 측정하기 위한 임상 실험을 시작했는데 아무런 변화도 발견하지 못한 경우 연구진은 3년 후 환자 삶의 질이 뚜렷이 개선됐음을 보여주는 데이터를 발굴할 수도 있다.

수집한 데이터를 분석할 때는 연구에 정확히 어떤 데이터를 포함할지를 놓고 많은 선택을 해야 한다. 예를 들어 선거 결과가 미국의 진통제 소비에 미치는 영향을 연구한다고 가정해 보자. 선거 결과를 표로 작성하고, 진통제에 관한 조사 보고서를 수집하고, 시간 경과에 따른 진통제 판매 데이터를 얻는 등 다양한 작업을 할 수 있는데 이때 자유롭게 선택할 수 있는 것들이 많다. 우선 미국 대통령, 미국 상원의원, 미국 하원의원, 주지사, 주 상원의원, 주 하원의원, 시장, 시의원 선거 등에서 어떤 선거를 살펴볼 것인가? 남성, 여성 혹은 양쪽 모두의 소비량을 조사할 것인가? 청년, 중장년, 65세 이상, 10대 혹은 이들 모두의 소비량인가? 민주당 대 공화당 후보의 당선으로 인해 발생한 영향을 볼 것인가, 아니면 선호 후보 대 비선호 후보의 당선 영향을 살펴볼 것인가? 다시 말해 사용자의 정치적 입장을 통제해야 하는가? 그리고 진통제로 유명한 제품은 무엇일까? 아스피린Aspirin, 애드빌Advil, 타이레놀Tylenol, 하이드로코돈hydrocodone, 옥시콘틴OxyContin? 한 지역의 진통제 사용량을 선거 전후로 나눠서 비교하고 싶은가, 아니면 선거 후 진통제 사용량을 지역별로 비교하고 싶은가? 데이터를 분석하기 전에 결정해야 할 사항이 엄청나게 많다. 이렇게 다양한 조합이 있다는 점을 생각하면 선거 결과와 진통제 사용 사이에 아무 인과관계가 없더라도 이 조합 가운데 적어도 하나는 통계적으로 유의한 결과를 보일 가능성이 높다.

이런 함정을 피하기 위해 연구진은 데이터를 살펴보기 전에 선택 사항을 모두 명시한 다음 약속한 가설 하나를 미리 테스트해야 한다.* 예를 들어 투표 연령층인 성인 남녀가 자기가 선호하는 주지사 후보가 선거에서 패한 뒤 진통제를 더 많이 복용하는지 알아보기로 할 수도 있다. 아니면 미국 하원에서 민주당이 아닌 공화당 후보가 선출된 지역의 아동용 타이레놀 매출이 감소하는지 테스트할 수도 있다. 어느 쪽을 살펴보기로 하든 데이터를 분석하기 전에 명확하게 지정하는 것이 중요하다. 그러지 않은 상태에서 이렇게 다양한

---

* 연구자가 여러 개의 가설을 테스트하려는 경우 이를 가능케 하는 본페로니 교정Bonferroni correction 같은 통계적 방법이 있다. 각 테스트를 유의한 것으로 간주하려면 더 확실한 증거가 필요하므로 귀무가설이 참일 경우 테스트한 가설 중 하나가 유의성을 띨 확률은 대략 20분의 1이다.

가설을 살펴보면 실제 패턴이 존재하지 않더라도 언제나 중요한 결과를 몇 가지씩은 찾아낼 수 있을 것이다.

하지만 이를 연구원의 관점에서 보자. 방대한 데이터 세트를 수집하느라 몇 달을 소비했다고 상상해 보라. 그런데 주요 가설을 테스트해 본 결과 가능성이 높긴 하지만 유의하지 않은 결과가 나왔다. 이러면 좋은 학술지에 논문을 게재할 수 없고 아예 발표하지 못할 수도 있다. 하지만 그 가설이 사실인 건 분명하다. 어쩌면 데이터가 충분하지 않은 걸지도 모른다. 그래서 p-값이 0.05 이하로 떨어질 때까지 데이터를 계속 수집한 다음 p-값이 임계값 위로 다시 올라가지 않도록 그 시점에서 테스트를 즉시 중단한다.

아니면 다른 통계 테스트를 해볼 수도 있다. 데이터가 유의한 값에 가까우므로 측정 방식과 테스트 방식을 제대로 선택하면 임계값 p=0.05 목표를 달성할 수도 있다. 아니나 다를까, 과정을 이리저리 손본 끝에 유의한 결과를 얻을 수 있는 접근 방법을 발견했다.

아니면 당신이 세운 가설이 남성에게만 옳은 것으로 드러나서 표본에 여성을 포함하면 의미 있는 패턴이 사라질 수도 있다. 자, 이걸 보라. 남자들만 보면 통계적으로 유의한 결과가 나온다. 그럼 어떻게 할 것인가? 프로젝트 전체를 폐기해 투자한 돈 수천 달러를 날리고 대학원생에게 졸업을 6개월 더 연기해 달라고 부탁할 것인가⋯ 아니면 그냥 남자들에 관한 실험 내용만 써서 유명 학술지에 제출할 것인가? 이런 상황에서는 뒤의 방식을 합리화하기 쉬울 수도 있다. "정말 그런 추세가 존재한다고 확신한다."라고 스스로에게 말할지도 모른다. "처음부터 이 연구에서 여성들을 배제할 생각이었다."

축하한다. 당신은 방금 본인의 연구를 p-해킹했다.*

어떤 상황에서도 해킹을 거부하는 나무랄 데 없이 진실한 연구원 1,000명이 있다고 상상해 보자. 이 도덕적인 학자들이 정치적 승리와 진통제 사용 사이의 관계에 관한 1,000가지 가설을 시험하는데, 이 가설들은 모두 거짓이다. 그런데 우연히 이 가설 중 약 50개

---

* p-해킹 기술이 얼마나 강력한지 증명하기 위해, 조셉 시몬스Joseph Simmons와 그의 동료 리프 넬슨Leif Nelson, 우리 시몬슨Uri Simonsohn은 그들이 사실이 아니라고 확신하는 두 가설을 실험했다. 하나는 있음 직하지 않은 가설이고, 다른 하나는 불가능한 가설이었다.

있음 직하지 않은 가설은 어린이용 음악을 들은 사람은 실제보다 더 나이가 든 듯한 기분을 느낀다는 것이었다. 실험에 자원한 사람들에게 동요 또는 대조군용 노래를 들려주고 나중에 몇 살이 된 기분이냐고 물어봤다. 약간의 p-해킹을 이용해 연구진은 동요를 들은 사람이 나이가 더 든 것 같은 기분을 느끼며, 이는 $p < 0.05$ 수준에서 통계적 유의성을 갖는다는 결론을 내렸다.

이 초기 연구는 시사점이 있기는 하지만, p-해킹이 사람들을 호도하는 방법에 대한 가장 설득력 있는 증명은 아니었다. 어쩌면 동요를 들으면 정말로 나이 든 기분이 들 수도 있다. 그래서 저자들은 기준을 높여서 불가능한 가설을 실험했다. 비틀스Beatles의 대표곡인 〈내 나이 예순넷일 때When I'm Sixty-Four〉를 들으면 사람들이 젊어진 기분을 느낄 뿐만 아니라 실제로 젊어진다는 가설을 세운 것이다. 당연히 말도 안 되는 얘기지만, 어쨌든 과학 실험을 진행했다. 그들은 실험 참가자들이 비틀스 노래나 대조군용 노래를 듣게 하는 무작위 대조 연구를 실시했다. 각 노래를 들은 사람들은 같은 나이여야 하는데 놀랍게도 〈내 나이 예순넷일 때〉를 들은 사람들이 대조군용 노래를 들은 사람들보다 평균적으로 1년 반이나 어린 것으로 나타났다. 또한 이 차이는 $p < 0.05$ 수준에서 유의했다! 이 연구는 무작위 대조 실험이었기 때문에 일반적인 추론은 실험 처치(노래를 듣는 것)가 나이에 인과적 영향을 미친다는 것이다. 따라서 연구진은 〈내 나이 예순넷일 때〉를 듣는 것이 실제로 사람들을 젊게 만든다는 증거가 있다고 주장할 수 있다.

이런 불가능한 결론에 도달하기 위해 연구진은 다양한 방법을 동원해 의도적으로 연구를 p-해킹했다. 그들은 연구 참가자들의 다양한 특성에 관한 정보를 수집한 다음 그들이 바라는 결과를 안겨주는 참가자를 통제했다. (여기서 의미 있는 조건은 실험 참가자의 아버지 나이였다.) 또 표본 크기를 미리 정해놓지 않고 유의한 결과를 얻을 때까지 실험을 계속했다. 하지만 만약 저자들이 그러기로 한다면 이런 결정은 과학 보고서에서 숨겨질 것이다. 최종 표본 크기를 미리 정해놓지 않았다는 사실을 알리지 않은 채 그냥 표본을 나열할 수 있고, 그들이 원하는 결과를 제시하지 못했기 때문에 결국 버리게 된 몇 가지 개인 정보를 추가로 수집했다는 사실을 인정하지 않은 채 아버지 나이를 통제했다고만 보고할 수도 있다.

이 논문은 설득력 있는 논거가 된다. p-해킹이 시간의 흐름까지 역전시킬 수 있다면 무엇인들 못 하겠는가?

가 p=0.05 수준에서 통계적으로 유의한 결과가 나왔다. 운 좋은 연구원 50명은 이 결과로 논문을 써서 학술지에 보냈고 결국 채택돼 학술지에 게재됐다. 다른 연구원 950명 중 부정적 연구 결과를 논문으로 쓰려는 사람은 몇 명 안 될 테고, 개중에서도 소수만이 부정적 결과를 발표할 수 있을 것이다.

그런 문헌을 살펴본 독자는 정치적 결과와 진통제 소비량 사이의 연관성을 보여주는 연구 50개와 아무런 연관성도 찾지 못한 소수의 연구를 보게 될 것이다. 그러면 정치가 진통제 사용에 큰 영향을 미친다는 결론을 내리는 게 당연하며, 연관성을 못 찾은 연구들이 잘못된 양을 측정했거나 엉뚱한 패턴을 찾은 모양이라고 생각하게 된다. 그러나 사실은 정반대다. 실제로는 둘 사이에는 아무 관계도 없다. 관계가 있는 것처럼 보이는 건 순전히 어떤 결과가 학술지에 게재할 가치가 있다고 간주하는지 보여주는 인위적 결과일 뿐이다.

여기서 근본적 문제는 논문이 발표될 가능성이 보고된 p-값과 무관하지 않다는 것이다. 결과적으로 우리는 선택 편향 문제에 정면으로 부딪힌다. 발표된 논문들은 진행된 모든 실험의 편향된 표본을 나타낸다. 유의한 결과는 문헌에서 크게 과장되고, 유의하지 않은 결과는 과소 표현된다. 유의하지 않은 결과를 낳은 실험 데이터는 과학자들의 파일 캐비닛(오늘날에는 파일 시스템)에 잠들게 된다. 이를 서류함 효과라고도 한다.

굿하트의 법칙을 기억하는가? "측정치가 목적이 되면 올바른 측정은 불가능하다." 어떤 의미에서 보면 p-값에서 바로 이런 일이 일어난 것이다. 논문을 학술지에 실으려면 p-값이 0.05보다 작아야 하므로 p-값은 더는 통계적 지원의 좋은 척도로 사용되지 않는다. p-값을 무시하고 과학 논문을 발표할 경우 이 값은 귀무가설을 기각하기 위한 통계적 지원 정도를 나타내는 유용한 척도가 될 것이다. 그러나 학술지는 p-값이 0.05 미만인 논문을 매우 선호하기 때문에 p-값은 이제 원래의 목적에 부합하지 않는다.*

2005년 전염병학자 존 이오아니디스John Ioannidis는 〈왜 가장 많이 발표된 연구 결과가 거짓인가〉라는 도발적인 제목의 논문에서 서류함 효과의 결과를 요약했다. 이오아니디스의 주장을 설명하려면 본론에서 약간 벗어나 기저율 오류라고 하는 통계의 함정을 먼저 살펴봐야 한다.

당신이 의사인데 메인주로 낚시 여행을 갔다가 라임병에 걸렸을지도 모른다고 걱정하는 젊은이를 치료한다고 상상해 보자. 그는 여행 이후 몸 상태가 나빠졌지만, 라임병과 관련된 특유의 원형 발진은 나타나지 않았다. 당신은 젊은이의 걱정을 덜어주기 위해 그의 혈액에 질병을 일으키는 박테리아에 대한 항체가 존재하는지 검사하기로 한다.

그런데 실망스럽게도 검사 결과가 양성으로 나왔다. 테스트 자체는 상당히 정확한 편이지만, 완벽하지는 않다. 허위 양성율이 5퍼센트 정도 되기 때문이다. 그렇다면 당신의 환자가 라임병에 걸렸을 확률은 얼마나 될까?

---

* 이는 새로운 통찰력이 아니다. 통계학자 시어도어 스털링Theodore Sterling은 1959년 우리가 출판 대상으로 선정된 논문을 읽을 때 "저자의 결론이 일단 지면에 발표되면 그가 언급한 위험성[예: p-값]을 액면 그대로 받아들일 수 없다."라고 말했다.

상당수 의사를 비롯한 많은 사람들은 약 95퍼센트 정도라고 예상한다. 하지만 틀린 답이다. 95퍼센트는 라임병에 걸리지 않은 사람이 음성 판정을 받을 확률이다. 당신은 양성 반응을 보인 사람이 라임병에 걸렸을 확률을 알고 싶은 것이다. 라임병은 아주 드물기 때문에 실제로 걸렸을 확률이 낮다. 이 병이 풍토화된 지역에서도 1,000명 중 1명 정도만 감염된다. 그러면 1만 명을 검사한다고 상상해 보자. 약 10건의 진양성과 0.05×10,000=500건의 위양성 결과가 나올 것으로 예상된다. 양성 반응을 보인 사람 50명 가운데 실제로 감염된 사람은 1명 이하다. 따라서 환자가 양성 반응이 나온 뒤에도 그 병에 걸렸을 확률은 2퍼센트 미만으로 예상할 수 있다.

이런 착각(환자가 실제로 병에 걸렸을 확률은 2퍼센트 미만인데 95퍼센트 정도라고 생각하는 것)은 흔히 발생하는 실수다. 이는 우리의 옛 친구인 검사의 오류가 새 옷을 차려입은 것이다. 이를 기저율 오류라고 부르는데 검사 결과를 해석할 때 전체 모집단의 질병 기저율을 무시하기 때문이다.

검사의 오류에서 사용했던 표를 다시 떠올려보자.

	일치	불일치
유죄	1	0
무죄	5	50,000,000

기저율 오류를 나타내는 이와 유사한 표는 다음과 같은 모습이다.

똑똑하게 생존하기

	검사 결과 양성	검사 결과 음성
감염	10	0
비감염	500	10,000

각 사례에서 왼쪽 열이 아닌 맨 아래 행을 따라 확률을 비교하는 게 실수다.

매우 일반적인 증상을 검사하는 경우에는 기저율 오류가 문제되지 않는다. 위장 장애를 앓는 중서부 지역에 사는 젊은 백인 여성을 치료 중인데 위궤양과 관련된 위 병원균 헬리코박터 파일로리 Helicobacter pylori균이 있는지 검사해 보기로 했다고 가정하자. 라임병 항체 검사와 마찬가지로 요소호흡검사를 하면 감염되지 않은 사람의 약 5퍼센트가 양성 반응을 보인다. 만약 당신의 환자가 양성 반응을 보인다면 그가 헬리코박터균을 갖고 있을 확률은 얼마나 될까? 이것도 100분의 1일까? 아니다, 그보다 훨씬 크다. 헬리코박터는 흔한 병원균이기 때문이다. 미국에서는 백인의 약 20퍼센트에게 헬리코박터균이 있다. 이 병원균을 찾기 위해 1만 명을 검사한다고 상상해 보자. 그중 약 2,000명은 진양성일 테고 나머지 8,000명 가운데 5퍼센트, 즉 400명은 위양성이 나올 것이다. 따라서 미국 백인 중 헬리코박터 양성 반응을 보인 사람 6명 가운데 5명은 실제로 그 균을 갖고 있다.

이제 이쯤 해두고 이오아니디스로 돌아가자. 그는 〈왜 가장 많이 발표된 연구 결과가 거짓인가〉라는 논문에서 과학 연구와 의료 검사 해석 사이의 유사점을 찾아낸다. 그는 출판 편향 때문에 부정적 결과가 대부분 발표되지 않고, 과학 문헌은 거의 긍정적 결과로만 구성돼 있다고 추정한다. 다른 위험 요소가 없을 때 라임병 검사 결과 대부분이 위양성으로 나오는 것처럼 과학자들이 있음 직하지 않은 가설을 실험할 때 나오는 긍정적 결과도 대부분 거짓 양성일 것이다.

그게 다. 그가 내세운 주장은 이것뿐이다. 우리는 이오아니디스의 수학에 반박할 수 없다. 그의 모델을 볼 때 그가 내린 결론은 정확하다. 그는 또 우리가 앞서 논의한 논문, 유명 학술지에 발표된 실험 대부분이 재현 불가능함을 증명한 논문을 통해 약간의 경험적 지지를 받고 있다. 만약 그런 실험에서 나온 많은 긍정적 결과가 거짓 양성이라면 우리 예상과 일치한다.

우리가 논박할 수 있는 건 이오아니디스의 가정이다. 발표된 연구 결과가 대부분 거짓이 되려면, 과학 실험은 진양성 결과가 나올 확률이 매우 낮은 희귀한 질병 같아야 할 것이다. 하지만 과학자들은 어떤 가설을 실험할지 직접 선택할 수 있기 때문에, 과학은 그런 식으로 이뤄지지 않는다. 우리는 과학자들이 자기 직업 세계의 보상 구조에 잘 적응하고 있으며, 보상은 주로 흥미로운 연구 결과를 발표할 때 발생하므로, 부정적 결과는 발표하기 어렵다는 점을 확인했다. 그래서 우리는 과학자들이 아직 확정되지 않았지만, 사실일 가능성이 상당히 높은 가설을 시험하리라고 예상할 수 있다. 이는 곧 대부분의 양성 결과가 진양성인 헬리코박터 파일로리균의 예시로 연결된다. 이오아니디스는 연구원들이 실험하는 가설 종류를 비현실적이라고 가정했기 때문에 지나치게 비관적인 결론을 내린 것이다.

물론 모두 이론적 추측이다. 만약 출판 편향 문제가 얼마나 큰지 실제로 측정해 보려면 (1) 테스트한 가설 중 실제로 옳은 게 얼마나 되고 (2) 부정적 결과 중 발표되는 게 얼마나 되는지 알아야 한다. 만약 2가지가 모두 많다면 별로 걱정할 일이 아니다. 하지만 둘 다 아주 적으면 문제가 생긴다.

우리는 과학자들이 옳을 가능성이 꽤 높은 가설을 테스트하는 경향이 있을 것이라고 주장했다. 그 가능성이 10퍼센트나 50퍼센트, 75퍼센트일 수도 있지만, 1퍼센트나 0.1퍼센트일 것 같지는 않다. 부정적 결과를 발표하는 쪽은 어떨까? 그런 일이 얼마나 자주 일어날까? 과학계 전반에서 발표된 연구 결과 중 약 15퍼센트가 부정적이다. 생물의학 분야에서는 10퍼센트이고, 사회심리학은 5퍼센트에 불과하다. 문제는 이 자료만 보고 심리학자들이 부정적 결과를 발표할 가능성이 낮은지, 아니면 긍정적 결과가 나올 가능성이 높은 실험만 골라서 하는지 알 수 없다는 것이다. 우리가 정말 알고 싶은 건 발표된 결과 중 부정적 결과가 얼마나 되느냐가 아니다. 우리는 모든 부정적 결과 중에서 발표된 결과의 비율을 알고 싶다.

하지만 그걸 어떻게 알 수 있을까? 어떻게든 미발표 실험의 결과를 모두 알아내야 할 것이다. 그리고 그런 결과는 대개 서류함에 묻혀 있는 경향이 있다. 미국 식품의약국FDA의 에릭 터너Erick Turner는 이 문제를 해결할 기발한 방법을 찾아냈다. 미국에서는 연구 팀이 임상 시험(의학적 치료 결과를 시험하기 위해 인체를 이용해 진행하는 실험)을 할 때마다 법에 따라 이 시험 내용을 FDA에 신고해야 한다. 그리고 신고할 때는 해당 임상 시험이 무엇을 테스트하기 위한 것인지, 어떤 식으로 진행할 것인지, 결과를 어떻게 측정할 것인지 등을 설명하는 서류를 제출해야 한다. 시험이 완료되면 그 결과도 FDA에 보고해야 한다. 하지만 결과를 과학 학술지에 게재할 필요는 없다.

이 시스템 덕분에 터너와 그의 동료들은 특정 연구 분야에서 발표된 임상 시험 결과와 미발표 결과를 모두 집계할 수 있었다. 터너는 12가지 항우울제 효과를 평가하기 위해 진행된 74가지 임상 시험 목록을 정리했다. 이 실험들 중 51건은 결과가 발표됐는데, 48건은 양성 결과(약물이 효과적임)이고, 3건은 음성 결과였다. 시험 결과가 발표된 문헌을 본 연구자는 이 항우울제가 효과가 있다는 결론을 내릴 것이다. 하지만 처음에 등록된 실험 내용을 확인할 수 있는 FDA는 매우 다른 그림을 보게 된다. FDA에 등록된 74개 임상 시험 가운데 38개에서만 긍정적인 결과가 나왔고, 12개는 의심스러운 결과, 24개는 부정적인 결과가 나왔다. 이 수치를 보면 일부 항우울제는 특정한 상황에서만 약간의 효과를 발휘하는 것 같다는 좀 비관적인 결론에 도달하게 될 것이다.

어떻게 된 일일까? 어떻게 성공률이 51퍼센트밖에 안 되는 임상 시험을 발표된 논문 94퍼센트에서 성공적이라고 보고했을까? 우선 긍정적 결과는 거의 다 발표된 반면, 의심스럽거나 부정적인 결과는 절반도 채 발표되지 않았다. 하지만 더 큰 문제는 발표된 14개의 의문스럽거나 부정적인 결과 중 11개가 긍정적 결과처럼 재구성됐다는 점이다.*

---

* 우리는 터너의 연구에서 과도한 추정을 이끌어내지 않도록 주의해야 한다. 임상 시험은 다른 많은 유형의 실험과 상당히 다르며 출판 편향의 영향을 더 많이 혹은 더 적게 받을 수 있다. 한편으로는 상업적 이해관계가 비정상적 수준으로 관여해 부정적 결과의 발표를 막거나 부정적 결과를 긍정적 결과로 재구성하도록 장려하는 등의 역할을 하기도 한다. 그런가 하면 임상 시험은 비용이 많이 들고 시간이 많이 소요되며 일반적으로 참여하는 인원도 많기 때문에 결과가 어떻게 나오든 발표해야 한다는 강력한 동기가 존재할 수도 있다.

터너는 다음 그래프와 비슷한 그래프로 이 결과를 설명한다. 검
정색 직사각형은 부정적 결과를, 흰색 직사각형은 긍정적 결과를 나
타낸다. 회색 직사각형은 원래 의심스러운 결과나 부정적 결과가 나
왔지만 결국 긍정적 결과로 발표된 연구를 가리킨다.

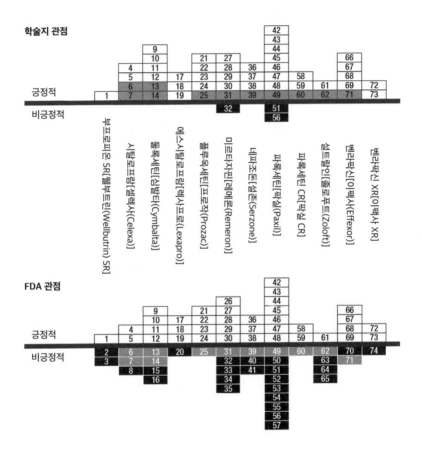

선원이 수면 위로 나온 빙산의 일각만 보는 것처럼 연구자는 과
학 문헌에서 긍정적 결과만 읽는다. 이 때문에 물밑에 얼마나 많은
부정적 결과들이 있는지 알기 어려워진다. 부정적 결과는 거의 발표

되지 않으며 발표되더라도 긍정적 결과로 분장해 그럴듯하게 제시된다. 물밑에 가라앉아 있는 게 많지 않다면 시험 대상에 대한 강력한 지지를 얻을 수 있다. 하지만 만약 수면 아래 상당히 많은 것이 숨어 있다면 표면만 보고 얻는 인상에는 매우 큰 오해의 소지가 있다.

다행히 물에 잠긴 빙산의 크기를 추정할 수 있는 방법이 있다. 가장 확실한 방법 중 하나는 메타 분석, 즉 여러 개의 연구를 동시에 살펴보는 것이다. 그러면 발표된 논문이 지금까지 진행된 모든 실험을 대표할 가능성이 있는지, 아니면 발표된 논문이 p-해킹이나 출판 편향 같은 문제적 관행을 반영하는지 알 수 있을 것이다. 이를 가장 잘할 수 있는 방법을 찾는 것이 통계 연구에서 열띤 관심을 모으는 분야가 됐다.

클릭 미끼의 과학

일반 대중이 전문 과학자나 그들의 의견에 회의적으로 반응할 때가 가끔 있다. 예를 들어 과학자들이 모인 전문가 협회 AAAS 회원의 88퍼센트가 GMO 식품을 안전하다고 여기는 반면, 미국 성인은 37퍼센트만 안전하다고 여긴다. AAAS 회원 중 87퍼센트는 기후변화가 주로 인간의 활동 때문이라고 믿는 반면, 미국 성인은 50퍼센트만 그렇게 생각한다. AAAS 회원의 압도적 다수인 98퍼센트가 인간은 시간이 흐르면서 진화했다고 확신하지만, 미국 전체 인구 가운데 그렇게 생각하는 사람은 65퍼센트뿐이다.

358

대중이 품은 불신의 일부는 불확실성을 만들어내기 위해 계획적으로 풍부한 자금 지원을 받아 진행된 캠페인 때문일 수 있다. 담배 업계는 수십 년 동안 흡연과 암을 연관시키는 증거에 의혹을 심어주려고 애썼다. 석유 업계는 탄소 배출과 기후변화 사이의 연관성을 계속 공격하고 있다. 종교적 동기가 있는 단체들은 이른바 천지창조와 지적 설계 이론에 찬성하기 때문에 진화생물학에 대한 대중의 불신을 조성하려고 한다. 이게 바로 은폐가 대규모로 작동하는 방식이다. 사람들은 51구역의 외계인 시체, 할리우드 스튜디오에서 찍은 달 착륙 장면, 9·11 테러에 개입한 CIA 등 비밀스러운 얘기를 간직하고 있는 거대한 음모를 믿기 좋아한다. 하지만 그렇게 큰 비밀을 유지할 수 있는 사람은 아무도 없다. 오히려 기후변화 부정처럼 정말 큰 은폐 작업은 공공연하게 진행된다. 누구나 볼 수 있는 곳에 명백한 증거가 존재하는 것이다. 하지만 이런 식의 은폐는 그게 사실이 아닐지도 모른다고 생각할 수 있는 다른 이유를 제공한다.

그래도 비난의 상당 부분은 과학자와 과학 기자들이 짊어져야 한다. 우선 과학 보도는 우리가 과학 문헌에서 볼 수 있는 출판 편향 문제를 증폭한다. 신문과 다른 과학 뉴스 정보원들은 잠재적 돌파구를 발견했다며 열심히 보도하지만, 이런 연구 가운데 상당수는 성공적이지 못하다. 그게 반드시 문제가 되는 건 아니다. 과학은 이런 식으로 이뤄진다. 우리가 밝혀낸 흥미로운 새 단서 중 몇 가지만이 이후의 실험을 견뎌낼 수 있다. 문제는 뉴스 정보원에서 그들이 보도한 연구 결과의 예비 성격을 명확하게 밝히지 않는 경우가 많다는 점이다. 게다가 더 나쁜 건 이전에 다룬 연구가 제대로 진행되지 않았을 때 그 사실을 거의 보도하지 않는다는 점이다.

에스텔 뒤마말레Estelle Dumas-Mallet와 동료들은 뉴스 보도에 드러난 편향 규모를 추정하려고 시도했다. 그들은 질병의 위험성에 관한 논문을 5,000개 이상 조사했는데, 그중 156개가 대중매체에 보도됐다. 언론의 관심을 받은 논문은 모두 질병과 유전적 위험 또는 행동적 위험 사이의 연관성을 제안하고 긍정적 결과를 얻었다고 보고했다. 그러나 이 논문들 중 35편(약 234개의 뉴스 기사가 작성된)은 후속 연구에 의해 부당성이 입증됐다. 그러나 그런 일이 생겼을 때 원기사 내용이 틀렸음을 지적하는 뉴스 기사는 단 4개뿐이었다. 부정적 결과는 별로 재미가 없는 것이다.

적포도주가 건강에 미치는 영향에 관한 끝없는 신문기사 행렬을 생각해 보자. 어떤 주에는 매일 포도주를 1잔씩 마시면 심장병 위험이 증가한다고 했다가, 그다음 주에는 똑같이 포도주를 1잔씩 마시면 심장병 위험이 감소한다고 말한다. 이 주제에 관한 연구를 통해 어떤 관계든 밝혀내면 그건 곧바로 뉴스거리가 되는 것 같다. 하지만 후속 연구에서 이 관계가 가짜라는 사실이 밝혀져도 대중매체는 관심을 보이지 않는다. 그러니 당연히 대중은 포도주가 건강에 좋은지 나쁜지 제대로 판단도 못하는 과학자들에게 농락당하는 듯한 기분을 느끼게 되고 곧 과학계 전체에 냉소적 태도를 취하게 된다.

대중 과학 저술은 단일 연구 결과가 과학에 미치는 의미와 관련해 근본적 오해를 불러일으키는 경우가 많고, 때로는 그걸 적극적으로 장려하는 듯한 기분도 든다. 뉴스 매체는 물론이고 심지어 교과서에서도, 과학 활동은 수집 과정이고, 과학 논문은 수집한 내용에

똑똑하게 생존하기

관한 보고서라고 자주 설명한다. 이 관점에 따르면 과학자들은 자연이 숨겨놓은 사실을 찾아내고, 밝혀진 사실은 수집가가 앨범에 우표를 보관하듯 과학 논문으로 공개되며, 교과서는 기본적으로 그런 사실들의 모음이다.

하지만 과학은 이렇게 이뤄지지 않는다. 실험 결과는 자연에 관한 결정적 사실이 아니다. 실험 결과에는 우연이 수반되고, 그 결과를 적절히 평가하는 방법에도 무수한 가정이 난무한다. 실험 결과를 해석할 때는 세계가 움직이는 방식에 관한 모델과 가정이 뒤얽힌 더 복잡한 네트워크가 동원된다. 각각의 실험이나 관측치는 자연에 대한 명확한 사실을 나타낸다기보다 어떤 특정 가설을 지지하는 주장을 대변할 뿐이다. 우리는 여러 논문에 제시된 증거를 저울질해 가설의 진리를 판단하는데, 모든 증거는 저마다 다른 관점에서 문제를 바라본다.

이런 차이는 언론이 보도한 과학 연구를 해석하는 방법과 관련해 중요한 의미가 있다. 새로운 연구 결과가 적포도주를 적당량 마시는 것과 심장 질환의 관계를 보고한다고 가정해 보자. 이는 우리의 지식 규범에 깊숙이 새겨질 새로운 사실이 아니다. 그냥 자주 연구되는 질문에 또 하나의 의견이 추가되는 것뿐이며 우리의 믿음을 "적포도주는 심장 건강에 이롭다."라는 가설 쪽으로 아주 약간 움직이는 정도다. 단 1번의 연구로 세상이 어떤지 많이 알아낼 수는 없다. 당신이 다른 문헌 내용을 알지 못하고 이 연구 결과를 이전의 결과와 통합하는 방법을 모른다면, 이건 아무런 가치도 없다.

활동 중인 과학자들은 이 점을 이해한다. 연구원들은 복잡한 문제에 관한 생각을 개별 연구 보고서를 바탕으로 정하기보다 여러 연구에서 나온 증거를 따져보고, 왜 여러 연구에서 종종 일관성 없는 듯한 결과가 나오는지 이해하려고 노력한다. 하지만 대중매체는 이런 식의 기사를 거의 보도하지 않는다. 지루하기 때문이다.

대중 과학 기사는 여러 개의 연구를 논할 때도 반드시 전체를 대표할 수 있는 방식으로 논하지 않는다. '카페테리아 기독교'는 불편하거나 불쾌한 점들을 무시한 채 신앙 교리를 자기 입맛대로 골라 선택하는 신도들을 가리킨다. 과학 저술가들도 때때로 우리가 카페테리아 과학이라고 부르는 유사 관행을 보인다. 그들은 광범위한 연구 메뉴에서 자기가 원하는 것만 고른 뒤 거기서 일관되고 설득력 있는 얘기를 전달하는 부분집합을 추출해 낸다.

과학자들도 이런 관행에서 전적으로 결백한 건 아니다. 1980년 연구원 2명이 입원 환자들의 의료 기록을 바탕으로 마약성 진통제의 중독률이 낮다는 100단어짜리 짤막한 글을 《뉴잉글랜드 의학 저널The New England Journal of Medicine》에 발표했다. 오피오이드(아편 유사제) 진통제인 옥시콘틴OxyContin이 출시된 뒤 이 논문은 오피오이드가 중독을 거의 일으키지 않는다는 증거로 의학 문헌에 널리 인용됐다. 이는 그 연구 결과를 엄청나게 과장한 것이다. 어떤 학자들은 중독에 관한 우려를 최소화하기 위해 현재 진행 중인 오피오이드 위기의 일부가 논문을 무비판적으로 사용했기 때문이라고 탓하기도 한다. 2017년 《뉴잉글랜드 의학 저널》 편집자들은 현재 논문 상단에 표시되는 경고문을 발표하는 매우 이례적인 조치를 취했다. 이 경고는 논문의 연구 결과에 의문을 제기하지는 않지만, "공중 보건상의 이유로 독자들은 이 기사가 오피오이드 요법이 거의 중독되지 않는다는 증거로 '과도하게 무비판적으로' 인용됐다는 사실을 알아야 한다."라고 주의를 준다.

더 나쁜 점은 우리가 대중매체나 소셜미디어에서 접하는 과학 연구에 강력한 선택 편향이 작용한다는 것이다. 대중매체에 보도되는 연구 결과는 시행되거나 발표된 연구의 무작위표본이 아니다. 가장 놀라운 연구는 가장 흥미로운 기사를 쓸 수 있는 연구다. 이런 사실을 고려하지 않고 관련 연구 가운데 별로 놀랍지 않은 부분을 모두 무시한다면 과학 지식이 발전하는 방식을 비현실적으로 그리게 될 수 있다.

과학 저술가들은 대중 언어로 과학 연구를 소개할 때 가끔 중요한 경고를 생략하거나 타당한 수준 이상으로 강하게 조언하거나 상관관계를 인과관계처럼 표현하거나 실험동물에게서 얻은 연구 결과를 추론해 곧바로 인간에게 적용하기도 한다. 기자들은 이런 오류를 소개하지 않는 경우가 많다. 대학이나 과학 학술지에서 배포한 보도 자료에 이미 그런 내용이 실려 있기 때문이다. 갈수록 짧은 시간 안에 많은 자료를 만들어내야 하는 책임이 있는 과학 저술가들은 이런 보도 자료를 원자료로 많이 의지한다. 평판이 떨어지는 언론사와 블로그는 여기서 한 걸음 더 나아가 보도 자료를 마치 자신들의 독자적인 보도인 양 꾸며 다시 올리기도 한다.

2015년 봄 우주 비행사 스콧 켈리Scott Kelly는 국제우주정거장으로 가기 위해 로켓에 탑승했다. 그리고 3개월 후 그는 예전과 달라진 모습으로 지구에 돌아왔다. NASA는 다음과 같은 보도 자료를 배포했다.

연구진은 현재 스콧의 유전자 중 93퍼센트가 착륙 후 정상으로 돌아왔
다는 사실을 알고 있다. 하지만 나머지 7퍼센트는 그의 면역 체계, DNA
치료, 골형성 네트워크, 저산소증, 탄산 과잉증 등과 관련된 유전자의 장
기 변화 가능성을 나타낸다.

주요 뉴스 방송들은 이 자료를 켈리의 게놈이 7퍼센트 변했다
는 의미로 해석했다. CNN은 "NASA는 우주 비행사의 DNA가 더
는 그의 일란성쌍둥이의 DNA와 일치하지 않는다는 사실을 발견
했다."라고 전했다. 《뉴스위크》는 "NASA 쌍둥이 연구는 우주 비
행사의 DNA가 우주 공간에서 실제로 변한다는 사실을 확인했다."
라고 보도했다. 〈투데이 쇼Today Show〉에서는 "우주에서 1년을 보
낸 우주 비행사 스콧 켈리는 더는 일란성쌍둥이와 DNA가 같지 않
다."라고 선언했다. 이를 본 켈리는 트위터를 통해 농담을 던졌다.
"뭐? 내 DNA가 7퍼센트나 바뀌었다고? 어떻게 알았을까? 나도 방
금 이 기사를 보고 알았는데. 어쨌든 이건 좋은 소식이네! 더는 @
ShuttleCDRKelly를 내 일란성쌍둥이라고 부를 필요가 없으니까."
    하지만 잠깐. 이건 아주 기본적인 개연성도 확인하지 않은 수준
의 기사다. 침팬지의 게놈은 인간의 게놈과 2퍼센트밖에 차이가 나
지 않는다. 사실 켈리의 유전자 자체는 변하지 않았다. 그의 유전자
가 발현되는 방식이 달라진 것이다. 다시 말해 그의 (변하지 않은) 유
전자 중 약 7퍼센트가 단백질로 번역되는 속도에 지속적 변화가 생

긴 것이다. 이는 놀랄 일이 아니다. 환경 조건이 달라지면 일반적으로 유전자 발현에도 변화가 생긴다. 유전학자들과 다른 생물학자들은 소셜미디어와 뉴스 인터뷰에서 잘못된 정보를 바로잡기 위해 즉각 대응에 나섰다. NASA는 보도 자료 수정안을 발표했다. 일부 뉴스 매체는 이런 낭패스러운 사건의 전말을 모두 기사에 담았다. 하지만 대부분의 사람들은 그냥 넘어갔고 수정된 내용은 원래 기사에 비해 관심을 거의 받지 못했다. "거짓말은 날아가고 진실은 절뚝거리며 그 뒤를 따라간다."던 조너선 스위프트의 말이 옳았다.

헛소리 과학 시장

일반적으로 소비재를 거래하는 경제 시장에서 돈은 한 방향으로 흐르고, 상품은 그 반대 방향으로 흐른다. 철강 회사가 자동차 제조업체에 원자재를 공급하면 자동차 제조업체는 자동차를 조립해 소비자에게 판매한다. 소비자들은 제조업체에 돈을 지불하고, 제조업체는 철강 회사에 돈을 지불한다. 그런데 학술지 시장은 다르다. 학자는 온 정성을 기울여 학술 논문을 쓴다. 그리고 자기 논문을 학술 출판사에 제공하는데, 출판사는 그런 논문들을 모아 한꺼번에 학술지에 싣는다. 출판사는 도서관에 구독료를 청구하지만, 수익을 저자들에게 나눠주지는 않는다.

어떤 학술지는 심지어 저자에게 논문 게재 대가로 돈을 내라고 요구하기도 한다. 왜 이들에게 돈을 낼까? 학자들에게 동기를 부여하는 게 뭐였는지 다시 떠올려보자. 이 장 앞부분에서 말한 것처럼 학자는 자기가 쌓아올린 평판의 보상을 받는데, 논문 출판은 평판을 쌓을 수 있는 방법이다.

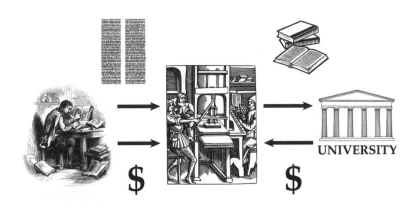

분명히 말하지만 저자들에게 논문 출판 대가를 요구하는 것이 본질적으로 잘못된 일은 아니다. 많은 과학자들은 오픈 액세스 출판 open access publishing을 열렬히 지지하는데, 이 경우 학술지 출판사들은 저자에게 돈을 받고 독자들의 구독료를 완전히 면제해 준다. 여기에는 많은 장점이 있다. 이런 식으로 출판된 논문은 전 세계 모든 사람이 언제든지 읽을 수 있다. 오픈 액세스 방식을 이용하면 개발도상국의 기관에서 일하는 과학자들도 필요한 논문에 접근하려고 고생할 필요가 없고, 환자와 그 가족들은 관련 질병에 관한 최신 논문을 볼 수 있으며, 대중은 정부가 후원하는 연구 보조금을 통해 자기들이 지원한 연구 결과를 읽어볼 수 있다. 그리고 독자 수가 증가하는 건 저자들에게 좋은 일이다.

이는 상황을 긍정적으로 바라봤을 때의 시선이다. 물론 부정적 시선도 있다. 오픈 액세스 출판은 적절한 기준을 부과하지 않는 질 낮은 학술지들을 위한 틈새시장을 만들어준다. 학술지가 독자들에게 구독료를 청구할 경우 그 학술지 편집자들은 동료 평가를 통해 철저히 검토된 고품질 논문만 게재하겠다는 강력한 동기가 생긴다. 질 낮은 논문으로 가득 찬 학술지는 사람들이 잘 구독하지 않는다. 학술지 측에서 자기 논문이 발표되기를 간절히 바라는 학자들에게 돈을 요구할 경우 여러 개의 사업 모델이 작동하기 시작한다. 대부분의 오픈 액세스 학술지는 고품질 논문만 게재해 명성을 쌓으려고 한다. 하지만 어떤 이들에게는 돈이 최고다. 그래서 돈만 준다면 뭐든 실어주려고 한다.

'측정치가 목적이 되면 올바른 측정은 불가능하다.'라는 굿하트의 법칙을 다시 상기하자. 과학 문헌에서도 이런 일이 상당수 벌어졌다. 과학자들이 발표된 논문 수를 통해 서로를 평가하기 시작하자 품질이 낮은 논문도 기꺼이 출판해 주겠다는 학술지 시장이 생겨났다. 이런 부류의 맨 밑바닥에는 약한 사람을 이용해먹는 출판업자들이 만든 학술지가 있다. 과학 출판계에 기생하는 이 기생충들은 엄격한 동료 평가 과정을 거의 거치지 않는다. 오늘날 그들은 학계에서 수천만 달러를 빨아먹으면서 신뢰할 수 없는 수백만 개의 논문으로 관련 문헌들을 오염하고 있다.

학술지를 '과학적으로' 검증하는 중앙 기관을 두는 게 유용할 수도 있지만, 그런 기관은 존재하지 않는다. 인쇄물 시대에는 실제 학술지를 출판하는 비용과 도서관에 구독 계약을 판매해야 하는 필요성이 사기꾼들의 출판계 진출을 막는 장벽 역할을 했다. 그런데 이제는 인터넷으로 학술지를 읽고, 논문은 전자적 방식으로 제공되며, 출판사는 도서관이 아닌 저자에게 돈을 청구할 수 있게 되면서 그런 장벽이 사라졌다. 오늘날에는 웹 디자인에 대한 기본적 이해와 사람들을 사취하려는 의지만 있으면 누구나 약탈적 출판사를 차릴 수 있다.

약탈적 학술지의 주요 고객은 추가 논문 발표 경력으로 이력서를 채우려고 하는 유명하지 않은 학자들일 수도 있지만, 다른 관계자들 역시 이런 학술지가 제공하는 서비스를 이용한다. 기후변화 회의론자, 백신 반대론자, 창조론자, HIV 부정론자 등도 자신의 연구 내용을 약탈적 학술지에 공개한 뒤 이런 논문이 그들의 비주류 신념을 뒷받침하는 '동료들의 평가를 거친' 과학적 내용이라고 주장한다. 사기꾼들은 엉터리 다이어트 보조제나 질병 치료법의 효능을 보여주기 위해 조작된 데이터를 공개한다. 비양심적인 정치 공작원들은 지지 기반을 규합하기 위해 정적에 대한 근거 없는 주장을 발표한다. 음모론자들은 CIA, 일루미나티Illuminati, 거대 피라미드를 건설한 외계인들의 협력 관계를 문서화한다. 괴짜들은 양자 중력이나 시공간 전체에 침투한 보편 의식에 관한 웅장한 이론을 발표하기도 하고 세계의 파괴를 이끄는 악마 같은 지배자를 소환할 수 있는 마법의 주문을 잊힌 언어로 쓰기도 한다.

약탈적 학술지가 돈을 벌려면 논문 기고를 받아야 한다. 여기서 그들은 스팸 메일을 보내는 쪽으로 눈을 돌린다. 당신이 학술 논문을 1~2개 발표했다면 이메일 수신함에 약탈적 학술지에서 보낸 메시지들이 넘쳐나기 시작할 것이다. 메일에는 "[학술지 이름]에 실린

귀하의 논문을 매우 흥미롭게 읽었습니다. 그렇게 훌륭한 연구를 수행하신 것을 축하드립니다. 이 분야에 관한 추가 연구를 진행하고 계시다면 다음 논문을 발표하실 때는 저희 학술지를 고려해 보시는 게 어떨까요…" 운운하는 내용이 가득할 것이다. 물론 그 학술지의 누구도 당신의 논문을 실제로 읽지 않았다. 논문 제목과 당신의 이메일 주소만 인터넷에서 긁어온 것이다. 하지만 당신이 학술 출판 분야를 처음 접하는 사람이라면 이런 사실을 모를 수도 있다. 때로는 이런 이메일을 보내면서 바로 논문 게재비를 얘기하기도 하지만, 대부분의 약탈적 학술지 출판업자들은 논문이 채택될 때까지 비용을 숨긴다.

학자들은 대부분 일주일에 이런 메일을 수십 통씩 받는다. 우리 동료 중에는 이에 반격할 재밌는 방법을 찾아낸 이들도 있다. 과학 에디터 존 맥쿨John McCool은 《비뇨기과 & 신장학과 오픈 액세스 저널》에 논문을 게재하라는 요청을 받았다. 맥쿨은 의학 분야에서 일한 적이 없지만, 〈사인펠드Seinfeld〉라는 드라마의 열렬한 팬이었다. 그는 문제의 학술지에서 관심을 가질 만한 에피소드가 떠올랐다. 시즌 3의 '주차장 건물'이라는 에피소드에서 자기 차를 어디에 주차했는지 잊어버린 주인공 제리 사인펠드Jerry Seinfeld는 몇 시간 동안 화장실도 안 가고 차를 찾아 헤매다가 그만 노상 방뇨로 체포되고 말았다.

경찰서에 간 그는 곤경에서 벗어나려고 변명을 늘어놓기 시작했다. "내가 죽을 위험에 처하지 않았다면 왜 굳이 노상 방뇨를 했겠습니까? 그게 법에 저촉되는 행동이라는 걸 아는데 말입니다." 사인펠

드는 자기를 유치장에 넣으려는 경찰관에게 이렇게 말했다. 그러고
는 혼자 자문자답했다. "왜냐하면 전 요중염 중독 때문에 죽을 수도
있거든요! 그래서 그런 겁니다." 물론 세상에 요중염이라는 병은 없
다. 사인펠드가 그냥 무섭게 들리는 단어를 지어낸 것뿐이다.

맥쿨이 쓴 〈요중염 중독이 하부 요로 감염과 급성 신부전증을 일
으킨다: 사례 보고〉라는 논문은 사례 보고서를 가장해 이 드라마 에
피소드의 줄거리를 완벽하게 요약해 놓은 것이다. "37세 백인 남성
이 교외 큰 쇼핑몰 주차장에 세워둔 자기 차를 찾을 수 없었다. 그
는 1시간 넘게 계단을 오르내리며 줄지어 늘어선 차들 사이에서 자
기 차를 찾다가 소변을 보고 싶은 강한 충동을 느꼈다. 주차장에는
화장실이 없었는데, 자기가 요중염을 앓고 있다는 사실을 알고 있던
그는 즉시 소변을 보지 않으면 요중염 중독 증상이 나타날까 봐 두
려웠다." 만약 동료 평가자가 실제로 존재했다면 그는 사인펠드 팬
(또는 비판적 사상가)이 절대 아니었을 것이다. 학술지 측에서는 맥쿨이
799달러의 저자 비용을 지불하리라 기대하면서 단 며칠 만에 이 우
스꽝스러운 사례 보고서의 게재를 승인했다. 물론 맥쿨은 돈을 내지
않았다.

그럼 과학 논문이 타당한지 여부를 어떻게 알 수 있을까? 가장
먼저 인정해야 할 것은 어떤 과학 논문이든 틀릴 수 있다는 점이다.
그게 과학의 본질이며 의문을 제기할 수 없는 대상은 없다. 논문이
어디에 발표됐든, 누가 작성했든, 논거를 얼마나 잘 뒷받침했든 상
관없이 모든 논문은 틀릴 수 있다. 모든 가설, 모든 데이터 세트, 모
든 주장, 모든 결론은 미래의 증거 앞에서 재검토 대상이 된다. 뛰어

난 과학자인 라이너스 폴링Linus Pauling은 노벨 화학상과 노벨 평화상을 단독 수상한 유일한 인물이지만, 이런 그도 DNA의 삼중나선 구조부터 고용량 비타민 C 복용의 이점에 관한 견해에 이르기까지 훗날 완전히 틀린 것으로 판명된 논문과 책을 출판한 적이 있다. 《네이처》와 《사이언스》는 기초과학 분야에서 가장 권위 있는 학술지지만, 이들 역시 어이없는 실수를 몇 번 저지른 적이 있다. 1969년 《사이언스》는 폴리워터라는 존재하지 않는 중합수에 관한 논문을 발표했는데, 이 때문에 국방 연구원들은 미국과 러시아의 '폴리워터 격차'에 공포감을 느꼈다. 《네이처》는 1988년 동종 요법의 효과를 증명했다고 주장하는 잘못된 논문을 발표했다.

두 번째로 이해해야 할 부분은 동료 평가가 하는 역할이다. 동료 평가는 과학적 과정의 중요한 일부분이지만, 발표된 논문이 정확함을 보장하지는 않는다. 동료 평가자는 논문을 주의 깊게 읽으면서 연구 방법이 합리적이고 추론이 타당한지 확인한다. 논문이 문헌에 추가된 내용을 정확하게 표현하고 결론이 실험 결과를 제대로 따라가는지도 확인한다. 논문 내용을 개선할 방법을 제안하고 때로 추가 실험을 권하기도 한다. 하지만 동료 평가자도 실수할 수 있으며, 더 중요한 사실은 동료 평가자가 연구의 모든 측면을 검토할 수는 없다는 것이다. 동료 평가자는 실험을 다시 하거나 현장 관찰을 반복하거나 컴퓨터 코드를 다시 쓰거나 모든 수학식을 다시 풀거나 데이터를 아주 철저하게 조사하지도 않는다. 동료 평가는 물론 도움이 되긴 하지만, 이들은 잘 은폐된 과학적 위법 행위를 밝혀내는 건 고사하고, 단순한 실수도 다 찾아내지 못한다.

결과적으로 독자가 특정 과학 논문이 의심의 여지없이 100퍼센트 옳은지 알 수 있는 확실한 방법은 없다. 일반적으로 당신이 바랄 수 있는 최선의 방법은 논문이 타당한지 판단하는 것이다. 여기서 얘기하는 타당함이란 (1) 논문을 선의로 작성했고 (2) 적절한 방법론으로 연구를 수행했으며 (3) 관련 과학계가 그 내용을 진지하게 받아들인다는 뜻이다.

발표된 논문의 타당성을 평가하는 빠른 방법은 논문이 발표된 학술지를 알아보는 것이다. 많은 웹 사이트에서는 일반적으로 인용 횟수를 기준으로 학술지의 품질이나 명성을 평가한다.* 많이 인용되는 학술지는 인용 횟수가 적은 경쟁사보다 우수하다고들 생각한다. 출판사를 아는 것도 도움이 된다. 유명 출판사와 평판 좋은 과학 협회는 대개 자신들의 학술지에 실리는 논문이 기본 품질 기준을 충족하도록 한다.

주의해야 할 또 다른 쟁점은 논문의 주장이 그것이 게재된 학술지와 어울리는지 여부다. 앞서 얘기했듯이 학술지들은 출판계 위계

---

* 클래리베이트의 학술지 영향력 지수도 이 측정 기준을 가장 일반적으로 사용한다. 학술지 영향력 지수는 2년 동안 게재된 '인용 가능한' 논문 수에 동일한 기간 동안 받은 인용 비율을 측정한다. 안타깝게도 영향 지수 점수는 클래리베이트 학술지 인용 보고서JCR라는 구독 서비스를 통해 대량으로만 제공된다. 인상적인 영향력 지수를 구성하는 요소는 분야마다 다르지만, JCR에 등재된 학술지는 평판이 대체로 좋은 편이며, 학술지의 영향력 지수가 최소 1 이상이면 괜찮은 수준이고, 최소 10 이상인 학술지는 탁월하다고 보는 게 합리적일 것이다. 학술지 영향력 지수 대신 이용할 수 있는 무료 대안도 몇 가지 있다. 필자들도 http://www.eigenfactor.org에서 몇 가지 학술지 지표를 제공한다. 이 측정 기준은 JCR에 포함된 것과 동일한 학술지들을 다룬다. 대형 상업 출판사인 엘스비어Elsevier는 자신들이 운영하는 스코퍼스Scopus 데이터베이스를 기반으로 하는 다른 측정 기준을 제공한다. 스코퍼스는 JCR보다 많은 저널을 다루지만, 우리는 유명 학술지 출판사가 경쟁사들을 상대로 자사 학술지의 순위를 매기기 시작했을 때 발생할 수 있는 이해 충돌을 우려하고 있다. 구글 스콜라Google Scholar도 자체 학술지 순위를 제공한다.

서열에서 서로 다른 위치를 차지하고 있다. 다른 조건이 다 같더라도 일류 학술지에 게재된 논문이 가장 큰 발전을 이루고 가장 높은 신뢰도를 얻을 것이다. 흥미가 떨어지거나 신뢰도가 낮은 연구 결과는 권위가 떨어지는 학술지로 밀려날 것이다. 급이 낮은 곳에서 등장하는 특이한 주장을 경계해야 한다. 이걸 "당신이 그렇게 똑똑하다면 왜 부자가 아닌가?"의 과학자 버전쯤으로 생각할 수도 있다.

따라서 《태즈메이니아 호주 파충류학 저널》이라는 잘 알려지지 않은 학술지에 실린 〈하천 개구리의 무게〉라는 논문에 개구리 몇 마리의 무게를 나열한 경우에는 걱정할 이유가 별로 없다. 개구리들의 무게 표는 해당 지역의 몇몇 전문가들에게는 유용하겠지만, 과학적 돌파구와는 거리가 멀기 때문에 해당 학술지에 매우 적합하다. 그러나 〈백년전쟁 중에 네안데르탈인이 멸종했다는 증거〉라는 제목의 논문이 똑같이 주목을 거의 못 받는 《베스트팔렌 역사 지리학 저널》에 실린다면 이는 심각한 우려의 원인이 될 것이다. 만약 그 연구 결과가 사실이라면 호미닌hominin 역사에 관한 우리의 이해가 완전히 뒤바뀌고 인간 존재의 의미 개념까지 흔들릴 것이다. 이게 사실이라면 그런 연구 결과는 저명한 학술지에 실려야 한다.

위의 예시들은 가상으로 지어낸 것이지만, 실제 사례도 많다. 일례로 2012년 TV 프로그램 진행자인 메멧 오즈Mehmet Oz 박사는 볶지 않은 커피콩 추출물이 체중 감량 보충제로 거의 기적에 가까운 성질을 지녔음을 증명했다는 연구 논문을 자기 프로그램에서 홍보했다. 놀라운 주장이었지만, 이 논문은 《JAMA》, 《랜싯》, 《NEJM》 같은 최고의 의학 학술지에 실리지 않았다. 도브 프레스Dove Press라는 작은 과학 출판사에서 발행하는 《당뇨, 대사증후군, 비만Diabetes, Metabolic Syndrome and Obesity: Targets and Therapy》이라는 거의 알려지지 않은 학술지에 실렸는데, 이 학술지는 주요 과학 지표에도 등재돼 있지 않다. 모든 독자들에게 경종을 울려야 할 점이다. 그리고 이 논문을 읽어 보면 16개라는 터무니없이 적은 표본을 이용한 임상 실험에 기초해 결론을 내렸다는 사실을 알 수 있는데, 논문이 내세우는 강력한 주장을 정당화하기에는 표본 크기가 너무 작다. 작은 표본 크기와 형편없는 게재 장소는 이 얘기의 일부에 지나지 않는다. 그 논문은 데이터가 검증되지 않았기 때문에 나중에 철회됐다.

논문 철회는 흔치 않은 일이지만, 과학 논문 결과에 너무 많은 걸 걸기 전에 철회나 수정 여부를 확인하는 건 좋은 생각이다. 가장 쉬운 방법은 출판사 웹 사이트 또는 (생물학 또는 의학 관련 논문일 경우) PubMed 데이터베이스에서 논문을 확인하는 것이다.*

과학이 작용하는 이유

우리는 현대 과학을 괴롭히는 꽤 많은 문제를 겪어왔다. 그러니 압도된 기분도 들고 과학이 전혀 효과가 없는 건지 궁금해지기 시작할 것이다. 다행히 우리가 이 장에서 얘기한 모든 문제가 있는데도 과학 제도가 효과적인 데는 여러 가지 이유가 있다.

---

* PubMed는 https://www.ncbi.nlm.nih.gov/pubmed/에서 무료로 이용 가능하다.

우리는 이미 테스트를 거친 대부분의 가설이 어떻게 합리적으로 옳을 가능성이 있는지 얘기했다. 과학자들은 장기간에 걸쳐 시간을 낭비하기보다 사실일 가능성이 높은 가설을 시험하는 경향이 있다. 그렇다면 대부분의 긍정적 결과는 거짓 긍정이 아니라 참 긍정일 것이다.

과학은 계속 누적되는 과정이다. 실험을 직접적으로 재현하는 경우는 많지 않지만, 연구원들이 이전의 결과를 기반으로 삼으면서 과학은 발전한다. 만약 결과가 거짓이라면 효과적인 토대가 될 수 없다. 그러니 새로운 시도는 실패할 테고 처음으로 다시 돌아가 원래의 실험 결과를 재평가하는 과정에서 진실이 밝혀질 것이다. 초파리를 연구하는 과정에서 유기체의 유전자를 쉽게 편집할 수 있는 생화학적 경로를 발견했다고 가정해 보자. 다른 연구원들은 내 실험을 직접 재현해 보려고 하지 않을 수도 있지만, 쥐나 선충이나 다른 모형 생물을 연구하는 사람들은 동일한 메커니즘이 자기네 시스템에서도 작동하는지 보고 싶을 것이다. 또 기술 응용에 관심이 있는 사람은 이 경로를 지시된 방식대로 사용할 수 있는 더 나은 방법을 찾으려고 노력할 것이다. 애초에 내가 틀렸다면 이런 시도들이 전부 효과가 없을 것이므로 내 실수를 정정할 수 있게 된다. 반대로 내가 옳았다면 후속 연구자들의 성공을 통해 내 발견이 사실이었음을 확인할 수 있다.

실험은 효과가 있는지 여부뿐만 아니라 효과가 발휘되는 방향을 테스트하는 경우도 많다. 몇몇 연구 팀이 새로운 항우울제가 노인들의 기억력 감퇴에도 도움이 되는지 시험한다고 가정해 보자. 만약 이 약이 기억력에 실질적인 영향을 미치지 않는다면 우리가 발견할 수 있는 거짓 양성 결과가 2가지 있다. 기억력 테스트의 성과를 향상하거나 저하하는 것이다. 두 경우 모두 진짜 약을 복용한 치료군과 위약을 복용한 대조군의 결과가 다르기 때문에 어떤 결과가 나오든 발표할 수 있다. 어떤 치료법의 효과가 발표된 문헌마다 다르다면, 즉 어디서는 유익하다고 하고, 어디서는 해롭다고 한다면, 우리는 이것이 진짜 의미 있는 신호가 아니라 통계적 잡음이라고 의심할 것이다.

과학이 어떤 주장을 사실로 받아들이면 그 주장을 반박하는 실험들은 주목을 받으면서 거의 긍정적 결과로 취급되기 때문에 발표하기가 훨씬 쉬워진다. 예를 들어 물리학자들은 일반적으로 진공상태에서의 빛의 속도가 물리학의 기본상수이며 우주 어디에서나 항상 동일하다고 가정했다. 만약 몇십 년 전 누군가가 시간과 공간에 따른 빛의 속도 차이를 측정하려고 했는데 아무런 차이도 발견하지 못했다면, 이는 부정적 결과라서 유명한 학술지에 발표하기 어려웠을 것이다. 그러나 최근에 진공상태에서 빛의 속도가 다를 수 있음을 암시하는 증거가 조금씩 쌓이고 있다. 물리학계에서 이런 주장이 논의되고 있는 지금은 어떤 차이도 보여주지 않는 세심한 실험이 상당한 관심을 끌 것이다.

마지막으로 이 장에서 논의한 문제들과 상관없이 과학은 그저 평범한 작업일 뿐이다. 이 장 시작 부분에서 말한 것처럼 과학은 우리 감각이 감지하고 우리 마음이 이해하는 범위를 훨씬 뛰어넘는 규모로 물질세계의 본질을 이해할 수 있게 해준다. 우리는 이런 이해

똑똑하게 생존하기

를 바탕으로 불과 몇 세대 전 사람들에게 마법처럼 보일 수 있는 기술을 만들어내고 있다. 경험적 관점에서 보자면 과학은 성공적이다. 개별 논문에 틀린 부분이 있거나 개별 연구가 대중매체에 잘못 보도될 수도 있지만, 과학이라는 제도 전체는 튼튼하다. 과학을 현존하는 인간의 다른 지식 그리고 인간의 헛소리와 비교할 때는 이 같은 관점을 유지해야 한다.

헛소리 알아차리기

CHAPTER 10

2017년 9월 충격적인 사진 1장이 소셜미디어를 통해 유포됐다. 시애틀 시호크스Seattle Seahawks 미식축구 팀 라커룸에서 찍은 이 사진에는 시호크스의 수비 팀 라인맨으로 활약했던 마이클 베넷Michael Bennett이 맨 가슴을 드러낸 채 불타는 미국 국기를 휘두르는 모습이 담겨 있었다. 베넷 주위를 에워싸고 환호하는 이들은 시호크스 팀 동료들과 코칭스태프들이었다.

이 사진은 물론 가짜였다. 시호크스 관계자 가운데 팀 미팅 중에 혹은 그 언제라도 미국 국기를 불태운 사람은 없었다. 그 사진은 시호크스가 라이벌인 애리조나 카디널스Arizona Cardinals를 상대로 2년 전에 거둔 결정적 승리를 자축하면서 찍은 것이다. 그러나 이 사건은 현재 내셔널 풋볼 리그를 휩쓸고 있는 문화 전쟁에 관해 많은 걸 말해준다. 샌프란시스코 쿼터백인 콜린 캐퍼닉Colin Kaepernick은 경찰의 잔혹한 행동에 항의하는 표시로 경기장에서 미국 국가가 연주되는 동안 한쪽 무릎을 꿇었고, 풋볼 리그 전체에서 그를 따라 하는 선수들이 갈수록 늘었다. 도널드 트럼프는 이 선수들이 비애국적이고 반군사적이며 완전히 미국인답지 못하다고 낙인찍었다. '베츠 포 트럼프Vets for Trump'라는 단체의 페이스북에 처음 올라온 불타는 깃발을 든 베넷의 모습은 트럼프가 한 말을 극단적으로 표현한 것이었다. 이를 본 많은 이들은 저급한 이미지 조작을 간과한 채 시호크스 선수들을 향해 분노에 찬 욕설을 던지면서 사진을 공유했다. 많은 사람이 그 이미지를 보면서 느낀 분노와 혐오감 때문에 사진의 진위를 비판적으로 평가하려는 의향은 무색해지고, 그들은 헛소리에 금세 속아 넘어갈 수 있는 상태가 됐다.

이렇게 도처에 헛소리가 퍼져 있는데 어떻게 해야 거기에 말려들지 않을 수 있을까? 무엇보다 적절한 마음 습관을 기르는 게 중요하다고 생각한다. 결국 우리를 날마다 안전하게 지켜주는 건 바로 그런 마음 습관이다. 물론 항상 의식하고 사는 건 아니지만, 차를 몰고 출근할 때 우리 눈은 정지신호를 무시하고 막 달리려는 운전자를 찾는다. 밤에 혼자 걸을 때는 주변을 의식하면서 위험 징후를 경계한다. 헛소리를 파악하는 것도 마찬가지다. 지속적인 연습이 필요하지만, 그런 연습을 통해 오해의 소지가 있는 논쟁과 분석을 찾아내는 데 능숙해진다. 엄밀한 헛소리 탐지기를 개발하는 건 평생 동안 계속될 프로젝트이지만, 이 장에서 소개할 몇 가지 간단한 요령만 숙지해도 큰 도움이 될 것이다.

1. 정보의 출처에 의문을 품어라

기자들은 어떤 정보를 접하면 다음과 같은 간단한 의문을 품도록 훈련받는다.

누가 내게 이런 말을 하는가?

이 사람은 어떻게 그걸 아는가?

이 사람이 내게 팔려는 것은 무엇인가?

어떤 상황에서는 이런 의문이 우리에게 제2의 천성이 된다. 중고차 판매점에 들렀는데 판매원이 주차장 구석에 서 있는 차가 전 소유주가 딱 1명뿐이고 어떤 노부인이 매주 일요일에 교회에 갈 때만 탔다는 얘기를 늘어놓기 시작하면, 당신은 이런 생각을 하게 될 것이다. 이 사람은 누구지? 중고차 판매원이지! 그가 이런 사실을 어떻게 알지? 글쎄, 노부인에게 직접 들었나 보지. 아니면 그 차를 판 다른 동네 딜러에게 들었을지도 모르고. 어쩌면 애초부터 그런 노부인은 없었을지도 몰라. 그가 나한테 팔려는 차가 뭐지? 그게 뭔지는 명확하다. 당신이 주차장을 걷다가 실수로 흘깃 쳐다본 2002년형 폰티악 아즈텍Pontiac Aztek이다.

소셜미디어 피드를 훑어보거나 뉴스를 듣거나 건강을 증진하는 방법에 관한 최신 잡지 기사를 읽을 때도 위와 같은 질문을 던져야 한다.

우리는 이 장을 쓰는 동안 인터넷에서 "크리스털은 자기가 지금

껏 접했던 모든 정보를 간직하고 있다."라는 글을 읽었다. "크리스털은 혹독한 날씨 패턴이나 고대의 의식 경험 같은 정보를 흡수해 자기와 접촉하는 모든 이에게 전달한다." 이 내용은 물리학에 관한 우리의 기본 이해와 일치하는 부분이 거의 없다. 그러니 이 주장에 대해 위의 3가지 질문을 던져볼 가치가 있다.

첫 번째 질문에 답하는 건 비교적 간단하다. 누가 이런 말을 했는가? 이 텍스트는 라이프스타일 브랜드 구프Goop의 웹 사이트에 올라온 치료용 크리스털에 관한 인터뷰에서 나온 것이다. 인터뷰 대상자는 "패션 스타일리스트로 변신한 에너지 전문가"이자 "공인된 샤먼 에너지 의학 전문가"인 콜린 맥캔Colleen MacCann이란 사람으로, 그는 "크리스털, 색 이론, 차크라 시스템, 점성술, 자연요법, 풍수지리학을 전부 조합해서 활용한다".고 한다.

두 번째 질문인 "이 사람은 그걸 어떻게 알았을까?"의 답은 알아내기가 더 어렵다. 그러나 이 경우 맥캔의 웹 사이트가 정보에 기반한 추측을 할 수 있는 충분한 자료를 제공한다. 그의 약력을 통해 맥캔이 "브룩클린에 있는 한 잡화점에서 목소리를 듣기 시작하면서 클레어오디언스Clairaudience(일반적으로 들을 수 없는 소리를 듣는 것) 능력을 발휘하게 됐다."라는 것과 그 후에 상담하러 간 "맨해튼의 유명한 심령술사가 맥캔 역시 심령술사라는 충격적이고도 신비로운 사실을 알려줬고, 그 목소리는 사실 맥캔의 영적 인도자가 건넨 인사"였음을 알게 됐다. 그 뒤 맥캔은 "크리스털이 가득한 골방에 처박혀 초능력 치료사에게 3년 동안 개인 지도를 받다가 페루 샤머니즘 연구소의 포 윈즈 협회에서 훈련을 받게 됐다." 마지막으로 그는 "크리스털

힐링과 공간 정화법을 배우기 위해 불교 풍수지리 사부와 함께 10년 동안 수련했다." 아마 맥캔은 이 경험을 통해 인터뷰에서 얘기한 정보를 알게 된 모양이다.

그리고 세 번째 질문 "그들이 내게 팔려는 건 무엇인가?" 이번에도 약간의 추측이 필요하긴 하지만, 머리를 아주 약간만 쓰면 된다. 물론 구프라는 회사와 인터뷰 대상자가 파는 물건은 약간 다를 것이다. 맥캔은 우리에게 어떤 아이디어나 철학을 납득시키는 게 목표일 것이다. 게다가 어쩌면 우연이 아닐지도 모르지만, 그의 웹 사이트에서는 크리스털을 판매하면서 "직관적인 크리스털 판독", "크리스털 그리딩", "크리스털 정화" 같은 서비스를 제공한다는 사실을 밝히고 있다. 구프 입장에서는 자기네 회사가 이런 라이프스타일을 장려한다고 주장할 수도 있다. 하지만 그들은 85달러를 내면 "차크라 힐링 크리스털" 8개를 받을 수 있는 이른바 '구프 약봉지'라는 걸 판다. 우리가 보기엔 관광객들이 주로 가는 기념품점에서 1봉지에 5달러씩 파는 반짝이는 돌과 거의 구분이 안 가지만, 그래도 다시 한 번 생각해 보자. 구프 스톤은 "현명한 지혜로 정화되고 음파와 조화를 이루며 만트라로 작동되고 기 치료의 축복을 받은" 물건이라고 하니 말이다.

간단히 말해 사람들은 당신에게 중고차나 생명보험, 미용 시술을 팔려고 하거나 아이디어나 관점, 시각을 납득시키려고 할 수도 있다. 어떤 영업 사원은 당신이 힘들게 번 돈을 쓰게 한다. 어떤 영업 사원은 당신이 전에 믿지 않았던 일을 믿거나 평소 같으면 하지 않았을 일을 하도록 설득한다. 모든 사람이 당신에게 뭔가를 팔려고 하니 그게 뭔지 알아내는 게 관건이다.

불타는 깃발을 든 베넷의 사진에 관해서도 같은 질문을 할 수 있다. 누가 이런 말을 하는 거야? '베츠 포 트럼프'라는 페이스북 그룹이다. 그들은 어떻게 그걸 알게 됐지? 이 사진은 페이스북에만 올라왔고, 전통 언론 매체에는 보도되지 않았기 때문에, 유일하게 가능한 대답은 라커룸에서 누군가가 카메라로 찍었지만, 그곳에 언론 매체가 없었거나 거기에서 벌어진 일을 보도하지 않기로 다들 합의했다는 것이다. 그리고 시호크스 선수와 직원들 중 누구도 그 일에 관해 입을 열지 않았다. 무척이나 믿기 어려운 일 같다. 그들이 우리에게 팔려는 건 무엇인가? 인종적 부당함에 항의하는 NFL 선수들이 실은 반미 감정을 갖고 있고 미국에 위협이 될 수도 있음을 납득시키려고 한다. 진실을 드러내는 형편없는 포토샵 작업 흔적이 없더라도 이 3가지 질문에 대한 대답은 충격적이고 예상치 못한 사진의 진위를 의심하기에 충분하다.

2. 불공평한 비교를 조심하라

"공항 검색대에서 쓰는 바구니에 화장실보다 세균이 더 많다!" 2018년 9월 한 연구 결과가 발표되자 전 세계 언론 매체들이 이와 유사한 헤드라인을 내걸었는데, 이는 공항의 보안 검색 과정을 통과하느라 고생한 청결에 강박관념이 있는 이들이 느끼던 두려움이 사실임을 확인해줬다.

그러나 이 주장은 별로 솔직하지 못하다. 연구를 수행한 과학자들은 기침이나 재채기를 할 때 공기나 손에 묻은 비말을 통해 전염되는 호흡기 바이러스만 조사했다. 보안 검색대 바구니에 호흡기 바이러스가 화장실 변기보다 많이 묻어 있는 건 놀라운 일이 아니다. 사람들은 보통 변기에 대고 기침이나 재채기를 하지 않으며 변기를 손으로 만지는 일도 별로 없다. 변기의 변좌에는 세균이 득시글거리는데 연구진이 집계한 세균과 종류가 다를 뿐이다.

공항 검색대 바구니는 감기와 독감의 중요한 매개체가 될 수 있지만, 이런 헤드라인과 변기 그림을 함께 보여주는 건 충격 가치를 얻기 위해 불공평한 비교를 하는 것이다. 바구니에는 변기보다 세균이 많은 게 아니라, 바구니에 내려앉을 가능성이 있는 세균 종류가 더 많은 것이다.

다른 예를 살펴보자. 사람들은 항상 순위 목록을 좋아한다. 광고 수익이 페이지뷰에 따라 달라지는 클릭스트림clickstream 경제에서는 순위가 곧 돈이다. 순위 목록에 포함된 각 항목을 별도의 페이지에 배치하면 톱10 목록 하나로 독자 1명당 10개의 페이지뷰를 생성할 수 있다. 케이시 케이젬Casey Kasem(인기 순위 프로그램인 〈아메리칸 톱40〉의 진행자-옮긴이)의 시대는 가고 "눈썹 있는 고양이 샘을 사랑할 수밖에 없는 12가지 이유"의 시대가 찾아온 것이다.

"미국에서 가장 위험한 도시"의 여러 변형판은 인터넷에 꾸준히 다시 등장하는 목록 중 하나다. 최근에 금융 뉴스 매체인 〈월스트리트 24²⁴/7 Wall St〉에서 발표한 목록을 우연히 봤는데 FBI가 편집한 내용을 토대로 만든 것이라고 한다. 목록 맨 윗자리를 차지한 도시들

똑똑하게 생존하기

은 다음과 같다.

1. 미주리주 세인트루이스
2. 미시간주 디트로이트
3. 앨라배마주 버밍엄
4. 테네시주 멤피스
5. 위스콘신주 밀워키

이 목록을 보자마자 개인적으로 기분이 안 좋았다. 칼은 세인트 루이스에서 태어났고 10대 후반기 대부분을 디트로이트에서 보냈 기 때문이다. 이 도시들이 정말 그렇게 나쁠까? 칼은 궁금해졌다. 그 순위는 신뢰할 수 있는 정부 기관이 발표한 확실한 수치에 근거 한다. 하지만 그게 정말 공정한 비교일까? 아니면 뭔가 재밌는 상황 이 벌어져 세인트루이스와 디트로이트가 목록 최상단에 올라간 것 일까? 우리가 물어야 할 첫 번째 질문은 '그 도시가 얼마나 위험한지 어떻게 수량화했는가'다. 도로에 움푹 팬 구멍이 가장 큰 곳? 빈대가 가장 많은 곳? 번개에 맞은 골퍼가 가장 많은 곳?

여기서 사용된 위험 척도는 1인당 폭력 범죄 수다. 우리는 이 측정 기준이 해당 도시가 얼마나 위험한지 특징짓는 임무를 제대로 수행하 지 못한다고 주장할지도 모른다. 아마 세인트루이스와 디트로이트에 서는 폭력 범죄가 정확하게 보고되겠지만, 다른 곳에서는 그런 사건 을 제대로 보고하지 않을 수도 있다. 어쩌면 세인트루이스와 디트로 이트에서는 폭력 범죄가 많지만, 살인 사건은 거의 없을 수도 있다. 아니면 1인당 폭력 범죄를 계산할 때 사용한 자료가 최근 인구가 늘어난 세인트루이스와 디트로이트의 인구를 너무 적게 잡았을 수도 있다.

더 가능성 있는 문제는 도시를 정의하는 방식에 뭔가 자의적인 부분이 있다는 것이다. 도시 경계는 정치적 경계다. 일부 도시는 주로 중심부의 도심권만 포함되고, 외딴 지역은 제외된다. 어떤 도시는 주변의 메트로폴리탄 지역까지 거의 다 포함된다. 이것이 폭력 범죄율을 집계할 때 큰 차이를 만들 수 있다. 복잡한 이유로 많은 미국 도시 내부 범죄율은 역사가 오래된 도심 지역이 높고 교외는 낮은 경향이 있다.

이게 왜 중요할까? 도시 범죄율은 도시 경계선이 그 중심부를 얼마나 촘촘히 둘러싸느냐에 따라 달라지기 때문이다. 그리고 도시 경계선 위치는 해당 도시의 역사와 정치에 따라 다르기 때문에 중심부를 둘러싼 경계선의 촘촘한 정도가 도시마다 크게 다르다는 걸 볼 수 있다. 이 시점에서 우리는 도시 경계선이 폭력 범죄율에 상당한 영향을 미친다는 가설을 갖고 있지만, 확실한 증거는 없다. 우리가 가장 위험한 10대 도시 목록에 회의적인 데는 몇 가지 근거가 있지만*, 도시 경계선을 정의한 방식이 조사 결과에 영향을 미친다고

---

* FBI도 자신들의 데이터를 해석할 때 이런 주의를 기울여야 한다고 강력히 권고한다. "매년 미국 범죄 집계를 발표하면 몇몇 기관에서 이 수치를 이용해 도시와 카운티 순위를 집계한다. 이런 대략적 순위는 특정 마을, 도시, 카운티, 주, 소수민족 자치구 또는 지역에서 범죄를 일으키는 수많은 변수에 통찰력을 제공하지 않는다. 그 결과 지나치게 단순하거나 불완전한 분석이 종종 오해의 소지가 있는 인식을 낳아서 지역사회와 그 거주자들에게 부정적 영향을 미친다. 각 지방의 법 집행 관할권에 영향을 미치는 여러 가지 고유한 조건을 세심하게 연구하고 분석해야만 유효한 평가가 가능하다. 따라서 데이터 사용자는 인구 범위나 학생 등록 명부만을 기반으로 도시, 대도시 지역, 주, 단과대학, 대학이 개별적으로 보고한 통계 데이터 비교를 경계해야 한다."

똑똑하게 생존하기

주장하려면 추가 데이터를 수집하고 이 가설을 직접 테스트해야 한다. 폭력 범죄 데이터와 인구 데이터는 쉽게 입수할 수 있다. 하지만 도시 경계에 교외가 포함되는지 여부는 어떻게 통제할 수 있을까?

미국 정부는 대도시 통계 지구의 목록을 작성하고 그 각각에 대한 통계와 인구 통계 데이터를 취합한다. 대도시 지역은 외딴 교외 지역으로 둘러싸인 하나 또는 여러 개의 중심부로 구성된다. 만약 폭력 범죄율 차이가 도시 경계선을 그리는 방식의 차이에 영향을 받는다면, 주변 대도시 지역보다 작은 도시는 주변 대도시 지역보다 큰 도시에 비해 평균적으로 범죄율이 높으리라고 예상할 것이다.

아래 산포도에서 각 점은 하나의 도시를 나타낸다. 수직축은 폭력 범죄율(인구 10만 명당 1년에 보고된 폭력 범죄 건수로 측정)을 나타낸다. 수평축은 주요 도시 안에 거주하는 대도시 권역 인구의 일부를 보

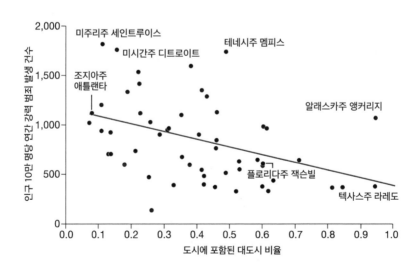

여준다.* 이를 보면 도시의 경계가 얼마나 좁은지 혹은 넓은지 알 수 있다.

우리가 예상한 대로 도시 경계 내에 포함되는 대도시 권역 비율이 높을수록 폭력 범죄율은 낮은 경향이 있었다. 경계가 좁은 도시는 범죄율이 높고, 경계가 넓은 도시는 범죄율이 낮은 경향도 있다. 이 점들을 연결해 범죄율을 나타내는 선을 그리면 그 선은 아래로 기울어진다. 통계 테스트에서는 이 기울기가 단순한 우연의 결과가 아니라 의미가 있는 것으로 나타났다.**

그러므로 도시의 폭력 범죄율과 도시 경계선을 긋는 방식 사이에는 상관관계가 존재한다. 대도시 권역의 전체 범죄량은 도시가 위험해 보이는지 아니면 안전해 보이는지 여부에 영향을 미치지만, 도시의 경계선을 긋는 방식도 마찬가지로 영향을 미친다. 도시 중심부만 포함된 세인트루이스나 디트로이트 같은 도시를 앵커리지나 라레도처럼 교외 지역까지 포함된 도시들과 비교하는 건 적절하지 않다.

이 폭력 범죄율 사례는 좀 더 일반적인 원칙을 설명하는 데 도움이 된다. 순위 목록은 비교 대상들을 직접적으로 비교할 수 있을 때만 의미가 있다.

---

* 우리는 인구가 최소 40만 명 이상인 도시만 살펴봤다. 이 정도 규모의 도시가 2개 이상 포함된 주요 대도시 권역은 뺐다. 대도시 크기와 도시 크기의 비율 때문에 도시 중심부에 사는 인구 비율이 과소평가될 우려가 있기 때문이다.
** 이 점들을 관통하는 선형 회귀의 기울기는 $p=0.005$ 수준에서 0과 현저히 다르다. $R2=0.17$.

3. 너무 좋거나 너무 나빠서
도저히 사실일 것 같지 않다면…

2017년 초 트럼프 행정부는 미국 여행과 이민을 제한하는 일련의 정책을 시행했다. 트럼프의 정책은 고등교육을 비롯해 미국 생활의 많은 측면에 영향을 끼쳤다. 2017년 3월 NBC 뉴스는 트위터를 통해 "조사 결과 유학생들의 지원이 거의 40퍼센트나 감소했다."라며 정책 변화의 결과에 대한 메시지를 전했다.

뉴스 기사와 연결된 이 트윗은 트위터에서 널리 공유됐다. 그러나 여기서 제기한 주장은 믿기 힘들다. 물론 트럼프의 여행 금지나 이와 관련된 미국의 이민 정책 변화 등을 고려하면 미국이 유학생들을 더 환영하는 것처럼 보이지는 않을 것이다. 그러나 유학생 지원이 40퍼센트나 급감했다는 점은 사실이라고 믿기에 너무 큰 규모다. 그 영향의 규모가 엄청날 뿐만 아니라 시기도 의심스러웠다. 많은 미국 대학들의 지원 마감일은 트럼프가 취임하기 전인 12월이나 1월이었을 것이다. 우리는 이 소식에 회의적이었다.

우리의 회의론은 헛소리를 찾아내는 일반 원칙에서 따온 것이다. 어떤 주장이 너무 좋거나 나빠서 도저히 사실일 것 같지 않다면 아마 그 생각이 맞을 것이다. 우리는 다들 일상생활에서 이런 경험 법칙을 자주 적용한다. 전화 사기업체에서 자동 녹음 전화를 받았을 때 자기가 정말 공짜 여행권을 받게 됐다고 생각할 사람이 몇 명이나 되겠는가?

그렇다면 NBC가 제공한 40퍼센트라는 통계가 헛소리인지 아닌지 어떻게 알아낼 수 있을까? 간단하다. 그 출처를 파보면 된다. 그리고 트윗을 믿지 말자. 우리가 받는 모든 정보가 이미 몇 번씩 재작성되고 재배치되고 재처리되는 소셜미디어가 지배하는 세상에서는 정보의 근원을 파고드는 습관을 기르는 게 중요하다.

NBC의 트윗은 소식의 출처인 "조사 결과 외국 유학생들이 미국 대학에 지원하지 않는다는 사실이 밝혀졌다"라는 제목의 〈NBC 나이틀리 뉴스NBC Nightly News〉 기사로 연결되는 링크를 제공했다. 이 기사는 여러 학교에서 유학생 지원이 감소했다고 설명하면서 감소의 원인을 트럼프의 여행 금지와 반이민 정책 탓으로 돌리고 있다.

> 최근 미국 대학 등록 입학처 협회에서 실시한 조사에 응답한 학교 가운데 거의 40퍼센트는 올해 중국, 인도, 특히 중동에서 오는 유학생들의 지원이 줄었다고 답했다.
> 교육자, 신입생 모집관, 학교 관계자들은 해외 유학생들의 미국에 대한 인식이 바뀌었고 더는 자신을 환영하는 것처럼 느끼지 못한다고 보고한다. 관계자들은 이민과 여행 금지령을 둘러싼 트럼프 행정부의 발언이 영향을 미치고 있다고 지적한다.

하지만 잠깐! 이 기사는 트윗과 다른 얘기를 하고 있다. 트윗에서는 전체 유학생 지원이 40퍼센트 감소했다고 주장했다. 그런데 기사에서는 전체 학교 가운데 40퍼센트에서 지원이 감소했다고 말한다. 이 둘은 전혀 다른 문제다. 예를 들어 이들 학교의 신입생 지원율이 조금 줄었고, 결과적으로 유학생 지원자 수도 전체적으로 아주

똑똑하게 생존하기

약간 감소했을 수 있다. 여기에서 벌써 트윗과 그것이 전하는 뉴스 기사 사이의 차이가 드러났다.

하지만 어느 쪽이 옳은가? 트윗인가 뉴스 기사인가? 그걸 알아 내려면 계속 파헤쳐야 한다. 이 기사는 미국 대학 등록 입학처 협회의 뉴스 단신을 인용하고 있다. 우리는 약간의 검색을 통해 NBC 기사가 나오기 11일 전 게재된 보고서를 찾을 수 있었고 거기에는 매우 자세한 내용이 담겨 있었다.* 알고 보니 대학 가운데 39퍼센트는 유학생 지원자가 감소했지만, 증가한 대학도 35퍼센트나 됐다. 종합해 보면 이건 뉴스가 아니라 통계적 잡음이다. 기사에 제시된 정보를 고려하면 유학생 지원에 대한 '트럼프 효과'를 보여주는 의미 있는 징후는 없다. 이 수치는 여러 미국 학교의 지원자 수에 우연히 발생한 변동을 나타내는 것뿐이다.

그렇다면 어떻게 이런 일이 일어났을까? 아마 여러 단계에서 실수가 있었던 듯하다. 첫째, NBC 기사는 지원자가 감소한 학교 비율만 얘기하고 그와 비슷한 비율의 다른 학교들은 지원자가 늘었다는 사실을 언급하지 않았기 때문에 오해의 소지가 있다. 어떻게 그런 일이 생긴 건지 짐작할 수 있다. 대규모 설문조사 결과는 트럼프 정책 때문에 유학생 지원자 수가 조직적으로 변하고 있다는 증거를 보여주지 않는다. 이는 별로 흥미로운 뉴스가 아니다. 얘기를 더 흥미롭게 만들려고 혹은 단순히 필자나 편집자에게 양적 정교함이 부족

---

* 미국 대학 등록 입학처 협회의 원래 기사도 "유학생 지원 감소, 비자 발급과 미국의 정치 분위기 고조에 대한 우려"라는 오해의 소지가 있는 헤드라인을 달고 있다. 보고된 데이터는 미국 유학생 지원자의 순감소를 입증하지 않으며, 등록 유학생 수가 증가한 학교의 비율도 감소한 학교와 크게 다르지 않다.

한 탓에 39퍼센트의 학교에서 지원자가 감소했다는 사실만 강조하고, 35퍼센트의 학교에서 지원자가 증가한 사실은 무시하거나 과소평가한다. 사실을 말하면서도 헛소리가 될 수밖에 없는 사례다. 학교 가운데 39퍼센트에서 지원자가 감소한 건 사실이다. 하지만 앞뒤 상황을 말하지 않았기 때문에 독자들을 호도한다.

그 뒤에 아마 NBC 소셜미디어 피드를 운영하는 사람도 이 기사를 잘못 해석한 모양이다. 그래서 '40퍼센트의 학교에서 지원자가 줄어들었다'는 것이 '지원자가 40퍼센트 줄었다'로 바뀌었다. 이렇게 지나칠 정도로 큰 영향이 발생했다는 말을 들으면 "너무 좋거나 너무 나빠서 도저히 사실일 것 같지 않을 때는…" 경험 법칙이 작동하기 시작한다. 이 세 번째 규칙은 소셜미디어에 퍼지는 헛소리를 알아차리는 데 특히 좋다. 소셜미디어 환경에서 가장 널리 퍼지는 게시물은 대개 충격적이거나 경이롭거나 의분을 불러일으키거나 가장 극단적 주장을 하는 것들이다. 그리고 그렇게 극단적인 주장은 사실이라고 믿기에 너무 좋거나 너무 나쁜 경우가 많다.

4. 자릿수를 생각하라

철학자 해리 프랑크푸르트가 헛소리와 거짓말을 어떻게 구분했는지 다시 생각해 보자. 거짓말은 진실에서 벗어나게 하려고 꾸며낸 말이고, 헛소리는 진실에 완전히 무관심한 채로 만들어진다. 이 정의는 헛소리를 찾아내려고 할 때 상당히 도움이 된다. 잘 꾸며낸 거짓말은 그럴듯한 반면, 헛소리는 대부분 겉보기에도 우스꽝스럽다. 사람들이 자신의 주장을 뒷받침하기 위해 엉터리 수치를 댈 때는 완전히 잘못된 숫자인 경우가 많으므로, 직관적으로 그게 헛소리라는 걸 알아차리고 별다른 조사 없이도 반박할 수 있다.

내셔널 지오그래픽 협회는 플라스틱 쓰레기가 바다를 오염시키고 있다는 경고장을 발송했다. 그 글의 제목은 "매년 90억 톤의 플라스틱 쓰레기가 바다에 버려지고 있다."라고 주장했다. 정말 끔찍한 얘기처럼 들리지만, 잠시 멈춰서 생각해 보자. 지구상에는 현재 80억 명 미만의 사람들이 살고 있다. 그런데 모든 사람이 매년 평균 1톤의 플라스틱 쓰레기를 바다에 버리는 게 정말 가능할까? 있을 수 없는 일 같다. 사실 역사를 통틀어 지금까지 생산된 플라스틱 총량이 약 80억 톤 정도이고 이것들이 전부 바다로 버려지지도 않는다. 그러니 연간 90억 톤이라는 수치는 분명 잘못됐다. 정확한 수치는 얼마일까? 내셔널 지오그래픽은 최근 매년 900만 톤의 플라스틱 쓰레기가 바다에 버려진다고 보고했다. 플라스틱으로 인한 해양오염은 분명 생태학적 재앙이다. 하지만 그 규모를 1,000배로 부풀리는 건 아무에게도 도움이 되지 않는다. 친환경적 정보 소스의 신뢰성을 떨어뜨릴 뿐이다. 그 실수가 의도적이라고 의심할 이유는 없다. 우리는 우편물 제작 과정에서 누군가가 실수로 '100만million' 대신 '10억billion'을 입력한 게 아닐까 의심하고 있다.

연간 90억 톤의 플라스틱 쓰레기는 지구상에 사는 80억 명의 사람들과 쉽게 비교 가능하기 때문에, 이 실수는 암산을 해보지 않고도 금방 알아차릴 수 있다. 그러나 수치를 내세운 주장을 확인하기 위해 간단한 암산을 몇 번 해봐야 하는 경우가 종종 있다. 예를 들어 한 친구가 영국에 존 스미스라는 이름을 가진 남자가 12만 1,000명 이상 있다고 주장한다고 가정해 보자. 그 말이 맞는 것 같은가? 연필과 종이도 없는 상황에서 이런 유의 문제를 빨리 풀 수 있는 비결은 그 숫자를 자기가 추정할 수 있는 요소로 나누는 것이다. 추정치는 매우 대략적일 수 있는데 보통은 가장 가까운 10의 거듭제곱('자릿수'라고도 함)을 추산하는 정도까지만 해도 괜찮다. 여기에서는 이렇게 물어볼 수 있다. "영국에는 사람이 몇 명이나 사는가? 그들 중 이름이 존인 사람의 비율은 얼마나 되는가? 영국에 사는 존이라는 사람 가운데 성이 스미스인 사람의 비율은 얼마나 될까?"

그렇다면 영국에 사는 사람은 몇 명이나 될까? 100만 명 정도? 1,000만? 1억? 10억? 대부분의 사람들은 이 가운데 1억이 가장 적합한 추정치임을 알고 있다(2018년 실제 인구는 1억 명의 약 3분의 2인 6,700만 명이다).

존이라는 이름을 가진 사람은 몇 명이나 될까? 10명 중 1명? 여자 중에는 존이라는 이름을 가진 사람이 거의 없으니까, 남자 5명 중 1명은 이름이 존이어야 한다. 말도 안 되는 수치다. (놀랍게도 1800년경까지는 영국 남자 5명 중 1명의 이름이 존이었지만 오늘날에는 그렇지 않다) 그럼 1,000명 중 1명? 분명히 존이라는 이름은 그것보다 훨씬 흔하다. 그렇다면 100명 중 1명 정도가 맞는 것 같다.

영국에는 스미스라는 성을 가진 사람이 몇 명이나 될까? 이번에도 10명 중 1명은 너무 많고 1,000명 중 1명은 너무 적은 것 같으니까 100명 중 1명 정도가 알맞은 추측일 것이다.

똑똑하게 생존하기

그럼 영국에는 존 스미스라는 사람이 몇 명이나 있으리라고 예상되는가? 계산을 쉽게 하기 위해 스미스라는 성을 가진 사람의 이름이 존일 가능성이 다른 성을 가진 사람들과 똑같다고 가정할 것이다. 아마 실제로는 그렇지 않을 테지만 말이다. 하지만 우리는 근사치를 찾으려는 것뿐이니까 이렇게 가정해도 괜찮을 것이다. 그러니까 영국에는 약 1억 명이 살고, 그들 가운데 100명 중 1명은 이름이 존이다. 그러면 존이 100만 명이 된다. 이들 가운데 100명 중 1명은 성이 스미스일 거라고 추정했으니, 영국에는 1만 명의 존 스미스가 산다고 추산할 수 있다.

이 추정치는 꽤 정확한 것으로 판명됐다. 실제로 현재 영국에는 존 스미스라는 이름을 가진 사람이 약 4,700명 정도 살고 있다. 만약 실제 영국 인구인 6,700만 명으로 계산했다면 실제와 훨씬 가까운 6,700명이라는 추정치를 얻었을 것이다. 하지만 어느 쪽이든 영국에 존 스미스가 12만 1,000명 산다는 친구의 주장은 10배 이상 어긋나 있음을 알 수 있다.

이렇게 간단한 계산을 통해 근사치를 찾아내는 과정을 물리학자 엔리코 페르미Enrico Fermi의 이름을 따서 페르미 추정이라고 한다. 페르미는 이런 간단한 방법으로 원자폭탄의 폭발 강도를 추정한 것으로 유명하다.* 헛소리를 즉석에서 알아차리기 위해서는 10의 거듭제곱으로 근사치를 계산하기만 해도 충분한 경우가 많다. 추정치를 10의 거듭제곱 단위까지만 맞히겠다고 편하게 생각하면 이미 알고 있

---

* 페르미 추정에 관한 재밌는 입문 강좌는 로렌스 와인스타인Lawrence Weinstein과 존 A. 애덤John A. Adam이 쓴 《게스티메이션Guesstimation》(뉴저지 프린스턴: 프린스턴 대학교 출판부, 2008) 참조.

는 정보를 이용해 문제를 빠르게 풀 수 있다. 2주가 몇 초인지 일일이 계산하거나(1,209,600초) 검색 엔진을 이용해 일반적인 뉴욕 사람이 하루에 사용하는 물의 양이 평균 몇 갤런이나 되는지(115갤런) 알아보지 않고도 말이다. 여기저기서 50퍼센트씩 차이가 난다고 해도, 최종 추정치는 실제의 10배 이내일 가능성이 매우 높으며, 이 정도면 충분히 헛소리를 가려낼 수 있다. 물론 그 추정치를 통해 제시된 숫자가 터무니없다고 판단했더라도 제대로 확인하고 싶다면 언제든지 진짜 수치를 찾아보거나 펜과 종이를 써서 더 정확한 추정치를 계산하면 된다.

2018년 5월 열린 미국 하원의 과학우주기술위원회 청문회에서 앨라배마주 출신 공화당 의원인 모 브룩스Mo Brooks는 해수면 상승이 바다로 떨어지는 바위 때문일 수도 있다고 추측했다. 예를 들어 그는 자기 선거구민에게 계속 침식되고 있는 도버의 백악 절벽을 생각해 보라고 했다. 시간이 지나면 이 바위들이 대양을 가득 채울 테고 그러면 바위에 밀려난 물은 어딘가로 흘러가야만 한다. 이솝의 까마귀처럼* 브룩스 의원이 바위를 물에 넣으면 어떤 결과가 생기는지 알고 있다니 위안이 된다. 하지만 이는 바다가 얼마나 광대한지 이해하는 브룩스의 능력과 모순되는 완전히 부적절한 설명이다.

바다는 지구 표면의 3분의 2 정도를 차지하고 평균 깊이는 약 3.2킬로미터에 달한다. 상상하기 힘들만큼 넓은 지역에 퍼져 있는

---

* 이솝 우화 중에 목마른 까마귀가 물병에 돌을 넣어 물이 꼭대기까지 차오르게 한 뒤 목을 축였다는 얘기가 있다. 이솝의 다른 많은 우화와 달리 도덕적 교훈이라기보다는 자연계를 관찰한 내용일 수도 있다. 최근의 과학 연구에 따르면 까마귀들은 물이 든 그릇에 무거운 물건을 넣으면 수위가 어떻게 변하는지 직관적으로 안다고 한다.

엄청난 양의 물이다. 이런 상황에서 무너지는 절벽이 얼마나 큰 영향을 미칠 수 있을까?

직접적인 방법으로 계산할 수 있다. 내일 당장 도버의 백악 절벽 전체와 내륙 쪽으로 뻗은 1킬로미터에 이르는 땅이 전부 붕괴해 바다에 빠져 그에 상응하는 양의 바닷물을 대체한다고 상상해 보자. 칼레Calais와 프랑스 북부 해안을 맹렬한 기세로 덮칠 거대한 쓰나미는 잠시 제쳐두고 전 세계 해수면에 어떤 일이 일어날까?

바닷물 수위가 상승해 해안 도시의 저지대 지역이 범람할까? 그럴 가능성은 매우 낮다. 간단한 계산으로 확인할 수 있다. 백악 절벽은 길이가 10킬로미터가 조금 넘고, 높이는 약 100미터다. 그러니 우리가 상상한 붕괴 규모는 10킬로미터×1킬로미터×100미터=10억 입방미터다. 와! 크레욜라Crayola사가 그렇게 많은 양의 분필을 포장하려면 200만 년쯤 걸릴 것이다(분필은 백악과 탄산석회 가루를 굳혀서 만든다-옮긴이).*

하지만 지구의 바다는 모두 연결돼 있기 때문에 이 10억 입방미터의 땅이 전 세계 바다 수위를 높여야 한다. 바다의 표면적은 대략 3억 6,000만 평방킬로미터, 즉 360조 평방미터다. (상승하는 건 해수면이기 때문에 바다의 부피가 아니라 표면적을 신경 쓰는 것이다.) 그러니 제자리에서 밀려난 10억 입방미터의 물이 360조 평방미터에 걸쳐 확산되

---

* 크레욜라는 1년에 약 1억 1,000만 개의 분필을 생산한다. 분필 1개의 무게가 10그램이라면 다 합쳐서 1백만 킬로그램 정도 되는 양이다. 분필 무게는 1평방미터당 약 2,000킬로그램이므로 크레욜라는 매년 500입방미터 분량의 분필을 생산하는 셈이다. 1년에 500입방미터를 기준으로 계산하면 우리가 백악 절벽에 대재앙이 발생해 바다에 떨어질지도 모른다고 상상한 10억 입방미터만큼의 분필을 생산하는 데는 거의 200만 년이 걸릴 것이다.

는 셈이다. 결국 이 사건으로 인한 해수면 상승은 $1,000,000,000m^3/$ $360,000,000,000,000m^2=0.000003m$가 될 것이다. 즉, 우리는 해수면이 3마이크로미터^{μm} 상승하는 모습을 보고 있다. 비교하자면 인간의 머리카락 지름이 약 100마이크로미터다. 따라서 만약 내일 도버의 백악 절벽과 규모가 비슷한 해안선 30개가 무너져 바다로 떨어지면 전 세계 바다의 해수면이 머리카락 1가닥만큼 상승할 것이다. 문자 그대로 말이다.

실제로 백악 절벽이 바다로 떨어질 때는 한 번에 1킬로미터씩 무너지지 않는다. 평균 침식 속도는 1년에 약 1센티미터 정도다. 이 말은 곧 매년 백악 절벽에서 떨어지는 퇴적물이 약 10킬로미터×1킬로미터×1센티미터=10만 입방미터의 바닷물을 대체한다는 뜻이다. 이것이 전 세계 해양으로 퍼져나가면 $100,000m^3/360,000,000,000,$ $000m^2=0.0000000003$의 해수면 상승이 발생한다. 이걸 3옹스트롬^{angstrom}이라고 하는데 물 분자 하나 크기 정도 된다. 결국 백악 절벽 침식으로 인해 전 세계 해양에 발생하는 연간 해수면 상승은 물 분자 하나의 높이와 비슷하다.

페르미 추정은 과학 문제뿐 아니라 더 많은 경우에도 유용하다. 이 접근 방식은 사회문제를 생각하는 강력한 방법을 제공하기도 한다. 일례로 2016년 말 폭스 뉴스 채널의 〈폭스 앤드 프렌즈^{Fox} $^{and\ Friends}$〉라는 프로그램에서는 미국의 푸드 스탬프(정부가 저소득층에게 제공하는 식료품 할인 구매권-옮긴이) 사기 내용을 다루면서 이를 푸드 스탬프 제도(요즘에는 SNAP이라고 한다)를 없애야 하는 이유로 내세웠다. 이 기사에서는 푸드 스탬프 사기가 역대 최고 수준에 이르렀고

USDA 통계에 따르면 2016년 이런 사기 때문에 7,000만 달러의 손실이 발생했다고 주장했다.

7,000만 달러라니! 정말 엄청난 돈이다. 정말 프로그램이 형편없이 시행되고 있는 것처럼 들리지 않는가? "주 의원과 심지어 백만장자까지 포함된" 사기꾼들에게 정부 자금을 낭비하고 있다고 생각하면 정말 제도 자체를 없애야 할지도 모른다.

자, 여기서 페르미 추정이 도움이 된다. 우선 당신은 푸드 스탬프 프로그램이 얼마나 광범위하게 시행 중인지 정확히 모를 수도 있지만, 아마 전체 미국인의 10퍼센트 정도가 푸드 스탬프를 이용한다고 (아니면 1퍼센트나 100퍼센트보다는 10퍼센트에 가까울 것이라고) 추정할 수 있다(실제로는 15퍼센트 정도다). 둘째, 당신은 미국 인구가 약 3억 명이라는 사실을 알고 있을 것이다. 그러면 약 3,000만 명이 푸드 스탬프를 이용하는 것이다. 실제 숫자는 약 4,500만 명이지만, 우리 추정치는 페르미의 목표에 상당히 가깝다.

미국의 푸드 스탬프 제도에 익숙하지 않은 사람은 매년 수혜자가 받는 평균 혜택을 잘 모를 것이다. 그래도 100달러나 1만 달러보다는 1,000달러에 가깝다고 추측할 수 있을 것이다. (실제로는 약 1,500달러 정도다.)

이제 당신은 폭스의 주장에 무슨 문제가 있는지 알아낼 수 있을 만큼 충분한 정보가 있다. 페르미 추정에 따르면 미국은 푸드 스탬프 프로그램에 약 3,000만 명×1,000달러/1인당=300억 달러를 투자하고 있다. 그러니까 사기로 인한 손실액이 7,000만 달러라고 한다면 70,000,000달러/30,000,000,000달러=0.0023, 즉 약 0.2퍼센트 정도의 손실이 발생하는 것이다. 실제 연간 지출액을 이용해 계산해보면 0.1퍼센트 미만이지만, 페르미 추정치만 봐도 무슨 일이 벌어지고 있는지 충분히 파악할 수 있다. 만약 푸드 스탬프 프로그램이 정말 비효율적이라면 사기 때문이 아니다. 이 수치는 소매업체에 선망의 대상이 될 수 있다. 소매업체의 경우 '수축'(사기, 좀도둑, 직원 절도 등)으로 인해 발생하는 손실이 매출의 1~3퍼센트 정도를 차지하기 때문이다.

〈폭스 앤드 프렌즈〉의 사례를 보면 푸드 스탬프 부정 사용자가 훔친 평균 금액은 알 수 없지만, SNAP 사기꾼들이 적법한 평균 수령액 정도만 받는다고 하더라도 이런 사기꾼은 SNAP 수혜자의 극히 일부에 불과하다. 하찮은 사기꾼 1명에게서 우리를 보호하기 위해 999명을 굶긴다는 건 말도 안 되게 가혹한 사고방식이다.

이 기사에는 재밌는 뒷얘기가 있다. 〈폭스 앤드 프렌즈〉가 주장한 7,000만 달러의 사기 피해액은 잘못된 것이라서 이 얘기가 전해진 직후 미국 농무부에서 수정을 요구했다고 한다. 재밌는 부분은 폭스가 제시한 수치가 너무 높은 게 아니라 너무 낮았다는 것이다. USDA는 2009~2011년까지 식품 스탬프 수혜자가 자기가 받은 혜택을 현금을 받고 소매업자에게 판매하는 1가지 형태의 사기를 통해서만 연간 약 9억 달러의 손실을 입었다고 추산했다. 이 손실률은 소매업체의 일반적 손해 범위와 비슷하다.

당신도 완전히 날조된 숫자를 꾸며낼 작정이라면 본인의 주장을 실제로 뒷받침할 수 있는 숫자를 만들자.

5. 확증 편향을 피하라

소셜미디어에서는 극단적인 주장이 잘 먹힌다. 우리가 이미 사실이라고 믿고 있는 것들을 재확인해 주는 게시물도 그렇다. 그리고 이것이 확증 편향을 피하라는, 헛소리를 밝혀내기 위한 다음 경험 법칙과 연결된다. 확증 편향이란 자신의 기존 믿음과 일치하는 정보에 주목해 그걸 믿거나 남과 공유하는 경향이다. 어떤 주장이 세계에 관한 우리의 믿음을 확인해주면 이를 진실로 받아들이기 쉽고, 거짓일지도 모른다며 이의를 제기하려는 경향은 줄어든다. 확증 편향에 대한 우리의 민감성은 사회학자 닐 포스트먼이 "어느 때건 당신이 맞서 싸워야 하는 헛소리의 주요 원천은 당신 자신이다."라고 한 말과 들어맞는다.

확증 편향은 또 인터넷에서 잘못된 정보가 확산되는 중요한 원인이 된다. 자기가 '아는' 뭔가가 사실인지 여부를 왜 확인해야 할까? 소셜미디어에서 찾은 또 다른 예를 살펴보자. 수많은 우리 친구와 동료들이 실수를 저지르게 한 사례다.

학계든 업계든 추천장은 채용 담당자들에게 입사 지원자를 판단하는 중요한 관점을 제공한다. 연구 결과 성 고정관념과 편견이 경영진이 직원을 위해 또는 교수가 학생을 위해 써주는 추천서에 일반적으로 영향을 미친다는 사실이 드러났다. 예를 들어 지원자가 여성인 경우 추천서 작성자는 평가를 대충 얼버무리고 지원자의 사생활을 언급할 가능성이 크며 해당 지원자가 다른 지원자들보다 뛰어나다고 표현할 가능성은 적다. 추천서의 성별 차이가 학계와 기업계에서 성 불평등을 초래할 수 있다.

이 같은 맥락에서 우리 친구는 다음과 같은 메시지를 트위터에 올리면서, 이 연구는 화학과 생화학 분야의 교수직 일자리에서 거의 900개에 가까운 추천서 본문에 드러난 체계적 편향을 찾아 분석한 결과라고 설명했다.

남성 관련 단어   여성 관련 단어

우리 친구의 트윗이 시사하는 바는 이 연구를 통해 추천서 작성자들이 남성과 여성 지원자들을 묘사하는 방식에서 광범위하고 체계적인 차이를 발견했다는 것이다. 그가 공유한 이미지를 보면 남성을 묘사할 때는 예외적인 자질이나 연구 능력과 관련된 단어를 사용하고, 여성을 묘사할 때는 근면, 팀워크, 교수와 관련된 단어를 사용한 것으로 보인다. 이게 사실이라면 채용 과정에 큰 영향을 미칠 수 있다.

이 트윗은 확실히 신경에 거슬린다. 이것이 2,000번 이상 공유(리트윗)된 이유 중 하나는 많은 사람이 날마다 경험하는 진실을 포착했기 때문이다. 학계에는 실제로 성별 편견이 존재하며 무수히 많은 부분에서 남성이 여성보다 유리하다. 트윗 내용은 성 편견에 관

똑똑하게 생존하기

한 기존의 생각을 확인해 줬는데 왜 우리는 의심을 품게 됐을까? 첫째, 우리는 확증 편향을 피하기 위한 훈련을 열심히 해왔다. 특히 이 트윗처럼 세상이 돌아가는 방식에 관해 기존의 생각을 그대로 반영하는 주장에 신중한 의문을 품는 게 우리의 목표다. 둘째, 이 주장은 우리가 앞서 말한 규칙 중 하나, 즉 '어떤 주장이 너무 좋거나 나빠서 도저히 사실일 것 같지 않다면 아마 그 생각이 맞을 것이다.'라는 규칙과 충돌한다. 이 트윗에 드러난 패턴은 놀라울 정도로 강력하다. 그래픽의 남성 쪽에 있는 단어는 전부 탁월함이나 예외적인 능력을 가리키고, 여성 쪽에 있는 단어는 전부 팀워크나 성실성 같은 측면을 언급한다. 우리 경험에 따르면 인간의 행동에 기초한 패턴에는 잡음이 섞이는 경향이 있다. 각 성별에 관한 몇 가지 설명에서 일반적 경향이 드러날 수는 있지만, 그래도 몇몇 설명은 서로 교차하리라고 예상된다.

이 주장이 옳은지 확인하기 위해 주장의 출처인 연구 논문을 추적해 봤다. 트윗은 남성과 여성을 묘사하는 방식에 충격적 차이가 있음을 암시하지만, 원논문의 결론은 그렇지 않다고 돼 있다.

전반적으로 이번 연구 결과는 남성과 여성 구직자를 위해 작성한 추천서에 차이점보다 유사점이 더 많다는 것을 보여준다. 남성과 여성 후보자의 자격 수준은 비슷했고, 이는 추천서에도 반영돼 있다. 여성을 위한 추천서에도 똑같이 긍정적 어휘가 포함돼 있고 능력, 성취, 연구에 동등하게 중점을 뒀다.

그렇다면 이 그림은 대체 어떻게 된 걸까? 왜 그렇게 다른 인상을 줄까? 답은 간단하다. 이 그림은 연구 결과가 아니라 연구를 시작할 때의 가설을 나타낸 것이다.

우리 친구가 이 부분을 혼동했다. 트윗에서 남성과 관련 있다고 분류된 단어들은 연구원들이 '부각 단어'('예외적인', '훌륭한'), '연구 단어'('데이터', '출판'), '능력 단어'('재능 있는', '숙달된')로 선택한 것들이다. 여성과 관련 있다고 분류한 것들은 '근성 단어'('신뢰할 수 있는', '열심히 일하는')와 '교수 단어'('소통하는', '지시하는')로 선택한 단어들이다. 연구진은 추천서를 쓰는 사람들이 남성을 위한 추천서를 쓸 때 부각 단어, 연구 단어, 능력 단어를 많이 쓰고, 여성을 위한 추천서에는 근성 단어와 교수 단어를 많이 쓸 것이라는 가설을 세웠다. 그런데 실제로는 능력, 연구, 교수, 근성 단어를 사용한 빈도가 남녀 모두 비슷하다는 사실을 발견했다. 부각 단어만 사용 빈도가 다르게 나왔다. 따라서 추천서 내용에 성별 차이가 있을 수는 있지만, 트윗에서 암시하는 것처럼 사용하는 단어 종류나 정도 차이가 크지는 않았다.

6. 복수의 가설을 고려하라

이 장에서는 주로 부정확한 사실 형태로 제시되는 헛소리를 찾아내는 방법을 살펴봤다. 그러나 헛소리는 올바른 진술에 대한 부정확한 설명의 형태로도 발생한다. 우리가 알아야 하는 중요한 사실은 누군가가 어떤 현상을 설명한다고 해서, 그게 반드시 해당 현상을 설명

똑똑하게 생존하기

하지는 않는다는 점이다.

2018년 5월 TV 스타인 로잔느 바^{Roseanne Barr}가 트위터에 인종차별주의적 메시지를 올렸다. 사람들이 분노하자 바는 사과하면서 자신의 행동을 앰비엔^{Ambien}이라는 수면제 탓으로 돌렸다. 하지만 너무 늦었다. 디즈니 소유의 ABC 방송국은 기록적 컴백에도 불구하고 그가 출연하는 시트콤 〈로잔느 아줌마^{Roseanne}〉를 폐지했다.

우리가 로잔느와 인종차별주의, 트위터, 앰비엔을 어떻게 생각하든 그다음에 일어난 일은 흥미로웠다. 대표적 뉴스 제공사인 로이터 통신은 트위터를 통해 "속보: ABC가 〈로잔느 아줌마〉를 폐지한 뒤 월트 디즈니 주가 2.5퍼센트 하락"을 보도했다. 로이터의 보도 내용 중 그날 디즈니 주가가 2.5퍼센트 하락한 부분은 맞지만, 이 헤드라인은 〈로잔느 아줌마〉 폐지가 주가 하락의 원인이라고 암시하고 있다. 하지만 그럴 리가 없다. 2.5퍼센트 하락은 〈로잔느 아줌마〉폐지를 발표한 뒤가 아니라 그전에 일어난 일이다. 사실 그날 아침 주식시장이 전반적으로 급격히 폭락했다. 디즈니의 주가는 이른 오후 〈로잔느 아줌마〉 폐지 발표가 있기 전에 이미 2.5퍼센트 하락이 끝난 상태였다.

"뭔가가 너무 좋거나 나빠서 도저히 사실일 것 같지 않다면 아마 그 생각이 맞을 것이다."의 강력한 예시다. 디즈니는 거대 기업이다. 〈로잔느 아줌마〉는 단순한 시트콤이다. 디즈니는 2017년 약 550억 달러의 수익을 올렸다. 〈로잔느 아줌마〉 시즌 10은 2018년 약 4,500만 달러의 수익을 냈다. 디즈니 수익의 0.1퍼센트를 차지하는 시리즈가 사라졌다고 어떻게 주가가 2.5퍼센트나 하락할 수 있겠는가?

기본적인 개연성 검사도 통과하지 못한다.

로이터 트윗의 문제는 관심 있는 현상(디즈니 주가 2.5퍼센트 하락)과 그 현상에 관한 가능한 설명((로잔느 아줌마) 폐지)이 있으면 당신의 얘기가 설득력 있게 보인다는 것이다. 로잔느의 인종차별주의적 트윗은 당시 디즈니의 보유 자산과 관련해 사회적으로 가장 두드러진 사건이었다. 텔레비전 전문가, 신문 칼럼니스트, 소셜미디어 게시자 등 모두가 로잔느가 쓴 글과 그에 따른 결과에 분개하고 있었다. 하지만 그렇다고 이 사건이 주식시장 결과를 가장 그럴듯하게 설명하지는 않는다.

여기서 중요한 점은 대부분의 경우 특정 패턴이나 추세와 관련해 가능한 설명이 많고 단순히 데이터와 일치한다고 해서, 그 설명이 정확하지는 않다는 것이다. 때로는 제안된 설명이 정확하기는 해도 인과관계의 일부에 불과할 수도 있다. 또 어떤 경우에는 제안된 설명이 완전히 잘못돼 실제 사실과 관련이 없을 수도 있다.

겉보기에 그럴듯하지만 부정확한 설명에 속지 않으려면 당신이 이해하고 싶은 어떤 경향이나 패턴, 사건에 대해 가능한 많은 설명을 고려해야 한다.

인터넷에서 헛소리 찾기

2장에서 소셜미디어가 진짜 뉴스와 가짜 뉴스가 확산되는 방식을 어떻게 변화시켰는지 설명했다. 우리는 페이스북이나 트위터 혹은 다른 플랫폼에 공유할 가치가 있는 내용을 정할 때 예전에 전문 편집자들이 하던 게이트키핑(기자나 편집자 등이 뉴스를 취사선택하는 것-옮긴이) 역할을 한다. 우리는 온라인상의 허위 정보에 속기만 하는 게 아니라 그걸 퍼뜨리는 데 선뜻 도움을 주는 경우도 종종 있다. 따라서 인터넷이나 자신의 소셜미디어 피드에 그런 헛소리가 등장했을 때 잘 파악하는 능력을 키우는 것이 매우 중요하다. 이 책 곳곳에서 소개한 인터넷상의 허위 정보를 찾아내는 방법을 요약해 정리하면서 이 장을 마무리하려고 한다. 어떤 방법은 매우 간단해 보일 수도 있다. 하지만 아무리 간단해도 다시 한 번 되새겨보는 게 좋다. 그리고 아래에 나열한 기술들을 비롯해 스스로 마음 습관을 기르려고 꾸준히 노력해야 한다.

1. 꼼꼼히 확인하고 다각도로 알아본다. 알 수 없는 출처에서 나온 놀라운 주장이나 극적인 뉴스 기사를 접했다면 검색 엔진을 통해 다른 출처에서 동일한 주장을 찾을 수 있는지 확인한다. 다른 출처를 찾을 수 없다면 매우 의심스러워해야 한다. 한 뉴스 매체가 대형 특종을 터뜨리는 경우에도 다른 신문들은 첫 번째 매체가 그런 얘기를 했다는 사실을 재빨리 보도한다. 그러니 그 기사 보도에 믿을 만한 소식통이 포함돼 있는지 확인하자. 허위 정보 캠페인은 신뢰할 수 없는 매체에서 나온 똑같은 거짓 기사를 다양한 버전으로 뿌려놓기도 한다.

2. 정보 출처에 주의한다. 만약 거리에 놓인 사탕을 발견한다면 그걸 먹거나 친구들과 공유하지 않을 것이다. 출처 없는 정보도 마찬가지다. 잘 모르는 사람이 자기 소셜미디어에 출처도 밝히지 않은 채로 올려

놓은 흥밋거리 정보나 통계자료, 데이터 그래픽 등을 무작정 공유하는 경우가 너무 많다.

3. 애기의 기원을 캐본다. 시간과 노력이 드는 일이지만, 잘못된 정보를 퍼뜨리고 싶지 않다면 꼭 필요한 노력이다. 헤드라인이나 트윗만 읽지 말고 뉴스 기사 전체를 읽어보자. 선정적 경향이 있는 매체에서 나온 뉴스 기사라면 거기서 멈추지 말고 그 기사가 애기하는 주요 논문이나 보고서까지 살펴보자. 아니면 정말 깊이 파고들어서 직접 데이터를 찾아보는 것도 좋다.

4. 역추적 이미지 검색을 사용한다. 여러 검색 엔진이 사진이나 동영상 프레임 몇 개를 업로드하면 해당 사진이나 동영상을 인터넷상 어디에서 찾을 수 있는지 알려주는 역추적 이미지 검색 서비스를 제공한다.* 인터넷에서 팩트 체크를 할 때 활용도가 낮은 도구 중 하나다. 트위터나 페이스북 계정이 의심스럽다면 프로필 사진이 스톡 포토 사이트에서 나온 건 아닌지 확인해 보자.

5. 딥페이크와 기타 합성 매체에 주의한다. 인터넷에 무작위로 존재하는 낯선 사람은 어디 사는 누구인지 알 수가 없다. 우리는 사용자 이름 자체를 불신하라는 점은 배웠지만, 사람들 사진에는 여전히 영향을 받기 쉽다. 과거에는 누군가의 사진이 그들이 존재한다는 꽤 좋은 증거가 됐다. 하지만 이제는 그렇지 않다. 이른바 딥페이크라는 기술 때문에 존재하지도 않는 사람의 사실적 이미지를 만들어낼 수 있

---

* 틴아이Tineye는 독자적으로 운영되는 역추적 이미지 검색 엔진이다. https://tineye.com/how 구글은 아래 링크에서 역추적 이미지 검색 이용에 대한 지침을 제공한다. https://support.google.com/websearch/answer/1325808. 빙의 이미지 매치 서비스에 관한 정보는 https://blogs.bing.com/search/2014/03/13/find-it-faster-with-image-match/에 자세히 설명돼 있다.

게 됐다. 그래도 지금은 연습만 약간 하면 가짜 이미지를 찾아낼 수 있다. 우리 웹 사이트 http://whichfaceisreal.com에서 방법을 알아보자. 하지만 머지않아 가짜를 구분해 내기가 훨씬 어려워질 것이므로 누군가가 '사진'에 등장하더라도 그가 진짜 사람이 아닐 수도 있다는 점을 명심해야 한다.

6. 팩트 체크 기관을 활용하자. 인터넷에서 엉뚱한 얘기를 우연히 접했다면 스노프닷컴, 폴리티팩트닷컴PolitiFact.com, 팩트체크FactCheck.org처럼 사실을 확인해 주는 웹 사이트를 방문해 그게 정말인지 확인해 보자. 만약 그 얘기가 아직 이 웹 사이트에 기록돼 있지 않다면 직접 사실 확인을 요청하자. 이들은 당신 같은 사용자를 통해 검증이 필요하거나 정체를 폭로해야 할 얘기들을 알게 된다.

7. 자기가 상대하는 사람이 누군지 확실하게 알고 있어야 한다. 가짜 뉴스 제작자도 다른 인터넷 사기꾼들처럼 자신이 제공하는 정보가 더 타당해 보이도록 온갖 속임수를 쓴다. 가짜 뉴스 기사를 마치 대형 신문사나 텔레비전 뉴스 방송국에서 나온 수백 개의 기사 중 하나인 것처럼 보이도록 디자인할 수도 있지만, 더 깊이 파헤쳐보면 그런 신문사나 방송국은 존재하지 않는다는 사실을 알게 될 것이다. 때로는 가짜 뉴스를 퍼뜨리는 사람이 "cnn.com에서 관련 기사를 확인하세요." 등의 링크가 달린 소셜미디어 포스트를 보내기도 하는데 그 링크를 클릭하면 CNN과 비슷하게 만든 페이지가 있는 다른 웹 도메인으로 연결된다. 자기가 방문하는 사이트의 웹 주소를 알아둬야 한다. 사기꾼들은 잘못 읽기 쉬운 도메인 이름을 선택한다. abc.com.co는 비슷해 보이기는 해도 abc.com이 아니다. faceb000k.com은 facebook.

com이 아니다. 합법 사이트처럼 보이려고 애쓰는 이런 웹 사이트가 수천 개는 있다. 때로는 가짜 뉴스 사이트가 평판 좋은 매체인 척하면서 광고를 내기도 하지만, 이는 당신을 사기꾼의 사이트로 유인하는 함정이다.

8. 웹 사이트의 행적을 고려하자. 어떤 웹 사이트가 신뢰할 수 있는지 어떻게 알 수 있을까? 그 사이트가 가짜 뉴스 소스를 만들어서 퍼뜨리는 것으로 알려져 있는지 조사해 보자. 위키피디아Wikipedia는 매스컴에 관한 개략적인 정보도 제공하니까 여기서부터 시작하는 게 좋다. 항상 모든 사실을 정확하게 아는 사람은 없는 법이니 해당 웹 사이트에서 잘못된 내용이 있을 때 고치는지 확인하자. 이 사이트는 진실에 도달하는 과정에서 부딪혔던 문제를 반성하는가?

9. 진실 착각 효과를 주의하자. 어떤 대상을 자주 볼수록 이를 믿을 가능성이 높아진다. 우리도 가짜 뉴스와 음모 콘텐츠를 연구할 때 이 부분을 매우 심각하게 여긴다. 가짜 뉴스 기사를 훑어보다가 방향감각을 잃을 수도 있으니 조심해야 한다. 뭔가를 계속 봤다는 이유로 믿어버리는 일은 없도록 주의하자.

10. 정보 섭취량을 줄이자. 우리에게는 휴식이 필요하다. 자기가 놓친 정보가 있을까 봐 불안해하지 말고 하루에도 몇 번씩 따분한 시간을 보내면서 정보 '흘려보내기'를 즐겨야 한다. 그러면 인터넷에 접속해 있을 때 회의적인 시각으로 정보를 처리하는 능력이 향상된다.

가장 중요한 것: 소셜미디어를 사용할 때 "생각은 많이, 공유는 적게"라는 말을 기억하자. 소셜미디어의 정보양과 이를 통해 상호

똑똑하게 생존하기

작용할 수 있는 속도에 중독될 수도 있다. 하지만 책임감 있는 시민인 우리는 정보 환경을 최대한 깨끗하게 유지해야 한다. 지난 반세기 동안 사람들은 주간 고속도로 주변에 쓰레기를 버리지 않는 법을 배웠다. 정보 고속도로에서도 똑같이 해야 한다. 온라인에서도 차창 밖으로 쓰레기를 버리고 익명의 밤 속으로 차를 몰고 사라지는 짓을 그만둬야 한다.

헛소리 반박

Refuting Bullshit

CHAPTER 11

이 책 첫머리에서는 헛소리를 정의하고 진화의 역사 깊숙한 곳을 파헤쳐 그 기원을 논의하고 오늘날의 디지털 환경에서 헛소리가 그토록 쉽게 확산되는 이유와 방법을 설명했다. 헛소리, 특히 양적인 헛소리가 취할 수 있는 다양한 형태와 이를 탐지하는 방법도 살펴봤다. 지금까지의 내용만 보면 책 제목을 《헛소리 알아차리기》라고 해야 할 것이다. 하지만 우리는 이 책 제목을 《똑똑하게 생존하기》로 정했다. 계속되는 헛소리 유행을 해결하려면 헛소리를 찾아낼 수 있는 능력 이상이 필요하기 때문이다. 우리는 헛소리가 발생하는 곳에 빛을 비추고 헛소리를 널리 알리는 사람들에게 더 나은 자세를 요구해야 한다.

우리는 '헛소리 까발리기'를 다음과 같이 정의한다.

416

헛소리 까발리기란 불쾌한 것을 거부하는 수행적 발언이다. 표적 범위는 헛소리보다 넓다. 헛소리를 까발리는 건 물론이고 거짓말과 배신, 속임수, 부정 등을 까발릴 수도 있다.

이 정의는 언어철학에서 논의하는 수행적 발화 개념에 의지한다. 우리가 언어의 목적을 생각할 때면 대개 자기 자신이나 세계에 관해 진술하기 위해 언어를 사용하는 방식을 생각한다. "슬프다.", "다음 버스는 7시 30분까지 기다려야 온다.", "오랜 세월이 흐른 뒤 총살대를 마주한 아우렐리아노 부엔디아 대령은 아버지를 따라 얼음을 찾아 나섰던 오래전 어느 오후의 일이 떠올랐다." 등이다.[*]

언어는 명령을 내릴 때도 유용하다. "멈춰!", "승무원들은 착륙 준비 해주세요.", "네 부모를 공경하라 그리하면 너의 하느님이 네게 준 땅에서 네 생명이 길리라." 같은 식이다.

철학자 J. L. 오스틴J. L. Austin은 《말과 행위How to Do Things with Words》라는 책에서 우리가 말로 하는 세 번째 부류의 일이 있다고 주장했다. 적절한 상황에서 했을 때 어떤 명제의 표현이라기보다는 행동처럼 보이는 발언이다. 이를 수행적 발언이라고 한다. "너를 기사라고 칭하겠다.", "이 배를 HMS 비글호라고 부를 것이다.", "(이 남자를 합법적으로 결혼한 내 남편으로) 받아들이겠습니다.", "나는 미국 헌법을 지지하고 국내외의 모든 적으로부터 지킬 것을 엄숙히 선서합니다." 등은 각각의 경우 화자가 자기 행동을 보고하기만 하는 게 아니

---

[*] 가브리엘 가르시아 마르케스Gabriel García Márquez의 《백년 동안의 고독One Hundred Years of Solitude》은 이렇게 시작된다.

라 발언을 통해 행동하고 있다. 오스틴이 이 같은 문장을 수행적 발언이라고 부르는 이유는 그 표현을 입 밖에 냄으로써 행동을 수행하기 때문이다.

수행적 발언은 질문이 아니라 진술이다. 주어는 보통 '나'이고 과거나 미래 시제가 아니라 현재 시제를 사용해 "나는 사직했다."나 "사직할 것이다."가 아니라 "사직한다."가 된다. 당신이 이런 데 관심이 있다면 수행적 발언은 대부분 1인칭 단수고 직설법 능동태에 현재 시제로 표현되는 경향이 있다고 요약할 수 있을 것이다. 문법적 단서 외에도 영어에는 문맥상 뜻이 명백하지 않을 때 수행적 발언을 표시할 수 있는 다소 오래된 단어인 '이로써'가 있다. 조수석에 앉겠다고 할 때 "나는 이로써 조수석에 타겠노라."라고 외치면서 조수석에 대한 권리를 주장하지는 않지만, 법률 언어에서는 지금도 법률 문서가 공식 조치나 약속을 나타낸다는 점을 가리킬 때 '이로써'라는 말을 자주 쓴다. "나는 이로써 계약에 동의합니다.", "본인은 이로써 재산에 대한 모든 권리를 포기합니다.", "위에 제시된 세부 정보가 본인이 알고 있는 한 진실하고 정확함을 이로써 선언합니다."와 같은 식이다.

헛소리 까발리기 자체는 수행적 발언이며, 이 의견은 어떤 주장을 헛소리라고 까발린다는 게 무엇을 의미하는지 이해하는 데 중요하다. 내가 헛소리를 까발릴 때는 단순히 당신이 한 말에 회의적이라는 뜻을 전하는 게 아니다. 내가 느끼는 불신을 솔직하게 공개적으로 선언하는 것이다. 이게 왜 중요할까? 수행적 발언은 잡담이 아니다. 신중하게 사용할 수 있는 강력한 행위다. 헛소리 까발리기도

똑똑하게 생존하기

마찬가지다. 어떤 발언이 헛소리라고 함부로 비난해서는 안 되지만, 가능하다면 필요할 때는 꼭 헛소리를 까발려야 한다.

우리는 처리해야 할 헛소리가 적어지면 세상이 더 나은 곳이 되리라고 확신한다. 전설적인 언론인이자 정치 평론가인 월터 리프먼 Walter Lippmann은 한 세기 전에 "거짓말을 탐지하는 수단이 부족한 공동체에는 자유란 있을 수 없다."라고 말했다. 헛소리를 까발리는 건 친구 모임, 학계 공동체, 한 국가의 시민 등 사회집단이 건강하게 기능하는 데 매우 중요하다. 어떤 집단이라도 때로는 잘못된 생각을 받아들이는데 여기에 대중이 강한 거부감을 느껴야 한다. 하지만 헛소리를 까발릴 때는 책임감 있고 적절하고 공손한 태도로 하는 게 중요하다. 이건 모순어법이 아니다. 우리는 날마다 서로를 위해 이렇게 한다. 헛소리 까발리기의 올바른 대상은 사람이 아니라 생각임을 알고 있다. 우리 자신도 가끔은 헛소리를 생산할지 모른다는 걸 안다. 그래서 자신의 헛소리를 까발릴 때 어느 정도 우아한 태도로 실수를 받아들이고 인정하는 법을 배웠다.

헛소리를 알아차리는 건 사적 활동이다. 헛소리를 까발리는 건 공적 활동이다. 만약 당신이 헛소리를 알아차릴 수 있다면 그 영향으로부터 자신을 안전하게 지킬 수 있다. 하지만 헛소리를 까발리면 자기가 속한 공동체 전체를 보호할 수 있다. 물론 모든 사람이 헛소리 까발리기를 편안하게 받아들이는 건 아니지만, 그래도 괜찮다. 게다가 일부 문화권에서는 이런 행동을 잘 용납하지 않는다는 점도 알고 있다. 별로 위험을 무릅쓰지 않고도 우리 사회의 헛소리 밀도를 줄일 수 있는 방법은 많다. 헛소리를 알아차리는 방법을 배워서 현혹되는 일을 피할 수 있다. 헛소리 생산을 중단하는 방법도 배울 수 있다. 공유를 막는 방법도 배울 수 있다. 하지만 이런 일을 하는 방법은 이미 얘기했다. 여기서 크게 도약해 헛소리를 까발리는 방법을 알고 싶은 독자들을 위해 효율적이면서 적절한 방법을 알려주겠다.

경솔한 헛소리 까발리기는 낯선 사람을 적으로 만들고 친구들과 소원해지는 빠른 길이다. 헛소리 까발리기는 수행적 발언이기 때문에 정확성이 특히 중요하다. 사람들은 위선자를 경멸하는데, 당신의 헛소리 까발리기가 결국 엉뚱한 비난으로 판명 난다면 이는 더할 나위 없이 위선적인 행동이 될 것이다. 이때 공격적이고 비판적인 모습을 보였다면 상황은 더 나빠진다. 강경한 회의론자가 되느냐 아니면 거만한 바보가 되느냐는 종이 1장 차이다. 당신이 잘못된 방향으로 가지 않도록 하고 싶다.

왜 마지막 장까지 기다렸다가 이제야 헛소리 까발리기 얘기를 할까? 헛소리를 알아차리려면 지금까지 10개 장에 걸쳐 설명한 모든 기술과 마음 습관을 길러야 한다. 혼란의 함정과 근원, 숫자와 데이터 시각화와 빅데이터의 잠재적 오용, 헛소리가 대중매체뿐 아니라 과학 문헌에도 침투하는 방법 등을 알아야 한다. 헛소리를 까발리는 일은 비교적 쉬워 보인다. 그냥 입을 열거나 글자만 몇 개 입력하면 "헛소리!"라고 할 수 있다. 하지만 그냥 이렇게 말하는 것만으로는 충분하지 않다. 헛소리를 효과적으로 까발리려면 제대로 논박하는 방법을 알아야 한다. 올바른 접근 방법은 반박하려는 헛소리의 유형뿐 아니라 설득하고자 하는 청중에 따라서도 달라진다. 자녀, 의회 의원, 비행기에서 만난 낯선 사람, 통계를 잘 아는 과학자를 설

똑똑하게 생존하기

득하기에 가장 좋은 방법이 제각기 다 다르다는 얘기다.

이제 헛소리를 반박하는 방법을 살펴보자. 대부분 이 책에서 이미 소개한 것들이니 익숙할 것이다.

귀류법 이용

2004년 하계올림픽에 출전한 율리야 네스테렌코Yuliya Nesterenko는 여자 100미터 경주에서 10.93초의 기록으로 우승했다. 올림픽 기록은 아니었지만 70년 전 이 대회에서 달린 여자 선수들보다 2초 이상 빠른 기록이다.

비교적 짧은 시간 안에 이렇게 상당한 기록 단축이 이뤄진 데 영감을 받은 연구원들은 《네이처》에 짧은 뉴스 기사를 실었다. 남자와 여자의 기록을 비교해 보니 지난 몇십 년 사이 여자 단거리선수들이 남자 선수들과의 격차를 좁혔다는 사실을 알게 됐다. 남자 선수들의 기록도 향상되긴 했지만, 여자 선수들의 기록이 더 빠르게 향상된 것이다. 그렇다면 미래에는 어떤 일이 벌어질까? 연구원들이 물었다. 우승 기록 변화를 모델링한 저자들은 2156년 올림픽에서 여자 선수가 남자 선수를 앞지를 것이라고 예측했다.

언젠가는 여자가 남자보다 빨리 달리게 될지도 모르지만, 이 분석은 설득력 있는 주장을 제공하지 못한다. 저자들이 지나치게 단순한 통계 모델에 근거해 결론을 냈기 때문이다.

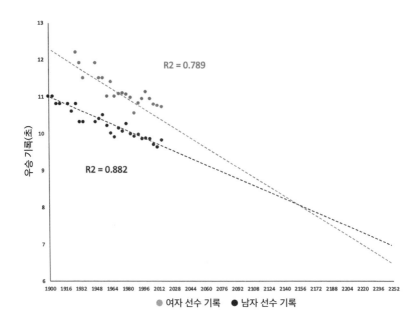

연구자들은 위 그림처럼 여자 선수들의 기록을 관통하는 직선을 하나 긋고 남자 선수들의 기록을 관통하는 별도의 직선을 하나 그었다. 이 모형을 사용해 미래 시간을 추정하면 2156년에 여자가 남자를 앞지르리라고 예측된다. 이 모델은 그해 여자 선수들이 약 8.08초에 100미터를 주파하고, 남자 선수들은 8.10초 정도의 기록을 세워 여자들보다 약간 뒤처질 것이라고 예측한다.

물론 남녀 모두 계속해서 기록을 갱신할 것이다. 그러나 이 모델에는 분명 문제가 있다. 텍사스의 한 고등학교 학생들을 비롯해 많은 독자들이 이 문제를 발견하고 《네이처》에 편지를 보냈다. 그중에서도 우리가 가장 좋아하는 반응은 생물통계학 교수인 켄 라이스Ken Rice가 쓴 편지다.

똑똑하게 생존하기

A. J. 테이텀A. J. Tatem과 동료들은 22세기 중반이 되면 여성이 남성보다 빨리 달릴 수 있다고 계산했습니다(《네이처》 431호, 525; 2004,1038/431525a). 그러나 그들은 (그 분석에 따르면) 2636년에 우승 기록이 0초 이하가 되는 훨씬 흥미로운 경주가 진행될 것이라는 사실을 언급하지 않았습니다. 앞으로 남은 600년 동안 저자들이 시간 측정과 기초 통계 교육 양쪽에 제기된 명백한 난제를 해결할 수 있기를 바랍니다.

이 반응은 유머러스하면서 매우 효과적이다. 여기에서 라이스는 우리가 가장 좋아하는 반박 전략 중 하나인 귀류법reductio ad absurdum을 썼다. 최소 아리스토텔레스까지 거슬러 올라가는 이 전략은 어떻게 상대의 가정이 우스꽝스러운 결론으로 이어질 수 있는지 보여준다. 라이스는 《네이처》 논문에 나온 것과 동일한 모델과 방법을 사용하면서 거기에 귀류법을 적용했다. 그는 같은 모델로 더 미래의 일을 추론했고, 결국 2600년대에는 단거리 주자들이 100미터를 음의 시간대에 질주할 것이라는 터무니없는 결론에 도달했다. 이는 절대 사실일 수 없기 때문에 이 논문이 제시한 또 다른 놀라운 결과, 즉 우승 기록에서 성별 역전이 일어날 것이라고 예상하는 결과에도 회의적이어야 한다.

여기서 얻을 수 있는 또 하나의 교훈은 어떤 모델을 사용했는지 세심하게 관찰하라는 것이다. 모델이 공식적 통계 모델 적합성 테스트를 전부 통과할 수도 있다. 하지만 그게 실제 생물학을 고려하지 않는다면, 그러니까 이 경우처럼 유기체가 얼마나 빨리 달릴 수 있는지에 대한 물리적 한계를 고려하지 않는다면 섣불리 결론을 내리지 않도록 주의해야 한다.

기억하라

기능성 자기공명영상fMRI은 신경과학자들이 어떤 뇌 영역이 어떤 인지 작업과 관련 있는지 탐구할 수 있게 해준다. 연구원들은 피실험자들이 비디오게임을 하거나 섹스를 하거나 음악을 듣거나 운동을 하거나 다른 자극에 반응할 때 두뇌의 어떤 부분이 가장 활발하게 움직이는지 연구했다. 일반적인 연구에서는 병을 앓는 환자의 fMRI 영상을 병에 걸리지 않은 대조군의 이미지와 비교하면서 뇌의 특정 부분에서 서로 다른 반응이 나타나는 이유를 질문할 것이다.

신경 활동을 측정하는 이 기술은 신경과학에 엄청난 영향을 미쳤다. 그러나 뇌 활동 차이를 감지하기 위해 사용되는 소프트웨어는 이 같은 결과의 통계적 유의성을 평가하는 방법을 추정해야 한다. 최근 연구에서는 이런 추정 때문에 차이가 실제보다 더 커 보이는 경우도 있다는 사실이 밝혀졌다. 이 문제의 심각성에 관한 과학자들의 생각이 보편적으로 일치하지는 않지만, 어떤 사람은 그 문제가 수천 개의 논문 결과에 의문을 제기할 만큼 충분히 심각하다고 생각한다.

이 같은 통계적 문제가 밝혀지기 몇 년 전 한 신경과학 콘퍼런스에서 발표된 연구 포스터가 귀류법으로 fMRI 기술에 대한 기억에 남는 비판을 제기했다. 포스터의 제목은? "죽은 대서양 연어를 관찰하는 이종 간 관점의 신경학적 상관관계: 적절한 다중 비교 수정을 위한 주장" 제대로 읽은 것 맞다. 죽은 연어라고 했다.

이 귀류법은 일부러 말도 안 되게 진행한 실험에서 나왔다. 저자들은 죽은 대서양 연어를 fMRI 기계에 넣고 연구진이 인간 피실험자들에게 일반적으로 던지는 질문을 이 불운한 동물에게 물어보면서 죽은 물고기의 뇌 활동을 측정했다. 그 뒤에 쓴 연구 논문에서 그들은 연구 내용을 다음과 같이 설명했다.

이 연어는 길이가 약 45센티미터, 무게는 1.7킬로그램이고 스캔 당시 살아 있지 않았다. 연어가 수컷인지 암컷인지는 알 수 없지만, 피험체의 사후 상태를 볼 때 중요한 변수로 생각되지 않는다. … 연어에게 사회적으로 용납되거나 용납되지 않는 특정한 감정을 유발하는 사회적 상황에 처한 인간의 모습이 담긴 사진들을 보여줬다. 연어는 사진 속 개인이 어떤 감정을 느끼고 있는지 맞혀보라는 요청을 받았다.

정말 대단하지 않은가. 우리는 연구자 1명과 연락해 죽은 연어와 실제로 대화하면서 다양한 상황에 처한 사람들의 사진을 보여줬다는 사실을 직접 확인했다. 그 결과는 놀라웠다. 사람들의 감정을 질문받자 연어 뇌간의 몇몇 부분이 '쉬고' 있을 때보다 더 왕성한 활동을 보였다. (연어가 연어의 감정을 질문받으면 그 구역이 얼마나 밝아질지 우리는 그저 상상만 할 수 있을 뿐이다) 만약 좀 더 진지한 연구에서 이런 데이터가 나왔다면 연구진은 뇌간 영역이 감정 처리와 관련 있다는 결론을 내렸을지도 모른다. 하지만 이 연구 결과는 fMRI 연구에서 거짓 긍정이 발생할 위험을 강조한다.

저자들은 이 결과를 가장 기억에 남는 방법으로 요약했다.

우리가 우연히 어류의 사후 인식이란 측면에서 놀라운 발견을 한 것이
거나, 아니면 우리의 수정되지 않은 통계적 접근법에 뭔가 잘못된 부분
이 있는 것이다.

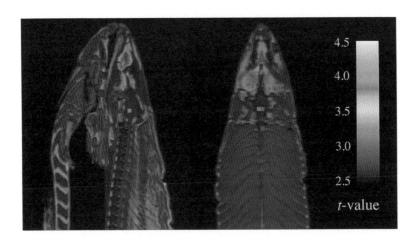

위의 연어 연구 이후 그 문제를 더 자세히 분석하고 규모를 예측
하고 해결책을 제안한 더 기술적이고 재미없는 연구 논문이 많이 나
왔다. 이런 프로젝트들은 해당 분야의 발전에 매우 중요했지만, 기
본 문제에 관심을 끄는 데 있어 맨 처음 연어 연구만큼 효과적인 프
로젝트는 없었다. 유머는 귀류법의 필요조건은 아니지만, 잘 통합하
면 매우 효과적일 수 있다. 기억에 잘 남고 편안한 대화를 통해 아이
디어를 빠르게 전파한다.

똑똑하게 생존하기

산타페 연구소는 상그레 데 크리스토^{Sangre de Cristo Mountains} 산기슭에 위치한 뉴멕시코주 산타페 고지대에 있는 독립적인 과학 연구 센터다.* 물리학, 생물학, 경제학, 사회학, 컴퓨터 과학, 수학 등 다양한 분야의 과학자들이 이곳에서 만나 오후에 함께 차를 마시면서 연구하고 생각하고 아이디어를 논의한다. 이곳에서는 큰 그림을 그릴 수 있는 창의적 사고를 장려하고 지원한다. 하지만 엄격함 또한 필수라서 SFI를 방문하는 사람들은 다른 사람의 논리적 실수나 추론의 허점을 기꺼이 지적한다.

우리는 면역 체계에 관한 산타페 연구소 워크숍에서 제기된 훌륭한 반례 얘기를 들었다. 회의에 참석한 한 물리학자가 면역 체계를 조금 배운 뒤 이를 설명하는 수학적 모델을 만들었다. 그는 본인 발언 시간에 이 모델을 설명하면서 여기에 담긴 강력한 함의를 강조했다. 우리 몸에 있는 것 같은 면역 체계는 병원균을 물리치는 데 유용할 뿐만 아니라 절대적으로 필요한 존재라고 설명했다. 우리처럼 장수하는 다세포생물이 병원균이 넘쳐나는 환경에서 살아남으려면 반드시 어떤 독특한 특징을 지닌 면역 체계를 갖고 있어야 한다고 예측했다. 이 모델은 장수하는 유기체가 바이러스 감염을 감지하는 세포와 다양한 항체를 생성하는 세포들을 무작위로 생성한 뒤 침입한 병원체에 맞는 세포만 골라서 증식해야 한다고 제안했다. 언뜻

---

* 칼은 SFI 외부 교수진으로 10년간 근무했고, 제빈도 이 연구소를 자주 방문했다.

보기에는 이 주장이 타당해 보일지도 모른다. 게다가 그걸 뒷받침하는 근사한 수학 공식까지 있지 않은가!

하지만 그 방에 있는 면역학자는 납득이 되지 않는 듯했다. 이 시점에서 누군가가 손을 들고 수학적 모델의 가정에 의문을 제기하거나 분석을 설명해 달라고 요구하면 광범위한 기술적 논의가 이어지고 종종 수학적 세부 사항을 두고 의견이 불일치하기도 한다. 수십 년간 실험을 설계해 진행하고 수천 개의 논문을 읽거나 검토하고 대학생들에게 면역학 강의를 하면서 경험을 쌓은 이 면역학자는 좀 다른 접근 방식을 취했다. 생물학의 기초만 알면 대답할 수 있는 질문을 던진 것이다. 그는 손을 들고 물리학자에게 물었다. "그럼 나무는 어떤가요?"

나무는 다세포생물이고 확실히 장수한다. 대부분의 기록에 따르면 화이트산에 있는 브리슬콘소나무가 지구상에서 가장 오래된 살아 있는 유기체라고 한다. 그러나 나무에도 면역 방어 기능이 있기는 하지만, 앞서 말한 사람처럼 덩치가 큰 유기체가 장기간 생존하기 위해 필요하다고 주장했던 특징은 거의 혹은 전혀 없다.

나무의 반례는 엄청난 충격을 안겨줬다. 이런 상황에서는 강연이나 질문을 더 진행해 봤자 의미가 없다. 연사와 청중들은 그냥 자리를 일찍 파하고 휴식 시간을 위해 준비돼 있는 맛있는 쿠키와 커피를 즐겼을지도 모른다.

귀류법은 재밌고 효과적일 수 있지만, 허울만 그럴듯한 주장을 무너뜨리는 데는 간단한 반례만큼 강력한 것도 없다. 누군가가 A가 B를 함축한다고 주장한다면, A는 사실이지만 B는 그렇지 않은 경우

똑똑하게 생존하기

를 찾아보자. 이 경우 A는 크고 오래 사는 다세포 유기체고 B는 적응성 면역 체계를 갖고 있다. 나무는 A로 분류할 수 있지만, B는 갖고 있지 않으므로, A는 B를 함축하지 않는다.*

좋은 반례를 찾으려면 연습이 필요하고, 나무처럼 효과적이고 충격적인 반례는 사실 드물기도 하다. 만약 그런 반례를 찾아낸다면 친절하게 행동하자. 당신이 반박하려는 주장이 악의 없는 성실한 의도에서 나온 것이라면 상대방이 회복하도록 도와주자. 우리는 누구나 실수를 한다. 당신의 반례가 유익하고 향후 더 강력한 주장을 통해 좋은 분석을 이끌어낼 수 있기를 바란다.

---

* 수학만큼 반례가 확실한 힘을 발휘하는 곳도 없다. 하나의 반례가 열린 추측의 절대적 해결책을 제공한다. 페르마의 마지막 정리를 생각해 보자(사실 이건 정리가 아니라 추측이다. 페르마가 증거를 제시하지 않았기 때문이다). 정수값 n이 2보다 클 때, $a^n + b^n = c^n$을 만족하는 3개의 고유한 정수 a, b, c는 존재하지 않는다는 것이다. 수세기 동안 수학자들은 이 추측을 증명하려고 노력했지만, 모두 실패했다. 그러다 마침내 영국 수학자 앤드루 와일스Andrew Wiles가 오랫동안 홀로 연구하면서 수학의 몇 가지 분야에서 중요한 진보를 이룬 끝에 최근의 수학적 발견에 관한 증명을 제시했는데 그 길이가 자그마치 127쪽에 달했다. 와일스는 그 과정에서 자신의 증명에 실수가 있음을 깨닫고 2년 더 발표를 미루는 등 수많은 좌절을 겪은 뒤에야 이처럼 어마어마한 성과를 올렸다. 페르마의 마지막 정리가 옳음을 증명하기 위해 이 모든 고생을 한 것이다. 만약 정리가 틀렸다면 증명이 훨씬 더 간단했을 것이다. a, b, c 3개의 숫자값과 n값만 갖고도 간단한 반례를 만들 수 있었을 테니 말이다.
실제로 18세기 위대한 수학자 레온하르트 오일러Leonhard Euler가 페르마의 마지막 정리를 거듭제곱의 합 추측이라는 것으로 일반화하려고 했을 때 바로 이런 일이 일어났다. 정수 a, b, c, ..., z와 정수 n의 경우, a^n, b^n, c^n 등을 다른 숫자 z^n에 더하려면 적어도 n개의 항을 더해야 한다는 것이다. 거의 200년 가까이 아무도 그 추측을 증명하거나 반증하지 못했다. 그러다 1966년 수학자 2명이 초기 컴퓨터를 사용해 엄청나게 많은 가능한 숫자들을 살펴본 결과 그 반례를 찾아냈다. $27^5 + 84^5 + 110^5 + 133^5 = 144^5$. 더 이상의 이론은 필요 없다. 이 예만 봐도 오일러의 거듭제곱의 합 추측이 거짓임을 알 수 있다. 반례는 긍정적 증거보다 훨씬 쉽게 확인할 수 있다. 와일스의 모든 증명을 확인할 수 있는 수학자는 몇 명 안 된다. 하지만 전자계산기를 이용하면 오일러의 추측의 반례는 1분 정도에 확인할 수 있다.

유사 사례 제시

다른 많은 대도시들처럼 시애틀도 심각한 교통 문제를 겪고 있다. 거의 40만 대의 차량이 매일 시내로 통근 중인데 노후한 기반 시설은 대규모 차량 왕래에 대처할 수 있도록 설계되지 않았다. 엎친 데 덮친 격으로 시애틀은 미국에서 가장 빠르게 성장하는 도시 중 하나인데, 이 도시는 양쪽이 물로 둘러싸여 있어 성장은 외부로의 확장이 아닌 인구밀도 증가의 형태를 띤다.

특히 문제가 되는 지역 중 하나는 머서가 인근의 사우스 레이크 유니온이다. 한때는 생기 없고 조용한 자동차 정비소와 소규모 지역 사업체들이 모여 있던 곳인데, 이제는 빠르게 확장 중인 아마존 본사와 다른 기술 회사들이 입주한 유리와 강철 숲으로 대체됐다. 교통 정체가 아주 심할 때는 '머서 메스Mercer Mess'라고 불리는 이곳에서 출발해 주간 고속도로에 진입하는 데만도 1시간 가까이 걸린다. 몇 년 전 시애틀은 이 지역을 통과하는 교통 흐름을 개선하기 위해 7,400만 달러를 투자하기로 결정했다. 공사가 끝나고 차량 통행이 재개되자 교통국에서 이동 시간을 측정하기 시작했다. 결과는 일부 사람들이 기대했던 것과 달랐다. 한 지역 텔레비전 방송국의 보도에 따르면 "7,400만 달러를 투자한 뒤 머서의 교통 흐름이 2초 빨라졌다." 그 의미는 명백했다. 또 한 번 납세자들의 돈을 엄청나게 낭비한 것이다.

하지만 정말 낭비였을까? 운전자 개개인의 관점에서 보면 이동 시간이 많이 줄지 않은 게 사실이다. 하지만 왜 이런 일이 일어났는

똑똑하게 생존하기

지 생각해 보자. 무엇보다 이 지역에서 일하는 사람 수가 전국 어느 곳보다 빠르게 증가했다. 엄청나게 인구가 유입됐는데도 이동 시간을 일정하게 유지한 것만으로도 큰 성과다. 둘째, 대도시 교통 패턴은 유기적으로 조정된다. 어떤 경로가 상당히 빨라지면 모든 경로의 이동 시간이 평형을 이룰 때까지 인근의 차량들이 빠른 경로로 몰려온다. 한 도로의 용량을 늘려도 해당 도로의 이동 속도는 약간만 빨라지고 교통망 전체에 그 혜택이 분산된다.

이곳에서도 바로 그런 일이 일어난 것 같다. 현재 머서 도로는 개선 공사를 하기 전보다 하루에 통행하는 자동차 수가 3만 대 늘어났지만, 이동 속도는 빨라지지 않았다. 헤드라인을 "시애틀 도로 개선 프로젝트로 이동 시간 증가 없이 연간 1,000만 대 추가 통행 가능"이라고 쓸 수도 있었을 것이다. 프로젝트의 이득을 제대로 측정하려면 개선 프로젝트가 해당 지역의 모든 경로에 미친 결과를 고려해야 한다.

우리가 '헛소리 까발리기' 강좌를 시작한 지 얼마 되지 않아 지역 뉴스 방송국에서 머서 교통 상황에 대한 의견을 얘기해 달라는 요청을 받았다. 1일 교통량을 무시한 채 걸리는 시간만 측정하는 어리석음을 강조하기 위해 우리는 시애틀 지역 시청자들이 공감할 만한 비유를 사용했다. 2010년 초 시애틀 매리너스Seattle Mariners 야구 팀이 에이스 투수인 펠릭스 에르난데스Felix Hernandez와 7,800만 달러에 계약을 갱신했는데, 이는 머서 메스 공사 비용과 비슷한 금액이다. 하지만 매리너스의 팀 타율은 2009년 .258에서 2010년 .236으로 떨어졌고 홈런 수는 160개에서 101개로 감소했다. 지역 TV 방송국에서 "펠릭스 에르난데스에게 7,800만 달러를 투자했으면서도 2010년에 하락세를 보인 매리너스"라고 투덜대는 헤드라인을 걸 수도 있었을 것이다. 이건 사실이다. 하지만 서로 관련 없는 2가지 사실을 결합한 바보 같은 헤드라인인 것도 분명하다. 타율 하락은 에르난데스와 아무 상관도 없다. 투수들은 5경기 중 1경기 정도만 뛰고, 아메리칸 리그에서는 타석에 서지 않으며, 무엇보다 중요한 건 그들이 타격 기량 때문에 팀과 계약한 게 아니라는 점이다. 에르난데스의 계약과 팀의 2010년 타격 성적을 연결하는 건 그가 팀 타율을 올리지 않았으니 결국 연봉을 낭비했음을 암시한다. 터무니없는 얘기지만, 이는 이동 시간이 눈에 띄게 줄지 않았으니 머서 메스 공사가 낭비였다는 주장과 크게 다르지 않다. 두 주장 모두 7,000만 달러를 투자한 시애틀 기관들의 성과를 평가하기 위해 관련 없는 기준을 두고 있다.

우리가 유사한 비유를 자주 사용하는 이유는 언뜻 보기에 타당한 듯한 주장을 새로운 맥락에 비춰 살펴보는 데 도움이 되기 때문이다. 청중에게 익숙하지 않은 상황과 그들이 직관적으로 이해할 수 있는 사례 사이의 유사점을 보여줌으로써 본인의 비판적 사고 능력을 믿도록 독려하는 것이다. 예를 들어 백신 회의론자가 백신을 맞아봤자 독감 발생률이 겨우 1퍼센트 감소할 뿐이라고 주장할 때 우리는 이를 사람들이 잘 이해하고 받아들이는 현대의 또 다른 안전 혁신인 안전벨트와 비유했다. 그리고 안전벨트에 대해서도 독감 백신과 거의 같은 주장을 할 수 있다는 점을 보여줬다. 부모들이 백신과 관련된 위험은 직접 판단할 능력이 없다고 느낄지도 모르지만, 안전벨트는 상식 문제다.

똑똑하게 생존하기

그림 다시 그리기

7장에서는 정확한 데이터가 오해의 소지가 있는 방식으로 표시되는 사례를 살펴봤다. 디자이너가 사용한 트릭 몇 가지를 지적할 수도 있지만, 사람들을 호도하는 그림에 반박하는 가장 효과적인 방법은 그래프를 좀 더 적절한 형태로 다시 그리는 것이다.

7장에서 "당신이 봐야 하는 단 하나의 기후변화 차트"라는 《내셔널 리뷰》의 트윗을 살펴볼 때 이런 예가 나왔었다. 그래프 디자이너는 그래프를 줌아웃해 화씨 0도에서 110도까지의 온도 범위를 보여주는 방법으로 최근 몇십 년 사이 온도가 2도나 상승했다는 사실을 숨겼다. 〈워싱턴포스트〉는 나중에 똑같은 데이터를 갖고 그림을 다시 그리면서 그래프를 적절한 범위로 확대했다. 이 차트에서 눈길을 끄는 온도 상승은 완전히 다른 얘기를 전한다.

인터넷 뉴스 사이트 〈쿼츠Quartz〉는 2013년 애플 CEO 팀 쿡이 아이폰 판매에 관한 프레젠테이션을 할 때 이 기술을 사용해 강력한 효과를 거뒀다. 아래는 쿡이 보여준 그래프 버전이다.

이 그래프는 상당히 인상적이다. 누적 판매량이 계속 증가하는 걸 보면 마치 애플이 아이폰으로 세계를 장악하고 있는 것처럼 보인다. 하지만 누적 판매량은 당연히 늘어난다. 누적 판매량은 감소할 수 없다! 이 그래프가 숨기는 사실은 쿡이 프레젠테이션을 하기 전 최소 2분기 동안 분기별 아이폰 판매량이 감소했다는 사실이다.

| 아이폰 누적 판매량 |

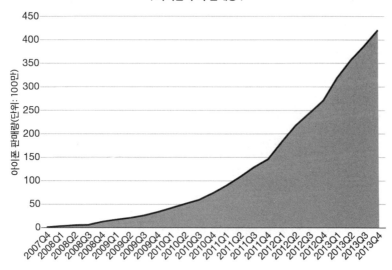

| 아이폰 누적 판매량 |

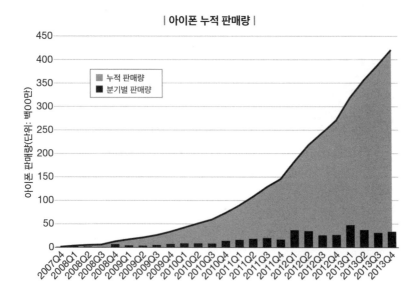

　〈퀴츠〉는 분기별 판매량을 보여주는 그래프를 다시 그려 원래
의 선 그래프에 숨어 있던 얘기를 밝혀낼 수 있었다.

　　　　　　　　　　　　　　　　　　　똑똑하게 생존하기

20대나 30대의 어느 시기에 신체 기능이 최고조에 달하면 그때부터 대부분의 신체적, 인지적 작업을 수행하는 능력이 저하되기 시작한다. 생물학자들은 이 과정을 노쇠라고 부른다.

칼은 본인이 공동 집필한 진화생물학 교과서에서 이 통탄할 사실을 설명하기 위해 다양한 육상경기의 연령대별 세계 기록을 표시했다. 아래 그래프는 남자 100미터, 1,500미터, 1만 미터 경기에서 세계 기록을 보유한 선수들의 평균속도를 보여주는데 세계 기록이 1.0 속도에 해당하도록 속도를 정규화했다.

| 연령대별 세계 기록 속도 |

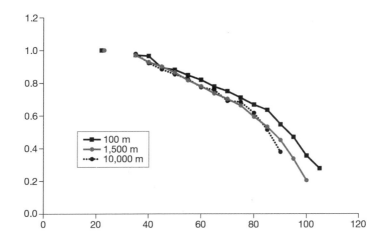

칼은 진화와 의학을 가르치는 강의에서 학생들에게 이 그래프를 보여줬다. 그리고 인간의 신체적 능력이 나이가 들면서 감소한다는

사실을 보여주기 위한 그래프라고 설명하고는 몇 분 정도 시간을 할애해 그 주장에 어떤 문제가 있는지 생각해 보라고 했다. 그는 학생들이 몇 가지 이의를 제기하리라고 예상했다. 예를 들어 이 기록은 세계 최고 선수들이 세운 세계 기록이다. 따라서 위의 성적 곡선은 다른 일반인들에게 벌어지는 일을 보여주지 못할 수도 있다.[*]

그러나 칼은 학생 1명이 그가 미처 생각지도 못했던 문제를 지적할 거라고는 예상하지 못했다. 70~80대보다 20~30대에 달리기경주에 나가는 사람이 더 많다. 표본을 추출할 수 있는 주자들이 많을수록 더 빠른 기록을 기대할 수 있다. 이 학생 말이 전적으로 옳다. 100만 명 표본에서 가장 빠른 주자는 1,000명 표본에서 가장 빠른 주자보다 훨씬 빠를 것이다.[**] 주자가 나이가 들면서 속도가 느려지지 않더라도 단순히 표본 크기 때문에 속도 감소 추세가 나타날 수 있다. 만약 그렇다면 칼의 그래프는 노쇠에 대한 아주 설득력 있는 증거를 제공하지 못한다.

---

[*] 이 그래프의 또 다른 문제는 표시된 곡선이 한 개인의 성적 궤도를 나타내지 않는다는 점이다. 여러 운동선수들에게 다양한 연령대의 기록이 있다. 일찍 정점을 찍은 사람은 곡선에 표시된 것보다 기량이 빨리 떨어질 수 있다. 그에 비해 늦게 정점에 오른 사람은 젊을 때 세계 기록 속도로 달리지 않았기 때문에 남들보다 많이 떨어지지 않을지도 모른다. 따라서 이 곡선은 시간이 지나면서 사람들에게 어떤 일이 생기는지 알려주는 게 아니라 인간이 지닌 수행 능력의 상한만 알려준다. 또 '코호트 효과'가 작용할 수도 있다. 65세 이상 그룹에서 기록을 세운 달리기선수들은 현재 20대인 선수들과 다른 기술과 다른 식이요법을 통해 훈련받았다. 향상된 훈련 기술은 기록 시간에도 영향을 미칠 수 있다.

[**] 평균속도를 살펴보고자 한다면 표본 크기는 크게 중요하지 않다. 특정 연령대의 달리기선수 100명, 1,000명, 100만 명을 표본으로 추출하더라도 평균 시간은 거의 비슷할 것으로 예상된다. 그러나 극단적인 특이치를 살펴보려면 표본 크기가 중요하다.

똑똑하게 생존하기

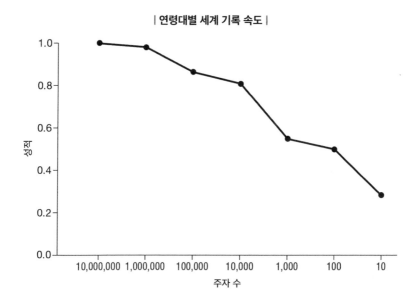

| 연령대별 세계 기록 속도 |

(세로축: 성적, 가로축: 주자 수)

학생의 주장을 설명하기 위해 널 모델null model을 만들 수 있다. 널 모델은 별로 많은 일이 벌어지지 않는 아주 단순한 시스템에서 우리가 뭘 관찰할 수 있는지 이해하는 데 도움을 준다. 이 경우 우리는 컴퓨터 시뮬레이션으로 나이가 달리는 속도에 영향을 미치지 않는 가짜 세상을 만들 수 있다. 그러면 단순히 노년층의 달리기선수가 적다는 이유로 신체적 성과에 동일한 하락 추세가 나타나는지 여부를 알 수 있다. 앞쪽 그래프는 우리가 발견한 사실을 보여준다.

널 모델은 노쇠라는 변수 없이도 칼이 교과서에 제시한 데이터와 매우 흡사한 데이터를 생성했다. 이는 노쇠가 근거 없는 사실이라는 뜻이 아니다. 이것이 의미하는 바는 널 모델이 노쇠 변수 없이도 동일한 결과를 보여준 점을 보면 칼이 제시한 데이터가 노쇠의 확실한 증거를 제공하지 못한다는 것이다.

그게 널 모델의 역할이다. 널 모델의 요점은 세상을 정확하게 모델링하는 게 아니라 Y의 증거로 해석돼 온 X라는 패턴이 Y가 전혀 없는 상태에서도 생성될 수 있음을 보여주는 것이다. 우리 사례에서 패턴 X는 나이가 들면서 기록 보유자들의 성적이 저하되는 것이다. 과정 Y는 노화다. 인간은 나이가 들면 달리는 속도가 느려진다. 하지만 노쇠 없이도 성적이 하락하는 걸 보게 됐으므로 우리 널 모델은 "죄송합니다. 이 데이터를 이론의 증거로 사용할 수 없습니다."라고 말하는 셈이다. 여기서 널 모델이 원래 주장이 지닌 수사적 힘을 빼앗기 위해 세상을 정확하게 묘사할 필요가 없다는 부분에 주목하자. 문제의 과정이 없어도 동일한 패턴을 볼 수 있다는 사실만 증명하면 된다.

폭로의 심리학

근거 없는 믿음이 한 사람의 세계관이나 문화적 정체성과 얽혀 있는 경우에는 그 실체를 폭로하기가 정말 어렵다. 우리는 PETA, 즉 동물의 윤리적 대우를 주장하는 사람들의 반복되는 이의 제기로 고생하는 한 동물원 책임자와 저녁을 먹은 적이 있다. 그는 어떻게 해야 그들과 건설적으로 대화하면서 자기네 동물원이 희귀종 보호에 중요한 역할을 하고 있다는 점을 납득시킬 수 있을지 알고 싶어 했다. 우리는 그들의 관점이 본인들의 정체성과 하나로 얽혀 있는데 이 부분이 그와 다르다고 설명했다. 예를 들어 만약 그들이 코끼리를 가둬

두는 일이 비윤리적이라고 그를 납득시키더라도, 그는 여전히 학자이자 동물원 책임자일 것이다. 하지만 만약 그가 코끼리를 동물원에 두는 일이 정당하다고 그들을 설득한다면, 그들은 PETA 활동가로서의 정체성을 유지할 수 없다. 이런 정체성 문제가 그의 일을 훨씬 어렵게 만들었다. 당신이 해야 할 일은 그 정도로 어렵지 않을 때가 많을 것이다. 고모가 자수정이 함유됐다는 물을 80달러씩 주고 사지 않더라도 전해질 균형을 유지할 수 있게 도와주자. 삼촌이 지구온난화를 부인하지 않고도 여전히 연방 정부의 권한 제한을 지지할 수 있음을 알려주자. 필요한 일은 뭐든지 하자. 그리고 당신이 폭로하려고 하는 문제와 정체성을 분리할 방법을 찾자.

이전 장에서는 본인의 세계관과 일치하는 정보를 찾고 믿고 상기하는 경향 때문에 발생하는 확증 편향을 의식해야 한다고 얘기했다. 다른 사람들도 확증 편향 때문에 고생한다는 사실을 알아두자. 어떤 생각이 견고하게 뿌리를 내리면 아무리 애써도 근거가 더 확실한 생각으로 바꾸기가 어렵다. 지금까지 얘기한 방법 외에도 오랜 세월에 걸쳐 효과가 입증된 근거 없는 믿음을 뿌리 뽑는 팁이 몇 가지 있다.

1. 간단하게 말한다. 거짓이 진실보다 유리한 점이 하나 있다면, 진실은 복잡한 경우가 많지만, 거짓은 단순하게 꾸밀 수 있다는 것이다. 얘기를 왜곡하지 않고 최대한 단순하게 만들 방법을 찾아보자. 핵심에만 초점을 맞추고 나머지는 그냥 내버려두자. 별로 관계도 없는 전문적 부분에 연연했다가는 아무도 납득시키지 못하고 도리어 화만 돋울

뿐이다.

2. 사적으로 얘기한다. 가능하면 상대방과 둘이서만 얘기를 나누자. 남들 앞에서 헛소리가 까발려지는 걸 좋아하는 사람은 아무도 없다. 처남의 헛소리를 까발릴 생각이라면 추수감사절 식탁 앞이 아닌 조용한 산책길에서 하자. 인터넷상에서 누군가의 헛소리를 까발리려고 할 때는 그 사람의 공개 트위터 피드가 아닌 사적 메시지 이용을 고려해 보자. (다른 사람들이 속지 않도록 보호해야 할 필요도 있으니 솔직히 문제가 복잡하긴 하다) 헛소리가 공개적으로 까발려지면 대부분의 사람들은 반대 의견을 선의로 고려하기보다 자기가 이전에 한 말을 방어하려고 한다. 사적인 자리에서는 비판을 더 열린 태도로 받아들이는 경우가 많다.

3. 공통점을 찾는다. 상호작용이 적대적이지 않을수록 상대방이 당신의 생각을 진지하게 고려할 가능성이 더 커진다. 말을 부드럽게 하는 가장 좋은 방법 하나는 서로의 공통점을 먼저 확인하는 것이다. 백신의 안전성에 회의적인 사람과 얘기할 때 "당신이 그렇게 바보 같은 헛소리에 넘어갈 만큼 멍청하다니 믿을 수가 없어요."라는 식으로 시작해서는 안 된다. 그보다는 양측의 공통점을 얘기하면서 접근해 보자. "아이들에게 어떻게 해주는 게 옳은 건지 잘 모르겠어요. 저도 항상 고민하고 있어요…."

4. 잘못된 믿음을 너무 강조해서는 안 된다. 익숙함은 잘못된 믿음의 끈기를 증가시킨다. 그 믿음을 꼭 언급해야 한다면 먼저 확실하게 경고부터 한다. 일부 연구에 따르면 잘못된 정보를 폭로하기 전에 그 내용을 반복해서 말하면 그에 대한 믿음이 강해질 수 있다고 한다.

5. 지식 격차를 다른 설명으로 채운다. 단순히 믿음을 폭로하는 것만으로는 충분하지 않다. 이를 다른 얘기로 대체해야 한다. 사람들은 설명이 부족한 불완전한 얘기를 좋아하지 않는다. 잘못된 믿음에 관한 당신의 주장이 지금은 설득력 있어 보일지도 모르지만, 그 믿음을 새로운 얘기로 대체하지 않으면 그들이 미래에 똑같은 허위 정보에 다시 빠질지도 모른다. 훌륭한 변호사는 이 사실을 알고 있다. 그래서 배심원들에게 왜 피고가 무죄인지만 설명하지 않고 자신의 의뢰인이 범인이 아닐 경우 그 공백을 메울 수 있는 다른 피의자나 상황을 지적한다.

헛소리를 지적하고 반박하는 방법까지 몇 가지 알려줬으니 이제 당신은 준비가 거의 다 됐다. 하지만 세상에 나가 닥치는 대로 헛소리를 까발리기 전에 그 일을 윤리적이고 건설적으로 할 수 있는 방법을 얘기하면서 이 책을 마무리하고 싶다.

정확해야 한다

우리가 진행하는 헛소리 까발리기 수업을 듣는 학생들은 헛소리를 발견하고 반박하는 능력에 자신이 생긴다. 우리는 그들에게 겸손함도 심어주고 싶다. 말할 필요도 없는 일이긴 하지만, 그래도 말해야겠다. 헛소리를 까발리려면 정확하게 해야 한다.

배경 조사를 소홀히 하지 말고 사실을 확인한 다음 그걸 다시 확인해야 한다. 산악인들은 안전 장비를 점검하고 또 점검한 다음 다시 한 번 점검하는 습관을 들인다. 12미터 높이에서 떨어질 때 고정용 카라비너가 풀리길 바라지 않는 것처럼 문제의 핵심을 찌르려고 할 때 잘못된 사실을 들이밀고 싶지는 않을 것이다. 또 당신의 주장을 친구나 동료에게 먼저 설명해 보자. 우리도 이 방법을 15년 동안 서로에게 써오고 있다. 우리 중 한 사람이 새로운 연구 결과를 보고 흥분하면 다른 사람에게 가라앉혀 달라고 부탁한다. 우리는 창피를 당할 뻔한 상황에서 서로를 여러 번 구해냈다.

자비롭게 행동한다

트위터는 TV에 나오는 사람들에게 자기 목소리가 들릴지도 모른다는 희미한 희망을 품고 TV를 향해 소리치는 시청자들과 비교되기도 한다. 이는 오늘날 많은 대중 담론을 적절하게 설명하는 것처럼 보인다. 이같이 전투적인 환경에서는 우리와 의견이 다른 이들을 악마로 몰아가기 쉽다. 자기가 생각하기에 잘못됐다 싶은 정보를 들으면 그런 거짓 정보를 퍼뜨리는 이유가 악의나 심지어 음모라고 주장하고 싶은 유혹에 빠진다. 이를 대신할 방법을 몇 가지 생각해 보자.

- 당신이 틀렸을 수도 있다. 그럴 가능성이 낮다고 생각할지도 모르지만, 적어도 가능성이 있긴 하다는 사실을 염두에 둬야 한다. 잘못 들었거나 어떤 주장을 잘못 해석했을 수도 있다.
- 무능함으로 상황이 충분히 설명되면 악의가 있어서 그런 거라고 우기지 말자. 인터넷이나 다른 곳에 바보 같은 글을 쓰는 사람들 대부분에게 사악한 동기는 없다. 그들은 그저 자기가 무슨 말을 하는지 모르는 것뿐이다.

- 명백한 착오 때문에 오류가 생긴 경우에는 상대가 무능하다고 가정하지 말자. 누구나 가끔 실수를 하고 어리석은 말을 하기도 한다. 그렇다고 우리가 다 어리석거나 무능한 건 아니다.

자비로운 태도를 취하면 친구를 잃지 않을 수 있고 또 상대방의 주장 자체에 논박을 집중할 수 있다. 예의 바르게 헛소리를 까발리려면 사람이 아니라 주장을 공격해야 한다. 자폐증과 MMR 백신의 관계를 밝혀낸 연구 얘기를 하는 이웃은 좋은 의도로 그럴지도 모른다. 그 이웃이 아이들을 해치려고 그러는 게 아니라고 거의 100퍼센트 장담할 수 있다. 그는 자기가 본 논문이 엉터리 연구로 망신을 당한 앤드루 웨이크필드라는 연구원이 썼다는 사실도, 또 그 논문이 철회돼 현재 대부분의 의학계에서 사기로 간주되고 있다는 사실도 모를 것이다. 그러니 악의가 있어서 그런다고 가정하지 말고 이웃이 실수를 저질렀다고 생각하자. 어떤 경우에는 당신 생각이 옳을 수도 있지만, 이 원칙은 당신이 틀렸을 경우 체면을 차리는 데 도움이 될 것이다.

잘못을 인정한다

겸손은 미덕이다. 사람은 누구나 실수를 한다. 실수를 했으면 그걸 인정하고 신속하고 정중하게 잘못을 인정하자. 인터넷에서 논쟁을 벌일 때 첫 번째 규칙은 아무래도 "항상 자신의 어리석음에 몰두하라."인 것 같지만 우리는 이 관행에 강하게 반대한다. 이는 우리의 전진을 막고 모두의 시간을 낭비하며 생산적 토론의 장이 될 수도 있었던 일을 혼란스럽게 만든다. 그렇게 반항적이고 유치한 행동은 당신의 신뢰를 손상하는데, 신뢰는 한 번의 논쟁 결과보다 훨씬 가치가 있다.

명확히 한다

국내선 비행기를 타고 가던 중 옆자리에 앉은 사람이 당신을 이민이나 인종 관계, 낙태, 지구온난화 등의 대화에 끌어들인다고 상상해 보자. (이런 대화를 권장하지는 않지만 어쩔 수 없는 경우가 있다!) 옆 사람 의견이 틀렸고 당신은 그걸 안다. 그 반대편에 앉은 사람도 안다. 승무원도 안다. 그 사람을 설득할 희망이 있다면 사실을 명확하게 전달해야 한다. 무질서한 사실의 홍수는 사람들에게 기존의 믿음을 버리라고 설득하지 못한다. 주장이 명확하고 이해할 수 있고 설득력이 있어야 하며, 전문용어는 되도록 쓰지 말아야 한다. 이 과정에는 처음에 헛소리를 알아차리기 위해 들인 노력보다 훨씬 많은 노력이 필요하다.

직장에서 더 진지하게 반박할 때 논쟁만큼 중요한 게 프레젠테이션이다. 학생들에게도 늘 말하지만, 효과적인 반박은 힘든 일이다. 확실한 프레젠테이션을 준비하려면 시각화 자료를 만들어 다듬고 널 모델을 개발하고 합성 자료를 만들고 친구를 상대로 자신의 주장을 테스트해 보고 뭔가 빠뜨린 게 없는지 다시 확인해야 한다. 좋은 소식은 갈수록 이런 일을 잘하게 된다는 것이다. 나쁜 소식은 우리가 찾아낸 모든 헛소리에 이 과정을 거칠 수는 없다는 것이다. 그러니 싸울 대상을 고르자. 상대를 골랐으면 반드시 승리해야 한다. 필요한 준비를 미리 해두고 자신의 근거를 분명하게 밝힌다.

타당해야 한다

학생들에게 헛소리 까발리는 방법을 가르칠 때 "흠, 사실은 말이죠."라며 잘난 척하는 놈들을 양성하고 싶진 않다. '사실은 말이죠' 타입은 어떤 사람일까? 자신의 영리함을 증명하려고 대화 중간에 불쑥 끼어들어 별 관련도 없는 사실을 지적해 화자를 기술적으로 부정확한 사람으로 만드는 그런 부류다.*

예를 하나 들어보자. 친구와 점심을 먹으면서 이런 말을 했다. "이거 참 재밌네. 새들 중에는 다른 종을 속여서 자기 새끼를 대신 기르게 하는 새들이 많아. 뻐꾸기, 찌르레기, 꿀잡이새, 심지어 오리까지 말이야. 하지만 포유류는 절대 그러지 않아. 이유가 뭔지 정말 궁금해."

친구는 잠시 생각하다가 말했다. "포유류는 알을 낳지 않기 때문이라고 생각해. 그러면 새끼를 몰래 데려다 놓는 게 훨씬 어렵잖아!"

"글쎄, 사실은," 내가 대답했다. "알을 낳는 포유류도 있어. 호주와 파푸아뉴기니에서만 발견되는 바늘두더지와 오리너구리, 이들을 통틀어서 단공류 동물이라고 하는데 둘 다 난생이야."

솔직히 정말 짜증 나는 태도 아닌가. 그리고 이건 헛소리를 까발리는 것과 아무 상관이 없었다. 왜 아니냐고? 헛소리를 까발리는 사

---

* "잠깐만요. '놈'은 성별을 반영한 용어잖습니까." 당신은 이렇게 반박할 것이다. "사실 여자들도 가끔 그런다고요…." 그 말이 맞다. 하지만 우리 경험상 여자는 남자보다 훨씬 덜하다. 축하한다. 당신도 "흠, 사실은 말이죠…" 타입이다.

람과 그냥 잘난 척하고 싶어 하는 사람을 구분 짓는 요소를 몇 가지 살펴보자.

- 타당성. 당신이 헛소리 까발리기에 성공했다면 그건 근본적 방법으로 상대의 주장을 약하게 만들었다는 뜻이다. 당신의 반대는 화자가 하려던 주장을 무효화한다. '사실은 말이죠' 타입은 토론을 진전시키는 데 전혀 도움이 안 된다. 그는 핵심 주장과 별 관련이 없는 현학적이거나 주제에서 벗어난 반대 의견을 제시한다. 내가 단공류 동물과 난생으로 반대했을 때 내 말이 틀리지는 않았지만, 내 반대 의견은 우리가 나누던 대화에서 전혀 중요하지 않았다. 알을 낳는 포유류가 몇몇 있기는 하지만, 내 친구의 말은 포유류 종의 99.9퍼센트에 대해서는 옳은 주장이다.* "포유류는 알을 낳지 않는다."라는 친구의 말은 보편적 사실이 아니다. 하지만 그의 생각은 옳은 듯하고, 내 반대는 그 주장의 기반을 약화하는 데 아무 도움도 되지 않는다.
- 발언자의 의도. 일반적으로 헛소리를 까발리는 사람은 고의적으로 헛소리를 하거나 남을 기만하는 사람의 주장을 논박한다. 하지만 '사실은 말이야' 타입은 다르다. 그는 선의로 대화를 나누는 사람의 말을 반박하는 일도 주저하지 않는다. 나도 단공류 동물 얘기를 하며 투덜거릴 때 이 선을 넘었다. 친구는 선의로 그렇게 말한 것이다. 누군가에게 깊은 인상을 주려던 게 아니다. 누군가를 호도하려고 하지도 않

---

* 심지어 2가지 예외도 친구가 말한 규칙에 부합한다. 바늘두더지는 알을 낳지만, 자기 주머니에 바로 낳기 때문에 다른 동물이 자기 알을 슬그머니 집어넣을 기회가 없다. 오리너구리는 주머니가 없지만, 암컷이 알을 낳기 전에 굴속에 들어가 몸을 숨기고 있다가 부화한 뒤에야 모습을 드러낸다. 그러니 이쪽에도 다른 동물이 자기 새끼를 몰래 놔두고 갈 기회가 없다.

왔다. 그냥 내 의문의 답을 찾도록 도와주려고 한 것뿐이다.

• 이의를 제기한 사람의 동기. '사실은 말이야' 타입은 자신의 지적 우월성을 입증하는 데만 정신이 팔려 논쟁이 흘러가는 방향은 별로 신경 쓰지 않는다. 내가 단공류 동물 얘기를 꺼낸 건 그게 친구의 아이디어와 관련 있기 때문이 아니다. 내가 친구보다 동물학에 정통하다는 점을 증명하고 또 대화 중 '난생'이라는 단어를 사용하고 싶어서 그 말을 꺼냈을 것이다. 헛소리를 까발리는 건 당신의 지능을 드러내는 방법이 아니다. 그게 중요한 사람이라면 차라리 멘사MENSA 카드를 받기 바란다.

• 청중. 당신이 헛소리를 까발리는 이유는 대개 사기꾼이나 거짓말쟁이가 청중들을 호도하는 일을 막기 위해서다. 하지만 '사실은 말이야' 타입은 청중 보호에 신경 쓰지 않는다. 자신의 영리함을 보여주는 데만 관심 있을 뿐이다. 내가 단공류 동물에 반대했을 때, 심지어 그 자리에는 우리 외에 아무도 없었다.

• 힘의 역학. 당신은 헛소리를 까발리면서 힘 있는 사람에게 진실을 얘기할 수도 있다. '사실은 말이야' 타입은 권력자에게 진실을 말하지 않는다. 그는 주로 자기보다 약한 사람을 비판하고 공격한다. 그가 그런 행동을 하는 이유는 화자를 깔아뭉개고 자신의 위신을 높이려는 것이다.

• 분별력. 헛소리를 까발리는 사람은 목소리를 높이거나 대화를 방해하거나 상대와의 대립을 감수하거나 누군가에게 방어적 기분을 느끼게 할 가치가 있는지 신중하게 판단한다. '사실은 말이야' 타입은 나서지 않고는 못 배기는 사람이다. 그는 자기가 반박할 수 있다고 생각

되는 얘기를 들으면 그렇게 하는 게 도움이 되는지 먼저 고민해 보는 자제심이 없다.

결국 '사실은 말이야' 타입은 헛소리를 까발리는 사람보다 헛소리꾼과 공통점이 더 많다. 헛소리꾼은 청중에게 깊은 인상을 주거나 압도하기 위해 진실이나 논리적 일관성을 무시한다. '사실은 말이야' 타입도 그렇다. 그는 진실을 진전시키는 문제나 자기가 내세우는 반대 의견의 논리적 일관성에 신경 쓰지 않는다. 단지 자기 지식으로 누군가를 감동시키거나 위협하는 데만 몰두한다. 헛소리 까발리기는 남들 눈에 똑똑해 보이거나 그런 기분을 느끼기 위한 게 아니다. 만약 그게 당신의 목표라면 당신은 이 장은 물론이고 이 책 전체의 요점을 놓친 것이다. 효과적인 헛소리 까발리기는 다른 이들을 더 똑똑하게 만들기 위한 것이다. 그게 성공의 지표가 돼야 하며 그러려면 사회적 기교를 더 갖춰야 한다.

헛소리를 밝혀내기란 쉽지 않다. 특히 요즘처럼 날마다 허위 정보의 맹습을 받는 상황에서는 더 그렇다. 따라서 연습과 신중한 노력이 필요하다. 헛소리 까발리기는 단순한 주장 이상이라는 점을 기억하자. 이는 강력한 행동이며 쉽게 오용될 수 있다. 하지만 분명하고 정확하게 사실을 밝히려고 애쓰면서 적절한 예의를 갖춘다면 대부분의 사람들은 당신을 존중할 것이다.

어떤 주장을 공개적으로 반박하기 전에 당신의 청중이 누구이고 그들에게 시간을 투자할 가치가 있는지 자문해 보자. 어떤 사람들은 믿음이 너무 확고해서 아무리 설득력 있는 주장과 확실한 사실을 동원해도 절대 납득시킬 수 없다. 당신의 시간과 노력을 기꺼이 받아들일 수 있는 사람들에게 쓰자.

무엇보다도 "어느 때건 당신이 맞서 싸워야 하는 헛소리의 주요 원천은 당신 자신이다."라고 했던 닐 포스트먼의 말을 기억하자. 확증 편향 때문에 필요 이상으로 자신감을 느낄 수 있는데 겸손은 중요한 교정 장치다. 자기 성찰과 진실에 도달하기는 어렵다는 공감, 이것이 믿을 수 있는 성숙한 사상가의 특징이다. 당연히 세상 전체가 정직하게 유지되는 게 우리의 바람이지만, 모두를 위해 우리 자신부터 시작하자.

헛소리 까발리기는 파티의 여흥거리나 자신감 고취 기술 혹은 상사에게 좋은 인상을 주기 위한 방법 그 이상이다. 도덕적 의무다. 이 책 첫머리에서 말한 것처럼 세상은 클릭 미끼부터 딥페이크에 이르기까지 온갖 헛소리로 가득 차 있다. 어떤 건 무해하고, 어떤 건 조금 짜증나는 정도고, 어떤 건 심지어 재밌기도 하다. 하지만 인간의 건강과 번영, 과학의 진실성, 민주적인 의사 결정에 심각한 영향을 미치는 헛소리들이 많다.

갈수록 늘어나는 오보와 허위 정보 때문에 걱정스러워 밤에 잠을 이루지 못할 정도다. 어떤 법이나 새로운 인공지능도 이 문제를 해결하지는 못할 것이다. 다들 정보를 공유할 때 좀 더 경계하고 좀 더 사려 깊게 생각하고 좀 더 신중해야 한다. 그리고 간혹 헛소리와 맞닥뜨리면 이를 낱낱이 까발려야 한다.

감사의 말

많은 분들의 도움이 없었다면 이 책을 쓸 수 없었을 것이다.

우선 초안을 읽고 필요한 부분에서 헛소리를 까발려준 우리 두 사람의 아내 홀리 벅스트룀과 헤더 웨스트에게 감사한다. 그들의 도움이 없었다면 이 책은 지금보다 83퍼센트나 많은 헛소리를 담게 됐을 것이다. (두 사람 다 책이 나오기 전에는 감사의 글을 읽지 못할 테니 이 꾸며낸 통계는 그들의 검열을 피할 수 있을 것이다) 우리가 글쓰기에 몰두해 있을 때 인내심을 발휘해 주고 대학 교육을 받지 않아도 이 책의 아이디어를 받아들일 수 있음을 증명해 준 우리 아이들 헬렌과 테디 그리고 브레일렌과 캠린에게 감사한다.

이 주제에 관한 강의를 들어준 수백 명의 학생과 수천 명의 동료에게 감사한다. 그들의 관심과 열정, 질문, 논평, 제안, 이의 제기가 우리의 메시지를 다듬는 데 아주 큰 역할을 했다. '헛소리 까발리기'

강의에 대한 우리의 비전을 묵묵히 참아주고 나중에는 열정적으로 홍보해 주기도 한 워싱턴대학 관계자들에게 감사한다. 트위터에서 우리가 팔로우하는 분들과 우리를 팔로우하는 분들은 수많은 사례를 추천해줬고(그중 상당수가 이 책에 실렸다), 또 그분들 덕에 우리가 굉장히 힙하다는 착각에 빠져 Z세대 앞에서 계속 바보짓을 할 수 있었다. 헛소리 얘기를 지겹도록 늘어놓는 우리 얘기를 다 귀담아 들어주고 이 주제에 관한 의견도 공유해 주고 우리가 폭로하는 헛소리보다 밀어붙이는 헛소리가 많을 때 그걸 솔직하게 말해 준 친구들에게 감사한다. 그리고 테니스 코트에서든 등산로에서든 때때로 이 프로젝트에서 벗어날 수 있게 도와준 친구들에게도 감사한다.

우리 친구이자 동료이자 공동 저자인 제니퍼 자켓은 초반에 우리 아이디어를 책으로 만들어보라며 격려해 주고 그 과정에서 귀중한 지지를 보내줬다. 에이전트인 맥스 브로크먼은 헛소리에 관한 우리의 느슨한 아이디어들을 모아 이 책 콘셉트를 정할 수 있게 도와줬다. 랜덤하우스 편집자 힐러리 레드먼은 제대로 정리되지 않은 초안을 받아 당신이 손에 들고 있는 이 책으로 재탄생시켰다. 그의 편집 능력으로 100쪽이 넘는 분량을 쳐낸 덕에 당신은 지루한 내용을 읽지 않아도 되는 축복을 받았고 우리의 타고난 방언(지루한 학술적 산문)을 당신이 읽은 부드러운 문체로 바꿔냈다. 랜덤하우스의 몰리 터핀은 전체 프로젝트를 예정대로 진행하면서 판매본에 들어갈 그림을 100개 이상 제작하는 어마어마한 일을 해냈다. 이 책의 아름다운 텍스트 디자인은 바바라 바흐만의 작품이다. 홍보 담당자 런던 킹은 마케팅 담당자 아일렛 그루엔스페크트과 함께 우리가 이 책에서 발전시킨 아이디어를 통해 광범위한 청중에게 다가가려고 애쓸 때 우리를 이끌어줬다. 제작 책임자 케이티 질버만, 제작 편집자 제니퍼 로드리게스, 편집장 레베카 벌란트는 마감일을 놓치거나 수정을 꿈도 꾸지 말아야 할 때 감히 수정을 시도하는 지리멸렬한 우리를 데리고 어떻게든 프로젝트 전체를 진행해 나갔다. 펭귄출판사의 편집자 카시아나 이오니타는 처음부터 이 책의 비전을 우리와 함께 공유했고 책이 나올 때까지 계속 열렬한 지지를 보내줬다. 그는 자기 팀(홍보 담당자 맷 허친슨, 마케팅 담당자 줄리 운, 제작 담당자 샌드라 풀러, 카피 편집자 스테파니 배럿)과 함께 이 책의 영국판을 제작했다. 미국판 표지는 피트 가르소가, 영국판 표지는 리처드 그린이 디자인했다. 조엘 클레멘하겐, 매튜 브래디 그리고 샘블스의 직원들은 이 책의 아이디어를 의논하고 개발할 수 있는 내 집처럼 편안한 장소를 제공해 줬다.

우리는 워싱턴대학이라는 훌륭한 공립대학의 교직원으로 일하는 게 자랑스럽다. 대학에서 우리가 하는 역할은 그곳에 등록된 학생들을 가르치는 것만이 아니다. 우리의 임무는 모든 이들을 더 큰 진실과 정의의 세계로 인도할 명확한 사상을 알리고 교육하고 함양해 우리가 사는 주와 나라 그리고 전 세계 사람들에게 봉사하는 것이다.

참고 문헌

서문

Frankfurt, Harry G. *On Bullshit*. Princeton, N.J.: Princeton University Press, 2009.

Galeotti, Mark. "Putin Is Waging Information Warfare. Here's How to Fight Back." *The New York Times*. December 14, 2016.

Horne, Alistair. *Harold Macmillan, 1894–1956*. London: Macmillan, 1988.

CHAPTER 01. 사방에 널린 헛소리

Afzal, M. A., E. Armitage, S. Ghosh, L. C. Williams, and P. D. Minor. "Further Evidence of the Absence of Measles Virus Genome Sequence in Full Thickness Intestinal Specimens from Patients with Crohn's Disease." *Journal of Medical Virology* 62 (2000): 377–82.

Biss, Eula. *On Immunity: An Inoculation*. Minneapolis: Graywolf Press, 2014.

Boseley, Sarah. "Andrew Wakefield Struck Off Register by General Medical

Council." *The Guardian*. May 24, 2010.

Bugnyar, T., S. A. Reber, and C. Buckner. "Ravens Attribute Visual Access to Unseen Competitors." *Nature Communications* 7 (2016): 10506.

Cavazuti, Lisa, Christine Romo, Cynthia McFadden, and Rich Schapiro. " 'Zone Rouge': An Army of Children Toils in African Mines." NBC News. November 18, 2019.

Deer, Brian. "How the Case against the MMR Vaccine Was Fixed." *British Medical Journal* 342 (2011): c5347.

———. "How the Vaccine Crisis Was Meant to Make Money." *British Medical Journal* 342 (2011): c5258.

———. "MMR Doctor Fixed Data on Autism." *The Sunday Times* (London). February 8, 2009.

Del Vicario, M., et al. "The Spreading of Misinformation Online." *Proceedings of the National Academy of Sciences* 113 (2016): 554–59.

Editors of the *British Medical Journal*. "BMJ Declares MMR Study 'an Elaborate Fraud'—Autism Claims Likened to " 'Piltdown Man' Hoax." Press release. June 26, 2012.

Editors of *The Lancet*. "Retraction—Ileal-Lymphoid-Nodular Hyperplasia, Non-specific Colitis, and Pervasive Developmental Disorder in Children." *The Lancet* 375 (2010): 445.

Fanelli, Uriel. "La teoria della montagna di merda." *Niente Stronzate* [No Bullshit]. March 26, 2010. https://nientestronzate.wordpress.com/2010/03/26/la-teoria-della-montagna-di-merda/.

Friggeri, Adrien, L. A. Adamic, D. Eckles, and J. Cheng. "Rumor Cascades." *Proceedings of the Eighth International AAAI Conference on Weblogs and Social Media*. May 16, 2014. Pages 101–10.

Gino, Francesca. "There's a Word for Using Truthful Facts to Deceive: Paltering." *Harvard Business Review*. October 5, 2015.

Godlee, F., J. Smith, and H. Marcovitch. "Wakefield's Article Linking MMR

Vaccine and Autism Was Fraudulent." *British Medical Journal* 342 (2011): c7452.

Grice, Paul. *Studies in the Way of Words.* Cambridge, Mass.: Harvard University Press, 1991.

Groening, Matt. *The Simpsons.*

Honda, H., Y. Shimizu, and M. Rutter. "No Effect of MMR Withdrawal on the Incidence of Autism: A Total Population Study." *Journal of Child Psychology and Psychiatry* 46 (2005): 572–79.

Lo, N. C., and P. J. Hotez. "Public Health and Economic Consequences of Vaccine Hesitancy for Measles in the United States." *JAMA Pediatrics* 171 (2017): 887–92.

Madsen, K. M., A. Hviid, M. Vestergaard, D. Schendel, J. Wohlfahrt, P. Thorsen, J. Olsen, and M. Melbye. "A Population-Based Study of Measles, Mumps, and Rubella Vaccination and Autism." *The New England Journal of Medicine* 347 (2002): 1477–82.

Mäkelä, A., J. P. Nuorti, and H. Peltola. "Neurologic Disorders after Measles-Mumps-Rubella Vaccination." *Pediatrics* 110 (2002): 957–63.

Murch, S. H., A. Anthony, D. H. Casson, M. Malik, M. Berelowitz, A. P. Dhillon, M. A. Thompson, A. Valentine, S. E. Davies, and J. A. Walker-Smith. "Retraction of an Interpretation." *The Lancet* 363 (2004): 750.

Salmon, D. A., M. Z. Dudley, J. M. Glanz, and S. B. Omer. "Vaccine Hesitancy: Causes, Consequences, and a Call to Action." *Vaccine* 33 (2015): D66–D71.

Schauer, Frederick, and Richard Zeckhauser. "Paltering." In *Deception: From Ancient Empires to Internet Dating,* edited by Brooke Harrington, 38–54. Stanford, Calif.: Stanford University Press, 2009.

Sun, Lena H. "Anti-Vaccine Activists Spark a State's Worst Measles Outbreak in Decades." *The Washington Post.* May 5, 2017.

Swift, Jonathan. "Political Lying." *The Examiner.* September 11, 1710.

Taylor, B., E. Miller, C. P. Farrington, M. C. Petropoulos, I. Favot-Mayaud, J. Li, and P. A. Waight. "Autism and Measles, Mumps, and Rubella Vaccine: No Epidemiological Evidence for a Causal Association." *The Lancet* 353 (1999): 2026–29.

Taylor, L. E., A. L. Swerdfeger, and G. D. Eslick. "Vaccines Are Not Associated with Autism: An Evidence-Based Meta-analysis of Case-Control and Cohort Studies." *Vaccine* 32 (2014): 3623–29.

Wakefield, A. J., S. H. Murch, A. Anthony, J. Linnell, D. M. Casson, M. Malik, . . . and A. Valentine. "RETRACTED: Ileal-Lymphoid-Nodular Hyperplasia, Non-specific Colitis, and Pervasive Developmental Disorder in Children." *The Lancet* 351 (1998): 637–41.

CHAPTER 02. 매체, 메시지, 잘못된 정보

Blair, A. "Reading Strategies for Coping with Information Overload, ca. 1550–1700." *Journal of the History of Ideas* 64 (2003): 11–28.

Blom, J. N., and K. R. Hansen. "Click Bait: Forward-Reference as Lure in Online News Headlines." *Journal of Pragmatics* 76 (2015): 87–100.

Brant, Sebastian. Ca. 1500. Quoted in John H. Lienhard. "What People Said about Books in 1498." Lecture presented at the Indiana Library Federation Annual Conference, Indianapolis. April 7, 1998. http://www.uh.edu/engines/indiana.htm.

BuzzSumo (blog). "We Analyzed 100 Million Headlines. Here's What We Learned (New Research)." Rayson, Steve. June 26, 2017. http://buzzsumo.com/blog/most-shared-headlines-study.

Carey, James W. "A Cultural Approach to Communication." In *Communication as Culture: Essays on Media and Society*. Revised edition. New York: Routledge, 2009, 11–28.

Conger, Kate. "Twitter Will Ban All Political Ads, C.E.O. Jack Dorsey Says." *The New York Times*. October 30, 2019.

de Strata, Filipo. 1474. Quoted in Jeremy Norman. "Scribe Filipo de Strata's Polemic against Printing." Jeremy Norman's History of Information. Accessed February 19, 2020. http://www.historyofinformation.com/expanded.php?id=4741.

Dodda, Tejeswi Pratima, and Rakesh Dubbudu. *Countering Misinformation in India: Solutions & Strategies.* Factly Media & Research and The Internet and Mobile Association of India, 2019. https://2nafqn3o0l6kwfofi3ydj9li-wpengine.netdna-ssl.com/wp-content/uploads//2019/02/Countering-Misinformation-Fake-News-In-India.pdf.

Donath, Judith. "Why Fake News Stories Thrive Online." *CNN.* November 20, 2016. http://www.cnn.com/2016/11/20/opinions/fake-news-stories-thrive-donath/index.html.

Fleishman, Glenn. "FCC Chair Ajit Pai Admits Millions of Russian and Fake Comments Distorted Net Neutrality Repeal." *Fortune.* December 5, 2018. http://fortune.com/2018/12/05/fcc-fraud-comments-chair-admits/.

Garber, Megan. "Common Knowledge: Communal Information in a Fragmented World." *Columbia Journalism Review.* September 8, 2009. https://archives.cjr.org/the_news_frontier/common_knowledge.php.

Goldman, Russell. "Reading Fake News, Pakistani Minister Directs Nuclear Threat at Israel." *The New York Times.* December 24, 2016.

Grimaldi, James V. "New York Attorney General's Probe into Fake FCC ComBerg_ments Deepens." *The Wall Street Journal.* October 16, 2018. https://www.wsj.com/articles/new-york-attorney-general-probes-fake-comments-on-net-neutrality-1539729977.

Guess, Andrew M., Brendan Nyhan, and Jason Reifler. "Exposure to Untrustworthy Websites in the 2016 U.S. Election." *Nature Human Behaviour* (in press). http://www.dartmouth.edu/~nyhan/fake-news-2016.pdf.

Hearing Before the United States Senate Committee on the Judiciary

Subcommittee on Crime and Terrorism: Testimony of Colin Stretch, General Counsel, Facebook. October 31, 2017. 115th Congress. https://www. judiciary.senate.gov/imo/media/doc/10-31-17%20Stretch%20Testimony.pdf.

Hitlin, Paul, Kenneth Olmstead, and Skye Toor. "Public Comments to the Federal Communications Commission about Net Neutrality Contain Many Inaccuracies and Duplicates." Pew Research Center. November 29, 2017. https://www.pewinternet.org/2017/11/29/public-comments-to-the-federal-communications-commission-about-net-neutrality-contain-many-inaccuracies-and-duplicates/.

Ingraham, Nathan. "Facebook Removed over 1.5 Billion Fake Accounts in the Last Six Months." *Engadget.* November 15, 2018. https://www.engadget.com/2018/11/15/facebook-transparency-report-fake-account-removal/.

Kasparov, Garry (@kasparov63). "The point of modern propaganda isn't only to misinform or push an agenda. It is to exhaust your critical thinking, to annihilate truth." Twitter, December 13, 2016, 2:08 p.m. https://twitter.com/kasparov63/status/808750564284702720?lang=en.

Martin, G. J., and A. Yurukoglu. "Bias in Cable News: Persuasion and Polarization." *American Economic Review* 107 (2017): 2565–99.

Nicas, Jack. "How YouTube Drives People into the Internet's Darkest Corners." *The Wall Street Journal.* February 7, 2018.

Paul, Christopher, and Miriam Matthews. *The Russian "Firehose of Falsehood" Propaganda Model: Why It Might Work and Options to Counter It.* Santa Monica, Calif.: RAND Corporation, 2016. https://www.rand.org/pubs/perspectives/PE198.html.

Postman, Neil. "Bullshit and the Art of Crap-Detection." Paper presented at the National Convention for the Teachers of English, Washington, D.C., November 28, 1969.

Qin, B., D. Strömberg, and Y. Wu. "Why Does China Allow Freer Social Media? Protests versus Surveillance and Propaganda." *Journal of Economic*

Perspectives 31 (2017): 117–40.

Rely on Common Sense (blog). "Our Democracy Has Been Hacked." Jenna Abrams. November 8, 2017. https://jennabrams.wordpress. com/2017/11/08/our-democracy-has-been-hacked/.

Ritchie, Hannah. "Read All about It: The Biggest Fake News Stories of 2016." CNBC. December 30, 2016. https://www.cnbc.com/2016/12/30/read-all-about-it-the-biggest-fake-news-stories-of-2016.html.

Roberts, David. "Donald Trump and the Rise of Tribal Epistemology." *Vox.* May 19, 2017. https://www.vox.com/policy-and-politics/2017/3/22/14762030/donald-trump-tribal-epistemology.

Rose-Stockwell, Tobias. "This Is How Your Fear and Outrage Are Being Sold for Profit." *Medium.* July 14, 2017. https://medium.com/@tobiasrose/the-enemy-in-our-feeds-e86511488de.

Shahbaz, Adrian. "Fake News, Data Collection, and the Challenge to Democracy." In *Freedom on the Net* 2018. Washington, D.C.: Freedom House, 2018. https://freedomhouse.org/report/freedom-net/freedom-net-2018/rise-digital-authoritarianism.

Silverman, Craig, Lauren Strapagiel, Hamza Shaban, Ellie Hall, and Jeremy Singer-Vine. "Hyperpartisan Facebook Pages Are Publishing False and Misleading Information at an Alarming Rate." *BuzzFeed.* October 20, 2016. https://www.buzzfeednews.com/article/craigsilverman/partisan-fb-pages-analysis.

Somaiya, Ravi. "The Junk Cycle." *Columbia Journalism Review.* Fall 2019.

Sonnad, Nikhil. "How a Bot Made 1 Million Comments against Net Neutrality Look Genuine." *Quartz.* November 28, 2017. https://qz.com/1138697/net-neutrality-a-spambot-made-over-a-million-anti-net-neutrality-comments-to-the-fcc/.

"Study: 70% of Facebook Users Only Read the Headline of Science Stories before Commenting." *The Science Post.* March 5, 2018. http://

thesciencepost.com/study-70-of-facebook-commenters-only-read-the-headline/.

Subramanian, Samanth. "Inside the Macedonian Fake-News Complex." *Wired.* February 15, 2017. https://www.wired.com/2017/02/veles-macedonia-fake-news/.

Szathmary, Eörs, and John Maynard Smith. *The Major Transitions in Evolution.* Oxford; New York: Oxford University Press, 1995.

Tufekci, Zeynep. "YouTube, the Great Radicalizer." *The New York Times.* March 10, 2018.

Vance, Ashlee. "This Tech Bubble Is Different." *Bloomberg Businessweek.* April 14, 2011. https://www.bloomberg.com/news/articles/2011-04-14/this-tech-bubble-is-different.

Wiseman, Cale Guthrie. "Hyper-Partisan Content Is Still the Best Performing on Facebook." Fast Company. February 1, 2018. https://www.fastcompany.com/40525289/hyper-partisan-content-is-still-the-best-performing-on-facebook.

The Wrap. "Here's a Completely Fake Pro-Trump Twitter Account Created by Russian Trolls." Sean Burch. November 3, 2017. https://www.thewrap.com/fake-pro-trump-twitter-troll-russian-jenna-abrams/.

CHAPTER 03. 헛소리의 본질

Biddle, Sam. "Troubling Study Says Artificial Intelligence Can Predict Who Will Be Criminals Based on Facial Features." *The Intercept.* November 18, 2016.

Cohen, G. A. "Deeper into Bullshit." In *Contours of Agency: Essays on Themes from Harry Frankfurt,* edited by Sarah Buss and Lee Overton, 321–39. Cambridge, MA: MIT Press, 2002.

Crews, Frederick. *Freud: The Making of an Illusion.* New York: Profile Books, 2017.

Emerging Technology from the arXiv. "Neural Network Learns to Identify Criminals by Their Faces." *MIT Technology Review*. November 22, 2016.

Gunnell, J. J., and S. J. Ceci. "When Emotionality Trumps Reason: A Study of Individual Processing Style and Juror Bias." *Behavioral Sciences & the Law* 28 (2010): 850–77.

Latour, Bruno. *Pandora's Hope: Essays on the Reality of Science*. Cambridge, Mass.: Harvard University Press, 1999.

————. *Science in Action*. Cambridge, Mass.: Harvard University Press, 1987.

Littrell, S., E. F. Risko, and J. A. Fugelsang. "The Bullshitting Frequency Scale: Development and Psychometric Properties." 2019. PsyArXiv preprint: 10.31234/osf.io/dxzqh.

Lombroso, Cesare. *L'Uomo Delinquente*. 1876.

Smagorinsky, P., E. A. Daigle, C. O'Donnell-Allen, and S. Bynum. "Bullshit in Academic Writing: A Protocol Analysis of a High School Senior's Process of Interpreting Much Ado about Nothing." *Research in the Teaching of English* 44 (2010): 368–405.

Sullivan, Ben. "A New Program Judges if You're a Criminal from Your Facial Features." *Vice*. November 18, 2016.

Turpin, M. H., et al. "Bullshit Makes the Art Grow Profounder." *Judgment and Decision Making* 14 (2019): 658–70.

Wu, X., and X. Zhang. "Automated Inference on Criminality Using Face Images." 2016. arXiv: 1611.04135.

CHAPTER 04. 인과관계

Adamczyk, Alicia. "Build the Skill of Delayed Gratification." *Lifehacker*. February 7, 2018. https://twocents.lifehacker.com/build-the-skill-of-delayed-gratification-1822800199.

Banks, Emily, et al. "Tobacco Smoking and All-Cause Mortality in a Large

Australian Cohort Study: Findings from a Mature Epidemic with Current Low Smoking Prevalence." *BMC Medicine* 13 (2015): 38.

Beck, A. L., M. Heyman, C. Chao, and J. Wojcicki. "Full Fat Milk Consumption Protects against Severe Childhood Obesity in Latinos." *Preventive Medicine Reports* 8 (2017): 1–5.

Begley, Sharon. "Does Exercise Prevent Cancer?" *Stat*. May 16, 2016. https://www.statnews.com/2016/05/16/exercise-prevent-cancer/.

Beil, Laura. "The Brain May Clean Out Alzheimer's Plaques during Sleep." *Science News*. July 15, 2018. https://www.sciencenews.org/article/sleep-brain-alzheimers-plaques-protein.

Benes, Ross. "This Chart Shows Which College Football Teams Have the Most Success per Dollar." *SB Nation*. March 24, 2016. https://www.sbnation.com/college-football/2016/3/24/11283338/ncaa-football-teams-costs-spending-expenses.

Bourne, P. A., A. Hudson-Davis, C. Sharpe-Pryce, I. Solan, and S. Nelson. "Suicide and Marriage Rates: A Multivariate Analysis of National Data from 1970–2013 in Jamaica." *International Journal of Emergency Mental Health and Human Resilience* 17 (2015): 502–8.

Davis. Josh. "How (and Why) to Master the Habit of Delaying Gratification." *Fast Company*. January 17, 2017. https://www.fastcompany.com/3067188/how-and-why-to-master-the-habit-of-delaying-gratification.

Doctorow, Cory. "Correlation between Autism Diagnosis and Organic Food Sales." *Boing Boing*. January 1, 2013. https://boingboing.net/2013/01/01/correlation-between-autism-dia.html.

Doll, R., R. Peto, J. Boreham, and I. Sutherland. "Mortality in Relation to Smoking: 50 Years' Observations on Male British Doctors." *British Medical Journal* 328 (2004): 1519.

Esposito, Lisa. "Health Buzz: Exercise Cuts Cancer Risk, Huge Study Finds." *U.S. News & World Report*. May 16, 2016. https://health.usnews.com/wellness/

똑똑하게 생존하기

articles/2016-05-16/exercise-cuts-cancer-risk-huge-study-finds.

Fisher, Sir Ronald A. *Smoking. The Cancer Controversy: Some Attempts to Assess the Evidence*. Edinburgh and London: Oliver and Boyd, 1959.

Gajanan, Mahita. "The Cost of Raising a Child Jumps to $233,610." *Money*. January 9, 2017. http://time.com/money/4629700/child-raising-cost-department-of-agriculture-report/.

Geller, E. S., N. W. Russ, and M. G. Altomari. "Naturalistic Observations of Beer Drinking among College Students." *Journal of Applied Behavior Analysis* 19 (1986): 391–96.

"The Great American Smoke Out." Mike Pence for Congress website. 2000. http://web.archive.org/web/20010415085348/http://mikepence.com/smoke.html.

Haber, N., E. R. Smith, E. Moscoe, K. Andrews, R. Audy, W. Bell, . . . and E. A. Suarez. "Causal Language and Strength of Inference in Academic and Media Articles Shared in Social Media (CLAIMS): A Systematic Review." *PLOS One* 13 (2018): e0196346.

Hasday, J. D., K. D. Fairchild, and C. Shanholtz. "The Role of Fever in the Infected Host." *Microbes and Infection* 2 (2000): 1891–904.

Healy, Melissa. "Exercising Drives Down Risk for 13 Cancers, Research Shows." *Los Angeles Times*. May 16, 2016. http://www.latimes.com/science/sciencenow/la-sci-sn-exercising-cancer-20160516-story.html.

Lefkowitz, E. S., R. Wesche, and C. E. Leavitt. "Never Been Kissed: Correlates of Lifetime Kissing Status in U.S. University Students." *Archives of Sexual Behavior* 47 (2018): 1283–93.

Mackie, John. *The Cement of the Universe: A Study of Causation*. Oxford: Oxford University Press, 1980.

McCandless, David. "Out of Your Hands." Knowledge Is Beautiful. 2015. https://informationisbeautiful.net/visualizations/out-of-your-hands/.

Moore, S. C., I.-M. Lee, E. Weiderpass, P. T. Campbell, J. N. Sampson, C. M.

Kitahara, S. K. Keadle et al. "Leisure-Time Physical Activity and Risk of 26 Types of Cancer in 1.44 Million Adults." *JAMA Internal Medicine* 176 (2016): 816–25.

Mumford, Stephen, and Rani Lill Anjum. *Causation: A Very Short Introduction*. Oxford: Oxford University Press, 2013.

Park, Alice. "Exercise Can Lower Risk of Some Cancers by 20%." *Time*. May 16, 2016. http://time.com/4330041/reduce-cancer-risk-exercise/.

Passy, Jacob. "Another Adverse Effect of High Home Prices: Fewer Babies." MarketWatch. June 9, 2018. https://www.marketwatch.com/story/another-adverse-effect-of-high-home-prices-fewer-babies-2018-06-06.

Schaffer, Jonathan. "The Metaphysics of Causation." Stanford Encyclopedia of Philosophy. 2016. https://plato.stanford.edu/entries/causation-meta physics/.

Shoda, Y., W. Mischel, and P. K. Peake. "Predicting Adolescent Cognitive and Self-regulatory Competencies from Preschool Delay of Gratification: Identifying Diagnostic Conditions." *Developmental Psychology* 26 (1990): 978.

Sies, Helmut. "A New Parameter for Sex Education." *Nature* 332 (1988): 495.

Sumner, P., S. Vivian-Griffiths, J. Boivin, A. Williams, C. A. Venetis, A. Davies et al. "The Association between Exaggeration in Health Related Science News and Academic Press Releases: Retrospective Observational Study." *British Medical Journal* 349 (2014): g7015.

Tucker, Jeff. "Birth Rates Dropped Most in Counties Where Home Values Grew Most." Zillow. June 6, 2018. https://www.zillow.com/research/birth-rates-home-values-20165/.

Vigen, Tyler. "Spurious Correlations." 2015. http://www.tylervigen.com/spurious-correlations.

Watts, T. W., G. J. Duncan, and H. Quan. "Revisiting the Marshmallow Test: A Conceptual Replication Investigating Links between Early Delay of

Gratification and Later Outcomes." *Psychological Science* 29 (2018): 1159–77.

Zoldan, Ari. "40-Year-Old Stanford Study Reveals the 1 Quality Your Children Need to Succeed in Life." *Inc.* February 1, 2018.

CHAPTER 05. 숫자와 헛소리

Binder, John. "2,139 DACA Recipients Convicted or Accused of Crimes against Americans." *Breitbart.* September 5, 2017. http://www.breitbart.com/big-government/2017/09/05/2139-daca-recipients-convicted-or-accused-of-crimes-against-americans/.

Bogaert, A. F., and D. R. McCreary. "Masculinity and the Distortion of Self-Reported Height in Men." *Sex Roles* 65 (2011): 548.

Campbell, D. T. "Assessing the Impact of Planned Social Change." *Evaluation and Program Planning* 2 (1979): 67–90.

Camper, English. "How Much Pappy Van Winkle Is Left after 23 Years in a Barrel?" Alcademics. January 15, 2014. http://www.alcademics.com/2014/01/how-much-pappy-van-winkle-is-left-after-23-years-in-a-barrel-.html.

Center for Science in the Public Interest. "Caffeine Chart." December 2016. https://cspinet.org/eating-healthy/ingredients-of-concern/caffeine-chart.

Centers for Disease Control and Prevention. "Disease Burden of Influenza." 2018. https://www.cdc.gov/flu/about/disease/burden.htm.

Cimbala, John M., and Yunus A. Çengel. "Dimensional Analysis and Modeling," Section 7-2: "Dimensional Homogeneity." In *Essential of Fluid Mechanics: Fundamentals and Applications.* New York: McGraw-Hill, 2006.

Drozdeck, Steven, and Lyn Fisher. *The Trust Equation.* Logan, Utah: Financial Forum Publishing, 2005.

Ellenberg, Jordan. *How Not to Be Wrong: The Power of Mathematical Thinking.*

New York: Penguin Press, 2014.

Garfield, Eugene. "I Had a Dream . . . about Uncitedness." *The Scientist.* July 1998.

Goodhart, Charles. "Problems of Monetary Management: The U.K. Experience." In *Inflation, Depression, and Economic Policy in the West,* edited by Anthony S. Courakis, 111–46. Lanham, MD: Rowman & Littlefield.

Gordon, Dr. Deborah. 2015 Flu Season. https://www.drdeborahmd.com/2015-flu-season.

Hamilton, D. P. "Publishing by—and for?—the Numbers." *Science* 250 (1990): 1331–32.

———. "Research Papers: Who's Uncited Now?" *Science* 251 (1991): 25.

Heathcote, Elizabeth. "Does the Happiness Formula Really Add Up?" *Independent.* June 20, 2010. https://www.independent.co.uk/life-style/health-and-families/features/does-the-happiness-formula-really-add-up-2004279.html.

Hines, Nick. "The Amount of Scotch Lost to the Angel's Share Every Year Is Staggering." *Vinepair.* April 11, 2017. https://vinepair.com/articles/what-is-angels-share-scotch/.

Howell, Elizabeth. "How Many Stars Are in the Universe?" *Space.com.* May 18, 2017. https://www.space.com/26078-how-many-stars-are-there.html.

International Whaling Commission. "Population (Abundance) Estimates." 2018. https://iwc.int/estimate.

Jago, Arthur G. "Can It Really Be True That Half of Academic Papers Are Never Read?" *Chronicle of Higher Education.* June 1, 2018.

Jefferson, T., C. Di Pietrantonj, A. Rivetti, G. A. Bawazeer, L. A. Al-Ansary, and E. Ferroni. "Vaccines for Preventing Influenza in Healthy Adults." *Cochrane Library* (2010). https://doi.org/10.1002/14651858.CD001269.pub6.

The Keyword (blog). "Our Latest Quality Improvements for Search." Ben Gomes. Google. April 25, 2017. https://blog.google/products/search/our-latestquality-improvements-search/.

Kutner, Max. "How to Game the College Rankings." *Boston.* August 26, 2014.

"*The Lancet*: Alcohol Is Associated with 2.8 Million Deaths Each Year Worldwide." Press release. American Association for the Advancement of Science. August 23, 2018. https://www.eurekalert.org/pub_releases/2018-08/tl-tla082218.php.

Molinari, N-A. M., I. R. Ortega-Sanchez, M. L. Messonnier, W. W. Thompson, P. M. Wortley, E. Weintraub, and C. B. Bridges. "The Annual Impact of Seasonal Influenza in the US: Measuring Disease Burden and Costs." *Vaccine* 25 (2007): 5086–96.

National Highway Traffic Safety Administration. "Seat Belts." 2016. https://www. nhtsa.gov/risky-driving/seat-belts.

National Safety Council. "NSC Motor Vehicle Fatality Estimates." 2017. https:// www.nsc.org/portals/0/documents/newsdocuments/2017/12-month-estimates.pdf.

NCD Risk Factor Collaboration. "A Century of Trends in Adult Human Height." *eLife* 5 (2016): e13410.

Pease, C. M., and J. J. Bull. *Think Critically.* Ebook. Biology for Business, Law and Liberal Arts (Bio301d) course, University of Idaho. https://bio301d. com/scientific-decision-making/.

Reuter, P. "The (Continued) Vitality of Mythical Numbers." *The Public Interest* 75 (1984): 135.

Silversin, J., and G. Kaplan. "Engaged Physicians Transform Care." Presented at the 29th Annual National Forum on Quality Improvement in Health Care. Slides at http://app.ihi.org/FacultyDocuments/Events/Event-2930/Presentation-15687/Document-12690/Presentation_Q6_Engaged_Physicians_Silversin.pdf.

Spiegelhalter, David. "The Risks of Alcohol (Again)." *Medium.* August 24, 2018. https://medium.com/wintoncentre/the-risks-of-alcohol-again-

2ae8cb006a4a.

Tainer, H. A., et al. "Science, Citation, and Funding." *Science* 251 (1991): 1408–11.

Tefft, B. C., A. F. Williams, and J. G. Grabowski. "Teen Driver Risk in Relation to Age and Number of Passengers, United States, 2007–2010." *Traffic Injury Prevention* 14 (2013): 283–92.

Todd W. Schneider (blog). "Taxi, Uber, and Lyft Usage in New York City." Schneider, Todd. April 5, 2016. http://toddwschneider.com/posts/taxi-uber-lyft-usage-new-york-city/.

"Truthiness." Dictionary.com. http://www.dictionary.com/browse/truthiness.

"Use this Equation to Determine, Diagnose, and Repair Trust." *First Round Review*. 2018. http://firstround.com/review/use-this-equation-to-determine-diagnose-and-repair-trust/.

Van Noorden, Richard. "The Science That's Never Been Cited." *Nature* 552 (2017): 162–64.

Vann, M. G. "Of Rats, Rice, and Race: The Great Hanoi Rat Massacre, an Episode in French Colonial History." *French Colonial History* 4 (2003): 191–203.

Welsh, Ashley. "There's 'No Safe Level of Alcohol,' Major New Study Concludes." CBS News. August 23, 2018. https://www.cbsnews.com/news/alcohol-and-health-no-safe-level-of-drinking-major-new-study-concludes/.

West, Jevin. "How to Improve the Use of Metrics: Learn from Game Theory." *Nature* 465 (2010): 871–72.

CHAPTER 06. 선택 편향

Aldana, S. G. "Financial Impact of Health Promotion Programs: A Comprehensive Review of the Literature." *American Journal of Health Promotion* 15 (2001): 296–320.

Baicker, K., D. Cutler, and Z. Song. "Workplace Wellness Programs Can Generate Savings." *Health Affairs* 29 (2010): 304–11.

Carroll, Aaron E. "Workplace Wellness Programs Don't Work Well. Why Some Studies Show Otherwise." *The New York Times*. August 6, 2018.

Chapman, L. S. "Meta-Evaluation of Worksite Health Promotion Economic Return Studies: 2005 Update." *American Journal of Health Promotion* 19 (2005): 1–11.

"Class Size Distributions Interactive Report." Office of Institutional Research and Analysis, Marquette University. 2019. https://www.marquette.edu/oira/class-size-dash.shtml.

"Digital Are the Channels of Choice for Today's Auto Insurance Shopper; Digital Leaders Setting the Pace for Premium Growth, Says J.D. Power Study." Press release. J.D. Power. April 29, 2016. http://www.jdpower.com/press-releases/2016-us-insurance-shopping-study.

Ellenberg, Jordan. *How Not to Be Wrong: The Power of Mathematical Thinking.* New York: Penguin Press, 2014.

"Every Single Auto Insurance Ad." Truth in Advertising. March 26, 2014. https://www.truthinadvertising.org/every-single-auto-insurance-ad/.

Feld, S. L. "Why Your Friends Have More Friends Than You Do." *American Journal of Sociology* 96 (1991): 1464–477.

Frakt, Austin, and Aaron E. Carroll. "Do Workplace Wellness Programs Work? Usually Not." *The New York Times*. September 11, 2014.

Henrich, J., S. J. Heine, and A. Norenzayan. "The Weirdest People in the World?" *Behavioral and Brain Sciences* 33 (2010): 61–83.

Hernán, M. A., S. Hernández-Díaz, and J. M. Robins. "A Structural Approach to Selection Bias." *Epidemiology* 15 (2004): 615–25.

Jackson, Kirabo (@KiraboJackson). "A difference in average SAT scores among admitted students IS NOT evidence of preferential treatment or lower standards for any group." Twitter, August 3, 2017, 6:47 p.m. https://twitter.

com/KiraboJackson/status/893241923791663104.

Jones, D., D. Molitor, and J. Reif. "What Do Workplace Wellness Programs Do? Evidence from the Illinois Workplace Wellness Study." Working paper no. 24229, National Bureau of Economic Research. January 2018, revised June 2018. http://www.nber.org/workplacewellness/s/IL_Wellness_Study_1.pdf.

Kenny, Dianna Theadora. "Music to Die For: How Genre Affects Popular Musicians' Life Expectancy." *The Conversation*. March 22, 2015. https://theconversation.com/music-to-die-for-how-genre-affects-popular-musicians-life-expectancy-36660.

Kenny, Dianna, and Anthony Asher. "Life Expectancy and Cause of Death in Popular Musicians: Is the Popular Musician Lifestyle the Road to Ruin?" *Medical Problems of Performing Artists* 31 (2016): 37–44.

Morse, Robert, and Eric Books. "A More Detailed Look at the Ranking Factors." *U.S. News & World Report*. September 8, 2019. https://www.usnews.com/education/best-colleges/articles/ranking-criteria-and-weights.

Moyer, Justin Wm. "Over Half of Dead Hip-Hop Artists Were Murdered, Study Finds." *The Washington Post*. March 25, 2015.

Norvig, Peter. "How Computers Learn." Vienna Gödel Lecture. 2015. https://www.youtube.com/watch?v=T1O3ikmTEdA; discussion: Bernhardsson, Erik. "Norvig's Claim That Programming Competitions Correlate Negatively with Being Good on the Job." April 4, 2015. https://erikbern.com/2015/04/07/norvigs-claim-that-programming-competitions-correlate-negatively-with-being-good-on-the-job.html.

"SF1.1: Family Size and Household Composition." Social Policy Division, DiBerg_rectorate of Employment, Labour and Social Affairs, OECD Family Database. June 12, 2016. https://www.oecd.org/els/family/SF_1_1_Family_size_and_composition.pdf.

Stephens-Davidowitz, Seth. *Everybody Lies: Big Data, New Data, and What the Internet Can Tell Us About Who We Really Are*. New York: HarperCollins,

2017.

Ugander, J., B. Karrer, L. Backstrom, and C. Marlow. "The Anatomy of the Facebook Social Graph." 2011. arXiv: 1111.4503.

"U.S. Survey Research: Collecting Survey Data." Pew Research Center. December 2019. http://www.pewresearch.org/methods/u-s-survey-research/collecting-survey-data/.

CHAPTER 07. 데이터 시각화

Alden, Lori. "Statistics Can Be Misleading." Econoclass.com. 2008. http://www.econoclass.com/misleadingstats.html.

Antoniazzi, Alberto. "Rock'n'Roll Metro Map." https://society6.com/product/rocknroll-metro-map_print.

Brendan Nyhan (blog). "The Use and Abuse of Bar Graphs." Nyhan, Brendan. May 19, 2011. https://www.brendan-nyhan.com/blog/2011/05/the-use-and-abuse-of-bar-graphs.html.

Bump, Philip. "Why This National Review Global Temperature Graph Is So Misleading." *The Washington Post*. December 14, 2015. https://www.washingtonpost.com/news/the-fix/wp/2015/12/14/why-the-national-reviews-global-temperature-graph-is-so-misleading.

Chan, Christine. "Gun Deaths in Florida." Data visualization. Reuters. February 16, 2014.

——— (@ChristineHHChan). "@john_self My inspiration for the graphic: http://www.visualisingdata.com/blog/wp-content/uploads/2013/04/IRAQ.jpg . . ." Twitter, April 25, 2014, 12:31 a.m. https://web.archive.org/web/20180604180503/https:/twitter.com/ChristineHHChan/status/455971685783441408.

Ciolli, Joe. "Facebook's Earnings Disaster Erased $120 Billion in Market Value— The Biggest Wipeout in US Stock-Market History." *Business Insider*. July

26, 2018. https://www.businessinsider.com/facebook-stock-price-earnings-report-market-value-on-pace-for-record-drop-2018-7.

Clarke, Conor. "Daily Chart: Tax the Rich to Pay for Healthcare?" *The Atlantic*. July 13, 2009. https://www.theatlantic.com/daily-dish/archive/2009/07/daily-chart-tax-the-rich-to-pay-for-health-care/198869/.

Clinton, Hillary (@hillaryclinton). Instagram, April 12, 2016. http://www.instagram.com/p/BEHAc8vEPjV/.

Deisher, T. A., N. V. Doan, K. Koyama, and S. Bwabye. "Epidemiologic and Molecular Relationship between Vaccine Manufacture and Autism Spectrum Disorder Prevalence." *Issues in Law and Medicine* 30 (2015): 47–70.

Donahoo, Daniel. "The Periodic Table of Periodic Tables." *Wired*. March 29, 2010. https://www.wired.com/2010/03/the-periodic-table-of-periodic-tables/.

Engel, Pamela. "This Chart Shows an Alarming Rise in Florida Gun Deaths After 'Stand Your Ground' Was Enacted." *Business Insider*. February 18, 2014.

Environmental Protection Agency. "Estimated Animal Agriculture Nitrogen and Phosphorus from Manure." 2013. https://www.epa.gov/nutrient-policy-data/estimated-animal-agriculture-nitrogen-and-phosphorus-manure.

Geiger, A. W., and Gretchen Livingston. "8 Facts about Love and Marriage in America." Pew Research Center. February 13, 2019. http://www.pewresearch.org/fact-tank/2018/02/13/8-facts-about-love-and-marriage/.

Goo, Sarah Kehaulani. "The Art and Science of the Scatterplot." Pew Research Center. September 16, 2015. https://www.pewresearch.org/fact-tank/2015/09/16/the-art-and-science-of-the-scatterplot/.

Hayward, Steven. "The Only Global Warming Chart You Need from Now On." *Powerline*. October 21, 2015. http://www.powerlineblog.com/archives/2015/10/the-only-global-warming-chart-you-need-from-now-on.php.

Lorch, Mark. "The Underground Map of the Elements." September 3, 2013. https://www.theguardian.com/science/blog/2013/sep/03/underground-map-elements-periodic-table.

Mason, Betsy. "Why Scientists Need to Be Better at Data Visualization." *Knowable Magazine.* November 12, 2019. https://www.knowablemagazine.org/article/mind/2019/science-data-visualization.

Max Woolf's Blog. "A Thoughtful Analysis of the Most Poorly-Designed Chart Ever." Woolf, Max. January 20, 2014. http://minimaxir.com/2014/01/more-language-more-problems/.

National Center for Health Statistics. "Birth Rates for Females by Age Group: United States." Centers for Disease Control and Prevention. 2020. https://data.cdc.gov/NCHS/NCHS-Birth-Rates-for-Females-by-Age-Group-United-S/yt7u-eiyg.

Pelletier, F., and D. W. Coltman. "Will Human Influences on Evolutionary Dynamics in the Wild Pervade the Anthropocene?" *BMC Biology* 16 (2018): 7. https://bmcbiol.biomedcentral.com/articles/10.1186/s12915-017-0476-1.

Potter, Andrew. "How a Snowstorm Exposed Quebec's Real Problem: Social Malaise." *Maclean's.* March 20, 2017.

Random Axis (blog). "A Subway Map of Maps That Use Subway Maps as a Metaphor." Andy Proehl. October 16, 2012. http://randomaxis.blogspot.com/2012/10/a-subway-map-of-maps-that-use-subway.html.

Robinson-Garcia, N., R. Costas, K. Isett, J. Melkers, and D. Hicks. "The Unbearable Emptiness of Tweeting—about Journal Articles." *PLOS One* 12 (2017): e0183551.

Scarr, Simon. "Iraq's Deadly Toll." Data visualization. *South China Morning Post.* December 17, 2011. https://www.scmp.com/infographics/article/1284683/iraqs-bloody-toll.

Science-Based Medicine (blog). " 'Aborted Fetal Tissue' and Vaccines: Combining Pseudoscience and Religion to Demonize Vaccines.' " David

Gorski. AuBerg_gust 17, 2015. https://sciencebasedmedicine.org/aborted-fetal-tissue-and-vaccines-combining-pseudoscience-and-religion-to-demonize-vaccines-2/.

Swanson, N. L., A. Leu, J. Abrahamson, and B. Wallet. "Genetically Engineered Crops, Glyphosate and the Deterioration of Health in the United States of America." *Journal of Organic Systems* 9 (2014): 6–37.

Trilling, Bernie, and Charles Fadel. *21st Century Skills: Learning for Life in Our Times*. San Francisco: Wiley, 2009. Via van der Zee, Tim (@Research_Tim). "There are bad visualizations, and then there's the 'bicycle of education.' " Twitter, May 31, 2016, 5:26 p.m. https://twitter.com/Research_Tim/status/737757291437527040.

Tufte, Edward. *The Visual Display of Quantitative Information*. Cheshire, Conn.: Cheshire Press, 1983.

Venturi, Robert, Denise Scott Brown, and Steven Izenour. *Learning from Las Vegas*. Cambridge, Mass.: MIT Press, 1972.

Woods, Christopher J. "The Periodic Table of the London Underground." The Chemogenesis Web Book: Internet Database of Periodic Tables. 2015. https://www.meta-synthesis.com/webbook/35_pt/pt_database.php?PT_id=685.

Zaveri, Mihir. "Monsanto Weedkiller Roundup Was 'Substantial Factor' in Causing Man's Cancer, Jury Says." *The New York Times*. March 19, 2019.

CHAPTER 08. 빅데이터에 담긴 헛소리 까발리기

"Advances in AI Are Used to Spot Signs of Sexuality." *The Economist*. September 9, 2017.

Anderson, Chris. "The End of Theory: The Data Deluge Makes the Scientific Method Obsolete." *Wired*. June 23, 2008.

Babbage, Charles. *Passages from the Life of a Philosopher*. London: Longman and Co., 1864.

Bloudoff-Indelicato, Mollie. "Have Bad Handwriting? The U.S. Postal Service Has Your Back." *Smithsonian*. December 23, 2015.

Bradley, Tony. "Facebook AI Creates Its Own Language in Creepy Preview of Our Potential Future." *Forbes*. July 31, 2017.

Domonoske, Camila. "Elon Musk Warns Governors: Artificial Intelligence Poses 'Existential Risk.' " National Public Radio. July 17, 2017.

Emery, David. "Did Facebook Shut Down an AI Experiment Because Chatbots Developed Their Own Language?" *Snopes.com*. August 1, 2017.

Ginsberg, J., et al. "Detecting Influenza Epidemics Using Search Engine Query Data." *Nature* 457 (2009): 1012–14.

LaFrance, Adrienne. "An Artificial Intelligence Developed Its Own Non-Human Language." *The Atlantic*. June 15, 2017.

Lazer, David, and Brian Kennedy. "What We Can Learn from the Epic Failure of Google Flu Trends." *Wired*. October 1, 2015.

Leuner, John. "A Replication Study: Machine Learning Models Are Capable of Predicting Sexual Orientation from Facial Images." Unpublished master's thesis. 2018. arXiv: 1902.10739v1.

Levin, Sam. "New AI Can Tell Whether You Are Gay or Straight from a Photograph." *The Guardian*. September 7, 2017.

Markoff, John. "Brain-Like Computers, Learning from Experience." *The New York Times*. December 28, 2013.

——. "Microsoft Finds Cancer Clues in Search Queries." *The New York Times*. June 8, 2016.

Naughton, John. "Google and the Flu: How Big Data Will Help Us Make Gigantic Mistakes." *The Guardian*. April 5, 2014.

"New Navy Device Learns by Doing." *The New York Times*. July 8, 1958.

Pritchard, Duncan. *Epistemology*. New York: Palgrave Macmillan, 2016.

Ribeiro, M. T., S. Singh, and C. Guestrin. " 'Why Should I Trust You?' Explaining the Predictions of any Classifier." Proceedings of the 22nd ACM SIGKDD International Conference on Knowledge Discovery and Data Mining, San Francisco, August 2016.

Salzberg, Steven. "Why Google Flu Is a Failure." *Forbes*. March 23, 2014.

Wang, Y., and M. Kosinski. "Deep Neural Networks Are More Accurate Than Humans at Detecting Sexual Orientation from Facial Images." *Journal of Personality and Social Psychology* 114 (2018): 246–57.

Weinberger, David. "Our Machines Now Have Knowledge We'll Never Understand." *Wired*. April 18, 2017.

Wilson, Mark. "AI Is Inventing Languages Humans Can't Understand. Should We Stop It?" *Fast Company*. July 14, 2017.

Zech, J. R., M. A. Badgeley, M. Liu, A. B. Costa, J. J. Titano, and E. K. Oermann. "Variable Generalization Performance of a Deep Learning Model to Detect Pneumonia in Chest Radiographs: A Cross-Sectional Study." *PLOS Medicine* 15 (2018): e1002683.

CHAPTER 09. 과학의 민감도

Angwin, Julia, Jeff Larson, Surya Mattu, and Lauren Kirchner. "Machine Bias." *ProPublica*. May 23, 2016.

Bacon, Francis. Preface to the *Instauratio Magna*. In *Famous Prefaces*. The Harvard Classics, vol. 39. New York: Little, Brown, 1909.

Balsamo, Michael, Jonathan J. Cooper, and Gillian Flaccus. "Earlier Search for California Serial Killer Led to Wrong Man." Associated Press. April 28, 2018.

Begley, C. G., and Ellis, L. M. "Raise Standards for Preclinical Cancer Research." *Nature* 483 (2012): 531–33.

Booth, Robert. "Police Face Calls to End Use of Facial Recognition Software." *The Guardian*. July 3, 2019.

Camerer, C. F., A. Dreber, E. Forsell, T-H. Ho, J. Huber, M. Johannesson, M.

Kirchler et al. "Evaluating Replicability of Laboratory Experiments in Economics." *Science* 351 (2016): 1433–36.

Dastin, J. "Amazon Scraps Secret AI Recruiting Tool That Showed Bias against Women." Reuters. October 9, 2018.

Davenas, E., F. Beauvais, J. Amara, M. Oberbaum, B. Robinzon, A. Miadonnai, A. Tedeschi et al. "Human Basophil Degranulation Triggered by Very Dilute Antiserum against IgE." *Nature* 333 (1988): 816–18.

Dumas-Mallet, E., A. Smith, T. Boraud, and F. Gonon. "Poor Replication Validity of Biomedical Association Studies Reported by Newspapers." *PLOS One* 12 (2017): e0172650.

Fanelli, D. "Negative Results Are Disappearing from Most Disciplines and Countries." *Scientometrics* 90 (2012): 891–904.

Fleischmann, Martin, Stanley Pons, and Marvin Hawkins. "Electrochemically Induced Nuclear Fusion of Deuterium." *Journal of Electroanalytical Chemistry* 261 (1989): 301–8.

Hignett, Katherine. "Scott Kelly: NASA Twins Study Confirms Astronaut's DNA Actually Changed in Space." *Newsweek*. March 9, 2018.

Ioannidis, John P. A. "Why Most Published Research Findings Are False." *PLOS Medicine*, August 30, 2005.

Kelly, Scott (@StationCDRKelly). "What? My DNA changed by 7%! Who knew? I just learned about it in this article. This could be good news! I no longer have to call @ShuttleCDRKelly my identical twin brother anymore." Twitter, March 10, 2018, 6:47 p.m. https://twitter.com/StationCDRKelly/status/972620001340346368.

Kitcher, Philip. *The Advancement of Science: Science without Legend, Objectivity without Illusions*. New York: Oxford University Press, 1995.

Koren, Marina. "How Did Astronaut DNA Become 'Fake News'?" *The Atlantic*. March 16, 2018.

Lapp, Joseph (@JosephTLapp). "How to read a news report about a scientific finding. I wrote this in response to a friend who posted news of a study concluding canola oil is bad for us. (Note: my point is independent of the truth about canola oil.)" Twitter, December 9, 2017, 8:51 p.m. https://twitter.com/JosephTLapp/status/939673813272363008.

Leung, P. T. M, E. M. Macdonald, M. B. Stanbrook, I. A. Dhalla, and D. N. Juurlink. "A 1980 Letter on the Risk of Opioid Addiction." *The New England Journal of Medicine* 376 (2017): 2194–95.

Lippincott, E. R., R. R. Stromberg, W. H. Grant, and G. L. Cessac. "Polywater." *Science* 164 (1969): 1482–87.

Manthorpe, Rowland, and Alexander J. Martin. "81% of 'Suspects' Flagged by Met's Police Facial Recognition Technology Innocent, Independent Report Says." *Sky News.* July 4, 2019.

McCool, John H. "Opinion: Why I Published in a Predatory Journal." *The Scientist.* April 6, 2017.

Merton, R. K. "Priorities in Scientific Discovery: A Chapter in the Sociology of Science." *American Sociological Review* 22 (1957): 635–59.

"Mortgage Algorithms Perpetuate Racial Bias in Lending, Study Finds." Press release. University of California, Berkeley. November 13, 2018.

"NASA Twins Study Confirms Preliminary Findings." Press release. National Aeronautics and Space Administration. January 31, 2018. https://www.nasa.gov/feature/nasa-twins-study-confirms-preliminary-findings.

NORC General Social Survey. 2017. Data compiled by the Pew Research Center.

Open Science Collaboration. "Estimating the Reproducibility of Psychological Science." *Science* 349 (2015): aac4716.

Pauling, L., and R. B. Corey. "A Proposed Structure for the Nucleic Acids." *Proceedings of the National Academy of Sciences* 39 (1953): 84–97.

Pauling, Linus. *Vitamin C and the Common Cold.* 1st edition. San Francisco: W. H. Freeman, 1970.

Porter, J. and H. Jick. "Addiction Rare in Patients Treated with Narcotics." *The*

New England Journal of Medicine 302 (1980): 123.

Prior, Ryan. "A 'No-Brainer Nobel Prize': Hungarian Scientists May Have Found a Fifth Force of Nature." *CNN*. November 23, 2019.

Scutti, Susan. "Astronaut's DNA No Longer Matches That of His Identical Twin, NASA Finds." *CNN*. March 15, 2018.

Shen, C., and B.-C. Björk. " 'Predatory' Open Access: A Longitudinal Study of Article Volumes and Market Characteristics." *BMC Medicine* 13 (2015): 230.

Simmons, J. P., L. D. Nelson, and U. Simonsohn. "False-Positive Psychology: Undisclosed Flexibility in Data Collection and Analysis Allows Presenting Anything as Significant." *Psychological Science* 22 (2011): 1359–66.

Stapel, Diedrich. *Faking Science: A True Story of Academic Fraud.* Translation by Nicholas J. L. Brown of Dutch edition *Ontsporing (Derailed)*. Amsterdam: Prometheus Books, 2012. https://errorstatistics.files.wordpress.com/2014/12/fakingscience-20141214.pdf.

Stump, Scott, and Marguerite Ward. "After Year in Space, Astronaut Scott Kelly No Longer Has Same DNA as Identical Twin." *Today*. March 15, 2018.

Sumner, P., S. Vivian-Griffiths, J. Boivin, A. Williams, C. A. Venetis et al. "The Association between Exaggeration in Health Related Science News and Academic Press Releases: Retrospective Observational Study." *British Medical Journal* 349 (2014): g7015.

Sumner, P., S. Vivian-Griffiths, J. Boivin, A. Williams, L. Bott et al. "Exaggerations and Caveats in Press Releases and Health-Related Science News." *PLOS One* 11 (2016): e0168217.

Than, Ker. " 'God Particle' Found? 'Historic Milestone' from Higgs Boson Hunters." *National Geographic*. July 4, 2012. https://news.nationalgeographic.com/news/2012/07/120704-god-particle-higgs-boson-new-cern-science/.

Turner, E. H., A. M. Matthews, E. Linardatos, R. A. Tell, and R. Rosenthal. "Selective Publication of Antidepressant Trials and Its Influence on Apparent Efficacy."

The New England Journal of Medicine 358 (2008): 252–60.

van Nostrand, M., J. Riemenschneider, and L. Nicodemob. "Uromycitisis Poisoning Results in Lower Urinary Tract Infection and Acute Renal Failure: Case Report." Urology & Nephrology Open Access Journal 4 (2017): 00132.

Vinson, J. A., B. R. Burnham, and M. V. Nagendran. "Retracted: Randomized, Double-Blind, Placebo-Controlled, Linear Dose, Crossover Study to Evaluate the Efficacy and Safety of a Green Coffee Bean Extract in Overweight Subjects." Diabetes, Metabolic Syndrome and Obesity: Targets and Therapy 5 (2012): 21–27.

CHAPTER 10. 헛소리 알아차리기

Allen, Ron. "Survey Finds Foreign Students Aren't Applying to American Colleges." NBC News. March 25, 2017. https://www.nbcnews.com/nightly-news/survey-finds-foreign-students-aren-t-applying-american-colleges-n738411.

Baysinger, Tim. " 'Roseanne' Could Have Earned $60 Million in Ad Revenue Next Season." The Wrap. 2018. https://www.thewrap.com/roseanne-60-million-ad-revenue-channing-dungey-barr-valerie-jarrett/.

Bump, Philip. "Fox News Wonders Whether We Should Cancel Food Stamps Because 0.09% of Spending Is Fraudulent." The Washington Post. December 28, 2016.

"FBI Releases 2015 Crime Statistics." Press release. FBI. September 26, 2016. https://www.fbi.gov/news/pressrel/press-releases/fbi-releases-2015-crime-statistics.

"Food Stamp Fraud at All-Time High: Is It Time to End the Program?" Fox News. December 27, 2016. Archived at https://web.archive.org/web/20161228144917/http://insider.foxnews.com/2016/12/27/food-stamp-fraud-all-time-high; "UPDATE: Fox & Friends Corrects Report about Food

Stamp Fraud." Fox News. December 27, 2016. http://insider.foxnews. com/2016/12/27/food-stamp-fraud-all-time-high.

Galbi, Douglas A. "Long Term Trends in Personal Given Name Frequencies in the UK." July 20, 2002. https://www.galbithink.org/names.htm.

"The Goop Medicine Bag." Goop. https://shop.goop.com/shop/products/the-goop-medicine-bag?country=USA; "8 Crystals for Better Energy." Goop. https://goop.com/wellness/spirituality/the-8-essential-crystals/.

"How Many People in the UK Share Your Name?" *The Press* (York, United Kingdom). February 10, 2017. http://www.yorkpress.co.uk/news/15085294.How_many_people_in_the_UK_share_your_name_/.

Koblin, John. "After Racist Tweet, Roseanne Barr's Show Is Canceled by ABC." *The New York Times.* May 29, 2018. https://www.nytimes.com/2018/05/29/business/media/roseanne-barr-offensive-tweets.html.

Lee, Bruce Y. "This Is How Disgusting Airport Security Trays Are." *Forbes.* September 5, 2018.

Parker, Laura. "We Made Plastic. We Depend On It. Now We're Drowning in It." *National Geographic.* June 2018. Pages 40–69.

Postman, N. "Bullshit and the Art of Crap-Detection." Paper presented at the Annual Convention of the National Council of Teachers of English, Washington, D.C., November 28, 1969. *College English* 17: 2008.

Sauter, Michael, Samuel Stebbins, and Thomas C. Frohlich. "The Most Dangerous Cities in America." *24/7 Wall St.* January 13, 2016. https://247wallst.com/special-report/2016/09/27/25-most-dangerous-cities-in-america/.

Schmader, T., J. Whitehead, and V. H. Wysocki. "A Linguistic Comparison of Letters of Recommendation for Male and Female Chemistry and Biochemistry Job Applicants." *Sex Roles* 57 (2007): 509–14.

Stopera, Dave. "12 Reasons Why Sam, the Cat with Eyebrows, Should Be Your New Favorite Cat." *BuzzFeed.* January 29, 2013. https://www.buzzfeed.

com/daves4/12-reasons-why-sam-the-cat-with-eyebrows-should.

"Style Rituals: Meet Colleen [McCann]." 2015. http://www.stylerituals.com/about-avenue/.

Weinstein, Lawrence, and John A. Adam. *Guesstimation*. Princeton, N.J.: Princeton University Press, 2008.

Wemple, Erik. "Agriculture Department Seeks Correction from Fox News on Food-Stamp Fraud Report." *The Washington Post*. December 29, 2016.

Wittes, Benjamin (@benjaminwittes). "Information is like candy obtained in public. Ask yourself this question: if this were candy and I were walking down the street, would I eat this? And would I give it to my kids and friends?" Twitter, June 16, 2019, 8:45 a.m. https://twitter.com/benjaminwittes/status/1140238942698135559.

CHAPTER 11. 헛소리 반박

Austin, John Langshaw. *How to Do Things with Words*. Oxford: Clarendon Press, 1975.

Bennett, C. M., A. A. Baird, M. B. Miller, and G. L. Wolford. "Neural Correlates of Interspecies Perspective Taking in the Post-mortem Atlantic Salmon: An Argument for Multiple Comparisons Correction." Poster, Organization for Human Brain Mapping Annual Meeting, San Francisco, June 15, 2009, *NeuroImage* 47 (2009), Suppl. 1: S125.

Bergstrom, Carl T., and Lee Alan Dugatkin. *Evolution*. 2nd edition. New York: W. W. Norton and Co., 2012, 2016.

Eklund, A., T. E. Nichols, and H. Knutsson. "Cluster Failure: Why fMRI Inferences for Spatial Extent Have Inflated False-Positive Rates." *Proceedings of the National Academy of Sciences* 113 (2016): 7900–7905.

Hendren, Jon (@fart). "the big reason twitter is popular is becuase its the same thing as yelling back at the tv except they might actually see it." Twitter, July 12, 2019, 10:10 p.m. https://twitter.com/fart/status/1149863534471200769.

Lippmann, Walter. *Liberty and the News*. Mineola, N.Y.: Dover, 1919, 2010.

Markovich, Matt. "$74 Million Later, Mercer Mess Is 2 Seconds Faster." *KOMO News*. October 17, 2016. https://komonews.com/news/local/mercer-mess.

Rice, Kenneth. "Sprint Research Runs into a Credibility Gap." *Nature* 432 (2004): 147. https://doi.org/10.1038/432147b.

Ryan, John. "Driving in Downtown Seattle? You May Soon Have to Pay a Toll." *KUOW*. April 4, 2018. https://kuow.org/stories/driving-downtown-seattle-you-may-soon-have-pay-toll/.

Tatem, A. J., C. A. Guerra, P. M. Atkinson, and S. I. Hay. "Athletics: Momentous Sprint at the 2156 Olympics?" *Nature* 431 (2004): 525.

Yanofsky, David. "The Chart Tim Cook Doesn't Want You to See." *Quartz*. September 10, 2013. https://qz.com/122921/the-chart-tim-cook-doesnt-want-you-to-see/.